經濟學原理

劉世夫　編著
毛慶生　審閱

全華圖書股份有限公司

單元規劃說明

實力加強

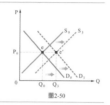

實力加強❾

圖2-50，開學季一到，文具用品零售商增加文具
用品的供給（$S_0 \to S_3$），莘莘學子也增加文具用
品需求（$D_0 \to D_3$）；均衡點由e移至e'，原文具
用品均衡數量增加（$Q_0 \to Q_3$）、文具用品均衡價
格可能上漲、不變或下跌，端視供給與需求何者
移動幅度大。

圖2-50

活潑例題供教師課堂教
授，強化學生舉一反三的推
理能力。

動動腦

動動腦❺

若市場需求函數為$Q=20-2P$，供給函數為$Q=-15+3P$；試求市場均衡時之消費者剩
餘，並作圖標示消費者剩餘。

■ 解答

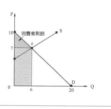

依據該節重點，設計
基礎題型，協助複習該節
重點。

重點回顧

重點回顧

1. 勞動（labor）係指人類提供的勞心與勞力直接參與生產過程的行為。

2. 勞動具有三種特性：（1）勞動無法儲藏、（2）勞動供給量有限、（3）勞
動與人體不可分割。

3. 勞動是衡量一國勞動人口數的指標。勞動力係指年滿15歲，有工作能力與
工作意願之民間人口。勞動力包括了就業人口與失業人口。現役軍人、監管
人口與失蹤人口皆不屬於勞動力。

摘要重點，利於整合各
章觀念。

自我挑戰

自我挑戰

一、選擇題（每題2分）

(　) 1. 貨幣必須具備四種功能，除了價值的儲藏外，尚有 (A)交易媒介 (B)價值的標準 (C)延期支付的工具 (D)以上皆是。　【15-1-1】

(　) 2. 劣幣驅逐良幣，即 (A)格萊欣法則 (B)投資邊際效率 (C)可兌換貨幣 (D)不可兌換貨幣。　【15-1-2】

(　) 3. 有關不可兌換貨幣的敘述，何者錯誤？ (A)又稱為法定貨幣 (B)又稱為強制貨幣 (C)可兌換等值的貴金屬 (D)以上皆非。　【15-1-2】

規劃鑑別度高之題目，由淺入深編排，以為階段性學習成果評量。題目加註出處以利索引相關觀念。

課外補充

進階觀念探討，可為延伸學習參考。

課外補充

1. 賽局理論

賽局理論（*game therom*）研究，始於策墨洛（*Zermelo*）、波雷爾（*Borel*）與馮紐曼（*von Neumann*），而後馮紐曼與摩根斯坦（*Morgenstern*）賦予賽局模型基礎，諾貝爾獎經濟學家奈許（*Nash*）證明理論的均衡存在，建立了賽局完整的理論基礎。

賽局理論原為應用數學理論，但被廣泛地應用在經濟學、政治學、生物學等領域。該理論係研究利害相衝突下之最適因應，藉由對他人的推測，尋求自身

目　錄

1 緒論

　　爸爸與哥哥正談論兩岸間區域貿易與全球化熱門議題，財務大臣老媽透過電視瞭解最新的理財資訊、產業發展、國內外經濟情勢，與產業資訊，我看了報紙裡的商品廣告，盤算如何使用剛領到的零用錢……。午餐時刻，走進福利社，面對數十種飲料，要喝什麼？每次都令我相當苦惱。晚間新聞正報導工業化對人類生活的改變與其外部性問題。哥哥正請教爸爸，明年大學畢業要選何種職業與如何安排時間提升能力？

　　上述各類日常生活議題皆與經濟學息息相關，藉由本書對經濟理論與實務的介紹，您也將發現經濟學是門有趣又實用的社會科學。

本章綱要

1. 經濟知識在現代社會的重要性。
2. 經濟問題的產生與解決。
3. 經濟學的意義與成立。
4. 經濟學的種類及研究方法。
5. 經濟資源的配置。
6. 經濟制度簡介。

1-1　經濟知識在現代社會的重要性

　　小自個人購物、企業投資，大到政府財政、民生物價、失業或健保問題，甚至國與國之間的貿易協定，或全球暖化……等，都是經濟學所關心的議題。學習經濟知識可藉其有系統且推理清晰的架構，分析、解釋廣泛的議題，做出適當的預測，進而做出最佳的選擇。

1-2　經濟問題的產生與解決

1-2-1　經濟問題發生的原因

　　經濟問題係因「稀少性[1]」（*scarcity*）所致，當「資源有限，慾望無窮」及「資源具多種用途」時就會發生稀少性問題，例如：栗子每月零用金只有500元，相對於各種想進行的消費，500元顯然是稀少性資源；在面對眾多的選擇時，如何將稀少性資源進行適當配置，就是我們所關心的經濟問題。

1-2-2　基本的經濟問題

　　社會中的六大類基本經濟問題不受時空環境改變影響，也不因國家、地區或文化差異而有不同，分別介紹如下：

1. 生產什麼

　　生產什麼（*what*）係指廠商要將有限的資源，用於生產什麼及生產多少的問題。資源稀少，廠商必須依市場需求選擇生產最急需的商品，而非生產所有的商品。例如：漁夫要養殖什麼水產、產量多少等。生產什麼的問題同時也反映了一國的生產成果為何。

2. 如何生產

　　如何生產（*how*）係指面對各種不同生產方式，廠商選擇以何種方式生產。例如：農夫要用牛來犁田還是要採機械化生產？餐廳要多僱用服務生還是要多引進現代化餐飲設備？廠商為了追求最大利潤與最小成本，必然會選擇對其最有利的生產方式，因此如何生產的問題同時反映一國的資源如何投入生產。

1　稀少性為一相對的概念，非指數量上的絕對稀少。

3. 何時生產

何時生產（*when*）係指資源有限，廠商必須依市場需求的急迫性，決定商品何時生產。例如：廠商面對新科技產品的旺盛需求，究竟要現在生產3D電視還是等相關環境成熟後再生產，或石油、天然氣等耗竭性資源要現在開採，還是留給下一代子孫。

4. 為誰生產

為誰生產（*for whom*）係指生產成果應該分配給誰、又該分配多少數量。例如：生產出來的商品是供應給誰消費。為誰生產的問題反映了一國之生產成果（如所得）的分配。

5. 如何維持經濟穩定

經濟環境有繁容也會有蕭條，不斷的循環，經濟學稱其為景氣循環。景氣波動劇烈對民眾的正常生活衝擊較大，政府如何做出最適且及時的政策維持經濟穩定[2]，或該不該以政策影響經濟等，一直都是重要的經濟議題。例如：2007年美國次級房貸風暴蔓延，至2009年底爆發全球金融危機，各國無不陷入景氣谷底，政府們紛紛祭出振興方案，冀能及早擺脫經濟蕭條、高失業率等問題。

6. 如何提高經濟成長

經濟成長深受各國政府及人民重視，良好的經濟成長使人們的購買力提高，生活獲得改善。然而經濟成長的內涵經常是過度消耗自然資源與排放大量污染物，或廢棄物大量增加等，不僅傷害了環境也危害人類健康。如何兼顧環保與經濟成長、產業發展透過哪些調整持續保有競爭力、人才培育或引進等皆是經濟學關心的議題。

2　美國前聯準會主席葛林斯潘（*Greenspan*）曾表示美國的「大穩定」時代能同時享有高經濟成長率與低通貨膨脹，是政府政策有效改善經濟結構，降低景氣波動幅度，維持了經濟穩定。然而，另一派學者認為政府政策常是造成景氣波動幅度擴大的原因。

1-3　經濟學的意義與成立

　　經濟（economy）一詞易與「划算」或「有效率」聯想在一起，中文的「經濟」有「經世濟民[3]」之意，英文economy則有「家庭管理」之意，後來衍生爲治理國家的概念。廣義來說「經濟就是生活」；狹義而言則指「人們在有限資源下，有償的獲得生活物資，來滿足慾望的行爲」，換言之，經濟就是人類的一切謀生行爲。

1-3-1　經濟學的意義

　　經濟學（economics）是研究人類經濟行爲的社會科學。具體而言，經濟學就是「研究人類如何使用有限的資源，生產財貨與勞務，供現在或未來消費，使人們的慾望獲得最大的滿足」。由於經濟學是採科學方式推演社會種種現象，故屬於社會科學的範疇，又多數的社會現象皆涉及選擇的問題，因此經濟學又稱為「選擇的科學」。

1-3-2　經濟學的成立

　　早期經濟學並非獨立的學門，諾貝爾經濟獎得主阿馬蒂亞・森（Amartya Sen）在《倫理學與經濟學》一書提到「在很長一段時間內，經濟學屬於倫理學的分支」。經濟思想可上溯至希臘時代的倫理學，隨後經濟理論雖有發展，但尙無法獨立成爲一正式的學門，直至經濟學之父亞當斯密（Adam Smith），於1776年出版《國富論》（The Wealth of Nations）[4]，才奠定近代經濟學基礎。書中對勞動分工、資本、產業甚至國家的經濟發展都有詳盡描述與探討，其中以「一隻看不見的手」（invisible hand）比喻價格機能，說明自由經濟體系中，價格引導市場調整至均衡與達到效率運作，一直爲經濟學中重要的理論之一。

　　隨著許多經濟問題的產生，經濟理論蓬勃發展，提供小自個人，大到政府做出最適決策，對社會具有重大的貢獻，1969年諾貝爾獎設立了經濟學獎項，表彰在經濟學領域有卓越貢獻的經濟學家，也說明了經濟學對於人類社會的重要性。

3　經濟一詞曾出現於抱朴子內篇（葛洪，東晉）中的「經世濟俗」，意指「治理天下，救濟百姓」。文中子禮樂篇（王通，隋朝）提及「皆有經濟之道，謂經世濟民」，對「經濟」一詞有更具體的說法，而後人習以「經濟」取代「經世濟民」。

4　國富論爲現代經濟學的開山之作，爾後經濟學家深受亞當斯密（Adam Smith）思想所影響。

1-3-3　財貨與勞務

經濟學中專有名詞皆有嚴謹定義，雖與日常用語相似但仍存在差異，瞭解名詞的精髓方可正確運用於經濟學的分析，以下介紹與商品相關之專有名詞：

1. 商品依有無形體可區分為有形的財貨與無形的勞務。

  （1）**財貨**（*goods*）：係指有形的生產成果，如手機、電腦與鉛筆等。

  （2）**勞務**（*services*）：係指無形生產成果，如歌手演唱會、房屋仲介等。

2. 商品依支付代價與否區分

  （1）**經濟財**（*economic goods*）：係指須支付代價才能取得的財貨。多數財貨皆屬之，也是經濟學討論的重點，由於財貨有償才能取得，故又稱「有償財」。

  （2）**自由財**（*free goods*）：係指一般正常情況下[5]，無須支付代價就可取得的財貨，故此類財貨又稱「無償財」，例如：陽光、空氣等用之不盡取之不竭，無償即可取得。

3. 商品依用途區分

  （1）**消費財**（*consumption goods*）：又稱「最終財貨」，係指直接供消費者使用之財貨，目的在直接滿足人類慾望。日常生活中「食、衣、住、行」使用的財貨皆屬之。

  （2）**資本財**（*capital goods*）：係指用來投入生產過程之財貨，目的在生產商品，非直接滿足人類慾望。例如：機器、廠房、原料等。

4. 商品依使用權利區分

  （1）**私有財**（*private goods*）：獨自享有財貨的使用權利，具有排他性及敵對性，如冰淇淋。

  （2）**公共財**（*public goods*）：共同享有財貨的使用權利，沒有排他性及敵對性，如路燈。

---

5 某些特殊狀況，自由財會變成須支付代價的經濟財。例如：新蓋高樓遮蔽陽光，若要享受陽光，則須付出價代（搬家），或沙塵暴嚴重地區，想享有乾淨空氣，必須購入空氣清淨機改善空氣品質，乾淨空氣就不再是自由財。

動動腦❶

(　) 1. 下列何者能合理解釋連續長假，往往造成高速公路嚴重塞車？　(A)資源稀少性　(B)邊際效用遞增　(C)高速公路是私有財　(D)慾望無窮

(　) 2. 下列敘述何者正確？
(A)經濟問題的產生是因為「慾望無窮，但資源相對有限」
(B)富人沒有「慾望無窮，但資源相對有限」的困擾
(C)資源充足就不會產生稀少性問題
(D)以上皆是

(　) 3. 下列敘述何者正確？
(A)價格機能可以解決所有的經濟問題
(B)自由經濟體系中，市場上看不見的手是指價格機能
(C)經濟學之父是阿馬蒂亞‧森
(D)價格機能可使市場調整至均衡的論點，最早是由凱因斯所提出

(　) 4. 直接滿足人類慾望的財貨稱為　(A)經濟財　(B)資本財　(C)消費財　(D)自由財

1-4 經濟學的種類及研究方法

1-4-1 經濟學的種類

1. 經濟學依研究對象區分

（1）個體經濟學

個體經濟學（*microeconomics*）係以個別經濟單位的決策行為為研究對象，簡稱個經，中國稱為微觀經濟學，其研究範圍包括生產、消費、交換、分配。個體經濟學不僅關心消費者（*consumer*）、家戶（*household*）、廠商（*firm*）等個別經濟單位的決策行為，也研究家計單位及廠商間的互動及其市場運作與資源配置等。由於研究著重價格與經濟單位之關係，故又稱為「價格理論」。

（2）總體經濟學

總體經濟學（*macroeconomics*）係以整體經濟社會為研究對象，簡稱總經，中國稱為宏觀經濟學，研究範圍包括國民所得、物價水準、就業水準（失業）、利率、經濟成長……等總體經濟變數的理論及政府政策對這些變數的影響。例如：通貨膨脹與失業之關係或政府財政支出對國民所得的影響皆為總體經濟的研究範圍。由於總體經濟學以所得為研究重心，故又稱為「所得理論」。

經濟學是一門選擇的科學，總體經濟理論發展亦是建構在個體經濟理論的基礎上，即便個體經濟學與總體經濟學的研究課題有所差異，但非表示兩者毫無相關。

2. 經濟學依研究性質區分

（1）實證經濟學

實證經濟學（*positive economics*）係採「客觀」方式解釋實際經濟現象，重視事實陳述與推論，不涉及是非、好壞的主觀價值判斷，又稱為「唯真經濟學」，也就是研究「經濟現象是什麼」的問題。例如：原油價格上漲為什麼會推升國內物價？調高菸品健康捐，對抽菸人數的影響。或颱風對葉菜價格的影響……等。

（2）規範經濟學

規範經濟學（*normative economics*）係以「主觀」的價值判斷來論斷經濟政策的良窳，再進行政策的取捨，又稱為「唯善經濟學」，也就是探討「經濟政策應該如何」的問題。例如：為維護民眾健康，政府應否課徵菸品健康捐、政府是否應提高弱勢族群的補貼以改善所得分配不均擴大的問題、應否開辦免費學齡前托育以刺激生育率……等。

1-4-2　經濟學的研究方法

經濟學者常採以下方法來研究人類的經濟行為：

1. 歸納法

歸納法（*induction*）藉由觀察許多個別現象，再運用統計分析工具推論出規律的結果，據以發展出有系統的法則，歷史學派學者多採用此種方法。例如：觀察每次咖啡買一送一活動，都會吸引大量購買咖啡人潮，歸納出咖啡降價會增加銷售量。

2. 演繹法

歸納法無法適用於不可被觀察的現象時，演繹法（*deduction*）則提供一適合的研究方式。演繹法是一種先將複雜現象予以抽象成簡化的架構，根據眾所認同的事實，推論出經濟法則或理論，古典學派學者多採用此種方法。例如：根據人類皆基於「利己心」從事其選擇行為的認知，推論出電影院提供學生優惠價，是為了吸引更多學生來看電影以增加電影院收入，而非為了照顧學生族群。

3. 建構經濟模型

經濟模型（*economic model*）藉由建立合理假設條件以簡化經濟現象為一簡單架構，再運用數理或圖形加以分析，建構一具可靠度之模型，用於解釋現在與未來的經濟現象。相對於複雜的實際情況，經濟模型不僅架構簡單、清晰且方便操作，又能良好地詮釋經濟現象，成為近代經濟學常用的分析方法。

動動腦❷

（　　）1. 經濟學的研究範圍中，以價格為分析重點，亦稱為價格理論（Price theory）的是　(A)總體經濟學　(B)規範經濟學　(C)個體經濟學　(D)生態經濟學

（　　）2. 經濟學的研究範圍中，以所得為研究中心，又稱為「所得理論」者是　(A)總體經濟學　(B)規範經濟學　(C)個體經濟學　(D)生態經濟學

（　　）3. 個別經濟單位係指　(A)消費者（consumer）　(B)家戶（household）　(C)廠商（firm）與產業（industry）　(D)以上皆是

( ) 4. 澳洲水災重創畜牧業，導致我國澳洲進口牛肉價格上漲的經濟問題是屬於 (A)規範經濟學 (B)實證經濟學 (C)總體經濟學 (D)以上皆是

( ) 5. 政府應否調漲房貸利率，以打擊房市投機客是屬於 (A)規範經濟學 (B)實證經濟學 (C)總體經濟學 (D)以上皆是

( ) 6. 經濟學的研究方法是採客觀且著重事實的觀察法，是指 (A)歸納法 (B)演繹法 (C)模型法 (D)數理法

1-5 經濟資源的配置

生產過程中所使用的生產要素（土地、勞動、資本與企業家精神）即為經濟資源，經濟資源具有「稀少性」與「具有多種用途」等特性，人們使用任何資源都必須付出代價，此代價就是機會成本，又稱為經濟成本。

1-5-1 機會成本

機會成本（*opportunity cost*）係指進行選擇時，所放棄之各項用途中，價值最大者。此一概念幾乎涵蓋了所有經濟學研究的課題，諾貝爾經濟學獎得主弗利曼（*Friedman*）的名言「天下沒有白吃的午餐」，貼切地形容選擇時所產生的代價，此代價即為機會成本。

例如：小明大學畢業應徵上三份工作，月薪分別如表1-1所示。小明選擇銀行辦事員時，他的機會成本就是所放棄的其他兩項工作中價值最大者，即27,000元（27,000元＞25,000元）。

若資源只有唯一的用途時，使用在該用途上並不會產生機會成本，也就是當小明怎麼找都只有應徵上銀行辦事員一個工作時，則選此工作小明不會有機會成本[6]。

表1-1 小明應徵上的工作職務與月薪

工作類別	股票營業員	銀行辦事員	餐廳會計
月薪	25,000元	28,000元	27,000元

---

6 此係忽略了在家休閒獲得的滿足。

實力加強❶　機會成本須計入相關支出

栗子選擇工作可賺得年薪100萬，若她選擇讀研究所二年，不但沒有收入還必須支付二年共30萬生活費與學費。則栗子讀研究所二年的機會成本為多少？

解答

栗子唸研究所的機會成本 ＝ 兩年工作收入 ＋ 二年學費及生活費

　　　　　　　　　　　　　 放棄最大價值　　　　須再支付費用

　　　　　　　　　　 ＝ 2,000,000 ＋ 300,000

　　　　　　　　　　 ＝ 2,300,000元

栗子讀研究所的機會成本總共是230萬元。

動動腦❸

阿雄擁有一家店面，出租每年可收租金360,000元。阿雄若使用此店面經營早餐店，每年可賺420,000。他若將店面出租，到速食店工作則可賺得年薪336,000元。試求阿雄經營早餐店之機會成本？

解答

1-5-2　如何作選擇

　　生產者如何在有限資源下做出最適的資源配置決策，生產可能曲線提供了良好的決策準則。

1. 生產可能曲線的意義

生產可能曲線（*production possibility curve*，*PPC*）係指生產技術不變下，以一定資源生產兩種財貨，所能生產之各種最大產量組合的軌跡。

生產可能曲線假設：

（1）生產技術不變

（2）生產資源數量固定

（3）生產資源具多種用途

（4）生產資源僅能有限度替代。

例如：某一太平洋小島只生產「衣服」與「食物」兩種商品，根據表1-2此兩商品的最大產出組合，可得圖1-1「凹向原點」的生產可能曲線。

表1-2　衣服與食物之生產可能組合

生產組合	A	B	C	D	E	F
衣服（X）	0	1	2	3	4	5
食物（Y）	15	14	12	9	5	0
MRT_{XY}	-	1	2	3	4	5

該小島將全部資源用於生產食物，可獲A組合（15單位食物，0單位衣服），若欲生產第一單位衣服，必須放棄1單位食物（15－14＝1），食物與衣服的最大產出組合為B。依此類推，資源全用以生產衣服時，必須放棄5單位食物，最大產出組合為F。

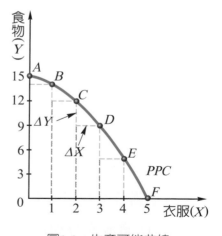

圖1-1　生產可能曲線

邊際轉換率（*marginal rate of transformation*，MRT）

$$MRT_{XY} = -\frac{\Delta Y}{\Delta X}$$
（式1-1）

MRT_{XY}表示增加一單位X商品產量，必須減少Y商品的數量

　　生產技術不變與資源數量固定下，隨衣服產量增加，放棄的食物數量愈來愈多，反映生產衣服的機會成本遞增，*PPC*「凹向原點」，邊際轉換率（*MRT*）遞增，機會成本遞增法則（*law of increasing opportunity cost*）成立，造成*PPC*線上各點（*A*、*B*、*C*、*D*、*E*）的MRT_{XY}並不相同。

2. 生產可能曲線之經濟意涵

（1）經濟成長或衰退：一國因技術進步、發現新資源，或人力資本與機器資本累積增加等推動經濟成長，使 *PPC* 整條向外移（圖 1-2（*a*））。若經濟衰退，如澳洲水患重創經濟，將使 *PPC* 整條向內移（圖 1-2（*b*））。如果生產 *X* 財的技術進步，則 *PPC* 外移情形如圖 1-2（*c*）。

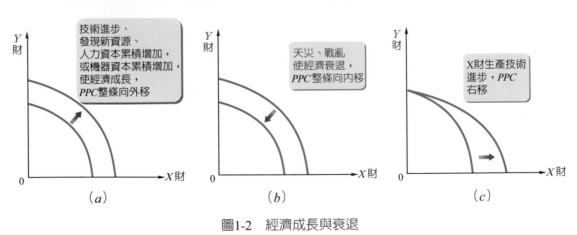

圖1-2　經濟成長與衰退

（2）資源充分利用與否

① 資源充分利用：*PPC* 線上的每一商品組合皆表示資源充分利用（圖1-3，*a*、*b* 點）。如欲增加一商品的數量，就必須減少另一商品的數量，二者無法同時增加，*PPC* 呈負斜率。

② 資源未充分利用：PPC 線內的商品組合皆表示資源與技術未充分利用（圖 1-3，d 點）。

③ 現有資源與技術無法達到：PPC 線外的商品組合表示現有資源與技術無法達到，除非技術進步或資源增加（圖 1-3，c 點）。

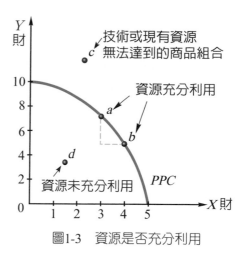

圖1-3　資源是否充分利用

1-5-3　效率

效率（*efficiency*）係指經濟資源充分利用，不存在任何的改善方式。生產可能曲線上任一商品組合，都表示生產資源充分利用，無法在不放棄某一商品數量下，增加另一商品數量，或同時增加兩商品數量，換言之PPC線上每一點都不存在任何改善空間，因此**生產可能曲線上每一商品組合皆達到生產效率（或稱為技術效率）**。

圖1-3中d 點商品組合，由於未充分使用生產資源與技術，或生產資源配置不當，而不具效率。例如：人力或機器設備閒置，或將善於針線者派去耕種，由於人員配置不當，無法發揮效率，若能加以改善，將可使兩商品產量增加（d 點向PPC 線上任一商品組合移動），使生產發揮效率。

動動腦❹

（　　）1. 生產要素中的企業家精神不是結合以下何者來經營企業，追求利潤並承擔風險　(A)土地　(B)勞動　(C)產業　(D)資本

（　　）2. 右圖為某國之生產可能曲線，則下列敘述何者正確？

(A) 資源使用效率：$A>B>C$

(B) 資源使用效率：$A=B=C$

(C) 資源使用效率：$A=B=C$，且多生產一單位X的機會成本遞增

(D) 資源使用效率：$A<B<C$

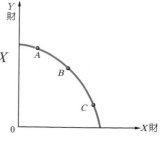

（　　）3. 下列何者會使生產可能曲線向外移動？　(A)商品價格上漲　(B)所得增加　(C)效用提高　(D)生產技術進步

（　　）4. 生產可能曲線「凹向原點」表示　(A)機會成本遞增　(B)邊際轉換率遞減　(C)機會成本遞減　(D)邊際效用遞減

（　　）5. 有關PPC之敘述何者<u>有誤</u>？　(A)線上每一點商品組合之產量最大　(B)線上每一點皆表資源充分利用　(C)機會成本遞增，PPC凸向原點　(D)線上每一點皆無改善空間，生產達到效率

6. 請根據下圖之PPC，於空格中填入正確答案。

（1）圖＿＿＿＿，每增加一單位X財數量必須放棄之Y財數量逐漸遞減，則MRT$_{xy}$遞減，機會成本遞增法則＿＿＿＿＿＿＿（成立或不成立）。

（2）圖＿＿＿＿，每增加一單位X財數量必須放棄之Y財數量固定，則MRT$_{xy}$固定，機會成本＿＿＿＿＿。

（3）圖＿＿＿＿，每增加一單位X財數量必須放棄之Y財數量遞增，則MRT$_{xy}$遞增，機會成本＿＿＿＿＿。

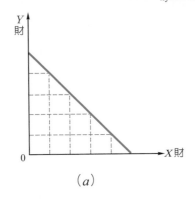
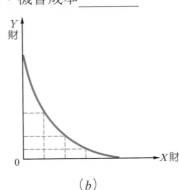
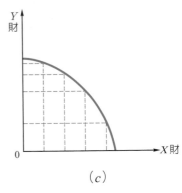

(a)　　　　　　　　　　(b)　　　　　　　　　　(c)

1-6　經濟制度簡介

　　一國經濟活動深受經濟制度影響，攸關其經濟成長與貧富情形。1990年以後全球經濟制度發生重大變遷，許多共產國家受生產效率低落、資源配置不當與經濟積弱不振影響，被迫逐步調整經濟制度向自由經濟靠攏，其中包括了兩大共產國家——前蘇聯與中國。

　　經濟制度（economic system）係指經濟活動的運行方式，其中包含解決經濟問題的規則，與規範經濟成員的經濟行為及決策。現代主要經濟制度可分為控

制經濟制度（*command economy*）、市場經濟制度（*market economy*），與混合經濟制度（*mixed economy*）三大類。

1-6-1　控制經濟制度

控制經濟（又稱計畫經濟），此制度興起係因資本主義的弊病，二十世紀曾有許多國家施行控制經濟制度，但以事後觀點來看，此制度不但無法解決所得分配不均問題，甚至導致均貧，讓經濟問題更加的惡化。

（1）共產主義經濟制度

共產主義經濟制度中，政府掌控所有生產資源，統籌一切經濟活動包括生產與分配等，經濟決策模式為中央集權，故又稱為計畫經濟。目前北韓與古巴皆為實施共產主義經濟制度的國家。中國過去實施共產主義經濟制度，共享生產成果使經濟單位缺乏誘因追求利潤，導致經濟積弊不振，於是在1978年以後推動經濟改革。1990年以後東歐與前蘇聯等共產國家政權瓦解，改革亦多朝向市場經濟制度發展。

（2）社會主義經濟制度

社會主義經濟制度以控制經濟為主，私人經濟為輔，允許人民有部分經濟活動自由，包括自由選擇消費與生產，但主要的經濟活動仍由政府所決定與擁有。例如：中國或東歐解體前的波蘭、東德與羅馬尼亞等國。

1-6-2　市場經濟制度

市場經濟制度是資本主義的代表，經濟資源主要為私人擁有，價格機能引導市場經濟自由運作，解決生產、消費等資源配置問題，又稱為「自由經濟制度」（*free economy*），有以下四種特色：

1. 自利動機：個人在自利心（利己心）趨使下，追求個人福祉的同時也促使社會福利最大。

2. 尊重經濟自由：市場自由競爭，在價格機能指引下，社會資源配置達經濟效率且社會福利達最大。

3. 私有財產權：私人擁有財產與生產資源，無須擔心生產成果與他人共享，激勵人們願意盡心盡力生產，追求更好的生活。

4. 政府扮演輔助經濟運作的角色：政府公權力盡量不介入市場運作，透過提供國防、教育、司法與公共建設等，完善經濟發展之環境。除發生市場失靈或外部性時，政府才適時的提供輔助。

1-6-3 混合經濟制度（包含民生主義的經濟制度）

多數國家皆施行「以市場自由經濟為體，政府參與經濟運作為輔」的混合經濟制度，此與臺灣實行的民生主義計畫性自由經濟不謀而合。

混合經濟制度與市場經濟制度兩者最大的差異在於政府介入經濟活動的程度。市場經濟中，政府扮演使經濟活動正常運行的輔助角色。混合經濟中，政府介入經濟活動的程度較深，如政府經營國營企業目的為彌補自由市場的不足。

動動腦❺

(　　) 1. 下列何者不是市場經濟制度的特質？ (A)承認私有財產權 (B)完全由政府規劃生產 (C)營利動機 (D)自由競爭

(　　) 2. 市場經濟制度與混合經濟制度中，生產與消費等資源配置問題是經由下列何者運作解決？ (A)生產者 (B)消費者 (C)政府 (D)價格機能

(　　) 3. 臺灣實行的民生主義計畫性自由經濟制度即為 (A)控制經濟制度 (B)市場經濟制度 (C)混合經濟制度 (D)共產主義經濟制度

(　　) 4. 有關混合經濟制度與市場經濟制度敘述何者不正確？ (A)財產權皆為國有 (B)前者政府介入經濟活動的程度較深 (C)價格機能指引社會資源配置 (D)個人在自利心趨使下，追求個人福祉的同時也促使社會福利最大

重點回顧

1. 經濟問題起因於「稀少性」（*scarcity*），「資源有限，慾望無窮」及「資源具多種用途」時都會發生稀少性問題。

2. 六大經濟問題是：生產什麼（*what*）、如何生產（*how*）、何時生產（*when*）、為誰生產（*for whom*）、如何維持經濟穩定、如何提高經濟成長。

3. 經濟即人類的一切謀生行為。

4. 經濟學（*economics*）是研究人類經濟行為的社會科學。經濟學又稱為「選擇的科學」。

5. 經濟學之父亞當斯密（*Adam Smith*），於1776年出版《國富論》，奠定近代經濟學基礎。其提出自由經濟體系中，「一隻看不見的手」引導市場調整至均衡與達到效率運作。

6. 生產要素可分為四大類：土地（*land*）、勞動（*labor*）、資本（*capital*）、企業家精神（*entrepreneurship*）。

7. 機會成本（*opportunity cost*）係指進行選擇時，所放棄之各項用途中，價值最大者。若資源只有唯一的用途時，使用在該用途上並不會產生機會成本。

8. 生產可能曲線上的商品組合之特性：（1）資源充分利用、（2）產量最大的組合、（3）達到生產效率（技術效率）。

自我挑戰

一、選擇題

( ) 1. 什麼原因產生稀少性，造成經濟問題？ (A)資源有限 (B)慾望無窮 (C)資源具多種用途 (D)以上皆是 【1-2-1】

( ) 2. 生產成果應該分配給誰是屬於什麼問題？ (A)何時生產 (B)為誰生產 (C)生產什麼 (D)如何生產 【1-2-2】

( ) 3. 有關六大經濟問題的描述何者有誤？ (A)因時空環境而有差異 (B)關心經濟穩定 (C)重視經濟成長 (D)生產什麼反映了一國的生產成果為何 【1-2-2】

( ) 4. 「經濟」一詞之敘述何者為是？ (A)即生活 (B)人們在有限資源下，有償的獲得生活物質，來滿足人類慾望的行為 (C) 人類的一切謀生行為 (D)以上皆是 【1-3】

( ) 5. 以下何者又稱為選擇的科學？ (A)會計學 (B)管理學 (C)經濟學 (D)行銷學 【1-3-1】

( ) 6. 經濟學之父是指 (A)馬歇爾 (B)亞當斯密 (C)弗利曼 (D)李嘉圖 【1-3-2】

( ) 7. 「一隻看不見的手」是指 (A)經濟制度 (B)價格機能 (C)交換制度 (D)生產效率 【1-3-2】

( ) 8. 環境污染使水資源顯得相當寶貴，必須付費才能享有乾淨的水，則水是 (A)自由財 (B)耐久財 (C)經濟財 (D)資本財 【1-3-3】

( ) 9. 用於建造房子的鋼筋是 (A)資本財 (B)消費財 (C)自由財 (D)以上皆非 【1-3-3】

( ) 10.小英在公園裡曬太陽，太陽是 (A)資本財 (B)消費財 (C)自由財 (D)以上皆非 【1-3-3】

( ) 11.分析經濟體系中之某種產業、廠商、家庭或消費者的各自經濟行為法則是何種經濟學之範疇 (A)個體經濟學 (B)總體經濟學 (C)規範經濟學 (D)土地經濟學 【1-4-1】

( ) 12.探討一個國家或整個社會經濟問題如國民所得、就業水準、經濟循環等的經濟學稱為 (A)規範 (B)實證 (C)總體 (D)個體 經濟學 【1-4-1】

( ) 13.下列有關「規範經濟學」之敘述何者為非 (A)以主觀的價值標準，分析經濟政策的決定 (B)研究「應該如何」的問題 (C)又稱「唯善經濟學」 (D)颱風過後，高麗菜會漲價這是屬於規範經濟學研究範圍 【1-4-1】

（　　） 14.經濟學所研究的，係在解釋經濟現象的本質者屬於　(A)規範經濟學　(B)實證經濟學　(C)個體經濟學　(D)福利經濟學　　　　　　【1-4-1】

（　　） 15.藉由建立合理假設，簡化實際經濟現象，再運用數理或圖形加以分析、解釋，為近代經濟學常用之研究方法者是　(A)歸納法　(B)演繹法　(C)經濟模型　(D)以上皆非　　　　　　【1-4-2】

（　　） 16.將複雜的現象加以抽象成簡化的架構，並依眾所認同的事實推論出經濟法則或理論，為古典學派常用之研究方法者是　(A)歸納法　(B)演繹法　(C)經濟模型　(D)以上皆非　　　　　　【1-4-2】

（　　） 17.有關機會成本的敘述何者錯誤？　(A)天下沒有白吃的午餐表示選擇時產生的代價　(B)選擇時所放棄之各項用途中價值最大者　(C)即為經濟成本　(D)陽光是自由財，享受整個下午的日光浴不會有機會成本　　　　　　【1-5-1】

（　　） 18.假設生產技術不變，以一定資源來生產兩種財貨，所能生產之最大產量組合軌跡為　(A)無異曲線　(B)生產可能曲線　(C)總收益曲線　(D)總成本曲線　　　　　　【1-5-2】

（　　） 19.有關生產可能曲線之敘述何者錯誤？　(A)PPC線上每一點皆表示資源充分利用　(B)PPC線上每一點皆表示生產資源數量固定下之最大商品產出組合　(C)PPC為一直線表示機會成本遞增　(D)假設生產資源具多種用途，且資源只能有限度的替代　　　　　　【1-5-2】

（　　） 20.有關生產可能曲線「凹向原點」之敘述，何者為非？　(A)機會成本遞增法則成立　(B)MRT遞減　(C)線上的組合表示無法同時增加兩種商品的產量　(D)線上組合表示達到技術效率　　　　　　【1-5-2~3】

（　　） 21.以下何者不會使PPC向外移　(A)技術進步　(B)資源增加　(C)人力資本累積　(D)地震摧毀生產設備　　　　　　【1-5-2】

（　　） 22.每增加一單位某商品的機會成本固定，則PPC呈　(A)負斜率直線　(B)凹向原點　(C)凸向原點　(D)以上皆非　　　　　　【1-5-2】

（　　） 23.PPC線內的商品組合表示　(A)要素充分利用　(B)具生產效率　(C)產量最大　(D)有失業存在　　　　　　【1-5-2】

（　　） 24.PPC線外的商品組合表示　(A)經濟成長　(B)現有資源與技術無法達成的商品組合　(C)技術進步　(D)未採最佳的生產方法　　　　　　【1-5-2】

（　　） 25.假設一國只生產X及Y財，則下列何種情況最能促進其經濟成長　(A)僱用閒置的資源　(B)專業化生產X財貨及Y財貨　(C)減少X財貨生產，以增加Y財貨的生產　(D)使用新的生產技術於X及Y財貨生產　　　　　　【1-5-2】

（　）26.有關共產主義經濟制度之敘述，何者錯誤？　(A)財產國有　(B)重視價格機能並以營利為動機　(C)政府擬定生產計劃　(D)生產成果為各取所需，而有均貧的問題　　　　【1-6-1】

（　）27.有關社會主義經濟制度之敘述，何者錯誤？　(A)政府掌握絕大多數的經濟資源　(B)人民享有部分經濟活動自由　(C)政府職能有限　(D)以控制經濟為主，私人經濟為輔　　　　【1-6-1】

（　）28.市場經濟之特色何者為非？　(A)政府職能較混合經濟制度大　(B)自利心趨使下，使社會福利最大　(C)廠商以營利為目的　(D)尊重經濟自由　　　　【1-6-2】

（　）29.有關混合經濟之敘述何者為非？　(A)廠商以營利為目的　(B)重視價格機能　(C)為多數國家採用之經濟制度　(D) 政府職能較市場經濟有限【1-6-3】

（　）30.民生主義的經濟制度即為　(A)混合經濟制度　(B)市場經濟制度　(C)社會主義經濟制度　(D) 共產主義經濟制度　　　　【1-6-3】

二、綜合練習

1. 請完成下表，並回答問題。

生產組合	A	B	C	D	E
X財	1	2	3	4	5
Y財	3		10	15	21
MRT_{XY}	－	3			

（1）X、Y商品組合為（3.5，18）位於生產可能曲線的_____（線上、線外、線內），其經濟意涵是_____。

（2）上表中，PPC呈_____（負斜率直線、凹向原點、凸向原點），經濟意涵是_____。

（3）商品組合A之經濟意涵是_____。

2. 請根據各圖，回答問題。

（1）圖_____，表示Y財生產技術進步。

（2）圖b中，假設生產技術與資源不變下，原生產組合為D，今為了增加Y財產量，則生產組合會移到_____。

（3）圖b中，_____點，表示有失業的現象。

（4）圖＿＿＿中，表示經濟衰退。

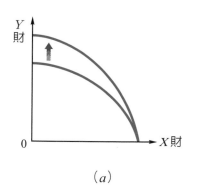

(a)

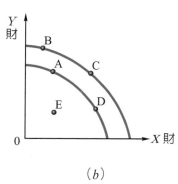

(b)

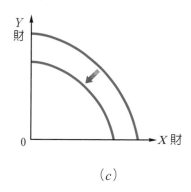

(c)

memo

② 需求與供給

　　全球最大棉花生產國——中國，受天災重創棉花產量與品質，不斷提高進口棉花需求，造成全球棉花供應吃緊，進一步推升國際棉價。棉花價格居高不下，部分是因為經濟衰退期間成衣需求滑落，製造商減產，導致農夫改種黃豆等其他作物。

　　原物料進價通常約佔成衣製造成本的四分之一到一半，棉花價格攀升已對成衣業者構成嚴重問題，若民間買氣始終未見大幅好轉，業者無法長期承受成本攀升，勢必會調整價格，除漲價外，也有業者改變使用材質來刪減成本，或是尋找中國以外製造成本更低的國家。

　　喜愛棉質服飾的消費者，看到這則報導會直覺地想在未漲價前先購入棉質服飾或決定以其它材質產品代替，若更進一步思考棉花產量驟減對擁有種植棉花技術的農夫、原料商、成衣製造商、成衣批發商……等將產生何種影響，就必須對經濟學有基礎的瞭解才能採取正確的分析並做出決策。本章介紹的「供需分析」是解釋各式各樣有趣現象的基礎，讀者可以從中發現經濟學原是一門實用的科學。

本章綱要

1. 需求與需求法則。
2. 需求量變動與需求變動。
3. 供給與供給法則。
4. 供給量變動與供給變動。
5. 需求彈性。
6. 供給彈性。
7. 市場均衡與價格機能。
8. 政府對市場價格的干涉。

2-1 需求

　　主觀上願意買，同時客觀上也買得起才構成經濟學中的「需求[1]」，否則只有願意買，只是對產品產生慾望（*wants*）而已。

1　「需求」望文生義，很可能就與「想要」聯想在一起，經濟學中對這些常用的經濟「名詞」皆有嚴格的定義，學習這門社會科學時，如能清楚瞭解各經濟名詞，就不會發生觀念混淆的情形。

動動腦❶ 需求

大雄、小玉及栗子每天的零用金分別為300元、150元及100元，三明治套餐一份150元，三人對三明治套餐的喜好皆與漫畫中相同，則誰對三明治套餐產生需求？

▌解答

2-1-1 需求的意義

1. 需求的定義

　　需求（*demand*）係指某一段期間內，於其它條件不變下（*other things be equal*），消費者對於某一種商品，面對其各種不同價格下，願意且能夠購買的數量。簡單來說就是描述某一商品的價格與需求量間的關係，此一價格是消費者心中願付的最高價格。

2. 需求的表達方式

（1）**需求表（*demand schedule*）：某一商品在各種不同價格下所對應之需求量的各種組合以表格呈現稱之。**

表2-1　大雄本月三明治套餐的需求表

價格（P）	需求量（Q）
100	5
90	10
80	15
70	20
60	25

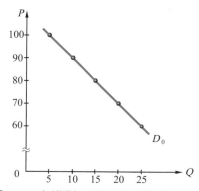

圖2-1　大雄對三明治套餐的需求曲線

（2）**需求曲線[2]（*demand curve*）：以圖形描繪消費者對某一商品的價格與需求量間的關係。需求曲線是一條由左上向右下[3]延伸的直線或是曲線。如圖 2-1 即為大雄本月三明治套餐的需求曲線。**

2　繪製需求曲線時，必須標示出縱軸座標為價格（P），橫軸座標為需求量（Q）；並將原點以阿拉伯數字「0」標示出來。

3　左上向右下延伸的需求曲線，表示需求量與價格之間呈反向的關係；亦即商品價格愈高需求量愈少，價格愈低需求量愈多，數學上呈負斜率。

> **需求曲線的斜率**
>
> 需求曲線斜率$\left(\dfrac{\Delta P}{\Delta Q}\right) = \dfrac{價格變動量}{需求量變動量} = \dfrac{P_a - P_b}{Q_a - Q_b}$　　　　（式2-1）

實力加強❶ 需求曲線斜率[4]

試根據式2-1，求圖2-1中<u>大雄</u>對三明治套餐的需求曲線D_0之斜率。

▍ **解答** 需求曲線D_0上任取兩三明治套餐的價格與需求量組合。A組合（P_A，Q_A）＝（90，10）、B組合（P_B，Q_B）＝（70，20）；則需求曲線D_0的斜率即為：

$$\frac{\Delta P}{\Delta Q} = \frac{90 - 70}{10 - 20}$$
$$= -2$$

（3）**需求函數（*demand function*）：以數學函數型式表示消費者對某一商品之價格與需求量的關係，稱該函數為需求函數。**

一般以線性函數$Q_x^d = a - bP_x$表示x商品的需求函數。
其中，$a>0$、$b>0$（$-b<0$表示需求價格與需求量呈反向變動）。

根據表2-1或圖2-1資料，可求得<u>大雄</u>本月對三明治套餐的需求函數$Q_x^d = 55 - 0.5P_x$（直線型需求函數，詳見課外補充），$-\dfrac{1}{b} = -2$ 與實力加強1中，<u>大雄</u>需求函數的斜率相同，可知**需求曲線的斜率即為$-\dfrac{1}{b}$**。

---

4 本書介紹之需求曲線斜率及需求彈性計算，皆以直線型需求曲線為例。

2-1-2　需求的種類

需求依使用情況、組成單位與目的分成表2-2中各類，詳細說明如下。

表2-2　需求的種類

需求依使用情況區分	需求依組成單位區分	需求依目的區分	需求依有效與否區分
1. 競爭需求	1. 個別需求	1. 直接需求	1. 有效需求
2. 聯合需求	2. 市場需求	2. 間接需求	2. 無效需求

1. 需求按使用情況區分

（1）競爭需求：**在一定時間內，無法同時消費的情況下，商品間會有競爭關係，只能擇一消費，故又稱獨立需求**。例如，午餐是選擇三明治套餐或可頌套餐，由於只吃得下一份套餐，兩種套餐對消費者而言為競爭需求。其他如口渴時要喝礦泉水或綠茶、假日看電影要選擇哪一部片……等皆是。

（2）聯合需求：**消費某一商品時會搭配其他商品同時消費，才能滿足消費者的需求**。例如，消費者必須同時消費 3D 電視及 3D 眼鏡，才能欣賞 3D 影片。消費者對 3D 眼鏡及 3D 電視的需求就是聯合需求，又稱為**補充需求**。

2. 需求按組成單位區分

（1）個別需求：指家計單位或個人的需求，一般以 q^d 表示。大雄本月對三明治套餐的需求即為個別需求。

（2）市場需求[5]：指**市場中所有個別需求的水平加總**，一般以 Q^d 表示。亦即某一商品在各種價格下，**市場中所有消費者願意且有能力購買的數量**。例如，三明治套餐市場只有大雄和栗子兩位消費者，則三明治套餐的市場需求即是大雄與栗子兩人的個別需求總合。

5　本書僅探討私有財的市場需求。

實力加強2 市場需求的表達方式

市場需求同樣可以需求表、需求曲線與需求函數來表示。

假設三明治套餐市場只有大雄與栗子兩位消費者,則市場需求可如下表示:

(1) 三明治套餐的市場需求表(表 2-4):表 2-3 中加總各種不同價格下,大雄及栗子的個別需求量(q_1^d、q_2^d)。

表2-3 大雄及栗子對三明治套餐本月需求

價格(P)	大雄的需求量(q_1^d)	栗子的需求量(q_2^d)
110	0	0
100	5	10
90	10	20
80	15	30
70	20	40
60	25	50

表2-4 三明治套餐的市場需求表

價格(P)	市場需求量Q^d $Q^d = (q_1^d + q_2^d)$
110	0
100	15
90	30
80	45
70	60
60	75

（2）三明治套餐的市場需求曲線：私有財的市場需求曲線是個別需求曲線的水平加
總。。

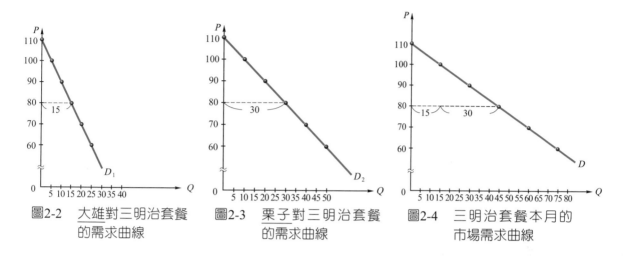

圖2-2　大雄對三明治套餐　　圖2-3　栗子對三明治套餐　　圖2-4　三明治套餐本月的
　　　　的需求曲線　　　　　　　　　的需求曲線　　　　　　　　　市場需求曲線

（3）三明治套餐的市場需求函數 [6]：$Q^d = 165 - 1.5P$（詳見課外補充）。

動動腦❷　個別需求與市場需求

已知A商品市場只有甲、乙二位消費者，甲的需求函數為$q_甲 = 5 - P_甲$、乙的需求函數為$q_乙 = 10 - P_乙$，試繪A商品的市場需求曲線。

▌解答

6　個別需求函數加總時應注意：1. 加總時使用的是個別需求函數，而非需求反函數。2.個別需求
　　函數可能不同，加總時留意分段處。建議先畫出個別需求曲線，就可分析出分段處。

3. 需求依目的區分

（1）**直接需求**：**因最終消費所產生的需求**，亦即消費者對商品的需求，又稱**最終需求**。例如，我們日常生活中對食、衣、住、行、育、樂的需求皆屬直接需求。

（2）**間接需求**：**生產者從事商品生產以滿足消費者的最終需求，進而對生產要素產生需求**，又稱**引申需求或衍生性需求**（*derived demand*）。例如，麵包店對麵粉、糖與奶油的需求。

　　商品屬於哪一種需求端視其目的而定，例如：購買草莓直接食用，則對草莓的需求為直接需求；若是製成草莓果醬銷售，則對草莓的需求就是間接需求。

4. 需求依有效與否區分

（1）**有效需求**：**同時滿足願意購買且能夠購買時的需求**。文中所指的需求皆為有效需求。

（2）**無效需求**：**願意購買卻買不起**[7]，則為無效需求。

2-2　需求量變動與需求變動

1. 需求量的定義

　　需求量（*quantity demanded*）係指某一段期間內，在其它條件不變下，消費者對於某一種商品，面對其特定價格時，願意且能夠購買的數量。

2. 需求與需求量的差異

　　「需求」指的是消費者對於某一種商品在各種不同價格下，願意且能夠購買的數量；「需求量」則是指對某一種商品，在某一特定價格下，消費者願意且能夠購買的數量（圖2-5）。

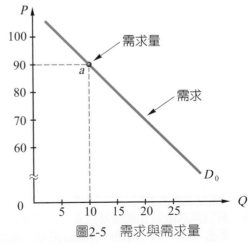

圖2-5　需求與需求量

7　消費者買得起但不願意購買某一商品，表示其對該商品沒有需求。

2-2-1 需求量變動

　　假設其它條件不變下，商品本身價格變動，引起購買量的變動稱為需求量變動。

　　當三明治套餐價格從90元下跌至80元，大雄的購買量從10份增加至15份，稱為需求量變動；圖2-6中沿著需求曲線 D_0，從 a 點移動到 b 點，簡單的說就是需求曲線上「點」的移動。

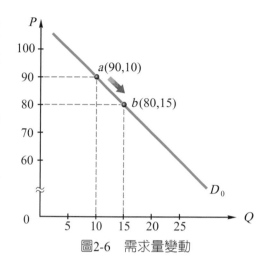

圖2-6　需求量變動

2-2-2 需求變動

1. 需求變動的意義

　　商品本身價格不變，因其他條件變動，造成整條需求曲線的移動。

（1）需求增加，需求曲線右移。

（2）需求減少，需求曲線左移。

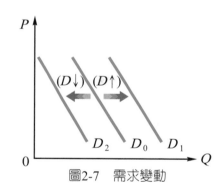

圖2-7　需求變動

2. 影響需求變動的因素

　　商品本身價格不變下，其他因素的變動造成需求變動，學習這些因素改變的影響，才能做出正確的市場均衡分析。

（1）消費者的所得：所得增加，需求是否一定增加？答案是「否」，須視商品對所得的反應而定。根據商品對所得的反應，可將商品分為正常財、中性財與劣等財。

① 正常財：所得增加，消費者對商品的需求增加，**稱此商品為正常財**（*normal goods*）。大多數的商品都是正常財，例如：大雄零用錢從每月 1,000 元增加到 2,000 元時，他會增加三明治套餐的需求，對大雄而言三明治套餐就是正常財，如圖 2-8 中 $D_0 \to D_1$。

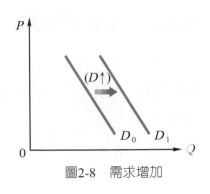

圖2-8　需求增加

② 中性財：**不論所得如何變動，消費者對商品的需求都不變，稱此商品為中性財**（*neutral goods*）。例如，不管每個月的零用錢是多少，栗子每天要喝一杯 30 元的美式咖啡，則美式咖啡對栗子而言，就是中性財；栗子對美式咖啡的需求不受所得影響。

③ 劣等財：**所得增加，消費者對商品的需求減少，稱此商品為劣等財**（*inferior goods*）。例如，大雄零用錢從每月 1,000 元增加到 2,000 元時，他會減少購買原子筆，那麼原子筆對大雄而言，就是劣等財，如圖 2-9 中 $D_0 \to D_2$。

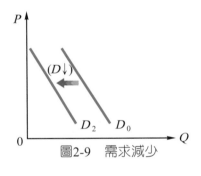

圖2-9　需求減少

（2）其他商品價格：其他商品價格發生變動時，商品間的替代強度不同則需求變動的方向也不同。

① 替代品：**一種商品價格上漲（下跌）會導致另一種商品需求增加（減少），就稱這兩種商品為替代品**（*substitutes*）。例如，優酪乳半價促銷，導致消費者對牛奶的需求減少，我們稱優酪乳與牛奶為替代品。

② 互補品：**一種商品價格上漲（下跌）會導致另一種商品需求減少（增加），就稱這兩種商品為互補品**（*complements*）。例如，大雄喝咖啡一定要加牛奶，當咖啡價格上漲，大雄會減少牛奶的需求，則稱咖啡與牛奶為互補品。

③ 獨立品：**獨立品（*Independent Goods*）係指一商品之需求不受其他商品價格變動影響**。例如，消費者對咖啡的需求不受原子筆價格變動影響，則稱咖啡與原子筆互為獨立品。

（3）偏好的變動：**偏好（*preference*）指消費者對商品的喜好程度**。偏好增加表示消費者更喜歡該商品，並造成需求增加（需求曲線右移）。影響消費者偏好的因素有流行文化、廣告行銷與風俗習慣……等。

（4）預期因素的變動：常探討的預期因素有預期價格與預期所得。

① 預期價格：指對未來價格的預期。當某一商品的預期價格上漲，消費者會增加現在商品的需求。例如，中油宣佈今天凌晨零點起調漲無鉛汽油油價，消費者就會趕在油價調漲前至加油站加油，那麼無鉛汽油的需求就會增加（無鉛汽油的需求曲線右移）。

② 預期所得：指對未來所得的預期。當消費者預期所得增加（減少），那麼會覺得自己變得更富有（更窮）。消費者覺得變得更有錢時，是否就會增加某一商品的消費，須視商品對所得變動的反應而定。

就正常財而言，預期所得增加，消費者會增加此一正常財的需求，使需求曲線右移。例如，大雄視三明治套餐為正常財，當大雄的父親預告下月起零用金由 1,000 元增加為 2,000 元，大雄預期未來變得更有錢，現在就會增加三明治套餐的需求（圖 2-8）。

（5）市場消費者人數的變動：某一商品的消費者人數增加，使商品的市場需求增加，市場需求曲線右移。例如：原本不愛吃三明治的小玉也加入三明治套餐的消費，三明治套餐的市場需求曲線右移（圖 2-8）。

2-3 需求法則

1.需求法則的意義

其它條件不變下，**商品的價格與需求量呈反向關係稱為需求法則**（*the law of demand*）。例如，百貨公司週年慶，消費者會趁折扣期間增加產品購買。汽

油價格飆漲時，大家會減少開車，以減少汽油的需求量。日常生活中，商品需求的價、量反向關係是一個普遍的現象，故經濟學以「法則」來形容。

現實經濟活動中，並非所有的商品皆符合需求法則，如炫耀財、季芬財等就是需求法則的例外。分析一商品價格變動，引發的「替代效果」與「所得效果」，可以清楚地瞭解需求量如何變動，也同時說明需求法則是否成立。

2. 替代效果與所得效果

一商品價格改變，會同時產生「替代效果」及「所得效果」，加總這兩效果所引起的需求量變動，就是需求曲線上所表示的商品價格上漲（下跌）引起的需求量減少（增加）的數量。

（1）替代效果：**其它商品價格不變，純粹因為 X 商品價格改變，使 X 商品之需求量與其它商品發生抵換的關係。**例如，三明治套餐價格下跌，相對其它商品三明治套餐變得更便宜，胖胖增加三明治套餐的需求量。

（2）所得效果：**貨幣所得不變，X 商品價格下跌（上漲）使消費者的實質所得增加（減少），而改變對 X 商品的需求量者，稱為所得效果。**例如，三明治套餐對胖胖而言是正常財，當價格下跌，胖胖手中的鈔票仍是3,000 元，但價格下跌使他覺得更富有了，表示胖胖的實質所得增加（購買力提升），於是增加三明治套餐的需求量。

3. 劣等財不一定違反需求法則

根據替代效果，當劣等財價格下跌時，劣等財價格相對便宜，消費者會增加劣等財需求量、減少其他商品需求量。

同時，根據所得效果可知，劣等財變便宜，消費者的實質所得會增加，消費者會減少劣等財的需求量。

劣等財價格下跌，最後若使劣等財需求量增加（亦即替代效果＞所得效果[8]時），則該劣等財符合需求法則。但若劣等財價格下跌，其需求量減少（亦即所得效果＞替代效果時），則該劣等財違反需求法則，季芬財即為一最佳例證。

4. 違反需求法則的例子

商品價格與需求量同向變動，即需求曲線呈正斜率時，稱該商品違反需求法則。

---

8 替代效果＞所得效果表示：劣等財價格下跌，替代效果引起的需求量增加大於所得效果引起的需求量減少。

（1）季芬財

1845年愛爾蘭發生饑荒，對低所得家庭而言，**馬鈴薯價格上漲但馬鈴薯需求量不減反增**，原因是低所得家庭太過貧窮，馬鈴薯價格上漲使他們更加地買不起別的商品，最後只好多買馬鈴薯來填飽肚子，**這種商品稱之為季芬財**（*Giffen goods*）。

（2）炫耀財

韋伯倫（*Veblen*）發現商品有「炫耀」效果時，會吸引消費者想持有該商品，以彰顯其身份、地位，於是**價格上漲更加突顯炫耀效果，需求量反而增加，稱為炫耀財**（*conspicuous goods*）或韋伯倫財（*Veblen goods*）。例如， 名牌包、 進口跑車……等。

自我挑戰

（　）　1. 一場電影票價為250元時，以下何者對本月電影需求為有效需求？
(A) 大雄愛看電影且每月都有300元花在買電影票上。
(B) 喜喜每月有零用錢500元，比起看電影他更喜歡打電玩。
(C) 宣宣很喜歡看電影，從這個月起每月都會存50元作為看電影的基金。
(D) 栗子家開電影院，她每天都有免費電影可看，但她很討厭看電影。

【2-1】

（　）　2. 需求可以①需求表②需求曲線③需求斜率④需求函數等哪些方式表達？
(A) ①②③　(B) ②③④　(C) ①③④　(D) ①②④　　【2-1-1】

（　）　3. 有關間接需求的描述，以下何者正確？
(A) 大雄為了上學方便，買了一輛腳踏車
(B) 夏日炎炎，大眾增加芒果冰的消費
(C) 小英吃麵時一定要加辣椒
(D) 計程車司機為順利輸運乘客，須為愛車加汽油

【2-1-2】

(　　)　4. Wii的功能與遊戲不斷推陳出新，消費者對Wii的喜好與日俱增，Wii價格不變下，市場上會有什麼現象發生？　(A) Wii的需求量增加　(B) Wii的需求量減少　(C) Wii的需求增加　(D) Wii的需求減少　　【2-2-3】

(　　)　5. 下列有關需求曲線的敘述，何者正確？
(A) 夏天太熱，使得冷飲的需求曲線向左移
(B) 火鍋料的成本上漲，使得吃火鍋的需求曲線向左移
(C) 所得增加，使得冷氣機的需求曲線向右移
(D) 腳踏車廠商擴大產能，使得腳踏車的需求曲線向右移　　【2-2-3】

(　　)　6. 有關需求曲線的描述，以下何者正確？
① 需求曲線必為一條直線
② 需求曲線自左上向右下延伸
③ 負斜率需求曲線表示價格愈高需求量愈少，需求法則成立
④ 需求曲線上的每一點都表示在每一特定價格下，消費者主觀想買的商品數量
(A) ①②　(B) ③④　(C) ②③　(D) ①③　　【2-3】

(　　)　7. 在其它條件不變下，「財貨價格與需求量呈反向變動的現象」是為
(A) 供給法則　(B) 季芬財　(C) 需求法則　(D) 引申需求　　【2-3】

(　　)　8. 甲只喝咖啡和紅茶兩種飲料，且咖啡或紅茶對其沒有差別，表示咖啡和紅茶對其而言是
(A) 劣等財（inferior goods）
(B) 替代品（substitute goods）
(C) 互補品（complement goods）
(D) 季芬財（Giffen goods）　　【2-3-1】

(　　)　9. 佳怡調高薪資後，原先薪水她都買3公斤肉及12顆蘋果；在其它條件不變下，新的薪水她則買2公斤肉及15顆蘋果，下列敘述何者正確？
(A) 肉是正常財，蘋果是劣等財
(B) 肉是劣等財，蘋果是正常財
(C) 肉及蘋果均是正常財
(D) 肉及蘋果均是劣等財　　【2-3-1】

(　　)　10.李媽媽發現菜市場雞肉促銷使她的實質購買力增加，而增加雞肉需求量，上述為何種效果　(A)跨期效果　(B) 所得效果　(C) 偏好效果　(D) 替代效果　　【2-3-1】

2-4　供給與供給法則

　　需求分析說明消費者的選擇行為，供給分析則闡明賣方行為。供給與需求雖是不同的經濟分析工具，兩者卻有異曲同工之處。在各種不同價格下，「願意」且「有能力」提供者，才是經濟體系中的供給者。

2-4-1　供給的意義

1. 供給的定義

　　供給（*supply*）係指某一段期間內，於其它條件不變（*other things be equal*）下，生產者對於某一種商品，面對其各種不同價格時，願意且能夠供應的數量。簡單來說就是描述某一商品的價格與供給量間的關係，此一價格是生產者能接受的最低價格。

　　其它條件不變（*other things be equal*），指除了商品本身價格以外的因素，例如：生產技術、自然環境、預期價格、相關商品價格、相關生產要素與原料價格、市場供給者人數、政府政策⋯⋯等影響生產者生產的因素都假設維持不變，詳細分析請見2-5-3。

2. 供給的表達方式

（1）供給表（*suply schedule*）：描繪商品在各種價格下所對應之供給量的表格，稱為供給表。如表 2-5。

（2）供給曲線（*suply curve*）：將供給表中的價量關係圖示呈現，供給曲線是一條由**左下向右上**[9]延伸的直線或是曲線。如圖 2-10。

表2-5　春天速食餐廳本月對三明治套餐的供給表

價格（P）	供給量（Q）
100	15
90	12
80	9
70	6
60	3
50	0

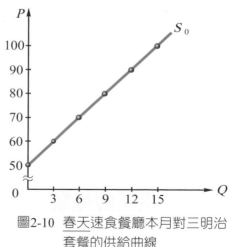

圖2-10　春天速食餐廳本月對三明治套餐的供給曲線

9　左下向右上延伸的供給曲線，表示供給量與價格之間呈同向關係；亦即商品價格愈高供給量愈多，價格愈低供給量愈少，數學上呈正斜率。

> **供給曲線的斜率**
>
> 供給曲線斜率（$\frac{\Delta P}{\Delta Q}$）$=$ $\frac{\text{價格變動量}}{\text{供給量變動量}}$ $=$ $\frac{P_a - P_b}{Q_a - Q_b}$ （式2-2）

實力加強❸ 供給曲線的斜率

根據式2-2，可得圖2-10中春天速食餐廳本月對三明治套餐的供給曲線S_0之斜率。

┃ **解答** 供給曲線S_0上任取兩三明治套餐的價格與供給量組合。A組合（P_A，Q_A）$=$
（90，12）、B組合（P_B，Q_B）$=$（80，9）則供給曲線S_0的斜率即為：

$$\frac{\Delta P}{\Delta Q} = \frac{90-80}{12-9} = \frac{10}{3}$$

（3）供給函數（*supply function*）：數學函數型式表示生產者對某一商品之價
格與供給量的關係，稱該函數為供給函數。

一般以線性供給函數$Q_x^s = c + dP_x$表示x商品的供給函數，也可以寫成
$Q_x^s = f(P_x)$。

其中，$d > 0$表示供給價格與供給量呈正向關係。

根據表 2-5 或圖 2-10，可求得春天速食餐廳本月對三明治套餐的供給函
數$Q_x^s = -15 + \frac{3}{10} P_x$（直線型供給函數，詳見課外補充），$\frac{1}{d} = \frac{10}{3}$與實
力加強 3 春天速食餐廳對三明治套餐的供給曲線斜率相同，可知**供給曲
線的斜率即為$\frac{1}{d}$**。

2-4-2 供給的種類

供給依生產要素產出特性、組成單位、供給量變動與否、有無固定生產要
素等分為四大類（表2-6）：

表2-6　供給的種類

依生產要素產出特性 區分	依組成單位 區分	依供給量變動與否 區分	依有無固定生產要素 區分
1. 聯合供給	1. 個別供給	1. 固定供給	1. 短期供給
2. 獨立供給	2. 市場供給	2. 變動供給	2. 長期供給

1. 供給依生產要素產出特性區分

（1）聯合供給：某些商品由同一生產要素同時生產出來。例如，一頭牛除了可以提供牛肉，同時還可以產出牛皮作為皮革；當牛肉的供給增加，同時也帶動牛皮的供給增加，我們稱牛肉和牛皮為生產上的互補商品，又稱聯合供給。

（2）獨立供給：廠商生產過程中只單獨產出一種商品供應市場。例如，製鞋廠只產出鞋子來供給市場。

2. 供給依組成單位區分

（1）個別供給：係指個別生產者的供給，一般以 q^s 表示。例如，三明治套餐市場存在許多的生產者，其中也包括了春天速食餐廳，春天速食餐廳對三明治套餐的供給就稱為個別供給。

（2）市場供給：指市場中所有個別供給的水平加總；**亦即某一商品在各種價格下，市場中所有生產者所對應之供給量的總合**，一般以 Q^s 表示。例如，三明治套餐市場上只有春天及大可兩家生產者，則三明治套餐的市場供給即是春天及大可兩生產者的個別供給總合。

實力加強❹　市場供給的表達方式

市場供給同樣可以供給表、供給曲線與供給函數三種方式表示。

假設三明治套餐市場只有春天及大可兩家生產者，則市場供給可如下表示：

（1）三明治套餐的市場供給表：表 2-7 中加總各種不同價格下，春天及大可的個別供給量（q_1^s、q_2^s）。

表2-7　春天及大可的三明治套餐本月供給

價格（P）	春天速食餐廳的供給量（q_1^s）	大可速食餐廳的供給量（q_2^s）
100	15	30
90	12	24
80	9	18
70	6	12
60	3	6
50	0	0

表2-8　三明治套餐的本月供給表

價格（P）	市場供給量 Q^s $Q^s = (q_1^s + q_2^s)$
100	45
90	36
80	27
70	18
60	9
50	0

（2）三明治套餐的市場供給曲線：商品市場供給曲線是個別供給曲線的水平加總。

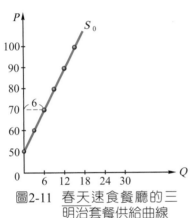

圖2-11　春天速食餐廳的三明治套餐供給曲線

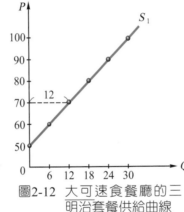

圖2-12　大可速食餐廳的三明治套餐供給曲線

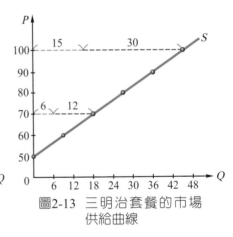

圖2-13　三明治套餐的市場供給曲線

（3）三明治套餐的市場供給函數：市場供給函數可由市場供給表求得，亦可水平加總[10]個別供給函數而得。例如：三明治套餐的市場供給函數 $Q^s = -45 + \dfrac{9}{10} P$（詳見課外補充）。

---

10 個別供給函數加總時應注意：1. 加總時使用的是個別供給函數，而非供給反函數。2.個別供給函數可能不同，加總時留意分段處。建議先畫出個別供給曲線，就可分析出分段處。

動動腦❸ 個別供給與市場供給

已知市場上只有A、B兩家廠商供給x商品，A的供給函數為$q_A = -5 + P_A$、B的供給函數為$q_B = -10 + P_B$，試繪出x商品的市場供給曲線。

▋ 解答

---

3. 供給依供給量變動與否區分

（1）固定供給：**商品的供給量固定，不隨價格變動而改變，其供給曲線為垂直。** 例如，台北市土地不論市場價格如何改變，都沒辦法增加供給量，供給曲線為一垂直橫軸的直線，如圖 2-14（a）。

（2）變動供給：**商品的供給量隨著價格變動調整，其供給曲線為正斜率，一般商品皆滿足此性質。** 例如，果農會隨蘋果價格上漲而增加其供給量，隨價格下跌而減少供給量，如圖 2-14（b）。

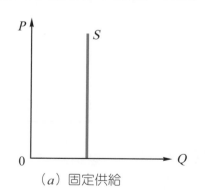
（a）固定供給

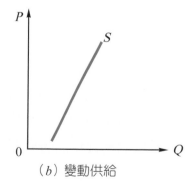
（b）變動供給

圖2-14

4. 供給依有無固定生產要素區分

經濟學中所指的短期與長期，端視生產者僱用的生產要素是否可以調整來界定，當經濟議題分析期間內，生產者**至少有一生產要素投入量固定時稱為短期**；反之，**所有生產要素投入量皆可以調整時就稱為長期**。例如，冰品店一個月內就可以拓展店面，增加冰品供應，一個月對冰品店而言就是長期；面板生產者一個月還不足以建置好一個新廠房來增加面板供給，一個月對面板生產者而言就是短期。

（1）短期供給：生產者受限於至少一種生產要素固定下的供給稱之。一般而言，資本設備無法立即調整（如老舊廠房的汰舊換新），所以短期通常假設資本設備為固定生產要素。

（2）長期供給：生產者在生產要素皆可調整下的供給。此時，時間長到足以使生產者自由調整所有生產要素的投入量或改變生產規模等。

2-4-3　供給法則

1. 供給法則的意義

其它條件不變下，商品的價格與供給量呈正向關係稱為供給法則（*the law of supply*）。

2. 違反供給法則的例子

（1）後彎的勞動供給曲線（*backward bending labor supply curve*）：一般的情況下，個人的勞動供給曲線為正斜率，如圖 2-15 的 $\overline{AB}$，當工資提高到某一程度，勞動者生活富裕使其偏愛休閒娛樂更甚於工作，工資率提高反而降低勞動供給意願，導致願意而且能夠提供的勞動量反而減少，就會形成勞動供給曲線後彎，勞動供給曲線為負斜率，如圖 2-15 的 $\overline{BC}$，此後彎部份即違反供給法則。

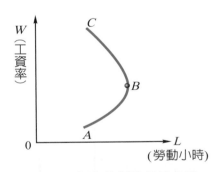

圖2-15　個人的勞動供給曲線

（2）固定供給：供給曲線為一垂直橫軸的直線。例
　　　如：梵谷畫作的供給曲線，亦即不論畫作價格
　　　如何變動，供給量都固定，如圖2-16。

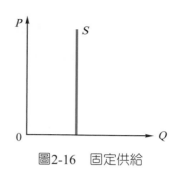

圖2-16　固定供給

2-5　供給量變動與供給變動

　　讀者可藉與2-2節相似的概念學習本節，理解市場中影響賣方供給行為的因素。

1. 供給量的定義

　　供給量（*quantity supply*）係指某一段期間內，
在其它條件不變下，生產者對於某一種商品，面對
其特定價格時，願意且能夠提供的數量。

2. 供給與供給量的差異

　　「供給」指的是生產者對於某一種商品在各
種不同價格下，願意且能夠提供的數量；「供給
量」則是指某一特定價格下，生產者願意且能夠
提供的數量。

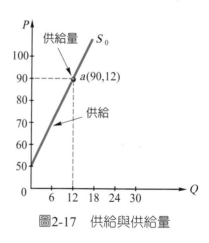

圖2-17　供給與供給量

2-5-1　供給量變動

　　假設其它條件不變下，商品本身價格變動，
造成供給量的變動稱為供給量變動。

　　三明治套餐價格從90元跌至80元，春天速食
餐廳的供給量從12份減少為9份，此稱為供給量變
動；亦即圖2-18中沿著供給曲線S_0，從a點移動到
b點，簡單的說就是供給曲線上「點」的移動。

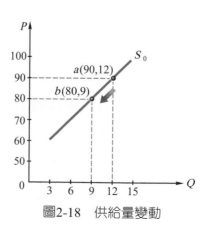

圖2-18　供給量變動

2-5-2 供給變動

1. 供給變動的意義

商品的本身價格不變，因其他條件變動，造成整條供給曲線的移動。

（1）供給增加，供給曲線右移。

（2）供給減少，供給曲線左移。

圖2-19中，三明治套餐的價格不變，當生產的原料價格下跌，<u>春天</u>生產成本降低，使其增加三明治套餐供給，供給曲線平行右移（$S_0{\to}S_1$）。當生產原料價格上漲，生產成本提高，使其減少三明治套餐供給（$S_0{\to}S_2$）。

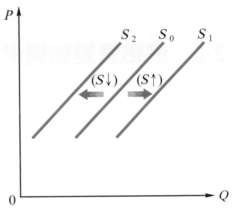

圖2-19　成本變動對供給曲線的影響

2. 影響供給變動的因素

商品本身價格不變下，（1）生產技術（2）自然環境（3）預期價格（未來價格）（4）相關商品價格（5）相關生產要素與原料價格（6）市場供給者人數等因素變動對供給的影響分別說明如下：

（1）生產技術

生產者的技術進步使其能在相同要素投入量下，有能力提供更多數量的商品，使供給增加，供給曲線右移。例如，稻米病蟲害防治技術進步，農夫一畝田的產量在相同的秧苗、勞力、肥料……等要素投入量下，稻米產量提高，稻米的供給增加，稻米的供給曲線右移。

（2）自然環境

自然環境發生變化引起商品供給的增加或減少，特別是農產品的供給最易受到大自然的影響。例如，颱風、豪雨或乾旱等，都會影響農產品收成，導致供給減少，使農產品的供給曲線左移。

（3）預期價格

　　生產者預期未來商品價格上漲，商品在漲價時出售會比目前出售獲得更高的利潤，惜售心理作用下使商品供給減少，商品供給曲線左移。生產者預期商品價格上漲（下跌）時，供給會減少（增加），供給曲線左移（右移）。例如，台灣加入世界貿易組織（*World Trade Organization*，*WTO*）前，預期國內為符合*WTO*規範而提高菸酒稅，菸酒零售商預期傳統600*C.C.*紅標米酒，將由原本一瓶20元上漲至180元，零售商紛紛在價格未上漲前大量囤積紅標米酒，計劃未來價格調漲時出售，市場上形成紅標米酒缺貨、供給減少的現象。

（4）相關商品價格

　　一般而言，生產要素有許多的用途，各種用途彼此「競爭」，例如，農夫的農地可以用來種植小白菜與青蔥，當青蔥價格上漲（圖2-21）使小白菜售價變得相對便宜時，農夫會減少小白菜種植面積，市場上小白菜的供給減少（供給曲線左移，圖2-20）。

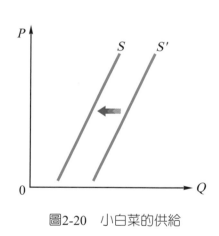

圖2-20　小白菜的供給　　　　　圖2-21　青蔥價格上漲，供給量增加

（5）相關生產要素與原料價格

　　生產要素與原料價格上漲，使相同產量下的生產成本提高，生產者面對相同的商品市場價格下，會減少對商品的供給。例如，麵粉價格上漲使麵包的生產成本提高，麵包店將減少麵包的供給，麵包的供給曲線左移。

（6）市場供給者人數

　　　某一商品的生產者增加，商品的市場供給增加，市場供給曲線右移。

（7）政府政策

　　　政府政策透過影響生產者的生產成本，使廠商對商品的供給發生改變。當政府對生產者課稅，使生產成本提高，生產者會減少商品供給（供給曲線左移）。反之，政府對生產者補貼，使生產成本降低，生產者會增加商品供給（供給曲線右移）。

自我挑戰

（　　）1. 台灣菸酒公司同時提供清酒與酒粕稱為　(A) 聯合供給　(B) 獨立供給　(C) 長期供給　(D) 固定供給　　　　　　　　　　　　　　【2-4-2】

（　　）2. 若水餃市場只有小英和小莉兩位供給者，小英的供給函數 $q_1^s = -25 + 0.5P_x$，小莉的供給函數 $q_2^s = -2.5 + 0.25P_x$，以下何者正確？

　① 小英的供給曲線斜率為2

　② 水餃價格10元時，市場供給量為0個水餃

　③ 價格介於0到50元時，水餃的市場供給曲線為 $Q_x^s = -2.5 + 0.25P$

　④ 水餃價格10元時，小英供給市場115顆水餃

　(A) ①②　(B) ②③④　(C) ①③④　(D) ①②③　　　　　　　【2-4-2】

（　　）3. 有關供給法則，以下敘述何者錯誤？

　(A) 其它條件不變，商品市場價格上漲，供給量增加

　(B) 供給法則成立是因為廠商利潤增加

　(C) 勞動供給後彎，違反供給法則

　(D) 老張每天只供給市場20杯肉羹，老張對肉羹的供給違反供給法則

　　　　　　　　　　　　　　　　　　　　　　　　　　　【2-4-3】

(　　) 4. 以下何者違反供給法則？

(A) 劣等財

(B) 季芬財

(C) 具固定供給特性之商品

(D) 勞動供給曲線 　　　　　　　　　　　　　　【2-4-3】

(　　) 5. 有關供給、供給量的敘述，以下何者錯誤？

① 氣象局預報今年冬季氣溫比往年低，成衣製造商會增加大衣供給量

② 牛肉供給增加，同時也帶動牛角供給增加

③ 新屋市場短期的供給為固定供給

④ 商品製造原料價格上漲，商品供給減少

⑤ 預期商品價格上漲，供給者增加目前商品供給

⑥ 歐洲航線機票價格下跌30%，歐洲旅遊行程的供給增加

⑦ 市場供給是個別供給的垂直加總

⑧ 政府對舶來品課高額關稅，使舶來品供給減少

(A) ②⑥⑧　(B) ①⑤⑦　(C) ③④⑥　(D) 以上皆非 　　　【2-4-5】

(　　) 6. 下列何者會引起「供給量的變動」？

(A) 租稅與補貼的變動

(B) 相關生產要素價格的變動

(C) 生產技術的變動

(D) 財貨本身價格的變動 　　　　　　　　　　　　【2-5】

(　　) 7. 供給法則成立的原因是？　(A) 所得效果　(B) 替代效果　(C) 邊際成本遞增　(D) 以上皆非 　　　　　　　　　　　　　　　【2-4-3】

(　　) 8. 下列敘述何者反映豬肉供給量變動的現象？

(A) 飼料玉米價格大漲，毛豬生產成本增加

(B) 消費者關切肉品食用安全問題，豬肉購買量減少

(C) 牛肉價格下跌，消費者增加牛肉的消費而減少豬肉的消費

(D) 賣場以7折優惠價出售豬肉，造成豬肉熱賣 　　　【2-5-3】

(　　) 9. 墨西哥政府對國內燃料補貼政策，導致美、墨兩國的汽油價差很大，腦筋動得快的墨西哥商人乘機在墨國買油跨境賣到美國，以下對美國汽油市場的敘述何者正確？　(A) 美國的汽油市場供給量減少　(B) 美國的汽油市場供給增加　(C) 美國的汽油市場需求量減少　(D) 美國的柴油市場需求量增加 　　　　　　　　　　　　　　　　　　　　　　【2-5-3】

2-6 需求彈性

2-6-1 需求的價格彈性

1. 需求的價格彈性定義

需求的價格彈性（*price elasticity of demand*）係指其它條件不變下，商品價格變動百分之一引起需求量變動的百分比，簡稱需求彈性。

需求彈性是衡量消費者對商品價格變動的敏感程度，需求彈性愈大表示商品價格變動一個百分比引起的需求量變動百分比愈大，亦即消費者對商品價格變動愈敏感。例如，栗子對週日至*KTV*唱歌的需求價格彈性大，表示她對歡唱價格變動的反應很敏感，當*KTV*週日每小時歡唱價格推出七五折優惠時，栗子會大幅提高消費；但是折扣活動結束後，她週日只願意偶爾至*KTV*消費。

2. 需求彈性的衡量方式

需求彈性可採（1）點彈性及（2）弧彈性兩種方式衡量。實務上當價格變動幅度大時，多採用弧彈性來計算；一般在價格微量變動或為方便理論操作，則使用點彈性計算需求彈性。

（1）點彈性

點彈性（*point elasticity*）主要是衡量曲線上某一「點」的彈性，其數學表示方式為式2-3。

ε_x^d：x商品的需求彈性（ε 讀作*epsilon*表示彈性，d代表需求）

P_0：變動前商品價格　　　　　　　P_1：變動後商品價格

Q_0：價格變動前的需求量　　　　　Q_1：價格變動後的需求量

ΔQ：需求量的變動量（$Q_1 - Q_0$）

ΔP：商品價格的變動量（$P_1 - P_0$）

$$\varepsilon_x^d = \left| \frac{需求量變動百分比}{價格變動百分比} \right| = \left| \frac{\frac{\Delta Q}{Q_0}}{\frac{\Delta P}{P_0}} \right| = \left| \frac{\Delta Q}{\Delta P} \times \frac{P_0}{Q_0} \right| \qquad （式2-3）$$

三明治套餐價格從100元下跌到90元時，大雄對三明治套餐的需求量由5份增加到10份，則大雄對三明治套餐的需求點彈性是10。

$$\varepsilon_x^d = \left| \frac{\frac{\Delta Q}{Q_0}}{\frac{\Delta P}{P_0}} \right| = \left| \frac{\frac{5}{5}}{\frac{-10}{100}} \right| = 10$$

三明治套餐從90元上漲到100元時，大雄對三明治套餐的需求量由10份減少為5份，則大雄對三明治套餐的需求點彈性是4.5。

$$\varepsilon_x^d = \left| \frac{\frac{\Delta Q}{Q_0}}{\frac{\Delta P}{P_0}} \right| = \left| \frac{\frac{-5}{10}}{\frac{10}{90}} \right| = 4.5$$

上述兩例子中，價格的漲跌都是10元且 $\frac{\Delta Q}{\Delta P} = -\frac{1}{2}$，但是計算的基準點 $\frac{Q_0}{P_0}$ 不同，需求點彈性也就不相同。

實力加強❺　需求曲線上各點的彈性

需求曲線上，b 點的需求彈性 $\varepsilon_x^d = \left| \frac{\overline{Q_0 d}}{\overline{bQ_0}} \times \frac{\overline{bQ_0}}{\overline{0Q_0}} \right|$，其中需求曲線之斜率倒數為 $\frac{\Delta Q}{\Delta P} = \frac{\overline{Q_0 d}}{\overline{bQ_0}}$，則 $\varepsilon_x^d = \frac{\overline{Q_0 d}}{\overline{0Q_0}} = \frac{\overline{bd}}{\overline{ba}} = \frac{\overline{0P_0}}{\overline{P_0 a}}$。

若 b 點為 $\overline{ad}$ 之中點（$\overline{ba} = \overline{db}$），根據上式，圖2-22 中 b 點的需求彈性等於1，同理，e 點需求彈性大於1，c 點的需求彈性小於1。

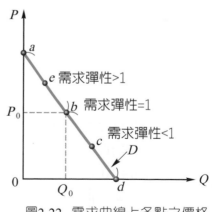

圖2-22　需求曲線上各點之價格彈性

（2）弧彈性

商品價量組合不變，採點彈性計算需求彈性時，價格下跌（圖2-23中$a \to b$）之需求彈性與價格上漲（圖2-23中$b \to a$）之需求彈性並不相同。為了解決此一問題，可採弧彈性來衡量需求彈性。

弧彈性（*arc elasticity*）針對百分比變動量修正，將分母以平均值取代（式2-4）。

$$\varepsilon_x^d = \left| \frac{需求量變動百分比}{價格變動百分比} \right| = \left| \frac{\dfrac{(Q_1 - Q_0)}{\left(\dfrac{Q_1 + Q_0}{2}\right)}}{\dfrac{P_1 - P_0}{\left(\dfrac{P_1 + P_0}{2}\right)}} \right|$$

$$= \frac{\Delta Q}{\Delta P} = \left(\frac{P_1 + P_0}{Q_1 + Q_0} \right) \qquad （式2-4）$$

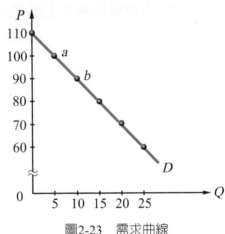

圖2-23　需求曲線

可頌的價格由5元上漲至7元，使可頌需求量從10份減少為6份，反之，可頌的價格由7元下跌至5元，使可頌需求量從6份增加為10份，兩者以弧彈性計算的需求彈性皆為1.5。

① 可頌的價格由5元上漲至7元

可頌的價量變動為$(P_0，Q_0) = (5，10)$、$(P_1，Q_1) = (7，6)$

弧彈性計算之$\varepsilon_x^d = 1.5$

$$\varepsilon_x^d = \left| \frac{\dfrac{6-10}{\left(\dfrac{6+10}{2}\right)}}{\dfrac{7-5}{\left(\dfrac{7+5}{2}\right)}} \right|$$

$$\varepsilon_x^d = 1.5$$

② 可頌的價格由7元跌至5元

可頌的價量變動為$(P_0，Q_0) = (7，6)$、$(P_1，Q_1) = (5，10)$

弧彈性計算之$\varepsilon_x^d = 1.5$

$$\varepsilon_x^d = \left| \frac{\dfrac{10-6}{\left(\dfrac{10+6}{2}\right)}}{\dfrac{5-7}{\left(\dfrac{5+7}{2}\right)}} \right|$$

$$\varepsilon_x^d = 1.5$$

動動腦❹　需求彈性

甜甜圈價格下跌25%，甜甜圈的需求量增加10%。試求甜甜圈的需求彈性。

▍解答

---

3. 需求彈性種類

　　需求彈性從0到∞（無窮大）歸納成五種類型（1）完全無彈性（*perfectly inelastic*）（2）缺乏彈性（*relatively inelastic*）（3）單一彈性（*unitary elasticity*）（4）富於彈性（*relatively elastic*）（5）完全有彈性（*perfectly elastic*）。

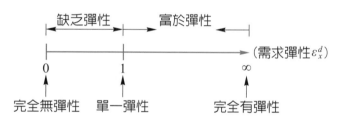

圖2-24　需求彈性的種類

（1）完全無彈性（$\varepsilon_x^d = 0$）

　　　或稱**彈性為零**（*zero elasticity*），$\varepsilon_x^d = 0$ 時**不論商品價格如何變動，需求量都固定不變**。需求曲線斜率為∞，且是一條垂直橫軸的直線（圖2-25）。

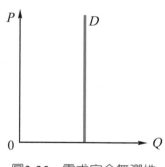

圖2-25　需求完全無彈性

（2）缺乏彈性（$0 < \varepsilon_x^d < 1$）

　　或稱較無彈性，需求量變動百分比小於價格變動百分比。**消費者對價格變動較不敏感，需求曲線較陡且斜率為負**（圖2-26）。

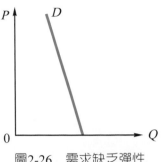

圖2-26　需求缺乏彈性

（3）單一彈性（$\varepsilon_x^d = 1$）

　　需求量變動百分比等於價格變動百分比。**需求曲線是一條雙曲線**（圖2-27），**線上每一點的彈性值皆為1**。例如：不論珍珠奶茶價格如何，栗子每月都花300元喝珍珠奶茶（$Q^d = \dfrac{300}{P}$），則她對珍珠奶茶的需求曲線即為一條雙曲線。

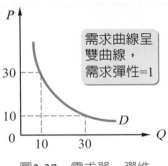

圖2-27　需求單一彈性

（4）富於彈性（$1 < \varepsilon_x^d < \infty$）

　　或稱較有彈性，需求量變動百分比大於價格變動百分比。**消費者對價格變動較敏感，需求曲線較平坦且斜率為負**（圖2-28）。

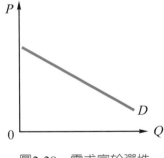

圖2-28　需求富於彈性

（5）完全有彈性（$\varepsilon_x^d = \infty$）

　　又稱為**彈性無窮大**（*infinite elasticity*），此極端現象表示只要價格為P_0消費者可消費任何需求量；一旦價格稍微高過P_0時，需求量立即為0（圖2-29）。

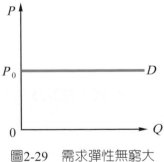

圖2-29　需求彈性無窮大

2-6-2　需求的交叉彈性

需求彈性是衡量商品本身價格發生變動對其需求量的影響。需求的交叉彈性則是分析其他商品的價格發生變動時，對另一商品需求量的影響，用以測度一商品對另一商品價格變動的敏感程度，即商品間替代程度的高低。

1. 需求的交叉彈性的意義

需求的交叉彈性係指某一商品y價格變動百分之一時，引起另一商品x需求量變動的百分比，簡稱交叉彈性（*cross elasticity*）。

ε_{xy}^{d}：y商品對x商品的交叉彈性

P_0^{y}：變動前y商品價格　　　　　　P_1^{y}：變動後y商品價格

Q_0^{x}：y商品價格變動前x商品的需求量　　Q_1^{x}：y商品價格變動後x商品的需求量

ΔQ_x：x商品需求量的變動量（$Q_1^{x} - Q_0^{x}$）

ΔP_y：y商品價格的變動量（$P_1^{y} - P_0^{y}$）

① 弧彈性　　　　　　　　　　　② 點彈性

$$\varepsilon_{xy}^{d} = \frac{x\text{商品需求量變動百分比}}{y\text{商品價格變動百分比}} \qquad \varepsilon_{xy}^{d} = \frac{x\text{商品需求量變動百分比}}{y\text{商品價格變動百分比}}$$

$$\varepsilon_{xy}^{d} = \left| \frac{\dfrac{(Q_1^{x} - Q_0^{x})}{\left(\dfrac{Q_1^{x} + Q_0^{x}}{2}\right)}}{\dfrac{(P_1^{y} - P_0^{y})}{\left(\dfrac{P_1^{y} + P_0^{y}}{2}\right)}} \right| \qquad\qquad \varepsilon_{xy}^{d} = \frac{\dfrac{\Delta Q_x}{Q_0^{x}}}{\dfrac{\Delta P_y}{P_0^{y}}}$$

$$= \frac{\Delta Q}{\Delta P} \cdot \left(\frac{P_1^{y} + P_0^{y}}{Q_1^{x} + Q_0^{x}} \right) \qquad\qquad = \frac{\Delta Q_x}{\Delta P_y} \times \frac{P_0^{y}}{Q_0^{x}}$$

（式2-5）

2. 交叉彈性與商品性質之關係

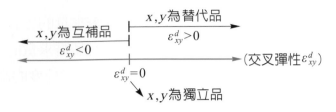

圖2-30　交叉彈性與商品性質

（1）替代品（$\varepsilon_{xy}^d > 0$）

交叉彈性為正時，稱x商品與y商品為替代品（*substitutes*），即y商品價格上漲，x商品的需求量隨之增加。例如，咖啡價格上漲，消費者會減少咖啡的需求量，增加茶類飲料的需求量，即表示咖啡與茶類飲料互為替代品。

（2）互補品（$\varepsilon_{xy}^d < 0$）

交叉彈性為負時，稱x商品與y商品為互補品（*complements*），即y商品價格上漲，x商品的需求量隨之減少。例如，汽油價格上漲，消費者會減少汽車的需求量，說明汽油與汽車是互補品。

（3）獨立品（$\varepsilon_{xy}^d = 0$）

交叉彈性為零時，稱x商品與y商品為獨立品（*independent*），即y商品價格上漲，x商品的需求量不變。例如，公車票價上漲，對看電影的需求量毫無影響，則稱公車與電影是獨立品。

2-6-3　需求的所得彈性

需求的所得彈性是衡量消費者所得改變對商品需求量的影響，說明了商品對所得變化的敏感程度及商品的性質。

1. 需求的所得彈性的意義

需求的所得彈性係指所得變動百分之一引起商品需求量變動的百分比，簡稱為所得彈性（*income elasticity*）。

η_x：x商品的所得彈性

I_0：變動前所得

Q_0：消費者在I_0時對x商品的需求量

ΔQ_x：x商品需求量的變動量（$Q_1 - Q_0$）

I_1：變動後所得

Q_1：消費者在I_1時對x商品的需求量

ΔI：所得的變動量（$I_1 - I_0$）

① 弧彈性

$$\eta_x = \frac{x商品需求量變動百分比}{所得變動百分比}$$

$$= \frac{\left| \dfrac{(Q_1^x - Q_0^x)}{\left(\dfrac{Q_1^x + Q_0^x}{2} \right)} \right|}{\dfrac{(I_1 + I_0)}{\left(\dfrac{I_1 + I_0}{2} \right)}}$$

$$= \frac{\Delta Q}{\Delta I} \cdot \left(\frac{I_1 + I_0}{Q_1^x + Q_0^x} \right)$$

② 點彈性

$$\eta_x = \frac{x商品需求量變動百分比}{所得變動百分比}$$

$$\varepsilon_{xy}^d = \frac{\dfrac{\Delta Q_x}{Q_0^x}}{\dfrac{\Delta I}{I_0}}$$

$$= \frac{\Delta Q_x}{\Delta I} \times \frac{I_0}{Q_0^x}$$

（式2-6）

2. 所得彈性與商品性質之關係

（1）正常財（$\eta_x > 0$）

　　　　所得彈性為正時，稱x商品為正常財（*normal goods*），即消費者對x商品的需求量隨所得增加而增加。正常財又可分為必需品與奢侈品。

① 必需品（$0 < \eta_x < 1$）

　　x財的所得彈性介於 $0 \sim 1$ 之間時，x財的需求量變動百分比小於所得變動百分比，即稱 x 財為必需品（*necessities*）。

② 奢侈品（$\eta_x > 1$）

　　x財的所得彈性大於 1 時，x財的需求量變動百分比大於所得變動百分比，即稱 x 財為奢侈品（*luxury goods*）。

（2）劣等財（$\eta_x < 0$）

所得彈性為負時，稱x商品為劣等財（*inferior goods*），即消費者對x商品的需求量隨所得增加而減少。

（3）中性財（$\eta_x = 0$）

所得彈性為零時，稱x商品為中性財（*neutral goods*），即消費者對x商品的需求量不受所得變動影響。

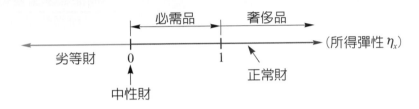

圖2-31　所得彈性與商品性質

2-6-4　影響需求彈性的因素

需求彈性的大小主要受以下因素影響：

1. 商品的性質

一般而言，必需品的需求彈性小，奢侈品的需求彈性大。例如，日常生活中不可或缺的衛生紙，人們不會因為其價格上漲就不消費，衛生紙的價格漲跌對其需求量影響甚微，故其需求彈性小。反觀國外旅遊，消費者不一定非去不可，當其價格上漲，國外旅遊的需求量大幅減少，故消費者對奢侈品的需求彈性大。

2. 時間的長短

「時間」是指需求定義中「某一段期間內」的期間長度。**時間愈長**，消費者愈有能力因應價格變動的影響，**需求彈性就愈大，反之需求彈性則愈小。**例如，1973年能源危機，全球油價不斷上漲，短期間各國還來不及搜尋更好的替代品或改變習慣，石油需求量變化不大，需求彈性小；而巴西為因應全球油價高漲，積極發展生質能源，歷經50年的努力，不僅成為生質燃料生產大國，同時也降低其對石油的依賴，與短期相比，巴西對石油的需求彈性變大了。

3. 替代品的多寡與替代程度

商品的替代品愈少或替代程度愈低，需求彈性愈小，反之需求彈性愈大。例如，汽油價格調漲時，汽油的替代品少，且替代程度低，故需求量變動不大，因此汽油的需求彈性小。藍色中性筆的替代品多，當*A*牌藍色中性筆價格上漲，消費者可以許多他品牌中性筆或原子筆替代，因此*A*牌藍色中性筆的價格上漲所引起之需求量變化就大，故其需求彈性大。

4. 商品的用途多寡

商品的用途愈多，需求彈性愈大，反之需求彈性愈小。例如，當手錶的功能只可用來計時，手錶價格下跌，它的需求量變動不大；但手機不僅可以計時還可以上網、收發*e-mail*、玩遊戲、聽音樂……，其價格下跌可以刺激消費，需求量的變動大，故手機需求彈性也就較手錶的需求彈性大。

5. 商品的耐用程度

商品愈耐用，需求彈性愈小，反之需求彈性愈大，故耐久財的需求彈性小，非耐久財的需求彈性大。例如，電冰箱一台可用五年，在其損壞前消費者對電冰箱價格波動並不敏感，因此其需求彈性小；但是中性筆的筆芯，替換頻率快，消費者對價格波動敏銳，故其需求彈性大。

6. 商品支出占所得比例

商品支出占所得比例愈小，需求彈性愈小，反之需求彈性愈大。例如，台灣加入*WTO*初期，一瓶紅標米酒從20元漲至180元，漲幅達6倍之多，對燒酒雞專賣店而言，加入*WTO*後其紅標米酒的每月支出占其所得比例大幅增加，燒酒雞專賣店不得不積極尋找替代品，以減少對紅標米酒的需求量，比起未加入*WTO*時燒酒雞專賣店對紅標米酒的需求彈性變大了。

動動腦❺

以下各組商品中何者的需求彈性小，請說明您的根據。

事件	影響彈性大小的因素	需求彈性小者
茶與阿里山冠軍茶		
鑽戒與金戒指		
冷氣機與鞋子		
一週咖啡需求與一年咖啡需求		
石油與私家轎車		

2-7　供給彈性

2-7-1　供給彈性的意義與衡量方式

1. 供給彈性的定義

　　供給的價格彈性（*the elasticity of supply*）係指其它條件不變下，商品價格變動百分之一引起供給量變動的百分比，簡稱供給彈性。

　　供給彈性是衡量生產者對商品價格變動的敏感程度，供給彈性愈大表示商品價格變動一個百分比引起的供給量變動百分比愈大，亦即生產者對商品價格變動愈敏感。

2. 供給彈性的衡量方式

　　供給彈性的衡量方式與需求彈性的衡量方式相同，可採（1）點彈性及（2）弧彈性兩種方式衡量。

　　供給法則可知商品價格與供給量呈同向關係，因此供給量的變動量（$\triangle Q$）與供給價格的變動量（$\triangle P$）也會呈同向關係（圖2-32），故滿足供給法則下，供給彈性必為正值。

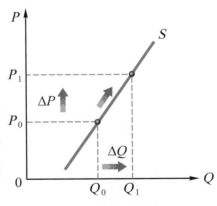

圖2-32　供給曲線

ε_x^s：x商品的供給彈性（ε讀作$epsilon$表示彈性，s代表供給）

P_0：變動前商品價格　　　　　　　　P_1：變動後商品價格

Q_0：價格變動前的供給量　　　　　　Q_1：價格變動後的供給量

$\triangle Q$：供給量的變動量（Q_1-Q_0）　　$\triangle P$：商品價格的變動量（P_1-P_0）

① 點彈性

$$\varepsilon_x^s=\frac{供給量變動百分比}{價格變動百分比}=\frac{\dfrac{\triangle Q}{Q_0}}{\dfrac{\triangle P}{P_0}}$$

$$=\frac{\triangle Q}{\triangle P}\times\frac{P_0}{Q_0}$$

② 弧彈性

$$\varepsilon_x^s=\frac{供給量變動百分比}{價格變動百分比}=\frac{\dfrac{(Q_1-Q_0)}{\left(\dfrac{Q_1+Q_0}{2}\right)}}{\dfrac{P_1-P_0}{\left(\dfrac{P_1+P_0}{2}\right)}}$$

$$=\frac{\triangle Q}{\triangle P}\cdot\left(\frac{P_1+P_0}{Q_1+Q_0}\right)$$

（式2-8）

實力加強❻　供給彈性

春天速食餐廳三明治套餐的價格從100元跌至90元，三明治供給量從15份減少到12份（圖2-33）， 請以「點彈性」與「弧彈性」計算春天速食餐廳三明治套餐的供給彈性。

解答　令 ε_x^s 為春天速食餐廳三明治套餐的點彈性，市場價格變動前a組合（P_0，Q_0）為（100，15）、價格變動後組合b組合（P_1，Q_1）為（90，12）

1. 點彈性 $\varepsilon_x^s=2$

   $\triangle Q=-3$；$\triangle P=-10$

   $$\varepsilon_x^s=\frac{\triangle Q}{\triangle P}\times\frac{P_0}{Q_0}=\frac{-3}{-10}\times\frac{100}{15}=2$$

2. 弧彈性 $\varepsilon_x^s=2\dfrac{1}{9}$

   $$\varepsilon_x^s=\frac{\dfrac{\triangle Q}{(Q_1+Q_0)}}{\dfrac{\triangle P}{(P_1+P_0)}}=\frac{-3}{-10}\times\frac{190}{27}=2\frac{1}{9}$$

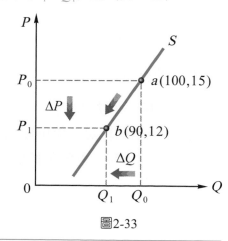

圖2-33

動動腦❻

汽車價格上漲20%，汽車供給量增加5%，試求汽車的供給彈性。

┃ 解答

2-7-2 供給彈性的類型

供給彈性從0到∞（無窮大）歸納成以下五種類型。

1. 完全無彈性（$\varepsilon_x^s = 0$）

或稱彈性為零（*zero elasticity*），$\varepsilon_x^s = 0$時不論商品價格如何變動，供給量都固定不變。供給曲線斜率為∞，且是一條垂直橫軸的直線（圖2-34）。

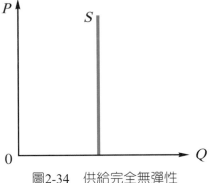

圖2-34　供給完全無彈性

2. 缺乏彈性（$0 < \varepsilon_x^s < 1$）

或稱較無彈性，$0 < \varepsilon_x^s < 1$時，供給量變動百分比小於價格變動百分比。**生產者對價格變動較不敏感，供給曲線較陡（斜率較大）且與橫軸相交（圖2-35）。**

3. 單一彈性（$\varepsilon_x^s = 1$）

$\varepsilon_x^s = 1$時，供給量變動百分比等於價格變動百分比。**供給曲線是一條由原點出發的直線（圖2-36），曲線上每一點的彈性值皆為1。**

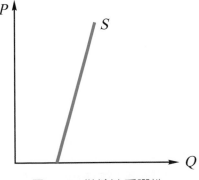

圖2-35　供給缺乏彈性

4. 富於彈性（$1 < \varepsilon_x^s < \infty$）

或稱較有彈性，$1 < \varepsilon_x^s < \infty$ 時，供給量變動百分比大於價格變動百分比。**生產者對價格變動較敏感，供給曲線較平坦（斜率較小），並與縱軸相交**（圖2-37）。

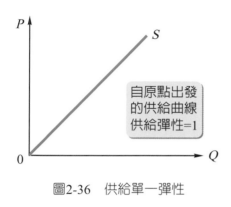

圖2-36　供給單一彈性

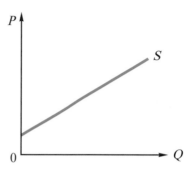

圖2-37　供給富於彈性

5. 完全有彈性（$\varepsilon_x^s = \infty$）

又稱為**彈性無窮大**（*infinite elasticity*），$\varepsilon_x^s = \infty$ 時，此極端現象表示只在某一價格（P_0）下生產者可提供任何的供給量；一旦價格稍微高過 P_0 時，供給量立即為0（圖2-38）。

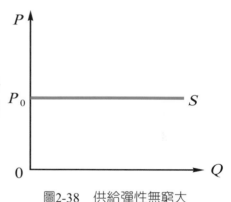

圖2-38　供給彈性無窮大

2-7-3　影響供給彈性的因素

供給彈性的大小主要受以下因素影響：

1. 自然環境

生產過程受自然因素（如氣候、自然資源等）影響愈大，供給彈性愈小，反之則愈大。例如，由於農產品皆有其固定的生長期與生長所需的自然環境條件，在自然災害過後，常見農產品回到正常供給需要數週的時間，因此雖然農產品價格上漲，供給量增加有限，農產品的供給彈性小。

2. 時間長短

「時間」是指供給定義中「某一段期間內」的期間長度。**時間愈長，生產者愈有時間調整生產要素，供給彈性就愈大，反之供給彈性則愈小**。例如，市場LCD面板供不應求，生產者需較長時間才能調整資本設備、生產技術……，短時間只能以既有設備生產，因此商品價格變動，供給量無法立即調整，供給彈性較小；長期，生產者有充份的時間進行研發與擴廠，故長期之供給彈性較大。

3. 生產該商品的生產要素用途多寡

生產要素用途愈多，該商品的供給彈性愈大，反之供給彈性愈小。例如，農夫的農地除了可種植小白菜還可以用來種植其他農產品，當小白菜價格下跌，農民會轉種其他價格相對較高的農作物，小白菜的供給量減少較多，供給彈性大。河川的沙石地相對於農地可種植作物種類較少（如西瓜），即使西瓜價格不好農夫不易利用河川地投入其他作物生產，以致西瓜供給量減少不多，因此西瓜的供給彈性小。

4. 生產成本增加的速度

此處所稱「成本」是指邊際成本[11]。**商品生產成本增加速度愈快，該商品的供給彈性愈小，反之則愈大**。當商品成本增加快速，如欲使生產者額外增產一單位商品就必須提供較高的價格使其足以支應上升的成本，故供給曲線較陡，供給彈性較小。反之，成本增加緩慢時，生產者因增產而要求價格的調高並不需要太多便可以支應其上升的成本，故供給曲線較平坦，彈性較大。

5. 商品所需的生產時間

商品製造需時愈長，彈性愈小，反之則愈大。例如，洋香瓜從種植至採收需經一段時間，因此不論其市場價格如何變動，洋香瓜的市場供給無法立即調整，故洋香瓜的供給彈性小。同理，三明治套餐每三分鐘即可提供一份，價格一上漲，生產者可以立即增加供給量，故三明治套餐的供給彈性大。

---

11 邊際成本係指每增加一單位商品額外增加的總成本，說明詳見第五章。

6. 儲存的難易度

　　商品愈不易儲存，彈性愈小，反之則愈大。例如，農產品易腐且不易儲存，價格上漲或下跌，不易透過庫存調節市場供給，故農產品的供給彈性小；同理，耐儲存的工業產品供給彈性較大。

動動腦❼

以下各組商品中何者的供給彈性大，請說明您的根據。

事件	影響彈性大小的因素	供給彈性大者
石油與大理石切割機		
魚貨量與鑰匙圈		
擴廠前後的*LED*面板		
鮪魚罐頭與新鮮鮪魚		

自我挑戰

（　　）1. 下列敘述何者正確？
　　　① 產品的生產要素用途愈廣，則該產品之供給價格彈性會愈大
　　　② 耐用程度愈長久的財貨，其需求價格彈性會愈小
　　　③ 季芬財（Giffen goods）的需求曲線呈正斜率
　　　④ 奢侈品的需求所得彈性大於零
　　　(A)①②　(B)①②③　(C)③④　(D)②③④　　　　　　　【2-6-1】

（　　）2. 下列敘述何者錯誤？
　　　(A) 供給曲線呈雙曲線時，線上任何一點之供給價格彈性皆相同
　　　(B) 需求曲線呈雙曲線時，線上任何一點之需求價格彈性皆相同
　　　(C) 供給曲線上點的移動，稱為供給量變動
　　　(D) 整條供給曲線的移動，稱為供給變動　　　　　　　　【2-6-2】

（　　）3. 下列影響供給彈性大小的因素何者正確？

(A) 生產者需較長時間調整生產規模者，該商品供給彈性較大

(B) 生產時受自然力支配程度愈大者，該商品供給彈性較小

(C) 產品不易囤積，供給較穩定者，該商品供給彈性較大

(D) 供給量的增加會造成生產成本上升，該供給彈性較大

【2-6-3】

（　　）4. 下列何者不是影響需求價格彈性的因素？

(A) 替代品的多寡

(B) 消費支出占所得的比例

(C) 生產過程的變通可能

(D) 分析時間的長短 【2-6-4】

（　　）5. 若課本的價格上漲10％，而需求量減少2％，則課本的需求價格彈性為：

(A) 0.2　(B) 2.0　(C) 5.0　(D) 10 【2-6】

（　　）6. 花卉店若降低10％的價格，會增加12％的花卉銷售量，消費者對花卉的需求價格彈性為：

(A) – 0.83　(B) – 0.93　(C) –1.00　(D) –1.20 【2-6-1】

（　　）7. 若香蕉的需求函數為 $Q = 20 - \dfrac{P}{2}$；其中Q為香蕉數量，P為香蕉價格。當 Q＝10時，香蕉的需求價格彈性為：

(A) 0.50　(B) 0.75　(C) 1.00　(D) 1.25 【2-6-1】

（　　）8. 下列何種供給或需求曲線上任一點的價格彈性值皆不同？

(A) 平行橫軸的供給曲線

(B) 平行橫軸的需求曲線

(C) 通過原點斜率為1 的直線型供給曲線

(D) 縱軸截距為1，斜率為－1 的直線型需求曲線

【2-6-1，2-6-2】

（　　）9. 右圖的縱軸為價格（P）橫軸為數量（Q），圖中三條需求線（D_a、D_b、D_c；D_a 與D_c 平行）上的三點 A、B、C，其需求價格彈性之絕對值（E_A、E_B、E_C）的大小順序為：（圖中虛線與橫軸平行）

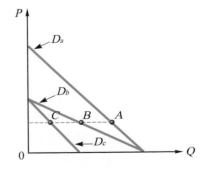

(A) $E_A < E_B < E_C$

(B) $E_A > E_B > E_C$

(C) $E_A < E_B = E_C$

(D) $E_A > E_B = E_C$

【2-6-1】

10. 可頌套餐的市場需求函數為 $Q = 20 - 2P$，其中，Q為可頌套餐需求量，P表可頌套餐的價格。當 $P = 5$ 時，試求可頌套餐的需求彈性為何？
  ▌解答 ....

11. 春天速食餐廳三明治套餐的供點函數為 $Q = -15 + \frac{3}{10}P$；其中，Q為三明治供給量，P為三明治價格。試求算 $P = 100$ 時，春天速食餐廳的三明治套餐供給彈性。
  ▌解答 ....

2-8　市場均衡與價格機能

　　英國經濟學家，新古典學派創始人馬歇爾（*Marshall*）曾比喻供給與需求猶如一把剪刀的兩個刀柄，須同時作用才能共同決定市場均衡，本節將透過馬歇爾的觀點，介紹價格運作如何使市場達至均衡。

2-8-1　均衡價格與數量

　　均衡（*equilibrium*）是指其它條件不變下，無自發性調整動機的一種持續性狀態[12]。**市場均衡是指其它條件不變下，市場供給等於需求，共同決定了均衡的價格與數量（P^*，Q^*），此時供需雙方沒有調整的動機，均衡的狀態可以持續的維持（圖2-39，e點）。**

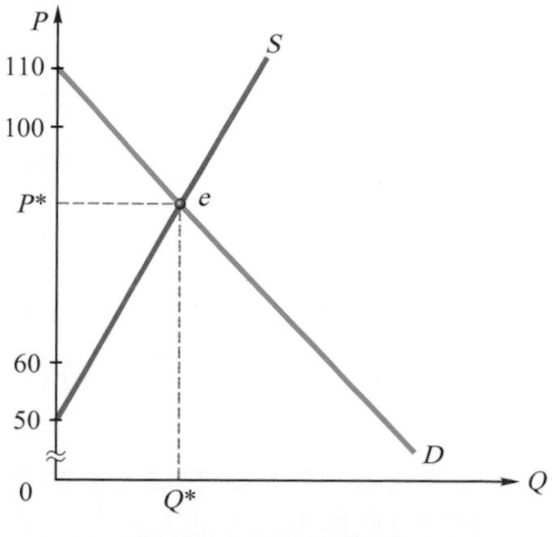

圖2-39　市場均衡

―――――――――――
12 狀態可指價格、數量等。

動動腦❽

已知綠茶的市場需求函數為 $Q^d = 100 - 10P$、供給函數為 $Q^s = -200 + 5P$，試求綠茶的市場均衡價格與交易量（四捨五入至個位數）。

▌解答

2-8-2 價格機能

經濟學之父亞當斯密（*Adam Smith*）主張自由經濟，反對政府干涉，認為市場中的經濟單位都從利己心出發[13]，透過價格指引資源分配，自然可以達到市場均衡[14]狀態，此過程稱為價格機能（*price mechanism*）。**價格機能就像「一隻看不見的手」**（*an invisible hand*），**能自然消弭市場中的過剩與短缺，又稱為市場機制**（*Market mechanism*）。

需求法則說明價格機能引導消費者在價格上漲時減少需求量，反之則增加需求量。同理，供給法則說明價格機能指引生產者在商品市場價格上漲時增加供給量，反之減少供給量，最終價格必然會引導供給等於需求使市場達到均衡。

圖2-40中，三明治套餐市場在價格100元時，生產者供應的供給量大於消費者的需求量，市場中供給過剩，意謂在某一價格下（$P_0 = 100$）**供過於求（過剩）**，

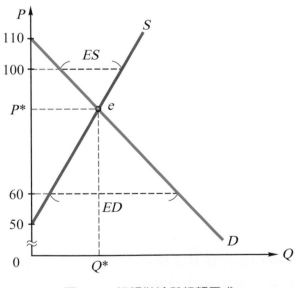

圖2-40　超額供給與超額需求

---

13 每個人在市場中以利己心出發追求最大利益，結果將使社會資源達到最佳的配置，本書所指的自利是不妨礙他人追求自利的行為。

14 市場均衡詳見2-8-2節。

市場發生**超額供給**（*excess supply*，ES）。當市場發生超額供給，表示市場價格過高（$P_0 > P^*$），在價格機能運作下，市場價格向下調整，指引消費者提高需求量、生產者減少供給量，如此反覆進行，超額供給量逐漸減少，直至市場上的供給等於需求為止（超額供給為零），市場達到均衡（e點）。

又當三明治套餐市場在價格60元時，消費者的需求量超過生產者供應的供給量，市場中需求過剩，意謂在某一價格下（$P_0 = 60$）供不應求（短缺），**市場發生超額需求**（*excess demand*，ED）。當市場發生超額需求，表示市場價格過低（$P_0 < P^*$），在價格機能運作下，市場價格向上調整，指引消費者減少需求量、生產者增加供給量，如此反覆進行，超額需求量逐漸減少，直至市場上的供給等於需求為止（超額需求為零），市場達到均衡（e點）。

2-8-3 供需變動的影響

市場發生商品自身價格以外的衝擊事件時，首先須釐清事件對供給、需求的影響。例如，美國狂牛病疫情拉警報消息一出，我國對美國牛肉進口訂立了更嚴格的標準，使國內美國牛肉市場供給減少；國人為了確保個人健康亦減少對美國牛的需求。一事件對經濟的衝擊，不但影響供給與需求，大家還關心此一事件衝擊前後市場原均衡與新均衡有何不同。例如，主婦們關心「颱風天後葉菜供給減少，葉菜價格比颱風前上漲多少」。

商品自身價格以外的其它條件發生改變，可歸納出八種供給與需求的變化關係：

1. 需求增加，供給不變（D↑，$\bar{S}$）

需求增加，供給不變時，需求曲線右移，均衡價格上漲、均衡數量增加。

國外旅遊價格上漲對國內旅遊市場均衡之影響（圖2-41）：國外旅遊價格大幅上漲，國人對國內旅遊需求增加（$D_0 \rightarrow D_1$），均衡點由e移至e′，國內旅遊商品均衡價格上漲（$P_0 \rightarrow P_1$），均衡量增加（$Q_0 \rightarrow Q_1$）。

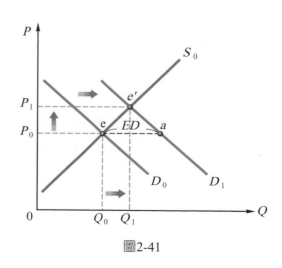

圖2-41

2. 需求減少，供給不變（D↓，S̄）

需求減少，供給不變時，需求曲線左移，均衡價格下跌、均衡數量減少。

天氣轉熱對薑母鴨市場均衡之影響（圖2-42）：天氣轉熱，國人對薑母鴨的需求減少（$D_0 \rightarrow D_2$），均衡點由e移至e''，薑母鴨均衡價格下跌（$P_0 \rightarrow P_2$），均衡量減少（$Q_0 \rightarrow Q_2$）。

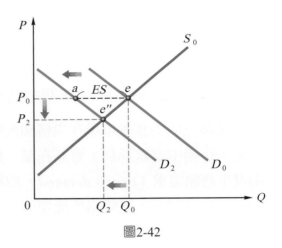

圖2-42

3. 供給增加，需求不變（S↑，D̄）

供給增加，需求不變時，供給曲線右移，均衡價格下跌、均衡數量增加。

視窗玻璃生產技術進步對觸控手機市場均衡之影響（圖2-43）：生產技術進步，使觸控手機的供給增加（$S_0 \rightarrow S_1$），均衡點由e移至e'，均衡價格下跌（$P_0 \rightarrow P_1$），均衡量增加（$Q_0 \rightarrow Q_1$）。

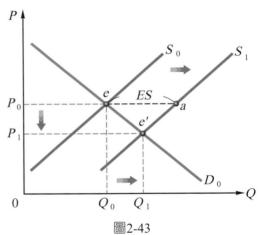

圖2-43

4. 供給減少，需求不變（S↓，D̄）

供給減少，需求不變時，供給曲線左移，均衡價格上漲、均衡數量減少。

氣候暖化導致魷魚產量銳減，對魷魚焿市場均衡之影響（圖2-44）：魷魚產量銳減，魷魚焿供給減少（$S_0 \rightarrow S_2$），均衡點由e移至e''，魷魚焿均衡價格上漲（$P_0 \rightarrow P_2$），均衡量減少（$Q_0 \rightarrow Q_2$）。

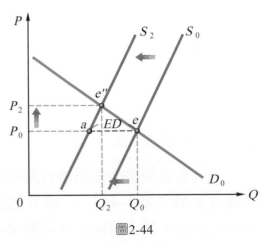

圖2-44

請繪圖分析以下各種情況發生前與發生後的市場均衡。

1. 公共場所禁煙規定，香煙市場均衡。
2. 政府加強緝毒，毒品市場均衡。
3. 午後雷陣雨，雨具市場均衡。
4. 牛肉供給增加，牛皮原料市場均衡。

5. 供給增加，需求減少（S↑，D↓）

　　供給增加，需求減少，供給曲線右移且需求曲線左移，均衡價格下跌、均衡數量不確定（圖2-45）。

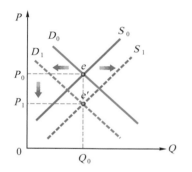

供給增加幅度＝需求減少幅度

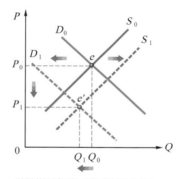

供給增加幅度＜需求減少幅度

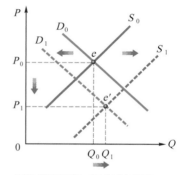

供給增加幅度＞需求減少幅度

圖2-45

冬季乳牛產乳量增加使鮮奶供給增加（$S_0 \rightarrow S_1$），但天氣冷，消費者對鮮奶的需求減少（$D_0 \rightarrow D_1$），對鮮奶市場均衡之影響（圖2-46）：市場均衡點由e移至e'，均衡價格由P_0下跌至P_1，均衡數量可能增加、減少或不變，端視供給與需求何者移動幅度較大。故冬季鮮奶供給增加且需求減少時，鮮奶均衡價格會下跌（$P_0 \rightarrow P_1$）。

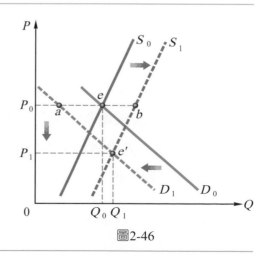

圖2-46

6. 供給減少，需求增加（S↓，D↑）

供給減少，需求增加，供給曲線左移且需求曲線右移，均衡價格上漲、均衡數量不確定（圖2-47）。

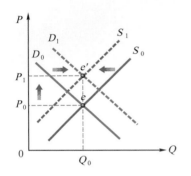

供給減少幅度＝需求增加幅度

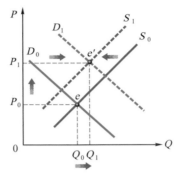

供給減少幅度＜需求增加幅度

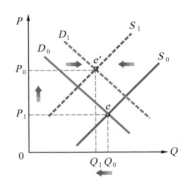

供給減少幅度＞需求增加幅度

圖2-47

實力加強❽

預期未來國際糖價上漲，國內砂糖供給減少（$S_0 \rightarrow S_2$），需求增加（$D_0 \rightarrow D_2$）對國內砂糖市場均衡之影響（圖2-48）：市場均衡點由 e 移至 e''，均衡價格由 P_0 上漲至 P_2，均衡數量可能增加、減少或不變，端視供給與需求何者移動幅度較大。故預期未來國際糖價上漲，國內砂糖供給減少，需求增加，使國內砂糖均衡價格上漲（$P_0 \rightarrow P_2$）。

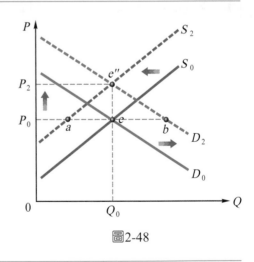

圖2-48

---

7. 供給增加，需求增加（S↑，D↑）

供給增加，需求增加，供給曲線與需求曲線皆右移，均衡價格不確定、均衡數量增加（圖2-49）。

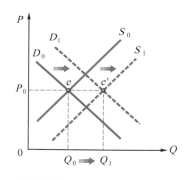
供給增加幅度＝需求增加幅度

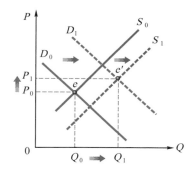
供給增加幅度＜需求增加幅度

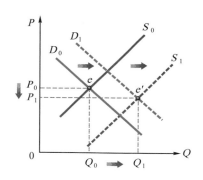
供給增加幅度＞需求增加幅度

圖2-49

實力加強❾

開學季一到，文具用品零售商增加文具用品的供給（$S_0 \rightarrow S_3$），莘莘學子也增加文具用品需求（$D_0 \rightarrow D_3$）對文具用品市場均衡之影響（圖2-50）：市場均衡點由e移至e'，原文具用品均衡數量增加（$Q_0 \rightarrow Q_3$）、文具用品均衡價格可能上漲、不變或下跌，端視供給與需求何者移動幅度大。

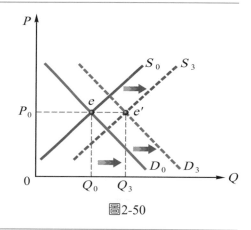

圖2-50

8. 供給減少，需求減少（S↓，D↓）

供給減少，需求減少，供給曲線與需求曲線皆左移，均衡價格不確定、均衡數量減少（圖2-51）。

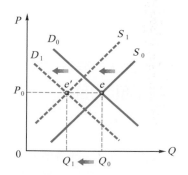
供給減少幅度＝需求減少幅度

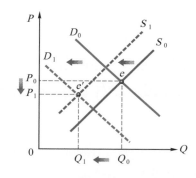
供給減少幅度＜需求減少幅度

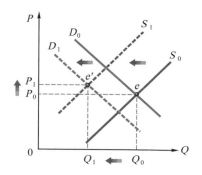
供給減少幅度＞需求減少幅度

圖2-51

實力加強⑩

氣象局預測今年冬季較往年來得溫暖，羽毛衣生產將減少（$S_0 \to S_4$），消費者也會減少羽毛衣的需求（$D_0 \to D_4$）對羽毛衣市場均衡之影響（圖2-52）：市場均衡點由e移至e''，均衡數量減少（$Q_0 \to Q_4$），均衡價格可能上漲、不變或下跌，端視供給與需求何者移動幅度大。

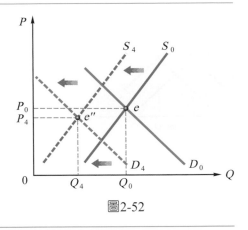

圖2-52

動動腦⑩

請繪圖說明以下各種狀況的市場均衡。

1. 就業市場遭逢景氣衰退又適逢畢業季對勞動市場的影響。
2. 建地價格高漲且國民所得負成長對新成屋市場的影響。
3. 人口老化對銀髮族保健產品市場的影響。
4. 全球鑽石礦藏大幅減少，又逢國人結婚旺季對國內鑽戒市場的影響。
5. 流感高峰期，對口罩市場的影響。

2-9　政府對市場價格的干涉

　　自由經濟體系中，政府對市場的干預愈少愈好，藉由「一隻看不見的手」充分發揮功能使得市場中的資源達到最適的配置，然而，政府常為了維持經濟穩定、促進經濟公平或經濟成長……等理由介入經濟活動，透過公權力行使（例如：管制、課稅、補貼等手段）左右市場資源配置，達成干預[15]的目標。

---

15 政府干預市場機能的措施有價格管制與數量管制兩種方式，有關數量管制請見《經濟學理論與實務》，第五版，張清溪等作者。

2-9-1 價格管制

價格干涉即直接限制商品價格，透過價格上限（*Price-cap regulation*）或價格下限（*Price floor*）兩種方法達到干預市場的目的。

1. 價格上限

價格上限係指政府抑制某一商品價格以保障消費者，**對商品設定一個低於市場均衡價格的法定最高價格**（*ceiling*）[16]，規範市場價格不可高過此最高法定價格。

圖2-53，某國政府為了避免玉米價格高漲衝擊民生，管制玉米零售價格不得高過P'（P'低於市場均衡價格P^*）。

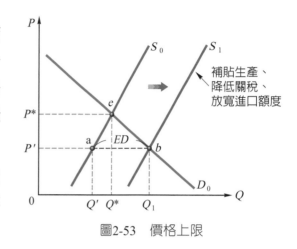

圖2-53　價格上限

當政府制定玉米的**價格上限**P'時，玉米市場發生超額需求（$\overline{ab}$），供不應求的**結果黑市交易、紅包文化、長時間排隊等現象將一一發生**。

為了解決價格上限導致的供不應求，政府可採取補貼生產者或放寬進口條件（例如：降低關稅、提高進口額度等），以增加市場供給（$S_0 \rightarrow S_1$），消弭超額需求，有效將價格維持在所設定的上限P'。

2. 價格下限

價格下限係指政府欲避免某一商品價格過低以保障生產者，**對商品設定一個高於市場均衡價格的法定最低價格，規範市場價格不低於此最低法定價格。**

---

16 本書之價格上限（*ceiling*）定義，係指有效的價格上限，即法定最高價格低於市場均衡價格。讀者亦可思考最高法定價格高於市場均衡價格時（稱無效價格上限）為何這樣的設定對市場不具影響。

例如圖2-54，我國政府制定最低工資[17]為W'，若W'高於市場均衡時的工資W^*，此時市場將發生超額供給（$\overline{ab}$），勞動市場供給過剩的結果使失業增加，為了解決此一問題，政府可採取刺激需求的政策，例如招商、改善投資環境……等，提升勞動市場中對勞動要素的需求（$D_0 \rightarrow D_1$）。

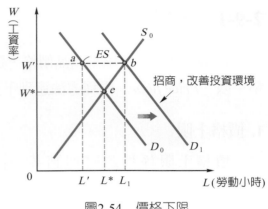

圖2-54　價格下限

動動腦⑪

報導指出「國內香蕉價格，從每公斤十幾元，跌到剩下3元，農委會啟動穩定價格的機制，以每公斤5元向農民收購香蕉，解決農產品生產過剩問題。」試以價格管制觀點繪圖分析政府採行穩定價格機制前後的香蕉市場均衡。

▌解答

2-9-2 課稅與補貼

我國稅收占歲入比逐年下降，但仍維持在60%以上，足見政府收入的大宗仍為稅收，政府不僅對民間課稅維持國家運作，同時為扶助產業或某特定目標，亦採各種補助方式影響市場的均衡價格與數量，達到補貼生產者或消費者的政策目標。

---

17 國內現行最低工資（*minimum wage*）為月薪17,880元。

1. 課稅政策

政府對生產某一商品的**生產者課稅**，使此一商品的供給曲線左移，供給減少。同理，**政府對消費者課稅**，消費者會減少此商品需求，使此一商品的需求曲線左移。

政府對香菸生產者課每公斤T元菸酒稅對香菸市場均衡之影響（圖2-55）：政府對生產者課菸酒稅[18]之前，香菸市場均衡在e點，均衡價格及數量分別為P^*及Q^*；課稅後，生產者為供應與稅前相同數量（Q^*）的香菸，必要求市場支付更高的價格（$\overline{Q^*b}$），使供給曲線由S左移至S'（供給減少），稅後市場均衡價格為P'（消費者支付的價格）、均衡數量為Q'。

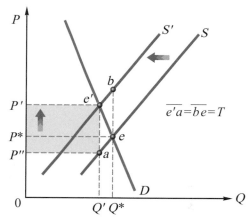

圖2-55　對香菸課菸酒稅

稅後生產者收到的價格為P''，P'與P''間的差距（$\overline{e'a}$）即為政府對每公斤香菸課徵的的稅額T元。生產Q'公斤香菸，政府收到的菸酒稅總額即為$\square P'e'aP''$。

2. 租稅轉嫁

政府對生產者或消費者課稅，**究竟誰可以付擔較少的稅端視商品的供給彈性及需求彈性大小而定；彈性大的一方對價格變動反應較靈敏，較有能力將租稅轉嫁給彈性小的一方。**

例如：在短期，香菸因其成癮性使消費者不易立即改變消費習性，香菸的需求彈性小（需求曲線較陡），香菸的供給彈性相對於需求彈性要來得大（供給曲線較平滑）。

圖2-56，政府對消費者開徵菸品健康捐[19]前，香菸市場均衡為e點，均衡香菸價格為P^*、均衡香菸數量為Q^*。課徵健康捐後，消費者為了仍以價格P^*購買香菸，因此減少對香菸的需求，需求曲線左移（$D \rightarrow D'$），稅後市場均衡由

---

18 根據我國菸酒稅法規定，紙菸每千支徵收新台幣590元。菸絲每公斤徵收新台幣590元。雪茄每公斤徵收新台幣590元。其他菸品每公斤徵收新台幣590元。

19 我國政府對每包香菸課徵20元健康捐。

e點移至e'點，市場均衡時香菸量Q'；Q'均衡量下，消費者以P''（含稅價）購買每包香菸，生產者實際收到每包香菸的價格是P'；P'與P''間的差距即為每包香菸的健康捐T元。

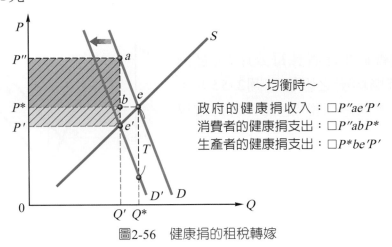

～均衡時～
政府的健康捐收入：□$P''ae'P'$
消費者的健康捐支出：□$P''abP*$
生產者的健康捐支出：□$P*be'P'$

圖2-56　健康捐的租稅轉嫁

圖2-56可知，稅前均衡市場價格是$P*$，稅後消費者以含稅價P''購買香菸，$P*$與P''間的差距（$\overline{ab}$）即是消費者負擔的健康捐。$P*$與P'間的差距（$\overline{be'}$）即是消費者轉嫁給生產者負擔的健康捐。$\overline{ab} > \overline{be'}$，消費者負擔租稅較生產者多。故**彈性愈小的一方負擔的稅愈多，彈性愈大的一方愈能將租稅轉嫁出去，負擔的稅愈少。**

3. 補貼政策（從量補貼）

　　政府對某一商品的生產者提供每單位C元的補貼，使消費者的負擔減少，生產者的每單位收入提高。以下以汽車客運業者為例介紹補貼政策的市場影響。

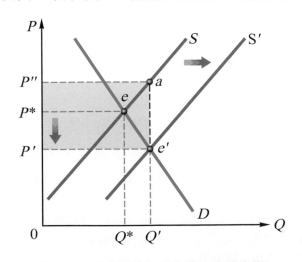

圖2-57　政府補貼汽車客運之市場均衡

　　圖2-57，政府為照顧偏遠地區民眾，另一方面為達機動車輛減量等目的，**補助汽車客運業者以分擔其營運成本，使汽車客運供給增加（$S \rightarrow S'$），補貼後的市場均衡為e'，均衡票價下跌至P'，均衡運載量增加至Q'。**此時，民眾以P'的票價享有Q'的運載量，汽車客運業者則以P''的價格提供Q'的運載量，其中，P'與P''之間的差距即為政府補助汽車客運業者每一單位運載量的補貼。□$P''ae'P'$為政府補貼汽車客運業者提供Q'運載量的總補貼。

重點回顧

1. 需求（*demand*）係指其它條件不變下（*other things be equal*），消費者對於某一種商品，面對其各種不同價格下，願意且能夠購買的數量。

2. 需求的種類

需求依使用情況區分	需求依組成單位區分	需求依目的區分	需求依有效與否區分
1. 競爭需求	1. 個別需求	1. 直接需求	1. 有效需求
2. 聯合需求	2. 市場需求	2. 間接需求	2. 無效需求

3. 需求量係指某一段期間內，在其它條件不變下，消費者對於某一種商品，面對其特定價格時，願意且能夠購買的數量。

4. 商品本身價格不變，因其他條件變動，造成各種不同價格下購買數量的變動稱需求變動；簡單的來說需求變動是整條需求曲線的移動。

5. 正常財：所得增加，消費者對商品的需求增加。中性財：不論所得如何變動，消費者對商品的需求都不變稱此商品為中性財。劣等財：所得增加，消費者對商品的需求減少稱劣等財。

6. 替代品：一種商品價格上漲（下跌）會導致另一種商品需求增加（減少）。互補品：一種商品價格上漲（下跌）會導致另一種商品需求減少（增加）。

7. 其它條件不變下，商品的價格與需求量呈反向關係稱為需求法則。違反需求法則的例子：季芬財、炫耀財。

8 供給係指其它條件不變（*other things be equal*）下，生產者對於某一種商品，面對其各種不同價格時，願意且能夠供應的數量。

9. 供給的種類

依生產要素產出特性區分	依組成單位區分	依供給量變動與否區分	依有無固定生產要素區分
1. 聯合供給	1. 個別供給	1. 固定供給	1. 短期供給
2. 獨立供給	2. 市場供給	2. 變動供給	2. 長期供給

10. 其它條件不變下，商品的價格與供給量呈正向關係稱為供給法則。違反供給法則的例子：後彎的勞動供給曲線、固定供給。

11. 供給量係指其它條件不變下，生產者對於某一種商品，面對其特定價格時，願意且能夠提供的數量。

12. 影響供給變動的因素：商品本身價格不變下，（1）生產技術（2）自然環境（3）預期價格（未來價格）（4）相關商品價格（5）相關生產要素與原料價格（6）市場供給者人數等。

13. 需求的交叉彈性係指某一商品y價格變動百分之一時，引起另一商品x需求量變動的百分比。

14. 需求的所得彈性係指所得變動百分之一引起商品需求量變動的百分比。

15. 供給的價格彈性係指其它條件不變下，商品價格變動百分之一引起供給量變動的百分比。

16. 價格機能就像「一隻看不見的手」（*an invisible hand*），能自然消弭市場中的過剩與短缺，又稱為市場機制（*market mechanism*）。

17. 市場均衡是指其它條件不變下，供給等於需求，市場中沒有過剩或短缺，且供需雙方沒有調整的動機，均衡的狀態可以持續的維持。

18. 價格上限係指政府抑制某一商品價格以保障消費者，對商品設定一個低於市場均衡價格的法定最高價格。

19. 價格下限係指政府欲避免某一商品價格過低以保障生產者，對商品設定一個高於市場均衡價格的法定最低價格，以規範市場價格不可低於此最低法定價格。

20. 彈性大的一方對價格變動反應較靈敏，較有能力將租稅轉嫁給彈性小的一方（彈性小的一方負擔較高的租稅）。

自我挑戰

一、選擇題

( ) 1. 價格機能的有效發揮，主要是建基於 (A) 專業分工制度 (B) 計劃經濟制度 (C) 政府的公權力 (D) 經濟單位的自利心 【2-7-1】

( ) 2. 自由經濟體系藉由何者使市場均衡？ (A) 干預管制 (B) 價格機能 (C) 政府介入 (D) 數量分配 【2-7-2】

( ) 3. 下列敘述何者正確？
(A) 價格機能可以解決所有的經濟問題
(B) 自由經濟體系中，市場上看不見的手是指價格機能
(C) 資源豐富就不會有稀少性的問題
(D) 價格機能可使市場調整至均衡的論點，最早由凱因斯提出
【2-7】

( ) 4. 若澎湖縣的房屋供給線為正斜率的直線，而需求線為負斜率的直線，當房屋供給增加幅度大於房屋需求減少幅度，則澎湖縣的房屋價格與交易量會如何改變？
(A) 價格上升，交易量減少 (B) 價格下跌，交易量增加 (C) 價格下跌，交易量減少 (D) 價格上升，交易量增加 【2-7-2】

( ) 5. 若財貨X的需求函數$Q_x = 17 - 2P_x$，而供給函數$Q_x = -1 + P_x$，Q_x表數量，P_x表價格，則下列何者正確？
(A) 均衡價格為7 (B) 均衡價格為5 (C) 均衡數量為6 (D) 均衡數量為5
【2-7-2】

( ) 6. 若一正常財貨A之需求線（以D表示）為負斜率，而供給線（以S表示）為正斜率，兩線交點如右圖，在其他條件不變下，當所得增加且生產技術進步時，下列敘述何者正確？
(A) 均衡交易數量增加
(B) 均衡交易價格必定下跌
(C) 均衡交易數量減少
(D) 均衡交易價格與數量同時下降

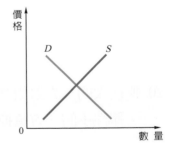

【2-7-3】

(   )   7. 下列敘述，何者反映豬肉供給變動的現象？   (A) 飼料玉米價格大漲，毛豬生產成本增加   (B) 消費者關切肉品食用安全問題，豬肉購買量減少   (C) 牛肉價格下跌，消費者增加牛肉的消費而減少豬肉的消費   (D) 賣場以7折優惠價出售豬肉，造成豬肉熱賣   【2-7-3】

(   )   8. 以下何者無助於解決A國棉花供不應求？
    (A) 開放棉花進口   (B) 對棉花課稅   (C) 補助農夫種植棉花   (D) 鼓勵製造商使用替代原料   【2-7-3】

(   )   9. 我國勞動基準法中最低工資，是屬於下列那一種市場管制的方式？
    (A) 價格上限   (B) 價格下限   (C) 定量配給   (D) 保證價格收購

    【2-8-1】

(   )   10. 假設政府對拍賣公司賣出的每一幅畢卡索畫作課稅，以下敘述何者錯誤？
    (A) 每幅畫的供給曲線為一水平線，稅全由拍賣公司負擔
    (B) 課稅不影響供給曲線
    (C) 供給曲線為垂直線，課稅使需求曲線減少需求曲線左移
    (D) 稅後均衡價格上漲，稅全部由買家負擔   【2-8-2】

課外補充

一、根據需求表求算需求函數

大雄對三明治套餐的需求函數為 $Q_x^d = a - bP_x$。x：表示三明治套餐、Q_x^d：表示三明治套餐的需求量、P_x：表示三明治套餐的市場價格，則大雄本月對三明治套餐的需求函數（直線型需求函數）為 $Q_x^d = 55 - 0.5P_x$。

Step 1　根據表2-1或圖2-1資料，任取兩組大雄對三明治套餐的價量組合以（P，Q）表示：A組合（P_A，Q_A）＝（100，5）、B組合（P_B，Q_B）＝（90，10）。

Step 2　將組合A及組合B帶入需求函數 $Q_x^d = a - bP_x$ 得①、②，並解聯立求常數a、b。

$$\begin{cases} 5 = a - b \times 100 & \text{............................①} \\ 10 = a - b \times 90 & \text{............................②} \end{cases}$$

解聯立，得 $a = 55$，$b = 0.5$

Step 3　將a、b代回需求函數 $Q_x^d = a - bP_x$，即可得大雄本月對三明治套餐的需求函數 $Q_x^d = 55 - 0.5P_x$。

二、市場需求函數

私有財的市場需求函數是個別需求函數的水平加總。根據下表分別求得栗子與大雄的本月三明治套餐需求函數 $q_2^d = 110 - P_2$、$q_1^d = 55 - 0.5P_1$。令大雄與栗子面對相同的三明治價格P（即 $P = P_1 = P_2$），則市場需求為 $Q^d = （q_1^d + q_2^d）$，$Q^d = （55 - 0.5P） + （110 - P）$，則三明治套餐的市場需求曲線為 $Q^d = 165 - 1.5P$。

大雄及栗子對三明治套餐本月需求及三明治套餐本月市場需求

價格（P）	大雄的需求量（q_1^d）	栗子的需求量（q_2^d）	市場需求量 ＝（$q_1^d + q_2^d$）
110	0	0	0
100	5	10	15
90	10	20	30
80	15	30	45
70	20	40	60
60	25	50	75

三、根據供給表求算供給函數

春天速食餐廳對三明治套餐的供給函數為 $Q_x^s = c + dP_x$。x：表示三明治套餐、Q_x^s：表示三明治套餐的供給量、P_x：表示三明治套餐的市場價格，則春天速食餐廳本月對三明治套餐的供給函數（直線型供給函數）$Q_x^s = -15 + \frac{3}{10}P_x$。

Step 1 根據表2-5或圖2-10，任取兩組春天速食餐廳對三明治套餐的價、量組合以（P，Q）表示，A組合（P_A，Q_A）＝（90，12）、B組合（P_B，Q_B）＝（80，9）。

Step 2 將組合A及組合B帶入供給函數＝$c + dP_x$得①、②，並解聯立求常數c、d。

$$\begin{cases} 12 = c + d \times 90 \dots\dots\dots① \\ 9 = c + d \times 80 \dots\dots\dots② \end{cases}$$

解聯立，得 $c = -15$，$d = \frac{3}{10}$

Step 3 將c、d代回供給函數＝$c + dP_x$，即可得春天速食餐廳本月對三明治套餐的供給函數 $Q_x^s = -15 + \frac{3}{10}P_x$。

四、市場供給函數

私有財的市場供給函數是個別供給函數的水平加總。根據第95頁表，分別求得春天速食餐廳及大可速食餐廳的本月三明治套餐供給函數 $q_1^s = -15 + \frac{3}{10}P_1$、

$q_2^s = -30 + \dfrac{6}{10}P_2$。令春天速食餐廳及大可速食餐廳面對相同的三明治價格P（即 $P = P_1 = P_2$），則市場供給$Q^s = (q_1^s + q_2^s)$，$Q^s = (-15 + \dfrac{3}{10}P_1) + (-30 + \dfrac{6}{10}P_2)$，則三明治套餐的市場供給函數為$Q^s = -45 + \dfrac{9}{10}P$。

春天速食餐廳及大可速食餐廳的三明治套餐本月供給及三明治套餐的本月供給表

價格（P）	春天速食餐廳的供給量（q_1^s）	大可速食餐廳的供給量（q_2^s）	市場供給量Q^s = （$q_1^s + q_2^s$）
100	15	30	45
90	12	24	36
80	9	18	27
70	6	12	18
60	3	6	9
50	0	0	0

3 消費行為的研究

智慧型手機尚未蓬勃發展前，人們對手機的要求不過只是用來打電話、傳簡訊、聽音樂或照像。當時多數手機大廠的每代新產品也都在這些功能上做加強。直至智慧型手機業者整合如文書、社群、上網或簡易程式執行等各種功能至手機中，再次創造出熱門商品，不但滿足消費者各式各樣的要求，也開創手機商品的新方向。

「科技始終來自於人性」生動地詮釋了生產者須投消費者所好來生產商品，唯有切合消費者所求，商品才能暢銷，瞭解消費者行為自然是生產者重要的課題。

本章綱要

1. 慾望的意義與特性。
2. 消費的意義與種類。
3. 效用的意義。
4. 邊際效用遞減法則。
5. 邊際效用與總效用之關係。
6. 價值與價格的矛盾。
7. 消費者最大滿足的決策。
8. 消費者剩餘。
9. 家庭消費定律。
10. 恩格爾法則。
11. 恩格爾係數。
12. 消費者主權及消費者保護運動。

3-1 慾望與消費

消費者因不足之感產生求足之願，對某商品有需求（*demand*），並藉消費[1]使慾望獲得滿足。

---

1 經濟行為就是選擇行為，消費行為也是一種選擇行為。

3-1-1 慾望的意義與特性

1. 慾望的意義

　　慾望（*wants*）因人而異、不具形體，是消費者內心感到不足而想要獲得滿足的心理狀態；且經濟學也不評斷慾望的好、壞。人們在基本慾望獲得滿足後，會追求更高層次的慾望，慾望無窮使消費動機源源不絕，經濟活動也就生生不息。例如：我的書包故然好用，但還想擁用其他風格的背包搭配不同的妝扮；爸爸的機車性能不錯，但是轎車可載全家出遊更實用……等。**慾望是經濟活動的起點，資源有限、慾望無窮是經濟問題的根源。**

動動腦❶

（　　）1. 以下何者說明了管子《牧民篇》「……倉廩實，則知禮節；衣食足，則知榮辱……」？　(A) 需求法則　(B) 馬斯洛需要層次理論　(C) 供給與需求　(D) 邊際效用遞減法則
（　　）2. 有關慾望的描述何者錯誤？
　　　　(A) 不足之感而有求足之願稱為慾望
　　　　(B) 消費者行為的最終目的在於滿足內心的慾望，慾望無窮是經濟活動的起點
　　　　(C)「吃得好還要吃得巧」，說明人類先滿足低層次的需要，再追求高層次的需要
　　　　(D) 經濟學中認為飽暖思淫慾有違道德

2.慾望的特性

　　一般而言，慾望具有五種特性，分述如下：

（1）慾望種類無窮

　　　　慾望種類無窮出自人的天性，沒有「慾望無窮」則許多經濟問題也不復存在。例如：買完衣服後還想買雙鞋，一如俗語所說：「吃碗內，看碗外」。

（2）慾望強度有限

一定期間內，慾望強度有限，慾望才可被滿足，且合乎人類的行為。例如：口渴想喝水的慾望，在喝完水後慾望就獲得滿足。

（3）慾望可相互替代

慾望彼此相互競爭。一旦口渴想喝茶時，不論喝綠茶或烏龍茶都沒有差別，那麼喝綠茶與喝烏龍茶的慾望為互競關係，皆滿足想解渴的慾望，喝綠茶或烏龍茶的慾望可互相替代。

（4）慾望可互補

慾望具輔助性或連帶性，指商品連帶使用才能滿足消費者的慾望。想喝拿鐵咖啡時，單喝黑咖啡或牛奶並不能滿足消費者的慾望，唯有結合咖啡與牛奶才能滿足喝拿鐵咖啡的慾望。

（5）慾望具習慣性

慾望有反覆性或再生性，相同的慾望會反覆出現。每日三餐日覆一日的循環，或習慣喝茶的人每天一定要喝一杯茶，都是常見的例子。

3-1-2　消費的意義與種類

1. 消費的意義

使用財貨（*goods*）或勞務（*services*）滿足人們自身慾望的行為或經濟活動，稱為消費[2]（*consumption*）。不論是購買一台數位相機或欣賞一齣舞台劇皆稱為消費；前者消費者獲得實體物品以滿足慾望，後者則使消費者獲得精神面的滿足。

2　消費係指家計單位或個人的經濟行為。生產者的需求不稱為消費，如生產者僱用勞動（間接需求）不可稱為生產者對勞動的消費，故消費不分直接與間接。

2. 消費財的種類

　　經濟財（*economic goods*）的數量相對於人們想獲得的數來得稀少，想取得經濟財就必須支付代價。例如：五月天演唱會座位有限，樂迷們必須購買門票才能欣賞，五月天演唱會就是經濟財。經濟財**可分為消費財與資本財（詳見第11頁）。消費財依其性質又分為必需品、便利品及奢侈品**，相同的消費財因經濟環境、文化、社會、習慣……等差異，每個人對消費財的歸屬也非絕對。例如：豬肉對<u>大雄</u>是必需品，但對吃素食的<u>小可</u>就不是必需品。

表3-1　消費財的種類

消費財種類	定義	範例
必需品	維持基本生活的商品	水
便利品	增進生活便利或舒適性的商品	洗衣機、電話
奢侈品	促使生活更精緻化的商品	豪宅、進口跑車

3-2　效用的意義與法則

3-2-1　效用的意義

　　消費者行為的最終目的在滿足內心的慾望（*wants*）。經濟學以效用[3]（*utility*）作為衡量慾望滿足程度的指標。例如：<u>栗子</u>肚子餓時，產生了吃東西的慾望，她到小吃店點了兩碗滷肉飯就是消費行為，吃完後<u>栗子</u>的肚子飽了慾望獲得適度的滿足（獲得效用）。

　　效用係源自消費者的主觀感受，其大小受消費者偏好或習性等因素影響，因此效用衡量不易且因人而異。經濟學家為分析消費者行為，先後發展了計數效用分析法與序列效用分析法。

3　張清溪、許嘉棟、劉鶯釧、吳聰明，經濟學理論與實務（上冊），*p*102，1993。

1. 計數效用分析法

十九世紀的經濟學家[4]以「效用可測[5]」爲基礎，發展出最早的效用衡量方法——計數效用分析法（*Cardinal Utility Analysis*）又稱邊際效用分析法（*Marginal Utility Analysis*），提出總效用與邊際效用等觀念來研究消費者的行爲。

2. 序列效用分析法

支持序列效用分析法（*Ordinal Utility Analysis*）的學者認爲效用無法精確測量，只能對商品的喜好程度加以排序[6]。其主要分析工具爲無異曲線（*indifference curve*）故又稱無異曲線分析法。本書僅探討計數效用分析法。

3-2-2 邊際效用遞減法則

1. 總效用與邊際效用的意義

總效用與邊際效用是計數效用分析法的重要工具。總效用（*total utility*，*TU*）係指一段時間內，消費者消費某數量的特定商品後，獲得的全部效用。邊際效用（*marginal utility*，*MU*）係指消費者變動一單位商品的消費量，其總效用的變動量。

2. 邊際效用遞減法則

在一定期間內，消費者偏好不變下，消費者的邊際效用隨商品消費數量增加而逐漸遞減現象，稱爲邊際效用遞減法則[7]（*law of diminishing marginal utility*）。

4　華拉斯（*Walras*）、耶逢斯（*Jevons*）、孟格爾（*Manger*）等爲計數效用分析法的代表經濟學家。

5　「效用可測」說明人們消費後獲得的滿足程度可量化、可排序、數值間的運算結果具有意義。例如：甲消費一顆蘋果得到5單位效用、消費二顆蘋果得到8單位效用，則甲消費二顆蘋果得到的滿足程度（即效用）比消費一顆蘋果來得大（8單位＞5單位），且大3單位（8單位－5單位＝3單位）。

6　經濟學家柏拉圖（*Pareto*）與席克斯（*Hicks*）認爲效用沒有客觀的計算標準，不能以數字測量，消費者只能將喜好的順序加以排列。例如：甲喜歡橘子更甚於蘋果，蘋果又比西瓜更受歡迎，那麼甲最喜歡橘子，其次是蘋果，最後才是西瓜。

7　1738年數學家白努利（*Bernoulli*）首先提出邊際效用遞減的概念且廣爲經濟學家所運用。

邊際效用遞減終究會發生是大家的普遍經驗，表3-2中，甲在一定期間內，吃超過三個蛋塔時，邊際效用[8]開始遞減，邊際效用值從15逐次下降至0，此時總效用仍然是增加，但增加的速度趨緩。吃第八個蛋塔時邊際效用開始為負（$MU_x < 0$），總效用開始減少，這時甲每多吃一個蛋塔就會感到痛苦。

表3-2　甲消費蛋塔的總效用與邊際效用

消費量 （Q_x）	總效用 （TU_x）	邊際效用 （MU_x）
0	0	–
1	10	10
2	22	12
3	37	15
4	50	13
5	60	10
6	66	6
7	66	0
8	64	-2
9	59	-5

註：x表示蛋塔，Q是甲消費蛋塔的數量。

小關鍵大重點 1

邊際效用遞減法則成立的原因

1. **慾望強度有限**：一定期間內，甲對吃蛋塔填飽肚子的慾望強度有限，隨著消費蛋塔的數量增加，邊際效用會遞減，一旦消費過量甚至產生不舒服，此時「邊際效用為負」。

2. **商品具有多種用途**：商品具有多種用途時，消費者會最優先將資源用在可獲得最高邊際效用的商品上，其次，再分配到次高邊際效用的商品，依此類推逐漸將資源使用完畢，因此邊際效用自然呈遞減的情形；且商品的用途愈廣，其邊際效用遞減的速度愈慢[9]。

動動腦❷

1. 使用財貨或勞務以滿足人們自身慾望的行為或經濟活動，稱為_____。

2. 效用大小受_____或_____等因素影響，且其源自消費者的主觀感受，因此衡量不易且因人而異。

8　MU_x（$Q=2$）表示甲消費第2個蛋塔的邊際效用。

9　水果與貨幣相比，在一定期間內，人的食量有限，一旦吃飽就不會再繼續消費；但是貨幣可用來購買各種商品，用途廣泛，每使用一單位貨幣所得到的邊際效用遞減得慢，因此，貨幣對人們而言多多益善。

3. 栗子喜愛一瓶可樂與三份薯條甚於一瓶可樂與一份薯條，但無法以數字表示大小，此為＿＿＿＿＿＿分析法又稱為＿＿＿＿＿＿分析法。

4. 「……，如入芝蘭之室，久而不聞其香，……。如入鮑魚之肆，久而不聞其臭」的嗅覺疲勞的現象，經濟學中可以＿＿＿＿＿＿＿＿法則加以說明。此法則成立的原因是＿＿＿＿＿＿＿＿、＿＿＿＿＿＿＿＿＿。

3-2-3　邊際效用與總效用之關係

即便邊際效用遞減法則成立，也容許消費之初可為邊際效用遞增，但隨消費量增加邊際效用遞減終究還是會發生。

圖3-1中，甲對蛋塔的消費量從0至3單位時，其總效用以遞增率增加（即$\overline{bb'}$ > $\overline{aa'}$）且邊際效用遞增。

甲消費超過三個蛋塔時，總效用增加的速度開始趨緩，總效用從b點到e點以遞減率增加（即$\overline{dd'}$ < $\overline{cc'}$），此時邊際效用遞減但仍大於零（MU_x從15逐次下降至0）。

甲消費七個蛋塔時總效用達到最大（$TU_x=66$）且邊際效用為零，此時，甲的滿足程度達到最大。

甲消費第八個蛋塔時總效用減少且邊際效用開始為負（$MU_x<0$），甲再多消費一個蛋塔就會感到痛苦。

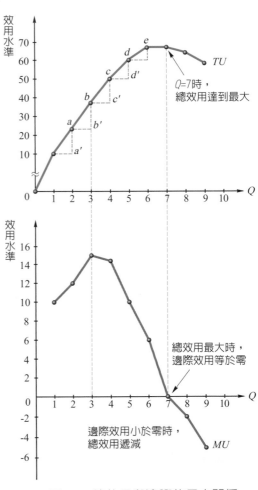

圖3-1　總效用與邊際效用之關係

故邊際效用大於零時（$MU_x>0$）總效用遞增，邊際效用等於零時（$MU_x=0$）總效用達到最大；邊際效用小於零時（$MU_x<0$）總效用遞減（意謂消費過量反而造成反效果）。

1. 邊際效用的計算

邊際效用

$$MU_x = \frac{\Delta TU_x}{\Delta Q_x} \qquad\qquad （式3-1）$$

ΔTU_x：表示總效用之間的差額。

ΔQ_x：表示消費量之間的差額。

透過總效用，可以輕易求得邊際效用，表3-3中，甲消費三個蛋塔的總效用 TU_x（$Q=3$）減去他消費二個蛋塔的總效用 TU_x（$Q=2$）就是甲消費第三個蛋塔的邊際效用 MU_x（$Q=3$），以數學表示即為式3-1。

表3-3 甲消費蛋塔的總效用與邊際效用

消費量 （Q_x）	總效用 （TU_x）	邊際效用（MU_x） $= \dfrac{\Delta TU_x}{\Delta Q_x}$
0	0	－
1	10	$\dfrac{TU(Q=1)-TU(Q=0)}{1-0} = \dfrac{10-0}{1} = 10$
2	22	$\dfrac{TU(Q=2)-TU(Q=1)}{2-1} = \dfrac{22-10}{1} = 12$
3	37	$\dfrac{TU(Q=3)-TU(Q=2)}{3-2} = \dfrac{37-22}{1} = 15$
4	50	$\dfrac{TU(Q=4)-TU(Q=4)}{4-3} = \dfrac{50-37}{1} = 13$
5	60	$\dfrac{TU(Q=5)-TU(Q=4)}{5-4} = \dfrac{60-50}{1} = 10$
6	66	$\dfrac{TU(Q=6)-TU(Q=5)}{6-5} = \dfrac{66-60}{1} = 6$
7	66	$\dfrac{TU(Q=7)-TU(Q=6)}{7-6} = \dfrac{66-66}{1} = 0$
8	64	$\dfrac{TU(Q=8)-TU(Q=7)}{8-7} = \dfrac{64-66}{1} = -2$
9	59	$\dfrac{TU(Q=9)-TU(Q=8)}{9-8} = \dfrac{59-64}{1} = -5$

2. 邊際效用推導總效用

　　加總消費者對某一商品的各單位消費量之邊際效用，即可得其對某一商品消費量的總效用。表3-3中，加總甲消費第一個蛋塔的邊際效用10及第二個蛋塔的邊際效用12，再加上消費第三個蛋塔的邊際效用15，即可得到甲消費三個蛋塔的總效用37。

動動腦❸

請根據表A及表B繪製消費蔥油餅的總效用與邊際效用，並回答問題。

表A　甲對蔥油餅的邊際效用固定為2

數量	邊際效用
0	0
1	2
2	2
3	2
4	2
5	2

表B　乙對蔥油餅的邊際效用遞增

數量	邊際效用
0	0
1	2
2	3
3	4
4	5
5	6

（1）邊際效用遞減法則不成立時，總效用極大是否存在？

▌解答

3-2-4　價值與價格的矛盾

亞當斯密觀察到「水的用途廣，能交換到的物品卻非常少；鑽石的用途遠不如水，卻可交換到大量的物品」，這種現象稱為「鑽石與水的矛盾」（*paradox of value*）。

此一矛盾直至邊際效用學派經濟學家耶逢斯（*Jevons*）提出交換理論[10]，才解釋了**消費者對商品的願付需求價格是根據商品最後一單位邊際效用**[11]**而定**，即水對人們而言用途廣泛，意謂水的使用價值高，帶給人們的總效用非常大，但是水的消費量大使其最後一單位邊際效用很小，故水的價格很低，然而鑽石用途有限，總效用遠不如水，但鑽石數量稀少，使其後一單位邊際效用可以維持在很高的水準，故鑽石的需求價格高。

另一方面，從供給與需求的觀點可知，人們對水的需求大，但其供給更多，因此水的價格很低（圖3-2，*a*）。僅管人們對鑽石的需求遠不如水，但鑽石的供給更少，因此鑽石的價格遠高於水（圖3-2，*b*）。

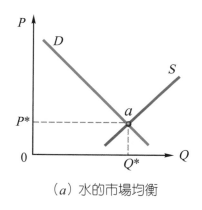

（*a*）水的市場均衡

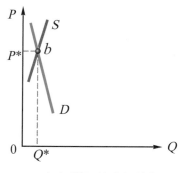

（*b*）鑽石的市場均衡

圖3-2　鑽石與水的矛盾

3-3　消費者最大滿足的決策

消費者行為的目的在追求滿足最大（即總效用最大），但不同商品的效用無法比較，經濟學家就以花在商品上的每一元所得到的邊際效用（$\frac{MU}{P}$）作為比較基礎，使消費者能在眾多商品中挑選出使總效用達到最大的商品組合。

---

10 耶逢斯首先提出「價值」具有三種意義：1. 使用價值（即總效用）、2. 消費者對商品的慾望強度（即邊際效用）、3. 交換比率（即購買力），據此解釋了價值與價格的問題。（林鐘雄，西洋經濟思想史，1990年1月，三民書局）

11 價格與邊際效用的關係詳見3-3-2消費者均衡。

3-3-1　邊際效用均等法則

1. 邊際效用均等法則的意義

邊際效用均等法則（*law of equivalent marginal utility*）係指在一定期間內，消費者花費在各種商品上的最後一元所得到的邊際效用均相等（式3-2）。此時，消費者選擇的商品組合可使其獲得最大的總效用，故邊際效用均等法則是一理性消費者選擇行為的準則。

邊際效用均等法則

$$\frac{MU_x}{P_x} = \frac{MU_y}{P_y} = \cdots\cdots = \frac{MU_z}{P_z}$$
（式3-2）

$\dfrac{MU_x}{P_x}$：表示消費者花費在x商品上的最後一元得到之邊際效用。

當 $\dfrac{MU_x}{P_x} > \dfrac{MU_y}{P_y}$ 時，表示消費者花費在x財上的最後一元得到之邊際效用比起花費在y財上的最後一元得到之邊際效用大，消費者可藉由多消費x財、少消費y財（邊際效用遞減法則告訴我們，增加x財消費將使MU_x減少、減少y財消費將使MU_y增加），直到 $\dfrac{MU_x}{P_x} = \dfrac{MU_y}{P_y}$ 消費者的總效用最大為止。

同理，$\dfrac{MU_x}{P_x} < \dfrac{MU_y}{P_y}$ 時，消費者可少消費x財，多消費y財，使總效用增加，直到 $\dfrac{MU_x}{P_x} = \dfrac{MU_y}{P_y}$ 時總效用最大為止。

實力加強❶　免費商品之選擇

<u>栗子</u>對各種早點的邊際效用如下表，當她可免費享用一份早餐時，她會選擇消費邊際效用最大的燒餅油條（$MU_{燒餅油條}＝30$）。

若<u>栗子</u>可免費消費五份餐點時，那麼她會按邊際效用大小依序選擇一份燒餅油條、一份薯餅、二份蛋餅、一杯豆漿，使<u>栗子</u>總效用136達到最大（$TU＝30＋28＋27＋26＋25$）。

餐點名 ＼ 邊際效用 ＼ 消費量	1	2	3	4
豆漿	26	15	9	5
薯餅	28	20	13	3
燒餅油條	30	24	16	6
蛋餅	27	25	10	0

3-3-2　消費者均衡

消費者使用貨幣（有限資源）從事消費時，根據消費者均衡條件（式3-3）進行選擇，此時消費者達到最大滿足且資源也達到最有效的分配。

1. 預算限制

消費者從事消費時，不僅追求總效用最大，還必須考量手中有多少錢可以投入消費，也就是消費者花在n種商品上的總支出必須等於消費者的所得M（即$P_1Q_1＋P_2Q_2＋\cdots\cdots＋P_nQ_n＝M$，稱為消費者的預算限制，其中，$P_n$表商品$n$的價格、$Q_n$表示第$n$種商品的消費量）。

2. 消費者均衡的意義

在消費者預算全數用完的前提下（即$P_1Q_1＋P_2Q_2＋\cdots\cdots＋P_nQ_n＝M$），消費者均衡時，必須滿足貨幣邊際效用（$MU_m$）與花在各種商品上的最後一元邊際效用皆相等（**邊際效用均等**，式3-3）。此時，不僅資源做了最有效的分配，且此商品組合使消費者的總效用最大。

消費者均衡條件

$$\frac{MU_1}{P_1} = \frac{MU_2}{P_2} \cdots\cdots = \frac{MU_n}{P_n} = MU_m$$

$\dfrac{MU_n}{P_n}$：花在第n種商品上最後一元所獲得的邊際效用

MU_m：貨幣邊際效用一般假設固定[12]　　　　　　　　　　　　（式3-3）

實力加強❷　消費者均衡1

<u>彎彎</u>有48元，欲購買價格分別為每個5元的布丁、每杯8元的綠茶及每串10元的烤肉串。當貨幣邊際效用$MU_m=2.5$時，根據下表試求<u>彎彎</u>在消費者均衡時之商品組合、總效用及總支出。

消費量 餐點名	1		2		3		4	
	MU	$\frac{MU}{P}$	MU	$\frac{MU}{P}$	MU	$\frac{MU}{P}$	MU	$\frac{MU}{P}$
布丁	13	$\frac{13}{5}=2.6$	12.5	**2.5**	12	2.4	11	2.2
綠茶	20	$\frac{20}{8}=2.5$	16	2	8	1	0	0
烤肉串	27	$\frac{27}{10}=2.7$	26	2.6	25	**2.5**	24	2.4

❚ 解答

$(\dfrac{MU_{布丁}}{P_{布丁}} = \dfrac{MU_{綠茶}}{P_{綠茶}} = \dfrac{MU_{烤肉串}}{P_{烤肉串}} = MU_m = 2.5)$ ……①

$P_{布丁} \times Q_{布丁} + P_{綠茶} \times Q_{綠茶} + P_{烤肉串} \times Q_{烤肉串} = 48$……②

根據①、②<u>彎彎</u>最適商品組合為2個布丁、1杯綠茶及3份烤肉串，此組合使<u>彎彎</u>的總效用（123.5）最大，總支出為48元。

---

12 消費者使用貨幣也會產生效用，正常而言貨幣的邊際效用（MU_m）會遞減，但當消費者消費的商品種類很多時，每變動一單位貨幣所引起的貨幣的邊際效用變動微乎其微，所以可以假設為固定不變。

實力加強❸ 消費者均衡2

蘋果一顆6元及薯條一份15元，大雄消費第2顆蘋果的邊際效用是MU_x=18、消費第3份薯條的邊際效用是MU_y=15，貨幣邊際效用MU_m=2，大雄應如何調整消費組合才能使他的總效用達到最大？

┃ 解答

根據 $\dfrac{MU_x}{P_x} = \dfrac{MU_y}{P_y} = MU_m$ 進行消費將使大雄的總效用達到最大。

已知 $\dfrac{MU_x}{P_x} > \dfrac{MU_y}{P_y}$ 即 $\dfrac{18}{6} < \dfrac{15}{15}$，

大雄應該增加蘋果（x）的消費並減少薯條（y）的消費，直到 $\dfrac{MU_x}{P_x} = \dfrac{MU_y}{P_y} = MU_m$=2為止。

3-3-3 消費者均衡與需求曲線

消費者均衡條件中（式3-3），假設貨幣邊際效用為固定常數時，可導出需求曲線。以甲消費蛋塔為例，假設貨幣邊際效用為5，消費者均衡條件 $\dfrac{MU_{蛋塔}}{P_{蛋塔}}=MU_m$，則$P_{蛋塔}=\dfrac{MU_{蛋塔}}{MU_m}$，可求得各消費量下甲對蛋塔的願付價格$P_{蛋塔}$（表3-4），再以圖表示消費量與價格的關係，即可得甲對蛋塔的需求曲線（圖3-3）。

表3-4 蛋塔之邊際效用與價格

消費量	$MU_{蛋塔}$	$P_{蛋塔}=\dfrac{MU_{蛋塔}}{MU_m}$
1	50	10
2	45	9
3	40	8
4	35	7
5	30	6
6	25	5

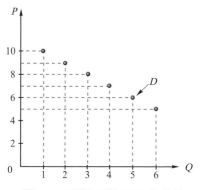

圖3-3 甲對蛋塔的需求曲線

3-4　消費者剩餘

　　消費者心中願付600元購買標價500元的手錶，若其以500元買下手錶，消費者內心會有賺到了的感覺，這種主觀上願意支付的價格大於客觀上實際支付的價格，而產生「超值」的感覺，就是消費者剩餘的概念。馬歇爾（*Alfred Marshall*）藉由邊際分析法導出需求曲線，來衡量內心賺到的部份，稱爲消費者剩餘。經濟學中更**以消費者剩餘來衡量消費者的福利，當消費者剩餘愈大，表示消費者的福利愈大。**

1. 消費者剩餘的意義

　　消費者以貨幣單位衡量內心願付價格大於實際支付價格的部份[13]，**稱為消費者剩餘**（*Consumer's Surplus*，*CS*）。

　　從表3-5可知，甲消費第一個蛋塔願支付的最高價格10元大於第六個蛋塔的願付最高價格，此充份反應消費者對商品的願付價格決定於邊際效用而非總效用的觀念[14]。邊際效用隨消費量增加而遞減，故消費者願付最高價格也會隨消費量增加而遞減。圖3-4中需求曲線上的每一點，都表示甲對每一個蛋塔內心所願意支付的最高價格。

表3-5　甲對蛋塔的需求表

消費量	$P_{蛋塔}$	在$P^*=7$元時，甲的CS
1	10	$10-7=3$元
2	9	$9-7=2$元
3	8	$8-7=1$元
4	7	$7-7=0$元
5	6	—
6	5	—

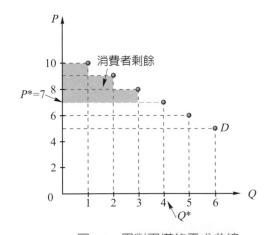

圖3-4　甲對蛋塔的需求曲線

---

13 衡量消費者剩餘係以需求曲線爲工具，故CS以貨幣單位表示。
14 詳見3-2-4鑽石與水的矛盾。

蛋塔市場均衡價格為7元時，甲將花費28元購買四個蛋塔，雖然甲願意以10元購買第一個蛋塔，但實際只付了7元，差額3元即為甲購買第一個蛋塔的消費者剩餘。同理，甲願意以9元購買第二個蛋塔，但他只花了7元就買到，差額2元即為甲購買第二個蛋塔的消費者剩餘，依此類推，可以分別求得甲消費第三及第四個蛋塔的消費者剩餘分別是1元及0元。加總第一至第四個蛋塔的消費者剩餘（3＋2＋1＋0），就是甲購買四個蛋塔的消費者剩餘了（6元）。

若商品單位可「無限細分」，消費者的需求曲線如D呈一連續狀（圖3-5）。在消費者均衡時（均衡價格為P*，均衡購買量Q*），願意支付梯形面積aeQ*0，但實際支付為□P*eQ*0，兩者間的差距△aeP*，即為市場均衡時的消費者剩餘。

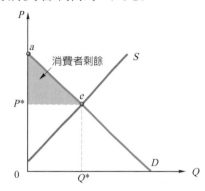

圖3-5　市場均衡時之消費者剩餘

動動腦❹

市場需求函數為$Q=20-2P$，供給函數為$Q=-15+3P$；試求市場均衡時之消費者剩餘，並作圖標示消費者剩餘。

▌解答

3-5 家庭消費定律

十九世紀統計學家恩格爾（*Engel*）於研究比利時及英國薩克森的家庭消費行為時，觀察到家庭消費支出與家庭所得間存在三種規律現象，將之稱之為恩格爾法則。

3-5-1 恩格爾法則

恩格爾法則（*Engel's law*）係自所得相關統計資料推得之通論，意謂多數的這些資料皆會有以下三種現象：

1. **糧食支出隨所得增加而增加，但其占所得之比例隨所得增加而減少；糧食的所得彈性小於1**，這表示家庭所得愈高，糧食支出占所得比例愈低，反之則愈高，如表3-6，隨國民所得提高，我國家戶在食品飲料及菸草上的支出占所得比例有逐漸減少趨勢。

2. **一般性支出（如衣服、燃料及住宅支出）占所得之比例固定；一般性支出的所得彈性為1**。如表3-6，衣著鞋襪類與房地租、水費、燃料及燈光占所得比例雖有變動，但其幅度相較其他支出並不算大。

表3-6　台灣地區各項支出占所得比例（%）

年別	食品飲料及菸草	衣著鞋襪類	房地租、水費、燃料及燈光	家庭器具、設備和家事管理	醫療及保健	運輸交通及通訊	娛樂消遣及教育文化服務	什項消費	合計
53年	59.70	6.30	17.20	3.40	5.30	2.00	1.20	4.90	100
63年	49.40	6.15	20.71	3.79	3.92	3.99	6.06	5.98	100
68年	41.03	7.41	22.91	4.64	4.62	6.12	7.63	5.64	100
73年	38.83	5.93	23.34	4.42	5.07	8.18	9.03	5.20	100
78年	33.67	6.03	23.82	4.59	4.86	9.24	12.01	5.78	100
83年	26.05	4.90	25.65	4.56	8.49	9.87	13.48	7.00	100
88年	25.15	4.08	24.91	4.03	10.97	11.11	12.96	6.80	100
93年	23.71	3.48	23.06	3.73	12.91	12.54	13.31	7.26	100
98年	24.64	3.18	23.77	3.54	14.64	11.98	12.49	5.76	100

資料來源：行政院主計處。

3. 教育、衛生及娛樂支出隨所得增加而增加，且占所得之比例亦隨所得增加而增加；教育、衛生及娛樂支出之所得彈性大於1。表示家庭所得愈高，教育、衛生及娛樂支出占所得比例愈高。如表3-6醫療及保健、運輸交通及通訊與娛樂消遣及教育文化服務費用占所得比例呈遞增趨勢。

3-5-2　恩格爾係數與恩格爾曲線

恩格爾法則中糧食支出與家戶總所得呈反向關係，以糧食支出占家戶總所得之百分比可作為測度生活水準的指標，稱此係數為恩格爾係數（*Engel's coefficient*）（式3-4）。當恩格爾係數愈高表示生活水準愈低，反之，生活水準則愈高。

$$恩格爾係數 = \frac{糧食支出}{家戶總所得} \times 100\% \quad （式3-4）$$

恩格爾曲線（*Engel curve*）係描繪其他條件不變下，消費者在不同所得（M）下所對應的商品需求量（x）。圖3-6分別是正常財、奢侈品與劣等財的恩格爾曲線。

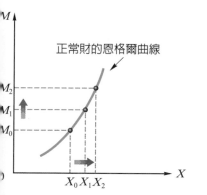
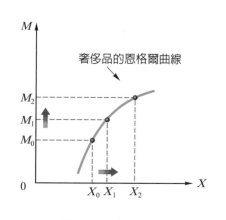
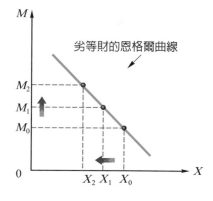

圖3-6　恩格爾曲線

3-6 消費者主權及消費者保護運動

3-6-1 消費者主權

消費者主權首見於<u>亞當斯密</u>的《國富論》，後有諾貝爾經濟學獎得主<u>海耶克</u>（*Hayek*）提出消費者主權理論（*Consumer Paramountcy Theory*）。**消費者主權**（*Consumer sovereignty*）**係指消費者按照自己的意願和偏好消費商品，同時藉其購買力指引生產者依其意見生產所需要的商品。**

現實生活中，消費者雖可以其貨幣購買力影響生產者生產什麼及生產多少的決策，但是，生產者同樣可以廣告或各種促銷手段，改變消費者偏好影響其購買行為。消費者唯有瞭解自己的權利方能鞏固與實踐消費者主權，消費者權利的概念由美國<u>甘迺迪</u>（*Kennedy*）總統於1962年3月向國會提出保護消費者權利特別諮文中首次出現，最初只包含了以下前四項權利，隨著消費者運動的興起，<u>尼克森</u>（*Nixon*）總統於1969年提出消費者的第五項權利——求償的權利，消費者權利也隨時代需求而擴張，1983年國際消費者聯盟組織更訂定每年3月15日為「世界消費者日」。消費者的基本權利如下介紹：

1. **求安全的權利**：對於有害健康或危害生命安全之產品，消費者有受法律保護的權利。

2. **求知的權利**：對於詐欺、曖昧、誇大不實之廣告、標示或虛偽的陳述，消費者有要求調查及明瞭事實真相之權利。

3. **選擇的權利**：政府應確保商品具一定品質且價格公正，同時保證消費者有足夠的資訊可依自己的意願選購不同商品與服務。

4. **表達意見的權利**：政府制訂有關經濟或社會政策或立法時，消費者能充分表達意見並受尊重的權利。

5. **求償的權利**：消費者權益受到損害時，得要求政府處罰廠商，並令其負賠償之責任。

3-6-2 消費者保護運動

消費者保護就是集合消費者、社會大眾及政府力量，來保護消費者免於權益受損及遭受不公平待遇。消費者保護運動（*Consumer movement*）始於十九世紀，美國自1876年起，先後制定了許多消費者保護法案，是全球消費者保護運動最具成效的國家。我國於1994年1月11日公布實施消費者保護法，以保障消費者權益，促進國民消費生活安全，提昇國民消費生活品質，並於同年7月成立消費者保護委員會，將消費者保護的理念與責任正式納入政府的行政體系，表3-7為我國消費者保護的歷程。

表3-7 我國消費者保護歷程

	時間	相關事件
政府組織與相關法案	62年	台北市國民消費協會（隸屬台北市政府）成立
	80年	為維護交易秩序與消費者利益，確保公平競爭，促進經濟與繁榮，民國80年公布實施公平交易法。
	81年	行政院公平交易委員會正式成立，實施公平交易法，以維護交易秩序與消費者利益。
	83年	為保護消費者權益，促進國民消費生活安全，提升國民消費生活品質，民國83年公布實施消費者保護法。
	83年	行政院消費者保護委員會成立，是政府層級最高的消保組織，87年推動「消費者三不運動[15]」。
民間組織	58年	我國最早的消費者組織，中華民國消費者協會成立。
	69年	財團法人中華民國消費者文教基金會，簡稱消基會，是國內消費者保護工作最具成效的民間組織，每月出版「消費者報導」。

---

15 消費者三不運動：危險公共場所不去、標示不全商品不買、問題食品、藥品不吃。

重點回顧

1. 慾望是經濟活動的起點，資源有限、慾望無窮是經濟問題的根源。

2. 慾望具有（1）種類無窮（2）強度有限（3）替代性（4）互補性（5）習慣性等五種特性。

3. 使用財貨或勞務以滿足人們自身慾望的行為或經濟活動，稱為消費。

4. 經濟財可分為消費財與資本財，直接供人們使用的商品稱為消費財（consumption goods），而資本財（capital goods）係指供生產使用的原物料或設備。

5. 消費財的種類

消費財種類	定義	範例
必需品	維持基本生活的商品	水
便利品	增進生活便利或舒適性的商品	洗衣機、電話
奢侈品	促使生活更精緻化的商品	豪宅、進口跑車

6. 消費者行為的最終目的在滿足內心的慾望（wants）。

7. 效用（utility）是衡量慾望滿足程度的指標，受消費者偏好或習性等因素影響。

8. 在一定期間內，消費者偏好不變下，消費者的邊際效用隨商品消費數量增加而逐漸遞減現象，稱為邊際效用遞減法則（law of diminishing marginal utility）。

9. 邊際效用遞減法則成立的原因：慾望強度有限、商品具有多種用途。

10. $MU > 0$時總效用遞增，$MU = 0$時總效用達到最大；$MU < 0$時總效用遞減。

11. 消費者購買商品所願付的價格係根據其消費商品所獲的最後一單位的邊際效用而定。

12. 邊際效用均等法則（*law of equivalent marginal utility*）係指在一定期間內，消費者花費在各種商品上的最後一元所得到的邊際效用均相等。消費者根據邊際效用均等法則選擇的商品組合可以使其獲得最大的總效用。

13. 消費者均衡時，不僅要求消費者的預算全數用完（滿足預算限制），同時必須滿足貨幣邊際效用（MU_m）與花在各種商品上的最後一元邊際效用皆相等（邊際效用均等）。

14. 消費者從事消費時，以貨幣單位衡量內心願付價格大於實際支付價格的部份，稱為消費者剩餘（*Consumer's Surplus*，*CS*）。

15. 恩格爾法則（*Engel's law*）：

（1）糧食支出隨所得增加而增加，但其占所得之比例隨所得增加而減少；糧食的所得彈性小於1。

（2）一般性支出，如衣服、燃料及住宅支出占所得之比例固定；一般性支出的所得彈性為1。

（3）教育、衛生及娛樂支出隨所得增加而增加，且占所得之比例亦隨所得增加而增加；教育、衛生及娛樂支出之所得彈性大於1。

16. 恩格爾係數（*Engel's coefficient*）愈高表示生活水準愈低，反之，生活水準則愈高。

17. 恩格爾曲線（*Engel curve*）係描繪其他條件不變下，消費者在不同所得下所對應的商品需求量間的關係。

自我挑戰

一、選擇題（*表示複選題）

(　　) 1. 以下敘述何者錯誤？
(A) 消費者心中的不足之感與求足之願稱為慾望
(B) 需要（needs）因人們某些目的而希望被滿足時，就會轉變成慾望
(C) 慾望無窮是經濟問題的根源
(D) 馬斯洛的需要層次理論可以說明飽暖思淫慾的現象　　　【3-1-1】

(　　) 2. 以下敘述何者錯誤？
(A) 豬肉是必需品
(B) 超商販賣的礦泉水是經濟財
(C) 使用財貨或勞務以滿足人們自身慾望的行為或經濟活動，稱為消費
(D) 生產橘子果醬的鍋爐是資本財　　　【3-1-2】

(　　) 3. 有關效用的敘述何者錯誤？
(A) 效用是消費者的客觀感受，效用受消費者偏好及習性等因素影響
(B) 消費行為是滿足慾望獲取效用的手段
(C) 消費者行為的最終目的在滿足內心的慾望
(D) 效用是衡量慾望滿足程度的指標　　　【3-2-1】

(　　) 4. 有關效用的敘述何者正確？
(A) 最早發展出來衡量效用的方法是序列效用分析法
(B) 計數效用分析法認為效用可測，滿足程度可量化、可排序且數值間的運算具有意義
(C) 乙喜歡布丁更勝於果凍，但究竟有多喜歡布丁則無法量化，是屬於邊際效用分析法
(D) 一般而言，邊際效用不一定會遞減　　　【3-2-1】

*(　　) 5. 邊際效用遞減的原因？　(A) 慾望的替代性　(B) 慾望種類無窮　(C) 慾望強度有限　(D) 商品具有多種用途　　　【3-2-2】

(　　) 6. 以下敘述何者錯誤？
(A) 總效用減少時，邊際效用為負，
(B) 邊際效用遞減法則不成立則總效用極大不存在
(C) 邊際效用曲線下降時，總效用減少
(D) 邊際效用為零時，消費者滿足程度最大　　　【3-2-3】

(　) 7. 決定商品價格的因素以下何者為是？ (A) 商品的使用價值 (B) 商品的需求量 (C) 商品的邊際效用 (D) 商品的總效用 【3-2-4】

(　) 8. $\frac{MU_x}{P_x} < \frac{MU_y}{P_y}$ 時，消費者應如何選擇？

(A) 多消費x財，少消費y財直到 $\frac{MU_x}{P_x} = \frac{MU_y}{P_y}$

(B) 少消費x財，多消費y財直到 $\frac{MU_x}{P_x} = \frac{MU_y}{P_y}$

(C) 同時增加x財及y財消費
(D) 同時減少x財及y財消費 【3-3-1】

(　) 9. 消費者均衡係指
(A) 消費者支付在各種商品上的最後一元邊際效用等於貨幣邊際效用
(B) 消費者在各種商品上的總效用均相等
(C) 消費者對各種商品的邊際效用均相等
(D) 以上皆是 【3-3-2】

(　) 10.有關消費者剩餘的敘述何者錯誤？
(A) 水的消費者剩餘大於鑽石的消費者剩餘
(B) 需求曲線上的每一點都表示消費者願付的最高價格
(C) 馬歇爾提出消費者剩餘概念
(D) 商品的市場均衡價格愈高，消費者剩餘愈大 【3-4-1】

(　) 11.有關恩格爾法則的敘述何者正確？
(A) 教育、衛生及娛樂支出占所得之比例隨所得增加而減少
(B) 糧食支出隨所得增加而增加
(C) 衣服、燃料及住宅支出占所得之比例固定
(D) 以上皆是 【3-5-1】

(　) 12.A、B、C三家庭的恩格爾係數分別為50%、25%、40%，則
(A) A家庭的所得最高，生活水準最高
(B) B家庭的所得最高，生活水準最高
(C) C家庭的所得最低，生活水準最低
(D) B家庭的糧食支出最多 【3-5-2】

( ) 13.關於消費者主權的敘述，何者<u>正確</u>？①國際消費者聯盟於1983年起將每年的3月15日訂為「世界消費者日」；②美國尼克森總統於1969年提出消費者的第五項權利——「求償的權利」；③國內消費者保護工作最具成效的民間組織是公平交易委員會；④自由經濟體制下，生產者生產什麼及生產多少均以消費者偏好為依歸，稱之為消費者主權。(A)①② (B)①③ (C)①②④ (D)②④②④ 【3-6-1】

( ) 14.集合消費者、社會大眾及政府力量，來維護消費者免於權益受損及遭受不公平待遇，稱之為 (A) 消費者意識 (B) 消費者保護 (C) 消費者主權 (D) 以上皆非 【3-6-2】

二、綜合題

1. 根據敘述內容，填入正確的慾望特性：

_____：每天都要喝一杯牛奶才能入睡。

_____：大熱天，吃剉冰或游泳對我都一樣。

_____：我吃燒餅一定要搭配豆漿。

_____：電玩打太久會眼痛、腰痠，再玩下去就覺得很累。

_____：五佰的音樂推陳出新，每一新專輯我都想蒐集。

【3-1-1】

2. 請在下表中填入正確的MU，並回答問題。 【3-2、3-3】

Q	1	2	3	4	5	6	7	8	9	10
TU	5	18	28	40	49	54	57	57	52	43
MU										

(1)消費者最大滿足的消費量是_____單位。

(2)總效用在消費量_____單位時開始呈遞減方式增加。

(3)商品均衡價格4元且貨幣邊際效用為3時，均衡購買量為_____單位。

3. 媽媽一天只能用7桶水於煮飯、洗衣、拖地三種用途（假設水不能回收），根據下表，她該如何運用才能獲得最大滿足。

_____桶水煮飯、_____桶水洗衣、_____桶水拖地。 【3-3】

MU＼用途	煮飯	洗衣	拖地
第一桶水	13	30	20
第二桶水	12	25	13
第三桶水	10	19	5
第四桶水	8	13	0
第五桶水	5	6	-5

4. 貨幣邊際效用為3，請完成表中各消費量的消費者願付最高價格，若市場均衡價格為5時，消費者應購買＿＿＿＿單位商品能獲得最大效用，消費者剩餘＿＿＿＿元。

【3-4】

消費量	1	2	3	4	5
MU	30	27	15	12	9
P					

5. 分別求算下表中X、Y、Z之值。　　　　　　　　　　　　　　　　　【3-5】

X=＿＿＿＿＿＿＿＿＿、Y＝＿＿＿＿＿＿＿＿＿、Z＝＿＿＿＿＿＿＿＿。

	甲家庭	乙家庭	丙家庭
糧食支出	10,000	Y	100,000
家戶所得	X	700,000	Z
恩格爾係數	20%	15%	10%

6. 請寫出圖中三條恩格爾曲線分別代表哪一種財貨。　　　　　　　　　【3-5】

圖1＿＿＿＿＿＿＿＿＿　圖2＿＿＿＿＿＿＿＿＿　圖3＿＿＿＿＿＿＿＿＿。

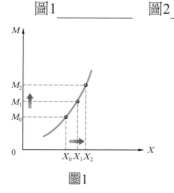
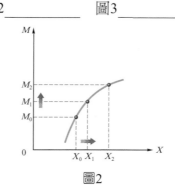
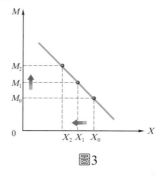

圖1　　　　　　　　　　　圖2　　　　　　　　　　　圖3

7. 已知貨幣邊際效用為10且甲有34元，根據下表，消費者均衡時，甲消費＿＿＿＿單位X財、＿＿＿＿單位Y財，甲的總支出為＿＿＿＿元、總效用為＿＿＿＿。

Q_x	1	2	3	4	5
MU_x	240	110	80	45	24
P_x	20	10	8	5	3

Q_y	1	2	3	4	5
MU_y	66	50	36	21	12
P_y	6	5	4	3	2

8. 市場需求函數為$Q＝48－4P$、供給函數為$Q＝－12＋6P$，市場均衡價格＿＿＿＿元、均衡數量＿＿＿＿＿＿、消費者剩餘為＿＿＿＿＿＿元。（請繪圖標示市場均衡價格、均衡數量及消費者剩餘）

memo

4 生產理論

從1949年第一架噴射引擎客機「哈維蘭彗星型」（de Havilland Comet）問世，大幅縮短運輸時間，其中「巨無霸客機」波音747，從1970年起一直是全世界載客量最多的飛機，直到A380投入服務前這項紀錄維持了37年。當時，波音公司購入約780英畝土地供波音747生產使用，其中設置機器設備的廠房就達98英畝。進入正式生產，一架波音747須經由1,000名裝配員組裝6百萬個的零件，其中螺絲零件就達3百萬個，耗時4個月裝配完成，面對如此浩大的生產過程與種類繁多的投入項目，本章所介紹的生產理論，提供了化繁為簡的分析工具，可為讀者應用在各種生產上。

本章綱要

1. 生產的一般概念與生產要素介紹。
2. 生產者剩餘。
3. 短期生產函數與長期生產函數。
4. 報酬遞減法則。
5. TP、AP與MP的關係與生產三階段。
6. 人口論。

4-1 生產的一般概念

廠商（firm）又稱為生產者，其決定生產什麼、如何生產、生產多少及為誰生產等問題，並結合各種生產要素產出財貨與勞務滿足消費者。

4-1-1 生產的意義與種類

1. 生產的意義

　　經濟循環中，廠商扮演生產者角色，為了追求最大利潤，結合各種生產要素（如土地、勞動、資本、企業家精神等）產出財貨或勞務，以滿足消費者的經濟行為，稱為生產，也就是生產者之各種「創造」或「增加」商品效用，供消費者消費的經濟行為。簡單來說，**生產就是投入各種生產要素，產出財貨或勞務的經濟行為**。例如：滷味攤老闆投入自己的時間、餐車設備及原料，產出美味的各式魯味。

2. 生產的種類

（1）依是否使用工具區分

① 直接生產：生產者使用自己的勞動或簡單的工具產出商品的生產方式。例如：手工編織品。

② 間接生產：生產者藉由各種工具與設備等資本財來產出商品的生產方式，又稱迂迴生產，是現代生產的主要型態。

（2）依創增效用的方式區分

① 原始生產：**生產者使用自然資源，創增本源效用的生產方式**。舉凡農、林、漁、牧、礦業的生產活動，都是創造或增加自然資源的原始效用（或稱本源效用）的生產方式，皆屬於原始生產。

② 工業生產：**生產者將商品予以加工改變其性質與形態，創增形式效用的生產方式，又稱為形式生產**。例如：將魚打成漿，製成魚丸，或結合黃金與寶石，製成精美的首飾等。

③ 商業生產：**生產者創增商品的「地方效用」、「時間效用」或「產權效用」的生產方式**。

所謂「地方效用」係指藉移轉財貨所在地的方式創增效用，例如：日本富士蘋果運至臺灣銷售，或臺灣的鰻魚運至日本銷售創造更大效用。「時間效用」則是藉由儲藏技術創增商品的效用，例如：廠商

使用冷凍技術，使柳丁無產期限制，消費者一年四季都可以購買得到，生產者也不受盛產導致價格暴跌的影響。「產權效用」即生產者藉由移轉商品的所有權來創增效用，例如：買賣業（批發業、零售業）購入商品轉售他人，即是移轉商品所有權來創增效用的生產方式。

④ 勞務生產：**生產者提供勞務滿足消費者所需，創增勞務效用的生產方式**。例如：教師授課、醫生問診、律師諮詢……等各式服務業皆屬之。

4-1-2　生產要素

生產要素即為生產過程所使用的各種資源，一般分為四大類：

1. **土地（*land*）**：所有用於生產的自然資源皆稱為土地，包括地表上的資源，如空氣、水、海洋、森林……等，與地底下資源各類礦產。「地租」（*rent*）為生產者使用土地的代價，換言之是地主提供土地於生產所得之報酬。

2. **勞動（*labor*）**：係指勞動者於生產過程中所投入的勞心或勞力的行為，屬於人力資本。「工資」（*wage*）是生產者僱用勞動的代價，也是勞動的報酬。

3. **資本（*capital*）**：係指生產過程中所投入的各式人造生產工具，例如：機器、廠房與存貨等，屬於人造資本。「利息」（*interest*）是生產者使用資本的代價，也是資本家提供資本的報酬。

4. **企業家精神（*entrepreneurship*）**：係指企業家結合各種生產要素經營企業，運用其經營管理能力追求利潤，並承擔風險。「利潤」（*profit*）是企業家提供經營能力的報酬。

(　) 1. 宅急便屬於以下何種生產方式
　　　 (A)原始生產　(B)勞務生產　(C)工業生產　(D)商業生產

(　) 2. 倉儲業是創造何種效用的生產方式
　　　 (A)本源效用　(B)形式效用　(C)時間效用　(D)勞務效用

(　) 3. 以下何者不屬於生產
　　　 (A)老師授課　(B)服兵役　(C)學生工讀　(D) 建築工人修建大樓

(　) 4. 廠商在生產上使用的機器設備，屬於下列何種生產要素
　　　 (A)土地　(B)勞動　(C)資本　(D)企業家精神　　　　【97四技二專】

4-2　生產者剩餘

　　生產者剩餘（*Producer's Surplus*，*PS*）係指生產者銷售商品所得到之總收入大於心中之「最低要求價款」的差額。

　　圖4-1中，商品市場均衡之價格與數量分別為P^*、Q^*，則廠商的總收入為□P^*eQ^*0（即$P^* \times Q^*$的面積）；商品數量Q^*時，廠商心中要求的最低價款[1]為梯形面積beQ^*0，兩者之差額△P^*eb即為生產者剩餘。

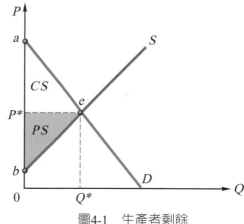

圖4-1　生產者剩餘

1　亦即在「特定」銷售量下，生產者要求之最低收入。

實力加強❶ 不連續單位商品之生產者剩餘

花生豆花的供給表如下，當市場價格30元時，生產者剩餘為30元。

市場價格P	10	20	30	40	50
供給數量Q	1	2	3	4	5

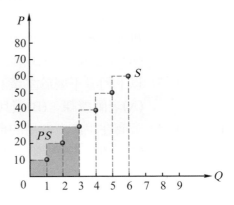

解答

① 廠商總收入　　　　　　　　　　　　　　　　　30×3＝90元

② 廠商心中要求之最低價款
（即第1單位最低要求價款＋……＋第3三單位　　10×1＋20×（2-1）＋30×（3-2）＝60元
最低要求價款）

③ 生產者剩餘（即①－②）　　　　　　　　　　　90－60＝30元

實力加強❷ 連續單位商品之生產者剩餘

已知X商品的供給函數與需求函數分別為$Q^s = P - 2$、$Q^d = 10 - P$，則市場均衡時之生產者剩餘8元、消費者剩餘8元、社會福利（即生產者剩餘與消費者剩餘的總合）16元。

解答

① X商品市場均衡$Q^s = Q^d$：

$P - 2 = 10 - P$，求得$P^* = 6$元；

將P^*代入Q^s或Q^d，可得$Q^* = 4$。

② 生產者剩餘（PS）：

$4 \times (6 - 2) \div 2 = 8$元

③ 消費者剩餘（CS）：

$4 \times (10 - 6) \div 2 = 8$元

④ 社會福利＝$CS + PS$

8元＋8元＝16元

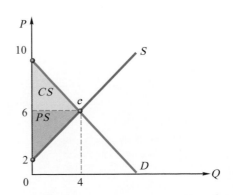

4-3　生產函數

生產函數（*production function*）係以函數表示廠商在特定生產技術下之「要素投入」與「產出」的關係（式4-1）。經濟學中為簡化分析，常假設廠商的生產行為只須投入勞動（*L*）與資本（*K*），則生產函數為$Q=f(L,K)$。

$Q=f(x_1,x_2,x_3,\cdots\cdots,x_n)$　　　　　　　　　　　　　　（式4-1）

$x_1,\cdots\cdots,x_n$：表示生產過程中投入n種生產要素。

Q：表示最大產量

$f(\cdot)$：表示生產的函數形態，包括技術水準

小關鍵大重點 1

柯布－道格拉斯生產函數（Cobb-Douglas function，C-D函數）

數學家柯布（*Cobb*）與經濟學家道格拉斯（*Douglas*）經由統計驗證，而確立了*C-D*生產函數（式4-2），並廣為經濟學家所應用。

$Q=f(L,K)$，則$Q=AL^{\alpha}K^{\beta}$　　　　　　　　　　（式4-2）

*L*表示勞動投入、*K*表示資本投入、*A*表示技術水準。

α與β為參數，皆大於0。

① 當α＋β＝1時，表示「規模報酬固定」，意謂所有生產要素投入量增加λ倍，產出也會增加λ倍。例如：生產函數$Q=2L^{0.3}K^{0.7}$時，α＋β＝1，廠商同時增加生產要素投入量λ倍，商品產量也會增加λ倍。

② 當α＋β＞1時，表示「規模報酬遞增」，意謂所有生產要素投入量增加λ倍，產出增加將大於λ倍。例如：$Q=2L^{0.5}K^{0.7}$，則α＋β＝1.2，廠商同時增加生產要素投入量λ倍，商品產量增加大於λ倍。

③ 當α＋β＜1時，表示「規模報酬遞減」，亦即所有生產要素投入量增加λ倍，產出增加小於λ倍。例如：$Q=2L^{0.5}K^{0.2}$，則α＋β＝0.7，廠商同時增加生產要素投入量λ倍，商品產量增加小於λ倍。

4-3-1 　短期生產函數與長期生產函數

英國劍橋學派經濟學家馬歇爾（*Marshall*）首先提出長、短期並非指絕對時間長度的概念，而是視生產者有否足夠時間調整要素投入量。

短期（*short run*）係指當生產者缺乏足夠時間調整生產要素投入量時稱之，即「至少存在一生產要素固定」的情形。短期通常假設資本設備為固定要素[2]，以 $Q=f(L，\overline{K})$ 表示短期生產函數，亦可以 $Q=f(L)$ 表示。

長期（*long run*）係指當生產者擁有充裕的時間可以調整其所有的生產要素投入量時稱之，即「所有生產要素皆可變動」的情形。勞動與資本皆為變動要素[3]，$Q=f(L，K)$ 即為長期生產函數。

不同產業的長短期不同，例如晶元廠建置廠房、設備需要一年半載，但麵店一週內便可準備好生財器具，對麵店而言，由於一個月內所有的生產要素皆可調整、改變，一個月就算長期了；但對晶元廠來說，一年也只不過是短期。

4-3-2 　報酬遞減法則

報酬遞減法則又稱「邊際報酬遞減法則」（*law of diminishing maginal returns*），為生產短期之現象。短期生產技術不變下，由於部份生產要素投入量固定（即存在固定生產要素），當固定要素與變動要素無法充分配合時，隨著變動要素投入量不斷增加，產量將發生遞減的現象（即邊際產量終將遞減，詳見 4-3-3）。

例如：精華地段的小吃攤生意日益興隆，為了招呼愈來愈多的顧客，老闆不斷增僱員工，囿於店面空間有限，當小店面擠了一堆員工時，反而發生愈幫愈忙，產量減少的現象。

2　固定要素（*fixed factors*）：短期無法調整僱用量的生產要素。
3　變動要素（*variable factors*）：短期可以調整僱用量的生產要素。

4-3-3　TP、AP與MP的關係

假設廠商只使用勞動與資本從事生產，短期當資本為固定生產要素時（$\overline{K}$），可以總產量（TP）、平均產量（AP）與邊際產量（MP）等描繪「勞動投入」與「產出」之關係，說明廠商的短期生產行為。

① 總產量（$Total\ Product$，TP）：短期生產技術不變下，生產要素投入所能產出之商品最大產量（式 4-3）。透過式 4-3 可求得不同勞動投入量下之商品最大產量。

$$TP_L = f\,(L，\overline{K}) \qquad\qquad (式4\text{-}3)$$

② 平均產量（$Average\ Product$，AP）：平均每單位變動要素的產量（式 4-4）。

$$AP_L = \frac{TP_L}{L} \qquad\qquad (式4\text{-}4)$$

③ 邊際產量（$Marginal\ Product$，MP）：每增加一單位變動要素投入量（$\triangle L$），所引起總產量的變動量（$\triangle TP_L$）（式 4-5）。

$$MP_L = \frac{\Delta TP_L}{\Delta L} \qquad\qquad (式4\text{-}5)$$

1. TP、AP與MP的關係

（1）TP 與 MP 之關係

① 圖 4-2 中，勞動僱用量從 0 至 L_0 時，總產量（TP_L）以遞增速度增加，勞動邊際產量（MP_L）遞增。當勞動僱用量為 L_0 時，TP_L 位於反曲點（又稱轉折點）a 點，此時 MP_L 達到最大（d 點）。

② 圖 4-2 中，勞動僱用量從 L_0 至 L_2 時，總產量（TP_L）以遞減速度增加，此時勞動邊際產量（MP_L）遞減但仍大於等於零。當勞動僱用量為 L_2 時，TP_L 達到最大（c 點），且 MP_L 為零（f 點）。

③ 圖 4-2 中，勞動僱用量大於 L_2 時，總產量（TP_L）減少，且勞動的邊際產量（MP_L）為負。

綜上所述，短期隨著廠商增加變動要素（勞動）的僱用量，邊際產量終將遞減，邊際報酬遞減法則必然成立。

（2）TP 與 AP 之關係

圖 4-2 中，廠商的勞動僱用量從 0 增加至 L_1 時，總產量（TP_L）增加，且勞動平均產量（AP_L）遞增。當自原點出發的直線與 TP_L 相切於 b 點時，勞動僱用量為 L_1，AP_L 達到最大（e 點）。此時廠商持續增加勞動僱用量，將使 AP_L 遞減。

（3）AP 與 MP 之關係

① $MP > AP$ 時，AP 遞增。

② $MP = AP$ 時，AP 達最大。

③ $MP < AP$ 時，AP、MP 遞減。

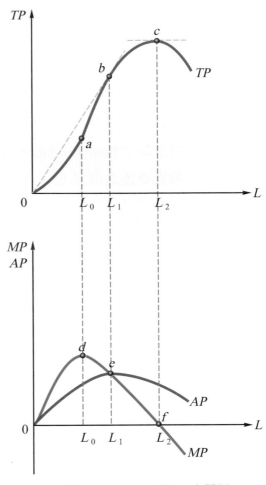

圖4-2　TP、AP與MP之關係

動動腦❷

(　) 1. 以下何者描述生產要素與產出之關係：
(A)生產函數　(B)生產成本　(C)供給函數　(D)需求函數

(　) 2. 廠商僅投入勞動（L）與資本（K）生產Y財，產量為Q，則其短期生產
函數為
(A)$Q=f（L，K）$　(B)$Q=f（K）$　(C)$Q=f（L）$　(D)以上皆非

(　) 3. 短期發生邊際報酬遞減現象，是因為：
(A)生產要素皆固定不定
(B)生產要素皆可調整
(C)部份生產要素固定
(D)生產技術改變

(　) 4. 假設生產函數$Q=2KL-0.6L^2-0.6K^2$，其中$K=10$，則當$L=10$時之勞
動平均產出（AP_L）為
(A)6　(B)8　(C)10　(D)12

(　) 5. 有關生產的三個概念，下列何者有誤？
(A)AP 最大時，$AP=MP$
(B)$MP<0$時，TP遞減
(C)AP遞增時，$AP<MP$
(D)TP遞增時，MP遞減

4-4　生產三階段

短期廠商的生產行為分為三個階段（圖4-3）。

1. 生產第一階段（I），即AP上升階段

圖4-3中，勞動僱用量介於0至L_1之間，AP遞增（此時MP先遞增後遞減），且$MP > AP$時，為生產第一階段。

生產第一階段，由於變動要素（勞動）相對於固定要素（資本）的數量太少，導致固定要素（資本，如機器設備）閒置而未能充分利用。此時，廠商若能增加變動要素僱用量，將可使產量增加，因此一理性的廠商將不會永遠停留在此階段生產。

2. 生產第二階段（II），又稱合理生產階段

圖4-3中，勞動僱用量介於L_1至L_2之間，AP最大到MP為零，此時$AP > MP > 0$，為生產第二階段。

3. 生產第三階段（III），即MP為負的階段

圖4-3中，勞動僱用量大於L_2，$MP < 0$時（AP仍大於MP），為生產第三階段。

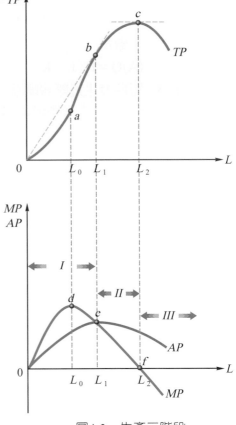

圖4-3　生產三階段

生產第三階段，由於變動要素（勞動）投入過多，導致勞動邊際產量為負（$MP_L < 0$），意謂增加勞動僱用量反而使產量減少，因此一理性的廠商不會停留在第三階段生產，其為了增加產量，勢必會減少勞動僱用量。

生產三階段中，相對於第一與第三階段，第二階段勞動與資本搭配適當，沒有過多或過少的現象，故第二段階是合理生產階段。有關廠商應僱用多少生產要素本書第七章將有詳細介紹。

4-5　人口論

　　古典學派經濟學家馬爾薩斯（*Malthus*）於1798年發表《人口論》（*An Essay on the Principle of Population*），強調人口依幾何級數（等比級數）增加（1、2、4、8、16……），約莫25年就會增加一倍，但糧食受到土地的邊際報酬遞減影響，僅以算數級數（等差級數）增加（1、2、3、4、5……），由於糧食增加速度趕不上人口成長速度，如不能節制人口成長終將引發糧食匱乏。馬爾薩斯提到抑制人口成長的方法有「積極抑制」，也就是戰爭、災荒、瘟疫等天災人禍的發生，或是「道德抑制」[4]，即規勸那些無力撫養子女的人不要結婚。人口論的觀點和分析，在十九世紀初以前被廣泛接受，以致當時以「憂鬱的科學」形容經濟學。

　　人口論的觀點引發許多爭論，以現今的角度來看，受惠於生產技術不斷進步，減緩邊際報酬遞減的速度，糧食產量大幅增加，此問題並不如此悲觀。然而二十一世紀，面對全球氣候變遷影響糧食生產，及已開發國家快速發展產生「資源耗竭」的問題等，使資源缺乏的問題再次浮現，再度引發人口論的討論。

動動腦❸

（　　）1. MP曲線與AP曲線相交於
　　　　　(A)MP最高點　(B)AP最高點　(C)TP反曲點　(D)MP上升處

（　　）2. TP最大時，以下何者正確？
　　　　　(A)AP最大　(B)MP最大　(C)MP為零　(D)MP為負

（　　）3. 理性的廠商會選擇在「生產三階段」中，第二階段來從事生產。有關第二階段之敘述何者為是？
　　　　　(A)AP≥MP≥0　(B)MP≥AP≥0　(C)MP＜0　(D)以上三項皆非

（　　）4. 生產三階段中，哪一階段的固定要素投入太多？
　　　　　(A)第三階段　(B)第二階段　(C)第一階段　(D)以上皆非

（　　）5. 生產三階段中，哪一階段減少變動要素投入量，可使產量提高？
　　　　　(A)第三階段　(B)第二階段　(C)第一階段　(D)以上皆非

（　　）6. 有關馬爾薩斯《人口論》之敘述何者為非？
　　　　　(A)主張「節慾」以抑制人口成長
　　　　　(B)受人口論影響，經濟學又稱為「憂鬱的科學」
　　　　　(C)受土地邊際報酬遞減影響，糧食增加速度不及人口增加速度
　　　　　(D)人口以等差級數增加

4　現代學者主張以「節育」代替馬爾薩斯主張的道得抑制（即「節慾」），以減緩人口快速成長。

重點回顧

1. 廠商（*firm*）扮演生產者角色，為了追求最大利潤，結合各種生產要素如土地、勞動、資本、企業家精神等產出財貨或勞務，以滿足消費者的經濟行為，稱為生產。簡單來說，生產就是投入各種生產要素，產出財貨或勞務的經濟行為。

2. 生產的種類

依是否使用工具區分	依創增效用的方式區分
① 直接生產：使用自己的勞動或簡單的工具產出商品的生產方式。 ② 間接生產：藉由各種工具與設備等資本財來產出商品的生產方式，又稱迂迴生產，是現代生產的主要形態。	① 原始生產：生產者使用自然資源，創增本源效用的生產方式。 ② 工業生產：生產者將商品予以加工改變其性質與形態，創增形式效用的生產方式，又稱為形式生產。 ③ 商業生產：生產者創增商品的「地方效用」、「時間效用」或「產權效用」的生產方式。 ④ 勞務生產：生產者提供勞務滿足消費者所需，創增勞務效用的生產方式。

3. 生產要素係指土地（*land*）、勞動（*labor*）、資本（*capital*）、企業家精神（*entrepreneurship*）。

4. 生產者剩餘（*Producer's Surplus*，*PS*）係指生產者銷售商品所得到之總收入大於心中之「最低要求價款」的差額。

5. 生產函數（*production function*）係以函數表示廠商在特定生產技術下之「要素投入」與「產出」的關係。

6. 短期（*short run*）係指當生產者缺乏足夠時間調整生產要素投入量時稱之，即「至少存在一生產要素固定」的情形。

7. 長期（*long run*）係指當生產者擁有充裕的時間可以調整其所有的生產要素投入量時稱之，即「所有生產要素皆可變動」的情形。

8. 報酬遞減法則又稱「邊際報酬遞減法則」，係指短期因生產過程中固定要素與變動要素無法充分配合，隨變動要素投入量不斷增加，產量將發生遞減現象。

9. TP、AP與MP的關係

TP遞增	$MP > 0$
TP反曲點	MP最大
TP最大	$MP = 0$
TP遞減	$MP < 0$
MP > AP	AP遞增
MP = AP	AP最大
MP < AP	AP遞減

10. 古典學派經濟學家馬爾薩斯1798年發表《人口論》，主張：人口依幾何級數（等比級數）增加，糧食僅以算數級數（等差級數）增加，終將引發糧食匱乏。

自我挑戰

一、選擇題

( ) 1. 以下關於創增效用的方式，何者<u>錯誤</u> (A)新竹貨運－地方效用 (B)開採原油－本源效用 (C)果農釀蘋果醋－時間效用 (D)原木加工成家俱－形式效用 【4-1-1】

( ) 2. 以下關於生產概念，何者<u>有誤</u> (A)利用機器或工具來生產稱迂迴生產 (B)教師授課是屬勞務生產 (C)生產主要在創造或增加商品效用 (D)直接生產是現今最主要的生產形態 【4-1-1】

( ) 3. 以下何者屬於形式效用 (A)果農生產水果 (B)開採出鑽石原礦 (C)超級市場販售商品 (D)台電用核子原料產生出電力能源 【4-1-1】

( ) 4. 以下關於生產要素與報酬的關係，何者正確？①土地－地租 ②資本－利潤 ③勞動－工資 (A)①③ (B)③ (C)② (D)①② 【4-1-2】

( ) 5. 生產者銷售商品所得到之總收入大於心中之「最低要求價款」的差額，稱為 (A)社會福利 (B)消費者剩餘 (C)生產者剩餘 (D)邊際產量 【4-2-1】

( ) 6. 以下何種情況將可增加生產者剩餘 (A)商品需求減少 (B)商品需求增加 (C)需求彈性變大 (D)供給彈性變大 【4-2-1】

( ) 7. 花生豆花的供給表如下，當市場價格由30元增加到40元，生產者剩餘增加多少。

市場價格P	10	20	30	40	50
供給數量Q	1	2	3	4	5

(A)10 (B)20 (C)30 (D)40 【4-2-1】

( ) 8. 用函數表示廠商在特定生產技術下之「要素投入」與「產出」的關係，稱為 (A) 供給函數 (B)需求函數 (C)效用函數 (D)生產函數 【4-3】

( ) 9. 假設生產函數為$Q = L^{\frac{1}{2}} K^a$，當α為多少時生產型態為規模報酬遞增 (A)$\frac{1}{3}$ (B)$\frac{1}{2}$ (C)$\frac{2}{3}$ (D)$\frac{1}{5}$ 【4-3】

( ) 10.下列何者是經濟學的長期概念 (A)一年以上 (B)五年以上 (C)無固定要素 (D)勞動可變動 【4-3-1】

( ) 11.以下敘述何者<u>錯誤</u>？ (A)邊際報酬遞減法則是<u>李嘉圖</u>提出 (B)經濟學上長、短期的劃分方式是由<u>亞當斯密</u>提出 (C)時間不是劃分長短期的準則 (D)當生產規模無法調整即為短期 【4-3-2】

( ) 12.以下敘述邊際報酬遞減法則，何者有誤 (A)人多手雜即為此現象 (B)固定要素不足，變動要素過多造成的現象 (C)生產在長期的現象 (D)生產在短期的現象 【4-3-2】

( ) 13.春天餐廳的總產量與邊際產量分別為 $TP=30+10L^2-L^3$ 與 $MP=20L-3L^2$，當L＝2時，以下何者正確 (A)MP＝30 (B)TP＝60 (C)AP＝31 (D)MP＝33 【4-3-3】

( ) 14.廠商在短期生產下，以下敘述何者錯誤？ (A)任一產量下，總固定成本是總成本扣除總變動成本後之差 (B)總成本是一條不通過原點的曲線 (C)任一產量下，當產量增加一小單位時，其總變動成本的變動量即為總成本的變動量 (D)平均成本的最低點對應邊際產量的最高點

【4-3-3】

( ) 15.栗子餐廳的總產量與邊際產量分別為 $TP=30+15L^2-L^3$ 與 $MP=30L-3L^2$，TP達到最大的L=？ (A)30 (B)20 (C)15 (D)10

【4-3-3】

( ) 16.TP、AP與MP的關係，以下敘述何者正確，①若AP＝0，則TP達最大②若AP最大，則TP處在反曲點③AP通過MP最高點④若MP遞減，則AP遞減 (A)①② (B)③ (C)④ (D)以上皆非 【4-3-3】

( ) 17.生產三階段中，生產者的合理生產段階為 (A)第三階段 (B)第二階段 (C)第一階段 (D)以上皆是 【4-4】

( ) 18.以下敘述的生產第一階段，何者錯誤 (A) AP呈現遞增 (B)AP＞MP (C)MP＞AP (D) TP的反曲點處於此階段 【4-4】

( ) 19.以下敘述的生產第三階段，何者正確 (A)MP最高點處於第二階段 (B)MP遞減必處於第二階段 (C)MP在第一階段先遞增再遞減 (D)MP＝0是一、二階段的分界點 【4-4】

( ) 20.有關《人口論》之敘述何者正確？ (A)糧食依幾何級數增加 (B)受到土地的邊際報酬遞增影響，糧食增加速度不及人口增加速度 (C)人口依幾何級數增加 (D)馬歇爾所提出 【4-5】

二、綜合練習

1. 已知X商品的供給函數與需求函數分別為$Q^s=P-2$、$Q^d=10-P$，若商品大受歡迎造成需求增加為$Q^d=14-P$，則生產者剩餘、消費者剩餘與社會福利分別增加多少？

▍解答

2. 春天餐廳的總產量與邊際產量分別為$TP=3L^2-L^3$與$MP=6L-3L^2$，請計算其生產三階段的勞動僱用量範圍。生產第一階段＿＿＿＿＿＿＿＿，生產第二階段＿＿＿＿＿＿＿＿，生產第三階段＿＿＿＿＿＿＿＿。

▍解答

5 成本理論

中國各省基本工資紛紛大幅調漲，加上一連串的原物料價格上漲，中國的台商面臨生產成本上漲壓力，尤其是工資成本的上漲，促使台商們做出了以下的調整：

1. 生產線移往中國中西部。
2. 生產附加價值高的產品。
3. 往中國境外發展，生產線移往東南亞地區。
4. 進行生產自動化，減少勞力密集的生產方式。

生產成本上漲不僅侵蝕了廠商利潤，進一步也改變廠商的生產行為，雖然會計學已對「成本」有詳盡說明，然而，經濟學所討論的成本則更加廣泛，有助於廠商瞭解其成本結構，進而做出最適的產量與訂價決策。

本章綱要

1. 成本與利潤的觀念。
2. 短期成本結構及AC、AFC、AVC與MC的關係。
3. 長期成本結構及長期平均成本曲線。
4. 規模報酬遞增、遞減與固定。
5. 外部經濟與外部不經濟。

5-1　成本與利潤的觀念

　　企業為了永續經營廠商必須以「追求利潤最大」為目標，釐清成本的意義與種類則是分析利潤的重要前提。

5-1-1　成本的意義與種類

1. 成本的意義

　　成本（*cost*）係指生產過程中廠商使用各種資源所付出的代價。會計帳中的「會計成本」只計算「外顯成本」，未計入廠商使用自身資源的代價（即「內含成本」），為避免低估生產成本，經濟學中所稱之成本即為機會成本，不僅計入外顯成本，也包括內含成本。

2. 成本的種類

　　成本從不同的觀點衡量，可以區分為私人成本與社會成本。私人成本所衡量的生產成本，只關心廠商自身的生產成本，不考慮生產的外部性[1]（例如：污染）。社會成本不僅考慮廠商自身的成本，同時也納入生產行為的外溢效果（即外部性，也就是生產帶給社會的正負面影響）。

（1）私人成本（*private cost*）：又稱為經濟成本（*economic cost*），即機會成本（*opportunity cost*）的概念，包括了外顯成本與內含成本（式 5-1）。

　① **外顯成本（*explicit cost*）：係指廠商使用「非自身擁有的生產要素」生產，以貨幣方式支付的成本，**由於可採客觀的會計標準計入會計帳，故又稱為會計成本。例如：僱用勞動支付工資、租用土地支付地租，與租賃機器設備支付利息等皆為廠商的外顯成本。

　② **內含成本（*implicit cost*）：係指廠商使用「自身擁有的生產要素」所應支付的代價，是應支付但實際卻未支付的成本（沒有計入會計帳中），**又稱為「隱藏成本」。例如：廠商投入自身勞力於生產，放棄

1　外部性（*externality*）係指某人的行為對他人福利的影響。當影響是好的時就會有外部利益，若是不好的影響就會產生外部成本。所謂外部利益係指生產過程中「有利於其他人的外部性」所造成的利益。例如：蜂農養蜂，當蜜蜂採蜜時會順便幫果樹授粉，使果農會因蜂農養蜂而受益。

了其他工作可賺得的最大收入（即勞動的機會成本），另外，廠商投入自身的資金、土地或建築物於生產等皆屬之。

> 私人成本（機會成本、經濟成本）＝外顯成本（會計成本）＋內含成本（隱藏成本）
>
> （式5-1）

實力加強❶

大福外出工作每月可領3萬元，若其決定使用每月可賺租金1萬元的自有店面開設早餐店，還提領存款100萬元（存款年息1.2%），並向銀行貸款120萬元（年息3%）購買設備及裝潢，另僱用二名員工（每人每月薪資2萬元），且每月支出原物料與水電費3萬元，那麼大福經營早餐店的每月經濟成本為114,000元。

▌解答

① 外顯成本（原物料與水電費＋工資＋貸款利息）	$30,000 + (20,000 \times 2) + (1,200,000 \times 3\% \div 12) = 73,000$元
② 內含成本（廠商自身投入要素的機會成本）	$30,000 + 10,000 + (1,000,000 \times 1.2\% \div 12) = 41,000$元
經濟成本（①＋②，即機會成本）	$73,000 + 41,000 = 114,000$元

（2）社會成本

　　鋼鐵、石化、電子、人纖、造紙、水泥工業等二氧化碳排放量約占總排放量的七成，這些耗能產業的二氧化碳排放成本不是過低就是沒有，導致廠商過度排放溫室氣體對氣候產生威脅，像這種生產過程的外溢效果所產生的社會成本不會計入私人成本中（圖5-1，S_0），因而

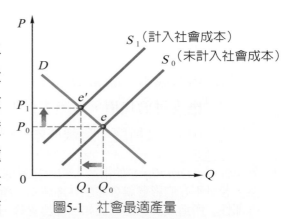

圖5-1　社會最適產量

低估了廠商的生產成本，使其產量大於社會最適產量，導致生產過量（$Q_0 > Q_1$）。

社會成本（*social cost*）主張廠商的生產成本應包括私人成本與外部成本（式5-2），例如：上游工廠將污水排入河川，導致下游養殖業產量減少的成本應計入上游工廠的生產成本中。

外部成本（*external cost*）係指生產過程中發生「不利於他人的外部性」，所造成不須由廠商自己承擔的成本。例如：工廠長期排放廢氣導致附近居民罹患呼吸疾病、演唱會音量過大產生噪音。

社會成本＝私人成本＋外部成本

社會成本＝外顯成本（會計成本）＋內含成本（隱藏成本）＋外部成本 　（式5-2）

5-1-2　利潤的意義與種類

利潤是影響廠商繼續經營與否的關鍵，也是廠商生產的原動力，「經濟利潤」忠實反應廠商的盈虧，故經濟學中所稱之利潤為「經濟利潤」而非會計利潤。

1. 利潤的意義

利潤通常以希臘字母 π 表示，簡單來說就是「總收入」與「總成本」的差額（式5-3），π 大於零表示廠商有利潤，小於零則表示廠商發生虧損。

$\pi＝$總收入－總成本 　　　　　　　　　　　　　　　　　　　（式5-3）

2. 利潤的種類

（1）會計利潤（*accounting profit*）：又稱商業利潤，就是「總收入」與「會計成本」（外顯成本）的差額（式 5-4），是廠商以客觀的會計標準所計算的盈虧，即財務報表中的「本期損益」。

會計利潤（商業利潤）＝總收入－會計成本（外顯成本） 　　　　（式5-4）

（2）經濟利潤（*economic profit*）：又稱超額利潤或純粹利潤，是「總收入」與「經濟成本」的差額（式5-5）。計算經濟利潤時，不僅扣除會計成本，也扣除了內含成本。

（3）正常利潤（*normal prifit*），是廠商使用「自身的生產要素」應得之報酬，也等於內含成本。若廠商的經濟利潤為負，表示繼續經營將發生虧損，廠商會退出產業。當廠商經濟利潤為零，意謂會計利潤只夠支付內含成本，廠商只賺得正常利潤（*normal prifit*），即企業繼續經營所要求之最低報酬。唯有會計利潤大於正常利潤時，廠商才會有正的經濟利潤（即超額利潤）。

經濟利潤 ＝總收入－經濟成本（機會成本）

　　　　＝總收入－（外顯成本＋內含成本）

　　　　＝會計利潤－內含成本

　　　　＝會計利潤－正常利潤　　　　　　　　　　　　　　　　　（式5-5）

會計利潤＞0，不保證經濟利潤＞0，反之，經濟利潤＞0必保證會計利潤＞0

小關鍵大重點1

經濟利潤＝會計利潤－內含成本；

會計利潤＞0，但若內含成本＞會計利潤，則經濟利潤將小於零。

當經濟利潤＞0，表示（會計利潤－內含成本）＞0，則會計利潤必然大於零。

動動腦❶

(　　) 1. 有關經濟利潤之敘述，何者正確？
(A)經濟利潤大於零，不保證會計利潤爲正
(B)經濟利潤爲零時，廠商只賺得正常利潤
(C)即總收入減會計成本
(D)就是財務報表中的本期損益

2. 張小姐受僱於人，月薪32,000元。若從事有機農業，使用一塊自有農地（農地出租可月入12,000元），並向銀行提領100,000元（年息1.2%）積蓄，另貸款360,000元（年息2%）購買農機具外，再購買種苗30,000元。栽種有機蔬菜，每月營業收入120,000元，試求張小姐經營有機農業之（1）經濟成本（2）會計利潤（3）經濟利潤（4）張小姐若要繼續經營有機農業，其每月最低收入應爲多少？

▌解答

5-2　短期成本

　　短期成本是廠商在短期下，僱用生產要素所負擔的成本。短期廠商不僅僱用固定生產要素，也僱用變動生產要素，則其短期成本結構將由僱用固定生產要素的成本即固定成本，與僱用變動生產要素的成本即變動成本所組成。

5-2-1　短期成本結構

1. **總固定成本（*total fixed cost*，TFC）：係指短期下，廠商僱用所有固定要素之成本。總固定成本不隨產量增減而變動，即使廠商停工仍需負擔，因此TFC曲線呈一平行橫軸的水平線（圖5-2）。例如：機器設備折舊費用、高階經理人員薪資、租賃廠房與建築物的租金、已發行公司債的利息，或長期貸款的利息。**

2. **總變動成本（*total variable cost*，TVC）：係指短期下，廠商僱用所有變動要素之成本。例如：水電費、原物料費用，或工人的薪資等。總變動成本受產量增減影響，產量愈大TVC愈高，當廠商停工則不需支付總變動成本，TVC為零（圖5-2）。受到邊際報酬遞減影響，TVC曲線一開始呈「遞減速度」增加，經過「反曲點」（a 點）後則以「遞增速度」增加。**

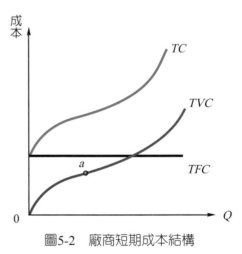

圖5-2　廠商短期成本結構

3. **總成本（*total cost*，TC）：係指短期下，廠商生產某一數量商品所負擔的總固定成本與總變動成本之和（式5-6）。TC曲與TVC曲線的差距（垂直距離）即為TFC，故TC曲線與TVC曲線互相平行（圖5-2）。**

$$TC = TFC + TVC \tag{式5-6}$$

4. **平均固定成本（*average fixed Cost*，AFC）**：係指平均每一單位產量負擔的固定成本，即總固定成本除以產量（式5-7）。由於TFC不受產量多寡影響（TFC為常數），因此AFC曲線將隨產量增加而下降，當產量很大時AFC將趨近於零（圖5-3）。

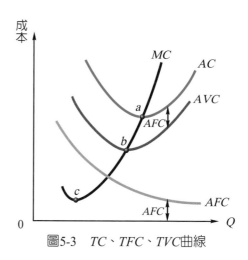

圖5-3 　TC、TFC、TVC曲線

$$AFC = \frac{TFC}{Q}$$ （式5-7）

5. **平均變動成本（*average variable Cost*，AVC）**：係指平均每一單位產量負擔的變動成本，即總變動成本除以產量（式5-8）。AVC曲線隨產量增加先下降後上升，呈大寫的U字型（圖5-3）。

$$AVC = \frac{TVC}{Q}$$ （式5-8）

6. **平均成本（*average cost*，AC）**：係指平均每一單位產量負擔的總成本，即總成本除以產量，或平均固定成本與平均變動成本之合（式5-9），又稱平均總成本（*average total cost*，ATC）。AC與AVC的差距（垂直高度）就是AFC，由於AFC隨產增加而遞減，因此產量愈大時AC與AVC將愈接近，AC也呈大寫U字型（圖5-3）。

$$AC = \frac{TC}{Q} = \frac{TFC}{Q} + \frac{TVC}{Q} = AFC + AVC$$ （式5-9）

7. **邊際成本（*marginal cost*，*MC*）**：係指廠商每增加一單位產量所增加的總成本，即「*TVC*的變動量」除以「產量的變動量」（式5-10），也就是*TC*的切線斜率，圖5-3中*MC*曲線亦呈大寫*U*字型。

$$MC = \frac{\Delta TC}{\Delta Q} = \frac{\Delta TFC}{\Delta Q} + \frac{\Delta TVC}{\Delta Q} = \frac{\Delta TVC}{\Delta Q}$$

由於固定成本不隨產量增加而變動，故 $\frac{\Delta TFC}{\Delta Q} = 0$，*MC*即為 $\frac{\Delta TVC}{\Delta Q}$ （式5-10）

實力加強❷

請依上述成本概念完成下表空格：

產量	TC	MC	TFC	TVC	AC	AVC	AFC
0	60	-		-	∞	-	∞
1	120						
2	160						
3	180						
4	220						
5	280						
6	360						

5-2-2　AC、AFC、AVC與MC的關係

AC、AVC與MC的關係如表5-1所示。

表5-1　AC、AVC與MC之關係

AVC與MC之關係	AC與MC之關係
（1）AVC＞MC時，AVC下降	（1）AC＞MC時，AC下降
（2）AVC＝MC時，AVC最低	（2）AC＝MC時，AC最低
（3）AVC＜MC時，AVC上升	（3）AC＜MC時，AC上升

圖5-4中，TC曲線在反曲點（a點）時，MC最低。TC曲線位於b點時，AC最低。TVC曲線位於c點時，AVC最低。MC曲線先通過AVC最低點，再通過AC曲線最低點。AFC曲線隨著產量增加而趨近於零。AC曲線、AVC曲線與MC曲線受到邊際報酬遞減影響皆呈大寫U字形（詳見課外補充）。

5-3　長期成本

5-3-1　長期成本結構

長期下，由於廠商可以自由調整所有生產要素的投入量（生產要素皆為變動生產要素），必會選擇在生產成本最低處生產，觀察我國成衣廠，長期時有一部份廠商於東南亞設立生產基地，一部份廠商則調整生產規模，投入更多資本取代勞力，也有的廠商結束生產，目的都是為了追求最低成本。

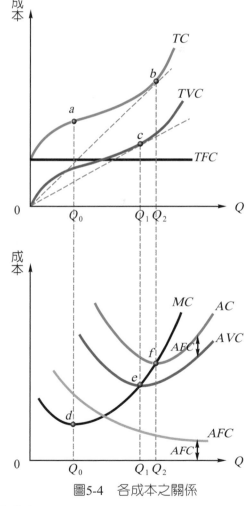

圖5-4　各成本之關係

1. 長期總成本（*LTC*）：*LTC*是短期總成本（*STC*）的包絡曲線（*envelope curve*），意謂長期下廠商有足夠時間調整任一產量下之所有生產要素組合，滿足其以最低成本從事生產。廠商的資本投入量由K_1增加至K_3時，其短期總成本分別為STC（K_1）、STC（K_2）、STC（K_3），長期下，$Q<Q_1$時，廠商會選擇STC（K_1）的生產規模，使長期總成本最低，同理，當Q介於Q_1與Q_2之間時，廠商將選擇STC（K_2）的生產規模，當$Q>Q_2$時，廠商將選擇STC（K_3）的生產規模，使長期成本最低，則LTC為STC的包絡曲線，圖5-5上圖藍色處。

2. 長期平均成本（*LAC*）：*LAC*是短期平均成本（*SAC*）的包絡曲線（*envelope curve*），即長期平均每一單位產量所負擔的總成本。圖5-5中，廠商的資本投入量由K_1增加至K_3時，其短期平均成本分別為SAC（K_1）、

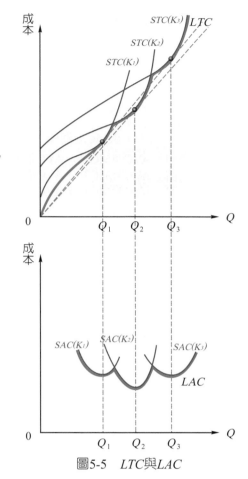

圖5-5　*LTC*與*LAC*

SAC（K_2）、SAC（K_3），長期下，當產量分別為$Q<Q_1$、Q介於Q_1與Q_2之間、$Q>Q_2$時，廠商會分別選擇在SAC（K_1）、SAC（K_2）及SAC（K_3）的生產規模生產，則LAC為SAC的包絡曲線，圖5-5下圖中藍色處。

5-3-2　長期平均成本曲線

長期平均成本（*LAC*）曲線是所有短期平均成本（*SAC*）曲線的包絡線，且*LAC*與*SAC*存在三種關係（圖5-6）：

1. *LAC*曲線下降時，與其相切的*SAC*也必處於下降階段（*a*點）。

2. *LAC*曲線上升時，與其相切的*SAC*也必處於上升階段（*c*點）。

3. *LAC*的最低時，與其相切的*SAC*也必處於最低點（*b*點），意謂只有一個*SAC*最低點對應*LAC*最低。

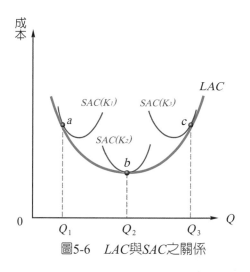

圖5-6　*LAC*與*SAC*之關係

實力加強❸　SMC、LMC、SAC及LAC之關係

1. *LAC*與*LMC*之三種關係（圖5-7）：
   （1）*LAC*＞*LMC*時，*LAC*處於下降階段（*a*點）。
   （2）*LAC*＜*LMC*時，*LAC*處於上升階段（*c*點）。
   （3）*LMC*通過*LAC*最低點，則*LMC*＝*LAC*＝*SAC*＝*SMC*（*b*點），廠商在「最適生產規模」生產，此時廠商的生產效率最高。

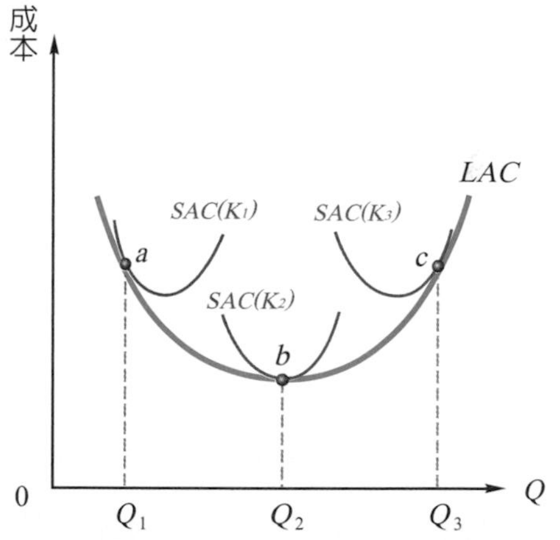

2. *LMC*與*SMC*之關係

   長期邊際成本（*LMC*）係指長期下，每增加一單位產量之所引起長期總成本的變動量，值得注意的是*LMC*並非短期邊際成本（*SMC*）之包絡曲線。圖5-7中，當*SAC*與*LAC*相切時，該產量下，*LMC*必等於*SMC*（*d*、*b*、*e*點，*LMC*為*d*、*b*、*e*之連線）。

圖5-7　長期成本與短期成本

5-3-3 規模報酬遞增、遞減與固定

規模報酬遞增、遞減或固定是生產面的觀點，主要在探討生產要素投入量與產量之關係，也就是在說明，長期時廠商可自由調整生產要素投入量，若其同時對所有生產要素投入量增、減 λ 倍時，將對產量產生何種影響。

1. 規模報酬遞增

規模報酬遞增（*increasing returns to scale*）係指產量增加比例大於要素增加比例，即所有生產要素投入量增加 λ 倍，產出增加將大於 λ 倍。例如：長期下，生產技術滿足規模報酬遞增時，廠商同時增加生產要素投入量2倍，可產出4倍的商品數量，反映廠商欲使產量增加2倍，只需投入小於2倍的生產要素量。以 C-D 生產函數 $F(L, K) = AL^{\alpha}K^{\beta}$ 為例，當 $\alpha + \beta > 1$ 時，表示「規模報酬遞增」（詳見第155頁）。

2. 規模報酬遞減

規模報酬遞減（*decreasing returns to scale*）係指產量增加比例小於要素增加比例，即所有生產要素投入量增加 λ 倍，產出增加小於 λ 倍，反映生產技術滿足規模報酬遞減時，若要增加 λ 倍產量，要素投入必須增加超過 λ 倍。以 C-D 生產函數 $F(L, K) = AL^{\alpha}K^{\beta}$ 為例，當 $\alpha + \beta < 1$ 時，表示「規模報酬遞減」（詳見第153頁）。

3. 規模報酬固定

規模報酬固定（*constant returns to scale*）係指產量增加比例等於要素增加比例，所有生產要素投入量增加 λ 倍，產出也會增加 λ 倍，反映生產技術滿足規模報酬固定時，若要增加 λ 倍產量，要素投入必須增加 λ 倍。以 C-D 生產函數 $F(L, K) = AL^{\alpha}K^{\beta}$ 為例，當 $\alpha + \beta = 1$ 時，表示「規模報酬固定」（詳見第183頁）。

「規模經濟」與「規模報酬」的關係

經濟學中有些專有名詞相當近似，卻有著不同的意義，從生產面觀點來看規模報酬是描述產量與要素投入間的關係。而規模經濟與規模不經濟則是從成本面來探討產量與長期平均成本（LAC）的關係。

兩者雖然不同，但生產時所使用的生產要素多寡直接影響廠商的成本，因此規模報酬也會影響長期平均成本，以致生產面的規模報酬與成本面的規模經濟及規模不經濟存在關聯。

1. 規模經濟時，長期平均成本呈「下降」狀。也就是生產規模（產量）擴大，則平均每單位產量所負擔的成本愈少，即生產規模愈大愈經濟。其發生的原因如下：

    （1）專業與分工：生產規模擴大，隨著要素使用增加，有利於專業化與分工合作，進而降低成本。

    （2）規模報酬遞增：生產具規模報酬遞減時，要素增加比例小於產量增加比例，形成LAC遞減。

    （3）大規模採購：大量採購生產要素，議價能力較高，往往可享受折扣的優待。

    （4）副產品的利用：利用副產品增加收入降低生產成本，例如：製作蘋果汁所榨剩果渣可做為商用果膠。

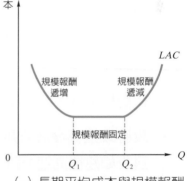

（a）長期平均成本與規模報酬

2. 規模不經濟時，長期平均成本呈「上升」狀。也就是生產規模（產量）擴大，則平均每單位產量所負擔的成本增加。當生產規模過大而到達大規模不經濟，產量的增加將使平均成本增加，其發生的原因如下：

    （1）規模報酬遞減：當生產具規模報酬遞減時，要素增加比例大於產量增加比例，就會形成LAC遞增。

    （2）發生無效率的現象：隨生產規模不斷擴大下，導致組織過於龐大，而管理不易或行政效率不彰，造成生產成本提高。例如：冗員過多、組織層級過細等，都會造成效率低落。

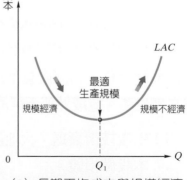

（b）長期平均成本與規模經濟及規模不濟經

5-3-4 外部經濟與外部不經濟

廠商生產成本發生變動係因外部因素導致（非廠商本身行為所致），造成平均生產成本改變，稱為外部經濟或外部不經濟。

1. 外部經濟

外部經濟（*external economies of scale*）係因外在因素使廠商的長期平均成本曲線整條下移。相同產量下廠商可用更低的成本來生產。造成外部經濟的原因如下：

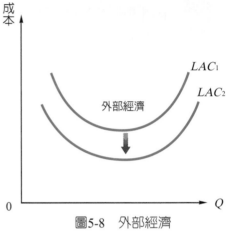

圖5-8　外部經濟

（1）生產技術進步：個人電腦問世，縮短了文書排版時間，也使版面更加精美，大幅提高生產效率。

（2）生產要素價格下跌：要素價格與原物料價格下跌，將使廠商的 *LAC* 曲線下移。

（3）政府政策與發展公共建設：政府簽定貿易協定降低出口關稅、發展公共建設如建置高速公路、港口與機場等……，都將使廠商的 *LAC* 曲線下移。

2. 外部不經濟

外部不經濟（*external diseconomies of scale*）係因外在因素使廠商的長期平均成本曲線整條上移。相同產量下廠商須用更高的成本來生產。造成外部不經濟的原因如下：

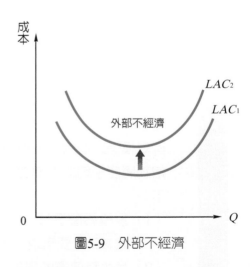

圖5-9　外部不經濟

（1）生產技術衰退：大地震、戰爭等使資本設備損毀。

（2）生產要素價格上漲：如中國減少稀土輸出，造成稀土價格上漲，以稀土為原料的產品平均成本增加。

（3）不利廠商的政策與公共建設不足：政府對廠商課稅，或政府為減少碳排放，要求廠商設置減碳設備。

重點回顧

1. 私人成本（*private cost*）：又稱為經濟成本（*economic cost*），即機會成本（*opportunity cost*）的概念，包括了外顯成本與內含成本。私人成本（機會成本、經濟成本）＝外顯成本（會計成本）＋內含成本（隱藏成本）。

2. 社會成本主張廠商的生產成本應包括私人成本與外部成本。

   社會成本＝私人成本＋外部成本；

   社會成本＝外顯成本（會計成本）＋內含成本（隱藏成本）＋外部成本。

3. 會計利潤又稱商業利潤，就是「總收入」與「會計成本」（外顯成本）的差額。會計利潤（商業利潤）＝總收入－會計成本（外顯成本）。

4. 經濟利潤又稱超額利潤或純粹利潤，是「總收入」與「經濟成本」的差額。經濟利潤為零，意謂會計利潤只夠支付內含成本，廠商只賺得正常利潤，即企業繼續經營所要求之最低報酬。

5. 正常利潤是廠商使用「自身的生產要素」應得之報酬，也等於內含成本。

6. $TC = TFC + TVC$。

7. $AFC = \dfrac{TFC}{Q}$。

8. $AVC = \dfrac{TVC}{Q}$。

9. $AC = \dfrac{TC}{Q} = \dfrac{TFC}{Q} + \dfrac{TVC}{Q} = AFC + AVC$。

10. $MC = \dfrac{\Delta TC}{\Delta Q} = \dfrac{\Delta TFC}{\Delta Q} + \dfrac{\Delta TVC}{\Delta Q} = \dfrac{\Delta TVC}{\Delta Q}$。

11. AC、AVC與MC之關係

AVC與MC之關係	AC與MC之關係
（1）$AVC > MC$時，AVC下降	（1）$AC > MC$時，AC下降
（2）$AVC = MC$時，AVC最低	（2）$AC = MC$時，AC最低
（3）$AVC < MC$時，AVC上升	（3）$AC < MC$時，AC上升

12. AC曲線、AVC曲線與MC曲線受到邊際報酬遞減影響皆呈大寫U字型。

13. LTC是短期總成本（STC）的包絡曲線，意謂長期下廠商有足夠時間調整任一產量下之所有生產要素組合，滿足其以最低成本從事生產。

14. LAC是短期平均成本（SAC）的包絡曲線。

15. LAC與SAC之關係：

（1）LAC 曲線下降時，與其相切的 SAC 也必處於下降階段。

（2）LAC 曲線上升時，與其相切的 SAC 也必處於上升階段。

（3）LAC 的最低時，與其相切的 SAC 也必處於最低點，意謂只有一個 SAC 最低點對應 LAC 最低點。

16. LAC與LMC之關係：

（1）$LAC > LMC$ 時，LAC 處於下降階段。

（2）$LAC < LMC$ 時，LAC 處於上升階段。

（3）LMC 通過 LAC 最低點，則 $LMC = LAC = SAC = SMC$，廠商在「最適生產規模」生產，此時廠商的生產效率最高。

17. LMC與SMC之關係：當SAC與LAC相切時，該產量下，LMC必等於SMC。

18. 規模報酬遞增（*increasing returns to scale*）係指產量增加比例大於要素增加比例。

19. 規模報酬遞減（*decreasing returns to scale*）係指產量增加比例小於要素增加比例。

20. 規模報酬固定（*constant returns to scale*）係指產量增加比例等於要素增加比例。

21. 規模經濟時，長期平均成本呈「下降」狀。也就是生產規模（產量）擴大，則平均每單位產量所負擔的成本愈少。

22. 規模不經濟時，長期平均成本呈「上升」狀。也就是生產規模（產量）擴大，則平均每單位產量所負擔的成本增加。

23. 外部經濟與外部不經濟：

	長期平均成本的變化	發生原因
外部經濟： 係因外在因素使廠商的長期平均成本曲線整條下移	LAC下移	1. 生產技術的進步。 2. 生產要素價格下跌。 3. 補貼廠商或發展公共建設。
外部不經濟： 係因外在因素使廠商的長期平均成本曲線整條上移。	LAC上移	1. 生產技術的衰退。 2. 生產要素價格上漲。 3. 課稅或公共建設不足。

自我挑戰

一、選擇題

( ) 1. 下列有關成本種類的敘述,何者正確?①內含成本又稱隱藏成本 ②外顯成本又稱機會成本 ③私人成本大於機會成本 　(A)①② 　(B)②③ 　(C)①③ 　(D)以上皆非 　　　　　　　　　　　　　　　　　　　　　　　　　【5-1-1】

( ) 2. 花農在主要道路旁的農地種植向日葵,並提供收費入園採花的服務。大量種植的向日葵花海,形成獨特景觀,吸引遊客目光,許多人駐足在旁觀賞,並以此為背景拍照停留。不過由於未設有停車場,開車前往的遊客在附近道路旁隨意停車,造成交通壅塞。針對上述情況分析,下列何者正確?

(A) 向日葵花海景觀對社會產生外部利益,交通壅塞對社會產生外部成本

(B) 入園採花之收入是花農的外部利益,交通壅塞是花農的私人成本

(C) 入園採花之收入是花農的私人利益,交通壅塞是花農的會計成本

(D) 向日葵花海景觀全屬於花農的私人利益,交通壅塞是花農的內涵成本

【5-1-1】

( ) 3. 陳先生若受雇於人月薪為4萬元。而其有一間店面,若出租之月租為3萬元。陳先生現以自有店面開飲料店,一個月開店各項費用為20萬元,自己不支薪,也不用付店租,每月營業收入為25 萬元。下列有關其成本的敘述,何者正確? 　(A) 有會計成本23萬元 　(B) 有經濟成本20萬元 　(C) 有機會成本24萬元 　(D) 有內含成本7萬元 　　　　　　　　　　　【5-1-1】

( ) 4. (續題3)下列有關其損益的敘述,何者正確? 　(A)有經濟利潤5 萬元 (B) 有經濟損失5 萬元 　(C)有經濟損失2 萬元 　(D)有經濟利潤2 萬元

【5-1-1】

( ) 5. 經濟利潤是 　(A) 等於商業利潤 　(B) 指總收益扣除經濟成本的餘額 　(C) 通常大於會計利潤 　(D) 指損益表的本期盈虧 　　　　　　　　【5-1-2】

( ) 6. AC曲線與AVC曲線的差距(垂直距離)為 　(A) AVC 　(B)AFC 　(C) MC (D)TVC 　　　　　　　　　　　　　　　　　　　　　　　　　　　　　【5-2-1】

( ) 7. 春天餐廳生產的總成本如下表:

產量(Q)	0	1	2	3	4	5
短期總成本(STC)	50	60	66	75	80	100

下列何者正確? 　(A)TFC＝0 　(B)產量5時, AFC＝10 　(C) 產量2時, AVC＝33 　(D) 產量4時,AVC＝20 　　　　　　　　　　　　　　　【5-2-2】

( ) 8. 若產量 10 單位時總成本為100，增用一單位生產因素後產量變為11，總成本變為130，則邊際成本為： (A)30 (B)20 (C)15 (D)10

【5-2-2】

( ) 9. 假設公司生產衣服，勞工為唯一變動生產因素，每日為生產98件衣服，需僱用6位勞工，且每位勞工每日工資為\$ 2,000，求公司的平均變動成本為何？ (A) \$ 122.4 (B) \$ 132.6 (C) \$ 146.2 (D) \$ 163.8

【5-2-2】

( ) 10.下列有關於短期成本的敘述何者正確？ (A)MC上升時，AC上升 (B)AVC下降時，MC下降 (C)MC通過AVC最低點 (D)MC上升時，MC＞AC

【5-2-2】

( ) 11.下列有關成本長、短期的敘述，何者正確？ (A)長期係指五年以上 (B)長期無固定成本 (C)短期只有固定成本 (D)短期只有變動成本

【5-3-1】

( ) 12.下列何者不具包絡的關係？ (A)LTC與STC (B)LAC與SAC (C)LMC與SMC (D)以上皆非

【5-3-1】

( ) 13.LAC下降時，與其相切的SAC也必處於 (A)下降階段 (B)上升階段 (C) 最低點 (D) 以上皆非

【5-3-2】

( ) 14.若長期平均成本線（LAC）為一平滑的U 字型曲線，而在LAC 線的最低點時，會有下列何種情形？ (A)長期邊際成本大於長期平均成本 (B)長期邊際成本小於長期平均成本 (C)長期邊際成本等於長期平均成本 (D)短期平均成本小於長期平均成本

【5-3-2，97年四技二專】

( ) 15.下列敘述何者正確？ (A)LAC是由所有SAC的最低點組成 (B)SAC最低點必相切於LAC的最低點 (C)LAC的最低點只有一個SAC最低點對應 (D)LMC是SMC的包絡曲線。

【5-3-2】

( ) 16.水平的LAC是由何種因素造成？ (A)規模報酬遞增 (B)規模報酬固定 (C)規模報酬遞減 (D)大規模採購

( ) 17.下列因素何者會造成內部不經濟？ (A)副產品的利用 (B)大規模採購 (C) 規模報酬遞減 (D) 戰爭或大地震

【5-3-4】

( ) 18.當長期平均成本曲線隨產量增加而遞減時，則該廠商有： (A)內部經濟 (B)內部不經濟 (C)外部不經濟 (D)外部經濟
（提示：內部經濟即規模經濟）

【5-3-3】

( ) 19.下列因素何者會造成外部經濟？①副產品的利用②大規模採購③擴大公共建設④生產技術衰退 (A)① (B)③ (C)①③ (D) ③④ 【5-3-4】

( ) 20.當長期平均成本曲線下移，則該廠商有： (A)內部經濟 (B)內部不經濟 (C)外部不經濟 (D)外部經濟

【5-3-4】

二、綜合練習

1.請根據下表資料完成空格部份。

Q	0	1	2	3
TC	50			
AC	-			80
AVC	-	60		
MC	-		50	

2.請根據春天餐廳的總成本曲線回答下述問題。

（1）$TFC = ?$

（2）若 $Q = 20$ 時，$AVC = ?$

（3）若 $Q = 2$ 時，$AFC = ?$

（4）若 $Q = 15$ 時，$MC = ?$

▌解答

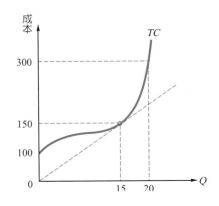

6 市場結構與廠商收益

大型量販店裡的商品種類琳瑯滿目，相似商品的品牌也很多，例如：餅乾可供選擇的種類、口味多，價格也不相同，消費者的選擇彈性大，但有些產品卻少有替代品，例如：購買個人電腦作業系統，3C產品販賣區通常只有一、二種商品供選擇，進一步詢問銷售員關於此產品的優惠方案，通常只會得到「公司貨，價格無法再便宜」的答覆。本書第6章至第9章關於市場的一系列介紹，讀者可透過不同市場的差異性、優缺點及廠商決策等，瞭解不同商品之選擇性、促銷方式及訂價的差異。

本章綱要

1. 完全競爭市場的意義與特徵。
2. 完全獨占市場的意義與特徵。
3. 獨占性競爭市場的意義與特徵。
4. 寡占市場的意義與特徵。
5. 廠商收益的種類。
6. 完全競爭市場廠商的收益情形
7. 完全獨占及不完全競爭市場廠商的收益情形。

6-1　市場結構的類型及特徵

　　瞭解市場之前必須先認識廠商與產業。生產某一種產品的生產者稱為廠商（*firm*），產業（*industry*）則是生產同一種產品的所有廠商的集合。

6-1-1　市場的意義

　　某特定商品[1]的買賣雙方集合即為市場[2]（*market*）。鋼鐵市場、汽車市場、通訊市場……等皆爲經濟學所稱之市場，這些市場都是特定商品的所有生產者或稱廠商（該商品產業）與消費者即買方的集合。例如，咖啡豆市場是咖啡豆產業與咖啡豆市場中所有消費者的集合。

　　買、賣雙方的集合泛指所有可促成雙方交易的範圍，不局限於實體的交易場所。例如，買賣電腦不一定要在電腦賣場，也可以是網路交易，舉凡可促成電腦交易的範圍都稱爲電腦市場。

6-1-2　市場結構的類型

　　市場結構的類型係以「競爭性」為分類依據，此所稱「競爭」指競爭的廠商數而非一般所稱價格戰或促銷等競爭行為[3]。當競爭的廠商數愈多，每家廠商對市場價格愈不具影響力，那麼市場就愈趨近於「完全」競爭。市場結構依競爭性可分爲完全競爭市場、獨占性競爭市場、寡占市場及獨占市場四種類型，其中，獨占性競爭市場及寡占市場又稱爲不完全競爭市場。

1　商品可以是小麥現貨市場交易的小麥（有形商品）或小麥期貨市場交易的未來小麥（無形商品）。

2　日常生活中的菜市場、超級市場或大賣場……等，雖有眾多的買方與賣方，但非僅販售某一特定商品而是眾多商品，因此不是經濟學中所稱的市場。

3　廠商的競爭行爲可分爲「價格競爭」與「非價格競爭」。價格競爭是廠商以競價方式吸引顧客；非價格競爭則是廠商透過廣告、摸彩、贈品、偶像代言或售後服務、品質改善……等非價格促銷方式來吸引消費者。

動動腦❶

( ) 1. 有關市場的描述何者<u>錯誤</u>？ (A) 某特定商品的買賣雙方集合 (B) 市場一定具有實體場所 (C) 生鮮超市不是市場 (D) 所有可促成買賣雙方交易的範圍

( ) 2. 市場結構的類型，係依何者分類？ (A) 廠商對價格的影響力 (B) 競爭行為 (C) 資訊流通程度 (D) 競爭的廠商數

6-1-3 完全競爭市場的意義與特徵

1. 完全競爭市場的意義

完全競爭市場（*perfect competitive market*）係指某特定商品市場的商品同質且買賣雙方人數眾多，市場中訊息完全流通，長期時廠商可以自由進出市場。儘管現實生活中並不存在完全競爭市場，但仍有市場近似於完全競爭，例如：稻米市場或小麥市場就非常接近完全競爭的市場。

2. 完全競爭市場的特徵

(1) **商品同質**（*homogeneous products*）：意謂消費者認為每家廠商生產的產品沒有差異、可完全替代。產品是否同質端視消費者的主觀認定，縱使來自同一生產線製造完全一樣的球鞋，一半貼上 *NIKE* 品牌、一半貼上 *a* 牌，消費者若認為此兩種品牌球鞋為不同商品，則商品就非同質。

(2) **買賣雙方人數眾多**：人數多到每位買方或賣方的交易量占市場總交易量極微，以致雙方皆無法左右市場價格，**買賣雙方皆為價格接受者**（*price taker*）。例如：台灣稻米市場中，每位稻農的產量占市場總產量的比例很小，而每個消費者的消費量占總消費量的比例也很少，雙方皆無法操縱價格，故皆為稻米市場中價格接受者。

(3) **訊息完全**：指買、賣雙方充分瞭解市場上所有訊息。市場上任何風吹草動，大家馬上知道，並立即反應，同一時間、同一市場，商品只有一個價格，此價格由商品市場供需均衡決定，買方不會有買貴的情形，賣方也無法任意調整價格，長期廠商只有正常利潤，因此沒有動機進行促銷或創新，賣方皆以「相同技術」生產，市場上就只有同質的產品。

（4）**自由進出市場**：意謂廠商進入或退出市場不存在任何障礙。當市場有利可圖，則會吸引廠商進入，發生虧損廠商就退出，長期時完全競爭市場中每家廠商都沒有超額利潤，只有正常利潤（經濟利潤為零）。

6-1-4　獨占市場的意義與特徵

1. 獨占的意義

獨占市場（*monopoly market*）或完全壟斷市場，係指某特定商品市場中只有一位賣方，其所生產的商品無近似替代品，市場中訊息十分不流通，且長期時廠商進出市場非常困難。獨占廠商就代表整個產業，是商品市場唯一的供給者，故能左右商品市場價格。台灣的家用電力市場及自來水市場即是獨占市場。

2. 完全獨占的特徵

（1）**唯一的賣方**：某特定商品市場中僅有一家賣方時，商品市場供給全仰賴這唯一的賣方，因此獨占廠商擁有決定市場價格的能力，故為**價格決定者**（*price maker*）。例如，國內天然氣市場的唯一供應商——台灣中油。

（2）**無近似替代品**：獨占廠商提供的產品在市場上獨一無二，沒有「近似替代品」，或縱使在競爭狀態下，其他廠商也無力取代獨占者的產品。前者如台灣電力公司所提供的家用電力沒有替代的產品；後者如微軟的 *Windows* 作業系統，即便個人作業系統市場還有 *Apple* 的 *Mac OS X* 但仍無法取代 *Windows* 作業系統[4]。

（3）**訊息非常不靈通**：獨占市場中，商品資訊屬於廠商的商業機密，除了廠商自己，他人很難取得。

（4）**進出市場十分困難**：獨占市場的潛在廠商受「人為」或「自然」因素障礙影響，進出市場十分困難。例如，政府藉由法令或公權力限制企業參與經營，形成人為的進入障礙。自然因素障礙則如自來水公司，一開始設置淨水廠、鋪設管線等投入龐大固定成本，隨自來水用戶數提升，自來水公司的長期平均成本逐漸下降，形成經營上的優勢，以致其他廠商礙於成本劣勢無法進入市場。

4　2009年底*Mac OS X*市占率不到6%，*Windows*系統市占率仍有九成。

3. 獨占的形成原因

獨占形成的原因分為「人為獨占」與「自然獨占」，說明如下：

（1）人為獨占

① 法律限制：專利權、商標權、智慧財產權可保障廠商的創新與研發，避免其他廠無償使用其獨有知識。例如，電腦軟體複製成本低，廠商必須透過專利權及智慧財產權，保障其在一段期間內維持市場獨占地位。

② 特許權下的專賣：政府授予廠商「專賣的權利」。我國過去因政策目的，某些民生商品以特許方式由國營企業經營，譬如汽油是中油專賣，菸酒是公賣局專賣，或中華郵政經營郵務等。

③ 廠商掌握原料或技術：生產所需之原料或技術掌握在某一廠商手中，他廠無力與握有技術或原料的廠商競爭。例如，十九世紀末到二十世紀中葉，美國鋁業公司擁有北美主要的鋁礬土礦場，掌握主要煉鋁原料，在該期間成為製鋁業的獨占者。

（2）自然獨占：規模經濟時，廠商的 LAC 曲線呈下降狀，獨占廠商在大規模生產下，其 LAC 甚低（圖 6-1，a 點）；對剛進入市場的新廠商而言，初期因產量不高，使新廠商的 LAC（圖 6-1，b 點）高於獨占廠商的 LAC，新廠商自然無法與獨占廠商競爭。**規模經濟下，市場只容許一家廠商存在，自然形成獨占，即稱為自然獨占（*natural monopoly*）。**

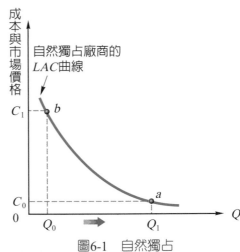

圖6-1　自然獨占

台灣電力公司建置電力設備成本很高，隨用戶數增加使台電的長期平均成本下降，長期將使台電享有規模經濟，而維持其獨占地位。

（　　）1. 有關完全競爭市場的描述何者錯誤？　(A) 買賣雙方為價格的接受者　(B) 同一時間，同一市場，商品只有一個價格　(C) 廠商進出市場不自由　(D) 訊息十分靈通

（　　）2. 山頂上唯一一家麵店是　(A) 完全競爭廠商　(B) 不完全競爭廠商　(C) 獨占廠商　(D) 以上皆非

（　　）3. LAC遞減的產業特性，使市場上只有一家廠商而形成的獨占稱　(A) 自然獨占　(B) 特許獨占　(C) 法律獨占　(D) 以上皆非

6-1-5　獨占性競爭市場的意義與特徵

　　每年舉辦的台北牛肉麵節，各牛肉麵店無不大展獨門手藝吸引老饕注意，牛肉麵市場競爭者眾，產品相似但又有獨家特色，且每家牛肉麵價格各異，此即為典型的獨占性競爭市場。獨占性競爭市場是生活中最為常見的市場類型之一，美容美髮業、非酒精性飲料市場……等皆是。

1. 獨占性競爭市場的意義

　　獨占性競爭市場（*monopolistically competitive market*）又稱壟斷性競爭市場，係指某特定商品市場中，買賣雙方人數眾多，商品異質（每一廠商的產品品質略有差異）且市場中訊息流通，長期下廠商可自由進出市場。

2. 獨占性競爭特徵

（1）**買賣雙方人數眾多**：街頭巷尾泡沫紅茶店林立說明了獨占性競爭市場的賣方、買方人數很多，但不及完全競爭市場來的多。

（2）**產品異質**：每一獨占性競爭廠商的商品不論是品質或服務皆獨具特色[5]，因此獨占性競爭廠商擁有部份左右商品價格的能力。市場商品多樣化但替代性高，使獨占性競爭廠商彼此競爭激烈。

（3）**訊息靈通但不完全**：2000 年統一企業首先以「回甘，就像現泡」推出瓶裝茶而廣受消費者喜愛，扭轉過去國人只喝熱茶的習慣，其他競爭者見

---

5 廠商藉由包裝、服務、品質改善等非價格競爭方式創造產品差異性。

狀也紛紛推出口味類似又不完全相同的產品，可見獨占性競爭市場比起完全競爭市場的廠商，可以保有商業機密使產品存在差異性，市場訊息並不完全流通。

（4）**進出市場自由**：葡式蛋塔甫引進台灣時，市場一片熱銷景象，吸引許多潛在競爭者，又生產葡式蛋塔所需資本不多，技術可學習而得，很快地葡式蛋塔遍佈大街小巷，幾年過去，消費者口味又轉移到其他產品上，葡式蛋塔市場供過於求，商品價格下跌，開始有廠商發生虧損而退出市場，說明了獨占性競爭市場的廠商規模不大、創業容易，訊息比獨占市場更為流通，一旦市場中有利可圖就會吸引競爭者加入，廠商出現虧損就退出產業，進出市場沒有障礙，獨占性競爭廠商在長期僅有正常利潤。

6-1-6 寡占市場的意義的特徵

1.寡占市場的意義

寡占（*oligopoly market*）或稱寡頭壟斷，係指某特定商品市場中，僅有少數幾家廠商，且廠商都有控制價格的能力，彼此間互動性高（決策互相影響、行動相互牽制），以致每家廠商在市場上皆舉足輕重。

2000年9月台塑加入油品市場，國內油品市場型態由獨占轉成寡占市場，兩家廠商為爭取消費者，當中油降價時，台塑石油通常也會降價；中油推出贈品或洗車優惠時，台塑石油也會祭出其它優惠吸引消費者。中油與台塑石油為了不流失顧客「決策相互牽制」但彼此又有默契不做賠本生意[6]。

2.寡占市場的特徵

（1）**賣方家數少**：廠商家數從兩家[7]到若干家。理論上並無家數上限，只要廠商家數不多到使廠商間無相互牽制力即可。由於廠商家數少，寡占廠商間存在兩種關係：

---

6 中華電信、台灣大哥大與遠傳電信等行動通訊市場，或全國電子、燦坤3*C*的3*C*通路市場，及豐田、日產、三菱等汽車市場皆為典型的寡占市場。

7 寡占市場中只有兩家廠商時，稱為雙占（*duopoly*）。

① 競爭關係：全國電子與燦坤 3C 的價格或廣告競爭，或各電視台間節目型態相互學習等，說明寡占市場中廠商彼此互動密切，每家廠商皆有一定的市占率，當某家廠商採取任何競爭策略，其他廠商也立即反應。

② 合作關係：石油輸出國組織[8]於 1937 年聯合起來限制中東石油的輸出量，國際油價隨即大漲，是寡占廠商合作哄抬價格的經典例子。寡占廠商家數少形成有利的合作環境，透過「公開勾結」或「私下默契」達到控制商品市場價格與數量的目的。世界各國為避免消費者權益受損，紛紛立法禁止寡占廠商合作，我國公平交易法亦明文禁止聯合壟斷行為。

（2）**產品同質或異質**：寡占市場中若廠商皆生產同質產品，則稱為同質寡占，例如：買方認為台泥與亞泥所提供的水泥無差異，則水泥市場就是同質寡占。當寡占市場中廠商生產的產品品質不同，則稱為異質寡占，例如：我國四大報（中國時報、聯合報、自由時報、蘋果日報）各具特色。

（3）**訊息不靈通**：不論 *HTC*、*Apple* 還是三星等推出的智慧型手機皆為獨家設計，各廠商間皆保有自己的獨家技術，而能維持產品差異與技術上的優勢，其他廠商不易取得所有他廠的產品資訊。

（4）**進出市場困難**：寡占廠商因資本密集或技術密集，使其它競爭者很難進入市場。例如：中油或台塑石油。

---

8 世界主要石油生產國於1960年9月14日正式成立石油輸出國組織（*Organization of Petroleum Exporting Countries*，*OPEC*），該組織現有12個成員國。

動動腦❸

(　　) 1. 何者對價格不具有影響力？ (A) 完全競爭廠商 (B) 獨占廠商 (C) 寡占廠商 (D) 獨占性競爭廠商

(　　) 2. 以下何者為寡占市場中價格競爭方式 (A) 送贈品 (B) 加強售後服務 (C) 買二送一 (D) 提升品質

(　　) 3. 哪種市場不會採取「非價格競爭」？ (A) 完全競爭市場 (B) 獨占市場 (C) 寡占市場 (D) 獨占性競爭市場

市場類型之比較

小關鍵大重點 1

市場結構\市場特色	完全競爭市場	完全獨占市場	不完全競爭		
			獨占性競爭市場	寡占市場	
				同質寡占	異質寡占
廠商數目	非常多	一家	很多	少數幾家	
產品品質	產品齊質	無替代產品	產品稍有差異	同質	有差異
市場消息	消息完全靈通	消息完全不靈通	消息不完全靈通	消息不完全靈通	
進出市場	十分自由	十分困難	還算自由	困難	
價格的影響力	價格接受者	價格決定者	對價格有部份影響力	對價格影響力大	
實例	稻米市場（接近完全競爭市場）	台灣電力公司	餐飲業、美容美髮業	玻璃業、水泥業	汽車業、大眾傳播業

6-2 廠商的收益

6-2-1 收益的種類

生產者生產財貨並於市場中出售所獲得之貨幣收入稱為收益（*revenue*）。收益主要有總收入、平均收入與邊際收入三種。

1. **總收入（*Total Revenue*，*TR*）**係指廠商在一定期間內，銷售一定量的商品所獲得之全部貨幣所得，即商品價格與銷售量之乘積（式6-1）。

2. 總收入除以銷售量即為**平均收入（*Average Revenue*，*AR*）**，表示平均每一單位商品所獲得之貨幣所得，亦為商品售價（式6-2）。

3. **邊際收入（*Marginal Revenue*，*MR*）**係指每增加一單位商品銷售，所增加之總收入（式6-3）。

TR、*AR*與*MR*

1. 總收入：$TR = R \times Q$ ....（式6-1）

2. 平均收入：$AR = \dfrac{TR}{Q} = \dfrac{P \times Q}{Q} = P$ ....（式6-2）

3. 邊際收入：$MR = \dfrac{\Delta TR}{\Delta Q}$ ....（式6-3）

P：表示市場價格

Q：商品銷售量

ΔTR：總收入變動量

ΔQ：銷售量變動量

6-2-2　完全競爭市場廠商的收益情形

商品市場的供需均衡決定了完全競爭市場的商品價格（P^*），市場中的廠商與消費者皆為價格接受者，無法透過單獨行動來影響價格，其收益曲線具有以下二種特性：

1. 總收入曲線為一發至原點的直線。

2. 平均收入曲線、邊際收入曲線、需求曲線皆相等，同為一平行橫軸之水平線。

例如，雞蛋市場為一完全競爭市場，已知11月雞蛋市場均衡時，每公斤雞蛋價格為40元（$P^*=40$），表6-1是蛋農甲各種銷售量（Q）下的收益。根據表6-1得甲的總收入曲線、平均收入曲線與邊際收入曲線（圖6-2），可知完全競爭市場之*TR*曲線為一自原點出發的射線，又廠商為價格接受者，*P*、*AR*、*MR*不受銷售量影響，且$P=AR=MR$（即需求曲線、*AR*曲線、*MR*曲線皆相同且為一平行橫軸的水平線）。

表6-1 完全競爭廠商之各種收益

價格（P）	銷售量（Q）	總收入（TR）	邊際收入（MR）	平均收入（AR）
40	0	0	—	—
40	1	40	$\dfrac{40-0}{1-0}=40$	40
40	2	80	$\dfrac{80-40}{2-1}=40$	40
40	3	120	$\dfrac{120-80}{3-2}=40$	40
40	4	160	$\dfrac{160-120}{4-3}=40$	40

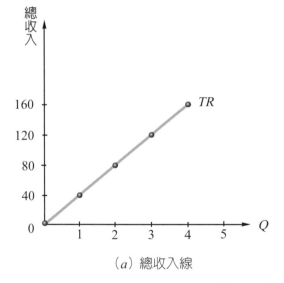

（a）總收入線

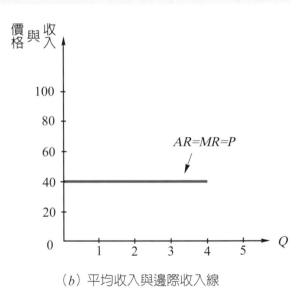

（b）平均收入與邊際收入線

圖6-2 完全競爭廠商之收益

6-2-3 完全獨占及不完全競爭市場廠商之收益情形

　　某特定商品為一獨占市場或不完全競爭市場時，表該特定商品市場的廠商對商品價格多多少少都有影響力。因此獨占及不完全競爭市場廠商的收入曲線具有以下三種特性：

1. 邊際收入大於零時，總收入隨銷售量增加而遞增；邊際收入等於零時，總收入最大；邊際收入小於零時，總收入隨銷售量增加而遞減（故總收入呈拋物線狀）。

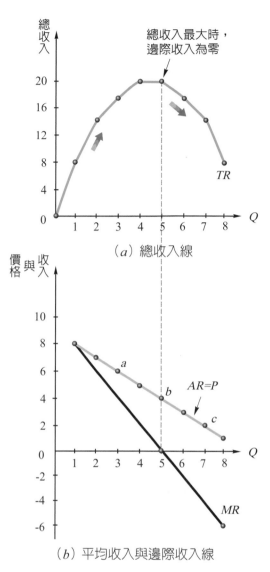

(a) 總收入線

(b) 平均收入與邊際收入線

2. 平均收入曲線即為需求曲線，是一條左上向右下延伸的負斜率直線，且位於邊際收入曲線的上方。

3. 邊際收入曲線呈負斜率直線，且位於平均收入曲線的下方。

　　例如，表6-2是乙電力公司之家用電力收益。根據表6-2得乙電力公司的總收入曲線、平均收入曲線與邊際收入曲線（圖6-3），可知當市場不是完全競爭市場時，$MR>0$，隨產量增加，廠商的總收入遞增；$MR=0$，廠商的總收入最大；$MR<0$，隨產量增加，廠商的總收入遞減。此外，**$P=AR$，需求曲線即為平均收入曲線，是一負斜率直線，表示廠商欲增加銷量，就必須降價。**邊際收入曲線為一負斜率直線，並位於平均收入曲線的下方。

表6-2　不完全競爭及獨占市場廠商之各種收益

圖6-3　非完全競爭廠商之收益

價格（P）	銷售量（Q）（億度）	總收入（TR）（億元）	邊際收入（MR）	平均收入（AR）
9	0	0	–	–
8	1	8	8	8
7	2	14	6	7
6	3	18	4	6
5	4	20	2	5
4	5	20	0	4
3	6	18	-2	3
2	7	14	-4	2
1	8	8	-6	1

實力加強❶ 需求彈性與總收入

圖6-4為獨占或不完全競爭市場之TR、AR與MR，b 點為AR之中點，且對應MR=0，根據第2-6節，需求彈性與總收入有以下三種關係：

1. 需求彈性大於1時，總收入隨銷售量增加而增加（a點）。

2. 需求彈性等於1時，總收入最大（b點）。

3. 需求彈性小於1時，總收入隨銷售量增加而減少（c點）。

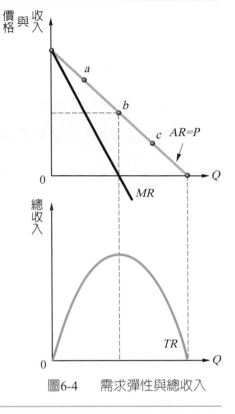

圖6-4　需求彈性與總收入

動動腦❹

( ) 1. 有關AR與需求曲線之敘述何者錯誤？ (A) AR即為需求曲線 (B) 完全競爭市場中個別廠商面對一平行橫軸的需求曲線 (C) 不完全競爭市場的需求曲線高於AR線 (D) 完全競爭市場的市場需求曲線

( ) 2. 完全競爭市場廠商的收入隨產量增加而 (A) 增加 (B) 減少 (C) 不變 (D) 先增加後減少

3. 請完成以下表格並回答問題。
   (1) 根據下表，該商品市場最不可能是何種市場：＿＿＿＿＿＿＿＿。
   (2) 廠商最大收入為＿＿＿＿，此時邊際收入是＿＿＿，需求彈性為＿＿＿。
   (3) 請根據下表繪製TR、AR、MR曲線。

Q	0	1	2	3	4	5	6	7
P	11	10	9	8	7	6	5	4
TR	0		18	24	28		30	28
AR	−	10					5	4
MR	−		8	6	4			

重點回顧

1. 廠商係指生產某一種產品的生產者。產業（*industry*）則是生產同一種產品的所有廠商的集合。

2. 某特定商品的買賣雙方集合即為市場（*market*）。買、賣雙方的集合泛指所有可促成買賣雙方交易的範圍，不局限於實體的交易場所，舉凡可促成電腦交易的範圍都稱為電腦市場。

3. 市場結構依競爭性可分為完全競爭市場、獨占性競爭市場、寡占市場及獨占市場四種類型。其中，獨占性競爭市場及寡占市場又稱為不完全競爭市場。

4. 各市場類型之特徵

市場結構　市場特色	完全競爭市場	完全獨占市場	不完全競爭		
			獨占性競爭市場	寡占市場	
				同質寡占	異質寡占
廠商數目	非常多	一家	很多	少數幾家	
產品品質	產品齊質	無替代產品	產品稍有差異	同質	有差異
市場消息	消息完全靈通	消息完全不靈通	消息不完全靈通	消息不完全靈通	
進出市場	十分自由	十分困難	還算自由	困難	
價格的影響力	價格接受者	價格決定者	對價格有部份影響力	對價格影響力大	
實例	稻米市場（接近完全競爭市場）	台灣電力公司	餐飲業、美容美髮業	玻璃業、水泥業	汽車業、大眾傳播業

5. 總收入（*Total Revenue*，TR）係指廠商在一定期間內，銷售一定量的商品所獲得之全部貨幣所得，即商品價格與銷售量之乘積（$TR=P \times Q$）。

6. 總收入除以銷售量即為平均收入（*Average Revenue*，AR），表示平均每一單位商品所獲得之貨幣所得，亦為商品售價（$AR=\dfrac{TR}{Q}=\dfrac{P \times Q}{Q}=P$）。

7. 邊際收入（*Marginal Revenue*，*MR*）係指每增加一單位商品銷售，所增加之總收入（$MR = \dfrac{\Delta TR}{\Delta Q}$）。

8. 完全競爭市場廠商的收益特性：

（1）總收入曲線為自原點出發的射線。

（2）平均收入曲線、邊際收入曲線、需求曲線皆相等，同為一平行橫軸之水平線。

9. 完全獨占及不完全競爭市場廠商之收益特性：

（1）邊際收入大於零時，總收入隨銷售量增加而遞增；邊際收入等於零時，總收入最大；邊際收入小於零時，總收入隨銷售量增加而遞減。

（2）平均收入曲線即為需求曲線，為一由左上向右下延伸的負斜率直線，且位於邊際收入曲線的上方。

（3）邊際收入曲線呈負斜率，且位於平均收入曲線的下方。

10.需求彈性與總收益之關係：

（1）需求彈性大於 1 時，總收入隨銷售量增加而增加。

（2）需求彈性等於 1 時，總收入最大。

（3）需求彈性小於 1 時，總收入隨銷售量增加而減少。

自我挑戰

一、選擇題

( ) 1. 小麥市場最接近何種市場結構？ (A) 寡占市場 (B) 獨占市場 (C) 不完全競爭市場 (D) 完全競爭市場 【6-1-3】

( ) 2. 商品是否同質，端視以下何者？ (A) 市場結構 (B) 廠商生產技術 (C) 生產者數 (D) 消費者主觀認定 【6-1-3】

( ) 3. 因產業特性，使長期LAC下降之市場，以下敘述何者錯誤？ (A) 廠商為價格接受者 (B) 該產業僅一家廠商，就足以供應整個市場需求 (C) 該廠商有規模經濟 (D) 稱自然獨占 【6-1-4】

( ) 4. 有關獨占之敘述，何者不正確？ (A) 市場上無替代品 (B) 廠商資本雄厚，消息完全靈通 (C) 廠商進出市場十分困難 (D) 台灣離島上唯一的雜貨店 【6-1-4】

( ) 5. 以下何者不是獨占形成的原因？ (A) 規模經濟 (B) 廠商掌握礦脈 (C) 具影響價格的能力 (D) 政府法律或公權力限制 【6-1-4】

( ) 6. 長期只有正常利潤的廠商是 (A) 完全競爭廠商與獨占性競爭廠商 (B) 完全競爭廠商與寡占廠商 (C) 不完全競爭市場廠商 (D) 獨占廠商 【6-1-3、6-1-5】

( ) 7. 獨占性競爭市場之敘述，何者正確？ (A) 買賣雙方人數與完全競爭市場一樣多 (B) 商品齊質 (C) 廠商可藉非價格競爭創造產品差異 (D) 每家廠商皆無商業機密 【6-1-5】

( ) 8. 中華電信、台灣大哥大及遠傳電信屬於何種市場？ (A) 獨占市場 (B) 寡占市場 (C) 獨占性競爭市場 (D) 完全競爭市場 【6-1-6】

( ) 9. 廠商間的決策互相牽制，且彼此競爭激烈者為 (A) 完全競爭市場 (B) 獨占性競爭市場 (C) 獨占市場 (D) 寡占市場 【6-1-6】

( ) 10. 廠商在一定期間內，銷售一定量商品所獲得之收入稱為 (A) 邊際收入 (B) 貨幣收入 (C) 總收入 (D) 平均收入 【6-2-1】

( ) 11. 有關獨占廠商的收益何者正確？ (A) 廠商面對的需求曲線為一平行橫軸的直線 (B) 市場需求曲線斜率為零 (C) 邊際收入線位於需求線下方 (D) 平均收入曲線即為邊際收入曲線 【6-2-2】

(　　) 12.獨占廠商邊際收入為零時，總收入　(A) 遞減　(B) 最大　(C) 遞增　(D) 不變　　　　　　　　　　　　　　　　　　　　　　　【6-2-3】

(　　) 13.獨占性競爭市場中，產品需求彈性大　(A) 總收入隨銷售量增加而減少　(B) 總收入隨銷售量增加而增加，廠商宜採薄利多銷　(C) 總收入不受需求彈性影響　(D) 廠商控制價格的能力愈小　　　　　　　　　【6-2-3】

(　　) 14.有關完全競爭廠商之敘述何者錯誤？　(A)廠商面對之需求曲線彈性∞　(B) TR遞增　(C) AR=MR　(D) 市場需求線平行橫軸

【6-2-3】

(　　) 15.獨占廠商的平均收入曲線特徵何者正確？　(A) AR曲線高於MR曲線　(B) MR曲線即為市場需求曲線　(C) AR曲線為正斜率　(D) MR曲線平行橫軸　　　　　　　　　　　　　　　　　　　　　　　【6-2-3】

二、綜合練習

1. 獨占性競爭廠商面對之需求函數為 $P = 12 - Q$、邊際收入函數為 $MR = 12 - 2Q$，試回答下列問題：

（1）廠商的總收入曲線函數為＿＿＿＿＿＿＿＿。

（2）廠商利潤最大之銷售量為＿＿＿單位。

（3）請繪出廠商的平均收入曲線及邊際收入曲線。

2. 請區分以下商品市場結構：　(A) 完全競爭市場　(B) 完全獨占市場　(C) 獨占性競爭市場　(D) 寡占市場。

＿＿＿＿＿（1）通訊業　　　　　　　＿＿＿＿＿（2）國內天然氣市場

＿＿＿＿＿（3）餐飲業　　　　　　　＿＿＿＿＿（4）國內水泥業

＿＿＿＿＿（5）花東鐵路運輸　　　　＿＿＿＿＿（6）自來水市場

＿＿＿＿＿（7）稻米市場　　　　　　＿＿＿＿＿（8）國內有線電視業

＿＿＿＿＿（9）國內空運航線　　　　＿＿＿＿＿（10）美國玉米市場

7 完全競爭市場產量與價格的決定

臺灣一年四季都有生產甘藍（俗稱高麗菜），是我國的大宗蔬菜之一，2009年甘藍總產量約34.8萬公噸，主要栽培地區位於台中、彰化、雲林、嘉義、南投、宜蘭等地，栽培面積約占全台總栽培面積的七成以上。

根據農產運銷公司所定甘藍分級標準相當明確，消費者可在傳統市場或超市，買到大小、重量差異不大的甘藍，對於個別生產者而言其產量也只占市場交易量相當小的比例，同時，個別消費者不僅消費比例小，也不太在乎甘藍是誰所生產，面對此一完全競爭市場，廠商如何決定其生產及訂價決策，市場中又會有什麼現象，本章將有詳細的介紹。

本章綱要

1. 完全競爭廠商的短期均衡。
2. 完全競爭廠商的短期供給曲線。
3. 完全競爭廠商的長期均衡。
4. 完全競爭市場的評論。

memo

廠商的決策行為深受所處市場特性影響，完全競爭市場模型能清楚說明廠商的決策行為與完全競爭市場的社會福利，是瞭解其它市場結構的基礎，也是廠商理論的重要單元之一。

7-1　廠商的短期均衡

完全競爭市場中，商品的市場均衡價格（P^*）與均衡數量（Q^*）決定於商品市場供需均衡（圖7-1，e點），不論市場中個別的買方行為或個別的賣方行為如何皆無法影響商品的市場價格，買賣雙方都是價格接受者[1]，因此完全競爭廠商面對一條平行橫軸的需求曲線。

圖7-1中給定市場供給（S）與需求（D），市場供需相等（e點）時，得到均衡價格P^*與數量Q^*，此時在市場均衡價格（P^*）下，買賣雙方決定其所需消費與生產的財貨數量。

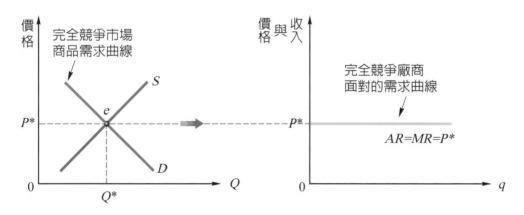

圖7-1　完全競爭市場產品價格決定

7-1-1　廠商均衡時的決策

每家廠商經營企業的目的皆是追求利潤極大，當廠商達到利潤最大時，即為廠商均衡。廠商為求利潤最大生產決策必須滿足某些條件，以下透過總收入與總成本法及邊際分析兩種方式，介紹完全競爭廠商為達利潤最大的最適產出決策。

1　廠商為價格接受者時，其邊際收入（MR）與平均收入（AR）皆等於市場價格（$AR=MR=P$）。

1. 總收入與總成本法

總收入（TR）減去總成本（TC）即為廠商的利潤（π），圖7-2為完全競爭廠商的成本、收入結構，總收入與總成本間的垂直距離即為利潤。產量q^*時，TR與TC的垂直距離最大，利潤亦達到最大（e點，$\overline{eq^*}=\overline{bd}$），完全競爭廠商會選擇在$q^*$生產。

產量低於q_0時，$TR<TC$，廠商發生虧損；產量等於q_0時，$TR＝TC$，廠商損益平衡，經濟利潤為零，稱a點為損益兩平點（同理，產量為q_1時，$TR＝TC$，廠商損益平衡，稱c點為損益兩平點）；產量q^*時，$TR>TC$，廠商利潤最大。

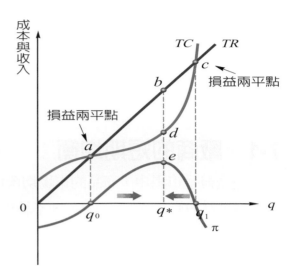

圖7-2　完全競爭廠商的總收入與總成本

動動腦❶　最大利潤產量

某一完全競爭市場，其市場需求函數為$Q^d＝40-10P$，市場供給函數為$Q^d＝-5+5P$，試繪圖表示此完全競爭市場之市場均衡與廠商面對的需求曲線。

▌解答

動動腦❷ 損益兩平點

已知廠商的總收入函數$TR=20q$與總成本函數$TC=150+5q$，請求廠商不賺不賠時的產量。

▌解答

---

2. 邊際分析法

　　邊際效用分析法提供廠商決定最適產量的決策準則。當 **MR＝MC** 時，廠商額外生產一單位產量所獲得的總收入恰等於增加的總成本，達到最大利潤□P*C_0ae，此時廠商無法藉由增產或減產來提高利潤，意謂廠商達到均衡狀態，產量q*為廠商的最適產出水準（圖7-3）。

　　完全競爭廠商之$P=AR=MR$，故其均衡條件（最適產量決策）為**P=MC**。

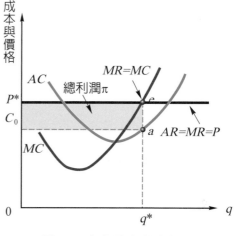

圖7-3　廠商最大利潤產量

表7-1　完全競爭廠商的生產決策

MR與MC	經濟意涵	利潤變化	產出決策
$MR>MC$	每增加一單位產量之TR增量＞TC增量	增產使利潤增加	增加產量，直至$P=MC$
$MR=MC$	每增加一單位產量之TR增量＝TC增量	此時利潤最大	已達最適產量，不再調整產出水準
$MR<MC$	每增加一單位產量之TR增量＜TC增量	減產使利潤增加	減少產量，直至$P=MC$

7-1-2 最大利潤與最小損失

1. 完全競爭廠商短期均衡的利潤情況

完全競爭廠商的三種不同生產規模，說明短期完全競爭廠商可能有經濟利潤，也可能發生虧損。

（1）$P=AR>AC$，廠商有經濟利潤（$\pi>0$）

完全競爭廠商短期有超額利潤時：

①$P=MC$決定短期均衡產量q^*。

②$P=AR>AC$，且AR曲線與AC曲線相交。

③均衡產量q^*下，AC遞增。

圖7-4中，廠商在AC最低點位於AR曲線下方的生產規模進行生產，根據$P=MC$（e點），決定其短期均衡產量q^*。

此時$AR>AC$（e點高於b點），市場價格P^*下，總收入大於總成本（$\square P^*0q^*e>\square C_00q^*b$），廠商可賺得超額利潤（$\square P^*C_0be$，經濟利潤）。

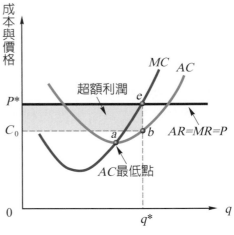

圖7-4 短期均衡時，廠商有經濟利潤

（2）$P=AR=AC$，廠商只有正常利潤，經濟利潤為零（$\pi=0$）

完全競爭廠商短期只有正常利潤時：

①$P=MC$決定短期均衡產量q^*。

②$P=AR=AC$，且AC線與AR線相切在AC最低點。

③均衡產量q^*下，AC位於最低點。

圖7-5中，廠商在AC最低點等於AR曲線的生產規模進行生產，根據P＝MC（e點），決定其短期均衡產量q*。

此時AR＝AC（e點），市場價格P*下，總收入等於總成本（□P*0q*e），廠商只賺得正常利潤（經濟利潤爲零）。

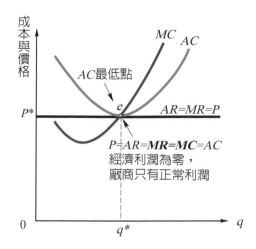

圖7-5　短期均衡時，廠商只有正常利潤

（3）廠商有虧損（π＜0）

完全競爭廠商短期虧損時：

①P＝MC決定短期均衡產量q*。

②P＝AR＜AC，且AC曲線高於AR曲線。

③均衡產量q*下，AC遞減。

圖7-6中，廠商在AC最低點位於AR曲線上方的生產規模進行生產，根據P＝MC（e點），決定其短期均衡產量q*。

此時AR＜AC（e點低於a點），市場價格P*下，總收入小於總成本（□P*0q*e＜□C₀0q*a），虧損□C₀P*ea。短期廠商根據其最適產量決策，在q*生產其損失最小。

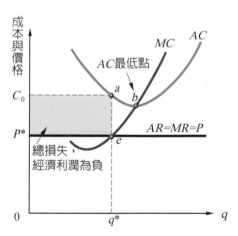

圖7-6　短期均衡時，廠商沒有經濟利潤

動動腦❸ 完全競爭廠商的短期均衡

請根據下圖回答問題：

1. 廠商短期均衡產量條件為_____。

2. 圖_____，$P=$_____廠商有正常利潤，均衡產量位於AC最低點處。

3. 圖_____廠商有經濟利潤，$\pi=$_____，$q^*=$_____，均衡產量位於AC_____處。

4. 圖_____廠商有虧損，$AC=$_____，$AR=$_____，$\pi=$_____。

圖A	圖B	圖C

（此處為圖A、圖B、圖C三張成本與價格對產量的曲線圖，圖A橫軸值30，縱軸值25、20；圖B橫軸值20，縱軸值15；圖C橫軸值15，縱軸值10、8）

2. 短期廠商繼續經營的決策

　　完全競爭廠商短期即便達到均衡，仍可能發生虧損，此時廠商該不該繼續生產，以下分三種情況探討：

（1）$AVC<P<AC$（即$TVC<TR<TC$）廠商短期虧損仍繼續生產

　　　圖7-7中，廠商依$P=MC$決定均衡時最適產量q^*，總收入□P^*0q^*e，廠商可回收全部的總變動成本□C_00q^*b與部份的固定成本□P^*C_0be，廠商繼續生產的損失最小□C_1P^*ea。短期只要$AVC<P<AC$，完全競爭廠商仍應繼續生產。

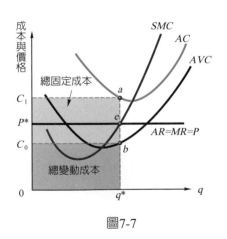

圖7-7

（2）$P < AVC < AC$（即$TR < TVC < TC$）廠商短期虧損應歇業

圖7-8中，廠商依$P = MC$決
定均衡時最適產量q^*，廠商的總
收入□P^*0q^*e，仍不足以支付
全部的總變動成本□C_00q^*b更
遑論回收總固定成本□C_1C_0ba，
廠商若繼續生產將損失
□C_1P^*ea。短期只要$P < AVC <$
AC完全競爭廠商選擇歇業的損
失□C_1C_0ba小於繼續生產的損失
□C_1P^*ea，廠商應選擇歇業。

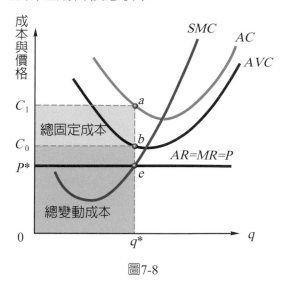

圖7-8

（3）$P = AVC < AC$（即$TR = TVC < TC$）廠商短期虧損時歇業或繼續生產並無差異

圖7-9中，廠商依$P = MC$決
定均衡時最適產量q^*，廠商的總
收入□P^*0q^*e，恰等於總變動成
本，廠商繼續生產會損失總固定
成本□C_1P^*ea；若歇業也是損失
總固定成本□C_1P^*ea。短期$P =$
$AVC < AC$完全競爭廠商不論繼續
生產或歇業皆損失總固定成本，
故圖7-9的e點，又稱短期歇業點，
廠商可決定歇業或繼續生產。

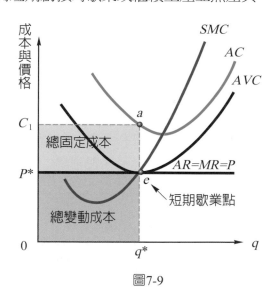

圖7-9

7-1-3　廠商的短期供給曲線

完全競爭廠商的短期供給曲線，係指其它條件不變[2]，廠商短期在各種不同
價格下願意且有能力供給的商品數量。

2　生產規模亦固定不變。

圖7-10，當市場價格小於AVC最低點（P_0）時，廠商將選擇歇業；市場價格P_0時，廠商依$P_0＝MC$（c點）決定產量q_0；當價格P_1時，廠商依$P_1＝MC$（b點）決定產量q_1；價格P_2時，依$P_2＝MC$（a點）決定產量q_2。AVC最低點以上的a、b、c點連成一線段，此MC曲線即為廠商的短期供給曲線。故$P≥AVC$以上的MC曲線即為完全競爭廠商的短期供給曲線。

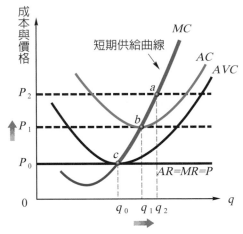

圖7-10　完全競爭廠商的短期供給曲線

動動腦❹　短期歇業條件

請根據下圖回答問題。

1. 廠商短期歇業條件為＿＿＿＿＿。

2. 圖＿＿＿廠商應歇業，$TVC＝$＿＿＿＿＿＿，$TFC＝$＿＿＿＿，繼續生產將損失＿＿＿＿，歇業則損失＿＿＿＿。

3. 圖＿＿＿廠商應繼續生產，位於AC＿＿＿＿處生產，$TFC＝$＿＿＿＿，最小損失＝＿＿＿＿，歇業損失＿＿＿＿。

4. 圖＿＿＿廠商繼續生產或歇業無差異，$TVC＝$＿＿＿＿，$TFC＝$＿＿＿＿，繼續生產或歇業的損失＿＿＿＿，c點稱為＿＿＿＿＿＿＿，此時$P＝AR＝MR＝MC＝$＿＿＿＿。

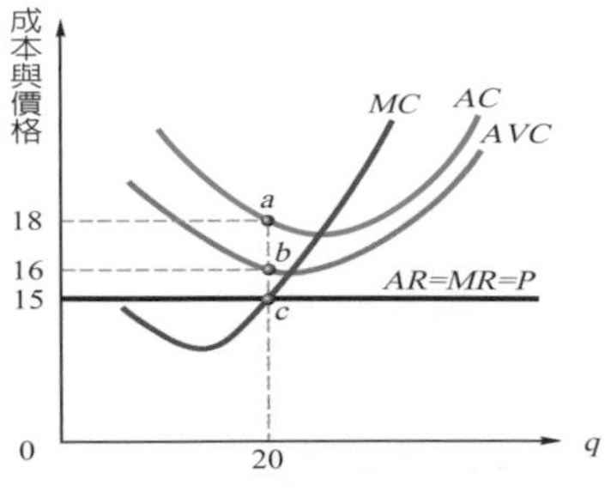

圖A

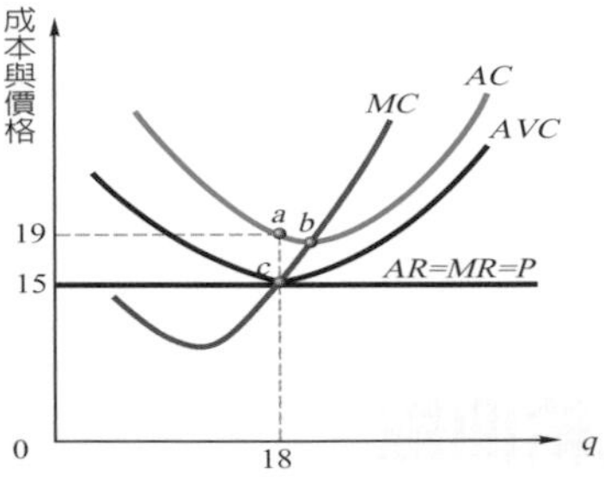

圖B

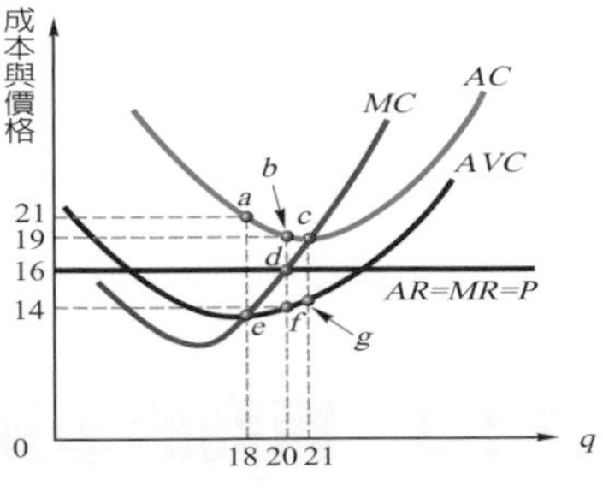

圖C

7-2 廠商的長期均衡

7-2-1 長期均衡的調整過程

完全競爭廠商充分掌握市場訊息下，基於以下二特性，長期將可調整至均衡狀態。

①自由調整生產規模：廠商長期無固定成本，可依市場價格，決定投入的資本設備，故生產規模可自由調整[3]。

②自由進出市場：完全競爭廠商訊息靈通，原廠商有經濟利潤就會吸引新廠商加入，市場中廠商家數因而增加，使市場的供給增加，反之，廠商則退出市場，市場中廠商家數因而減少，使市場的供給減少。

1. 市場價格大於長期平均成本（P>LAC）之調整[4]

圖7-11中，完全競爭的商品市場需求（D）與供給（S_0）決定商品市場均衡價格P_0。廠商為達利潤最大，依$P_0=LMC$決定均衡點c，均衡產量q_0，均衡時，$P_0>LAC$（即$P_0>\overline{dq_0}$），廠商經濟利潤大於零，市場有利可圖，吸引新廠商進入產業，廠商家數增加，市場的供給增加。

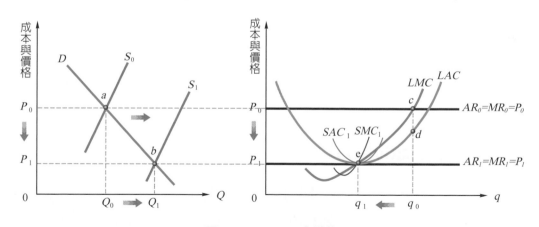

圖7-11　$P>LAC$之調整

3　短期廠商是否處於最適生產規模，影響廠商生產規模調整方式，讀者如有興趣，可參考個體經濟學中產業的長期調整。

4　SMC表示短期邊際成本、SAC表示短期平均成本。LMC表示長期邊際成本、LAC表示長期平均成本。

　　只要市場有利可圖，就會吸引廠商進入產業，市場的供給將由S_0逐漸增加至S_1，市場均衡價格下跌至P_1，廠商為達利潤最大依$P_1=LMC$決定產量q_1，此時$P=LAC$，廠商只有正常利潤，廠商將不再進出產業，完全競爭廠商達到長期均衡（廠商不僅處在短期平均成本最低點，也位於長期平均成本最低點生產）。

2. 市場價格小於長期平均成本（P＜LAC）之調整

　　圖7-12中，完全競爭的商品市場需求（D）與供給（S_0）決定商品市場均衡價格P_0。廠商為達利潤最大目標，依$P_0=LMC$決定均衡點c，均衡產量q_0，均衡時，$P_0<LAC$（即$P_0<\overline{dq_0}$），廠商發生虧損而退出產業，廠商家數減少，市場的供給減少。

　　廠商不堪虧損陸續退出產業，市場的供給將由S_0逐漸減少至S_1，市場均衡價格上漲至P_1，廠商為達利潤最大目標，依$P_1=LMC$決定產量q_1，此時$P＝LAC$，長期廠商只有正常利潤，則其他廠商不再進出市場，完全競爭廠商達到長期均衡。

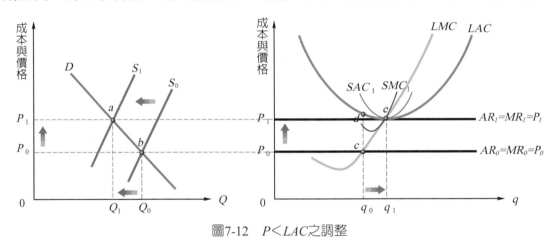

圖7-12　P＜LAC之調整

7-2-2　長期均衡的條件

　　綜上所述，完全競爭廠商長期均衡時滿足式7-1。廠商必處於LAC與LMC、SAC與SMC相交，及LAC[5]與SAC最低點和需求曲線相切處生產（即圖7-13，e點，又稱廠商的長期均衡點）。$P=LAC$使廠商長期只賺得正常利潤。

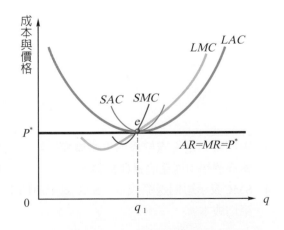

圖7-13　完全競爭廠商長期均衡

5　當廠商在LAC最低點生產，稱該廠商滿足生產效率。

$$P = AR = MR = SMC = LMC = SAC = LAC \qquad （式7\text{-}1）$$

7-3　完全競爭市場的評論

1. 完全競爭市場的優點

（1）廠商達到生產效率

長期均衡時，廠商處於LAC最低點，意謂廠商以最低成本從事生產，稱此生產達到生產效率。

（2）社會資源達到配置效率

生產最後一單位商品的社會成本等於社會價值時的社會利益最大，社會資源達到最適配置。社會成本係指生產的邊際成本，社會價值就是消費者願付的最高價格，完全競爭市場長期均衡時$P = MC$，意謂社會成本等於社會價值，反映均衡時社會資源達到配置效率。

生產效率與配置效率

	生產效率	配置效率
經濟意涵	長期下，生產者以最低的成本生產	社會資源達到最佳配置，社會福利最大
生產條件	LAC最低點生產	$P=MC$

註：社會福利分析詳見第八章。

小關鍵大重點 1

2. 完全競爭市場的缺點

（1）產品研發與創新速度緩慢

長期時，廠商只有正常利潤，使其無力負擔高額的研發與創新成本；且廠商間訊息完全流通，當一廠商開發了新技術將很快地被其他廠商複製，故完全競爭廠商既無能力也無動機從事研發與創新。

（2）同質產品不足以滿足消費者的慾望

完全競爭廠商只提供同質的產品，無法提供消費者多樣化的選擇，因此不足以滿足消費者的慾望。

動動腦❺ 完全競爭市場長期均衡

（　　）1. 完全競爭市場長期時廠商只有正常利潤，係基於廠商長期　(A)位於LAC最低點生產　(B)可以自由進出市場　(C)社會福利最大　(D)訊息靈通。

（　　）2. 完全競爭廠商長期可調整至均衡狀態，係基於　(A)自由進出市場與生產規模自由調整　(B)市場價格接受者　(C)生產規模擴大　(D)生產規模縮減。

（　　）3. 當P＞LAC時，完全競爭廠商長期均衡時，以下敘述何者錯誤　(A)市場的供給減少　(B)市場均衡數量增加　(C)廠商位於LAC=LMC=SAC=LMC相交處生產　(D)個別廠商的產量減少。

（　　）4. 當P＜LAC時，完全競爭廠商長期均衡時，以下敘述何者錯誤　(A)市場的供給減少　(B)P＝LAC廠商只有正常利潤　(C)廠商位於P、AR、MR、LAC、LMC、SAC、LMC等曲線相交處生產　(D)P＝MC表示資源達到配置效率。

（　　）5. 有關完全競爭市場的敘述，何者錯誤　(A)達到生產效率　(B)無法充分滿足消費者慾望　(C)短期只有正常利潤　(D)長期均衡條件P＝MR＝AR＝LAC＝LMC＝SAC＝SMC。

重點回顧

1. 完全競爭市場中，商品供需均衡，決定商品均衡價格P^*與均衡數量Q^*，市場中的買賣雙方都是價格接受者。

2. 完競爭廠商面對一條平行橫軸的需求曲線。故廠商的邊際收入＝平均收入＝商品市場價格（$AR=MR=P$）。

3. 利潤（π）＝總收入（TR）－總成本(TC)。

4. 完全競爭廠商為求利潤最大（或損失最小），依$P=MC$決定最適產量。

5. 完全競爭廠商的生產決策：

MR與MC	經濟意涵	利潤變化	產出決策
$MR>MC$	每增加一單位產量之TR增量＞TC增量	增產使利潤增加	增加產量，直至$P=MC$
$MR=MC$	每增加一單位產量之TR增量＝TC增量	此時利潤最大	已達最適產量，不再調整產出水準
$MR<MC$	每增加一單位產量之TR增量＜TC增量	減產使利潤增加	減少產量，直至$P=MC$

6. 短期完全競爭廠商可能賺得超額利潤，也可能發生虧損。$P=AR>AC$時，均衡時廠商有超額利潤（經濟利潤＞0），此時廠商位於AC遞增階段生產。$P=AR=AC$，均衡時廠商只有正常利潤（經濟利潤＝0），廠商位於AC最低點生產。$P=AR<AC$，均衡時廠商發生虧損，廠商位於AC遞減處生產。

7. $AVC<P<AC$時，完全競爭廠商短期虧損仍應繼續生產。此時廠商可收回全部的變動成本，還可收回部份固定成本。$P=AVC<AC$時，廠商繼續生產或退出產業並無差異，此時，AVC最低點稱為短期歇業點。

8. $P\geq AVC$最低點以上的MC曲線即為完全競爭廠商的短期供給曲線。

9. 完全競爭廠商充分掌握市場訊息下，基於可自由調整生產規模與自由進出市場，廠商長期將可調整至均衡狀態。

10. 完全競爭廠商長期均衡時，$P=AR=MR=SMC=LMC=SAC=LAC$，廠商必
    處於LAC與LMC、SAC與SMC相交，且LAC與SAC最低點和需求曲線相切處
    生產。長期廠商只賺得正常利潤。

11. 完全競爭廠商長期均衡時，將達到生產效率，且資源亦達到配置效率。

	生產效率	配置效率
經濟意涵	長期下，生產者以 最低的成本生產	社會資源達到最佳配置， 社會福利最大
生產條件	LAC最低點生產	$P=MC$

12. 完全競爭市場的缺點：（1）產品研發與創新速度緩慢（2）同質產品不足
    以滿足消費者的慾望。

自我挑戰

( ) 1. 完全競爭廠商面對的需求曲線為 (A)負斜率 (B)彈性無窮大 (C)固定彈性 (D)正斜率 【7-1】

( ) 2. 完全競爭市場的需求曲線為 (A)負斜率 (B)彈性無窮大 (C)固定彈性 (D)正斜率 【7-1】

( ) 3. 廠商經營企業的目標是 (A)推動社會福利 (B)創新研發 (C)追求利潤最大 (D)擴大生產規模 【7-1】

( ) 4. 完全競爭廠商為價格接受者，故 (A)可自由進出市場 (B)可自由調整生產規模 (C)P＝AR＝MR (D)商品齊質 【7-1】

( ) 5. 廠商經濟利潤為零，TR與TC相交於 (A)SAC最低點 (B)損益兩平點 (C)短期歇業點 (D)LAC最低點 【7-1-1】

( ) 6. 當廠商的MR＜MC時，其應 (A)減產 (B)增產 (C)退出產業 (D)歇業 【7-1-1】

( ) 7. 廠商利潤最大或損失最小的均衡產量決策是 (A)AR＝AVC (B)P＝MC (C)P＝AC (D)MR＝AC 【7-1-1】

( ) 8. 有關完全競爭廠商短期均衡的敘述何者錯誤 (A)P＝AR＞AC，廠商有經濟利潤，且位於AC遞減處生產 (B)P＝AR＜AC，廠商雖有虧損，但不一定要退出市場 (C)P＝AR＝AC，廠商只賺得正常利潤，且位於AC最低點處生產 (D)廠商短期均衡時P＝MR＝MC 【7-1-2】

( ) 9. 短期何種情況完全競爭廠商必須歇業 (A)AVC＜AC (B)AVC＝P＝AC (C)P＜AVC (D)AVC＜P＜AC 【7-1-2】

( ) 10.完全競爭廠商處於短期歇業點時，以下敘述何者錯誤 (A)P＝MC＝AVC (B)處於AVC最低點生產 (C)廠商的總收入＝總固定成本 (D)繼續生產，廠商將損失全部的固定成本 【7-1-3】

( ) 11.完全競爭廠商的供給曲線係 (A)AVC最低點以下的MC曲線 (B)AVC最低點以上的MC曲線 (C)無供給曲線 (D)廠商的供給曲線為負斜率 【7-1-3】

( ) 12.完全競爭廠商基於何原因，可達到長期均衡狀態 (A)訊息完全靈通 (B)自由進出市場與可調整生產規模 (C)只有變動成本無固定成本 (D)價格機能充份運作 【7-2-1】

( ) 13.當完全競爭廠商的P＞LAC時，為達長期均衡，商品市場 (A)供給增加 (B)供給減少 (C)均衡商品數量減少 (D)均衡價格上升 【7-2-1】

( ) 14.P＜LAC時，為達長期均衡，以下敘述何者正確 (A)完全競爭廠商的最適產量增加 (B)完全競爭廠商的最適產量減少 (C)商品市場價格下跌 (D)部份廠商進入產業 【7-2-1】

( ) 15.完全競爭廠商達到長期均衡時，以下敘述何者錯誤？ (A)可能發生虧損 (B)處於LAC最點低點生產 (C)P＝MR＝LMC＝SMC＝LAC＝SAC (D)經濟利潤為零，廠商只賺得正常利潤 【7-2-2】

( ) 16.完全競爭廠商長期均衡時，以下敘述何者錯誤 (A)以最低的成本生產 (B)消費者願付最高價格恰等於廠商的邊際成本 (C)廠商達生產效率 (D)市場中的廠商有經濟利潤 【7-2-3】

( ) 17.完全競爭市場長期均衡時 (A)價格機能充分運作，供給等於需求 (B)位於SAC最低點生產，故達到生產效率 (C)資源未必達到配置效率 (D)社會福利為零 【7-2-3】

( ) 18.完全競爭市場的缺點 (A)商品多樣化 (B)消費者慾望無法被充份滿足 (C)正常利潤使廠商有創新的誘因 (D)技術不易被模仿 【7-2-3】

( ) 19.有關完全競爭廠商敘述何者錯誤 (A)短期可能有超額利潤 (B)短期虧損時，不定一要歇業 (C)商品齊質，廠商無創新動機 (D)長期均衡時廠商會進出市場

( ) 20.以下敘述何者錯誤 (A)完全競爭廠商長期達到最適生產規模 (B)廠商長期沒有固定成本 (C)P＝MC表示資源達到配置效率 (D)P＞LAC廠商將擴大生產規模

8 完全獨占市場產量與價格的決定

視窗作業系統比起早期的DOS作業系統，更加平易近人，使電腦更能被廣泛的應用。Xerox公司早在1981年就推出世界上第一個商用圖形介面系統，但並未成功進入市場，蘋果公司（Apple Inc.）雖也在個人電腦上推出視窗系統，由於只與麥金塔電腦搭配銷售，給了當時的微軟公司（Microsoft Corp.）有機可趁，發展Windows系統獨占市場，大幅提升人們使用電腦的方便性，然而其昂貴的售價也著實令人印象深刻。透過本章有關獨占市場及其廠商決策介紹，您將可以瞭解微軟何以能對作業系統訂定高價而不嚇跑消費者。

本章綱要

1. 獨占廠商短期均衡。
2. 獨占廠商的長期均衡。
3. 差別訂價。
4. 完全競爭與獨占之比較。

　　獨占廠商基於其特性與完全競爭廠商的決策有很大的差異，本章介紹獨占的重要概念將延伸至第九章不完全競爭廠商。

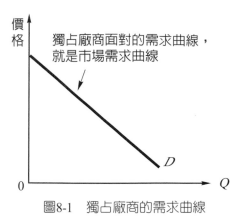

　　獨占市場中，廠商唯一且訊息非常不流通，使獨占廠商能左右商品市場均衡價格與產量，其它廠商很難進入該獨占產業。賣方唯一，意謂獨占廠商獨享市場，面對的需求曲線就是市場需求曲線，爲一左上向右下延伸的負斜率曲線（圖8-1），表示其若想要增加銷售量就勢必要降價[1]。

圖8-1　獨占廠商的需求曲線

8-1　廠商短期均衡

　　獨占廠商與完全競爭廠商一樣是追求利潤極大，故其長、短期均衡條件同樣可以邊際分析法說明。

1. 最適產量與均衡價格決定

　　獨占廠商根據 $MR = MC$ 決定利潤極大化下（或損失最小）的產量。當其增加一單位產出所獲得之總收入大於所增加的總成本（$MR > MC$，圖8-2中 Q_0）時，獨占廠商將增產使利潤增加，直至 $MR = MC$（圖8-2，最適產量 Q^*），總利潤達到最大（總損失最小）爲止。反之，$MR < MC$ 時（圖8-2 Q_1），獨占廠商將減產以提升利潤，直至 $MR = MC$ 決定均衡之產量 Q^* 爲止。

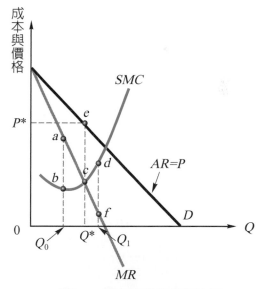

圖8-2　獨占廠商的均衡決策

　　圖8-2中，獨占廠商根據 $MR = MC$（c 點）同時決定最適產量 Q^* 與均衡價格 P^*。

1　完全競爭廠商面對一條彈性無窮大的需求曲線，意謂廠商可在固定價格下出售其想銷售的任何商品數量，但無法影響市場價格。

2. 影響獨占廠商訂價的因素

　　獨占廠商為價格決定者，並不表示可隨心所欲決定價格，其訂價決策仍須考慮商品需求彈性與生產成本[2]二因素（式8-1）。

$$
已知MR = P(1 - \frac{1}{\varepsilon^d})，當獨占廠商達到均衡時MR = MC，則P(1 - \frac{1}{\varepsilon^d}) = MC，
$$

$$
均衡價格下，則滿足P = \frac{MC}{(1 - \frac{1}{\varepsilon^d})}。 \qquad （式8-1）
$$

（1）邊際成本：獨占廠商的邊際成本愈高，價格也會訂得愈高。

（2）需求彈性：獨占廠商均衡時，需求彈性與邊際成本的加成幅度呈反向關係。需求彈性愈大，對邊際成本的加成愈小，均衡價格與邊際成本的差距較小。反之，需求彈性愈小，對邊際成本的加成愈大，均衡價格與邊際成本差距較大。

3. 獨占廠商位於需求彈性大於一處生產

　　多生產一單位商品就必須多投入生產要素，因此邊際成本必然大於零（$MC > 0$），當廠商達到均衡時，邊際收入也必然是大於零（因$MR = MC$，且$MC > 0$）。根據8-1式，進一步可推得獨占廠商均衡時，必處於需求彈性大於一處生產。

$$
MR = MC，且MC > 0
$$

$$
則P(1 - \frac{1}{\varepsilon^d}) = MC
$$

$$
P(1 - \frac{1}{\varepsilon^d}) > 0
$$

$$
\varepsilon^d > 1 \qquad （式8-2）
$$

2　獨占廠商將根據$P = \dfrac{MC}{(1 - \frac{1}{\varepsilon^d})}$決定均衡價格，可知影響獨占廠商訂價的因素不僅包括產品的生產成本，還有產品的需求彈性。有關（式8-1）之推導，詳見課外補充。

4. 獨占廠商短期均衡的利潤情況

獨占廠商短期均衡時，可能賺得經濟利潤（超額利潤），也可能發生虧損，三種利潤情況說明如下。

（1）$P = AR > AC$，廠商有經濟利潤（$\pi > 0$）

$P=AR>AC$，獨占廠商短期有經濟利潤時：

① $MR=MC$同時決定短期均衡產量$Q*$與均衡價格$P*$。

② 均衡時，產量$Q*$下，AR高於AC。

圖8-3，獨占廠商在AC曲線低於AR曲線下方的生產規模生產時（$AR>AC$），根據$MR=MC$（a點）同時決定短期均衡之產量$Q*$與均衡價格$P*$，則總收入大於總成本（$\Box P*0Q*e>\Box C_0 0Q*b$），廠商可賺得超額利潤（經濟利潤為正）$\Box P*C_0 be$，圖8-3（$a$）。

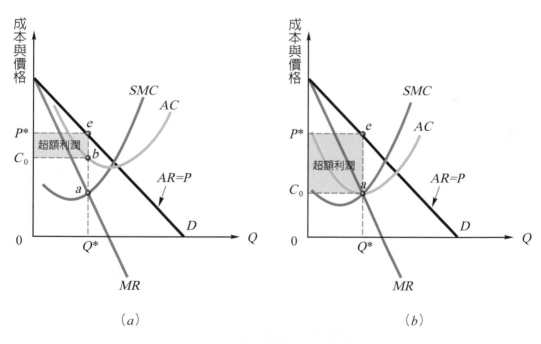

圖8-3　獨占廠商有經濟利潤

（2）P=AR=AC，廠商只有正常利潤，經濟利潤為零（$\pi = 0$）

　　P=AR=AC，獨占廠商短期有正常利潤時：

① MR＝MC同時決定短期均衡之產
　　量Q*與均衡價格P*。

② 均衡時，獨占廠商位於AC遞減且
　　需求曲線相切處生產。

　　圖8-4中，獨占廠商根據MR＝
MC（a點）同時決定短期均衡之產量
Q*與均衡價格P*，此時AR與AC相切
於一點（圖8-4，e點），則總收入等
於總成本（□P*0Q*e），短期獨占廠
商經濟利潤為零，只有正常利潤。

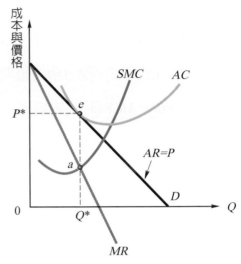

圖8-4　獨占廠商只有正常利潤

（3）P=AR＜AC，廠商發生虧損（$\pi < 0$）

　　P=AR＜AC，獨占廠商短期有虧損時：

① MR＝MC同時決定短期均衡之產量Q*與均衡價格P*。

② 均衡時，獨占廠商位於AC遞減且
　　AC高於AR曲線處（圖8-5，b點）
　　生產。

　　圖8-5中，獨占廠商根據
MR＝MC（a點）同時決定短期
均衡產量Q*與均衡價格P*，此時
AR＜AC，則總收入小於總成本
（□P*0Q*e＜□C₀0Q*b），短期獨
占廠商發生虧損□C₀P*eb（經濟利潤
為負）。

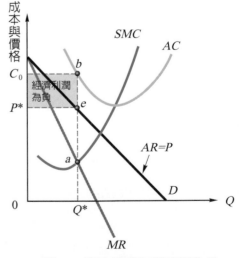

圖8-5　獨占廠商經濟利潤為負

動動腦❶

1. 獨占市場只有唯一的賣方，故獨占廠商面對的需求曲線即為＿＿＿＿＿＿＿。需求曲線呈＿＿＿斜率。

2. 獨占廠商的MC愈大，則定價愈＿＿＿；商品需求彈性愈小則定價愈＿＿＿。

3. 獨占廠商的均衡產量決策條件為＿＿＿＿＿。

8-1-1　獨占廠商短期繼續經營決策

　　獨占廠商縱然擁有控制價格的能力，短期仍可能發生虧損，圖8-6，獨占廠商均衡時之總收入□$P*0Q*e$、總固定成本□C_1C_0cb、總變動成本□$C_0 0Q*c$，總成本□$C_1 0Q*b$大於總收入，獨占廠商發生虧損□C_1P*eb。只要$P \geq AVC$，獨占廠商短期繼續生產的損失□C_1P*eb將小於歇業的損失□C_1C_0cb，廠商應繼續生產。反之，$P < AVC$獨占廠商就應該歇業。

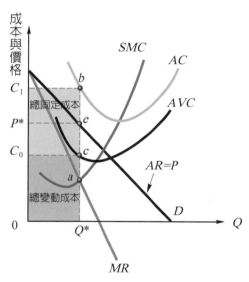

圖8-6　獨占產廠短期將繼續生產

動動腦❷　**獨占廠商短期決策**

請根據右圖回答問題。

1. 獨占廠商是否應繼續生產？＿＿＿＿＿＿＿

2. 獨占廠商繼續生產的損失＿＿＿＿。

3. 獨占廠商的固定成本為＿＿＿＿、變動成本為＿＿＿＿。

8-1-2　獨占廠商不存在供給曲線

　　完全競爭廠商的供給曲線為AVC最低點以上的MC曲線，此時MC曲線上任一點的價格與數量呈一對一關係，任一價格下完全競爭廠商只會有一種供給量。圖8-7中，獨占廠商為達最大利潤，根據$MR＝MC$同時決定最適產量$Q*$及均衡價格，然而需求曲線為D_0時，均衡價格為P_0；需求曲線為D_1時，均衡價格為P_1，可知均衡價格與數量無一對一的關係，因此獨占廠商不存在供給曲線。

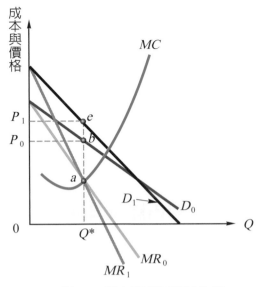

圖8-7　獨占廠商無供給曲線

8-2　廠商的長期均衡

　　獨占廠商在長期可自由調整生產規模，若其經濟利潤小於零，將使廠商退出市場，故長期獨占廠商的經濟利潤不會小於零。又獨占市場存在高度的進入障礙，市場雖有利可圖其它廠商很難進入，利潤很難被瓜分，獨占廠商長期則可能享有經濟利潤，有關獨占廠商在長期的二種利潤狀況分別介紹如下：

（1）$P > LAC = SAC$，獨占廠商長期有經濟利潤（$\pi > 0$）

　　$P > LAC = SAC$，獨占廠商長期有經濟利潤（超額利潤）時：

　①$MR = LMC$同時決定長期均衡產量$Q*$與均衡價格$P*$。

　②$MR = LMC = SMC$，即MR、LMC、SMC相交於一點（圖8-8，a點）。

　③SAC與LAC相切（圖8-8，b點）。

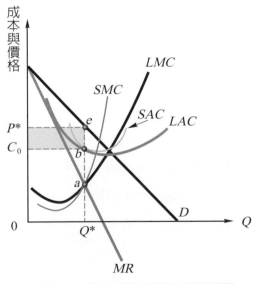

圖8-8　獨占廠商長期有經濟利潤

　　圖8-8中，長期獨占廠商為達利潤最大，根據$MR＝LMC$同時決定均衡產量Q^*及均衡價格P^*，依LAC決定長期平均成本C_0。此時，獨占廠商的總收入大於總成本（□P^*0Q^*e＞□C_00Q^*b），廠商賺得經濟利潤□P^*C_0be。

（2）$P＝LAC$ 獨占廠商長期有正常利潤（$\pi＝0$）

　　$P＝LAC$，獨占廠商長期有正常利潤時：

① $MR＝LMC$同時決定長期均衡產量Q^*與均衡價格P^*。

② $MR＝LMC＝SMC$，即MR、LMC、SMC相交於一點（圖8-9，a點）。

③ 均衡時，獨占廠商位於LAC、SAC遞減且與需求曲線相切處（圖8-9，e點）生產。

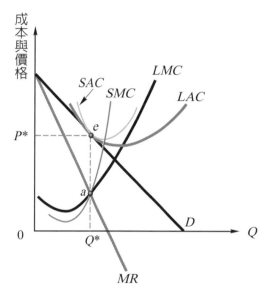

圖8-9　獨占廠商長期有正常利潤

　　圖8-9中，長期獨占廠商為達利潤最大，根據$MR＝LMC$同時決定均衡產量Q^*與均衡價格P^*，依LAC決定長期平均成本（等於P^*）。此時，獨占廠商的總收入等於總成本（□P^*0Q^*e），廠商經濟利潤為零，長期獨占廠商只有正常利潤。

　　綜上所述，獨占廠商長期均衡時，$MR＝SMC＝LMC$決定均衡之利潤最大產量，且$P＝AR≥LAC＝SAC$使獨占廠商長期享有正常利潤[3]或經濟利潤。

8-3　差別訂價

　　差別訂價（*price discrimination*）又稱為價格歧視，係指廠商提供相同產品，卻對消費者索取不同的價格。差別訂價的方式相當多元，廠商提供相同的產品，可對相同或不同的消費者採取各種的差別訂價

3　$MR＝SMC＝LMC$為廠商利潤最大的必要條件，$P≥LAC$為長期廠商繼續生產的條件。

1. 差別訂價的種類

（1）第一級差別訂價

　　第一級差別訂價又稱完全差別訂價（*perfect price discrimination*），係指獨占廠商對消費者購買的每一單位商品，皆依其願付最高價格來訂價。獨占廠商採完全差別訂價取走全部的消費者剩餘（圖8-10，$\triangle aP^*e$）。

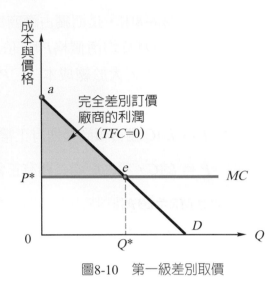

圖8-10　第一級差別取價

（2）第二級差別訂價

　　第二級差別訂價又稱區間訂價法或階段訂價法，係指廠商將消費量訂出幾個區間，並對不同區間收取不同價格。例如，動物園一位成人入園門票60元，團體30人以上入園參觀，門票享七折優惠。日常生活中，泡麵1包12元、5包一入50元，電池兩顆組40元八顆組99元……等都是常見的例子，對獨占廠商而言，第二級差別訂價是較容易採行的訂價方法。

　　圖8-11中，當消費量在Q_0時，廠商訂價P_0，取走消費者剩餘$\square P_0P^*ba$。當消費量在Q_0到Q_1時，廠商訂價P_1，當消費者消費Q_1量的商品，廠商取走了消費者剩餘$\square P_0P^*ba + \square gbdc$。消費量在$Q_1$到$Q_2$時，則訂價$P_2$，當消費者消費$Q_2$量商品，廠商取走了消費者剩餘$\square P_0P^*ba + \square gbdc + \square hdfe$。雖然第一級與第二級差

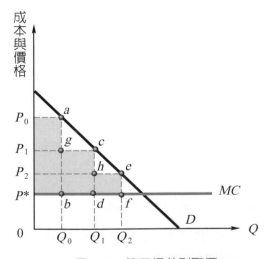

圖8-11　第二級差別取價

別訂價，廠商剝奪消費者剩餘，以提高廠商利潤，但第一級差別訂價是「完全」剝奪消費者剩餘（圖8-10藍色處），第二級差別訂價則是剝奪「部份」的消費者剩餘（圖8-11藍色處）。

（3）第三級差別訂價

　　第三級差別訂價又稱市場分割訂價法，係指獨占廠商對不同需求彈性的市場訂定不同的價格。各個市場有效區隔、商品不能轉售套利且不同市場的需求彈性不同等，可確保廠商採取成功的第三級差別訂價。例如，相同商品的外銷與內銷價格不同，或電影院全票比學生票貴，亦或工廠直銷或名牌*outlet*多位在郊區等。

2. 獨占廠商採差別訂價的條件

　　差別訂價並不只發生在獨占，但透過獨占廠商的差別訂價策略，將更容易理解廠商的差別訂價行為。獨占廠商之所以可採取差別取價，基於以下四個條件：

（1）廠商具訂價能力。

（2）市場可有效區隔[4]：例如，廠商藉「憑學生證購票」措施，有效區隔學生族群與非學生族群的電影需求者。

（3）商品不能轉售套利：例如，遊樂園與電影院針對學生族群提供優惠價，但在入場與購票時都會驗證，以防止轉售套利導致差別訂價效果不彰。

（4）不同市場的需求彈性不同：廠商對價格調整反應敏銳的消費者（即需求彈性大者）訂低價，反之，則訂高價。不同市場間的需求彈性不同，廠商才能成功地實施第三級差別取價以提高利潤。例如，學生族群對電腦需求的彈性較大，*Apple* 電腦針對學生族群提供學生專案，以優惠方案刺激學生購買電腦。

3. 其他差別訂價法

　　除了傳統上第一到第三級差別訂價外，廠商還有許多差別訂價方法，以下介紹三種較常見的差別訂價。

4　工廠直銷或名牌*outlet*通常設在遠離市中心處，這麼一來賣方可有效區隔出致力搜尋優惠價格商品的消費者（對價格變動反應大的族群，即漲價會大量減少消費量；降價時會大幅提高消費），因為並不是每個人都願意大老遠開車到郊區購買商品。

（1）尖峰訂價：廠商依不同時點收取不同價格，尖峰訂高價、離峰採低價。例如，*KTV* 週五晚上起至週日的每小時歡唱價就比星期一至四的價格高、遊樂園或觀光區假日門票比非假日貴、夏季電費較貴、早場電影相對便宜等皆是常見的例子。尖峰訂價與第三級差別訂價並不同，第三級差別訂價中，廠商在每個市場中銷售的商品生產成本都一樣；但尖峰訂價下，廠商供應商品的時點不同，尖峰與離峰的生產成本也不同。

（2）跨期差別訂價：新產品剛上市，廠商熟知急於嘗鮮的消費者往往無法等待，故對新產品訂較高的價格。這種情況最常發生在 *3C* 商品上，例如 *iPhone*4 手機甫上市售價較高，當風潮一退或新一代商品將問市，廠商就會調降售價。

（3）兩段訂價法：廠商採取兩階段收費方式，第一階段先收一筆固定費用，第二階段再依消費量收一筆費用。最常見的就是健身俱樂部，通常會先收一筆「會員費」，然後每次使用設施要再繳使用費或清潔費；或是幼稚園開學時先收一筆註冊費，之後再按月繳交月費。

8-4 完全競爭與獨占之比較

完全競爭與獨占是兩個極端的市場，以下分別就六個面向加以比較。為簡化分析，假設此兩市場面對相同的市場需求與成本結構，邊際成本線為正斜率直線（圖8-12）。

1. 均衡價格與數量

圖8-12，完全競爭市場供需均衡決定市場價格P_c，廠商根據$P_c = MC$決定最適產量Q_c；完全獨占廠商，根據$MR = MC$決定利潤最大之市場均衡價格P_m、產量Q_m。可知，**完全競爭市場的價格比獨占市場的價格低（$P_c < P_m$）、產量比獨占市場的產量大（$Q_c > Q_m$）。**

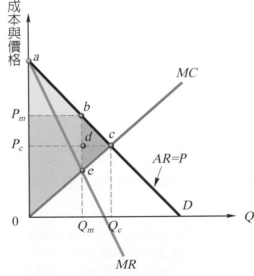

圖8-12　完全競爭與獨占之比較

2. 生產效率觀點

完全競爭廠商長期均衡時，在 LAC 最低點生產，獨占廠商長期均衡時則不一定，故完全競爭市場具生產效率，但獨占廠商則可能有資源浪費，不一定具生產效率。

3. 資源配置觀點

消費者願付的最高價格 P 也就是社會價值，生產的邊際成本 MC 即社會成本，當 $P=MC$ 時，反映社會資源達到配置效率。完全競爭市場均衡時 $P=MC$ 符合配置效率，此時社會福利最大；但獨占市場均衡時 $P>MR=MC$ 不具配置效率，社會有無謂損失發生，進一步說明如下：

社會福利係以消費者剩餘（CS）與生產者剩餘（PS）的總合來衡量。圖8-12中，完全競爭市場的消費者剩餘為 $\triangle aP_cc$、生產者剩餘為 $\triangle P_c0c$，加總可得完全競爭市場的社會福利 $\triangle a0c$。同理，獨占市場的消費者剩餘為 $\triangle aP_mb$、生產者剩餘為梯形 P_m0eb，則獨占市場的社會福利為梯形 $a0eb$。比較兩市場的社會福利，獨占市場較完全競爭市場的社會福利少了 $\triangle bec$（$\triangle a0c$－梯形 $a0eb$），由於減少部份並非由誰拿走，而是獨占市場的資源未達配置效率所造成，故稱此減少的部份為無謂損失（*dead weight loss*，*DWL*）[5]。

表8-1　完全競爭市場與獨占市場社會福利比較

	完全競爭市場	獨占市場
消費者剩餘（CS）	$\triangle aP_cc$	$\triangle aP_mb$
生產者剩餘（PS）	$\triangle P_c0c$	梯形 P_m0eb
社會福利（$CS+PS$）	$\triangle a0c$	梯形 $a0eb$
無謂損失	無	$\triangle bec$

4. 財富分配的公平性

從長期的觀點來看，獨占廠商有機會賺得經濟利潤，而完全競爭廠商只有正常利潤。若社會中存在較多的獨占廠商，隨獨占者不斷累積自身財富，將使社會財富分配愈趨不均。例如：個人作業系統的獨占廠商微軟（*Microsoft*），其創始人比爾蓋茲（*Bill Gates*）多次蟬聯世界首富。

---

5 無謂損失是社會資源配置不具效率時，造成社會福利減少的部份。比較不同市場結構的社會福利變化即可知是否存在無謂損失。

5. 廠商創新的動機與能力

完全競爭廠商長期只有正常利潤，又市場訊息完全流通下任何的創新都很快被對手複製，因此缺乏動機也無能力從事創新研發。而獨占廠商在長期可能享有經濟利潤，較有能力從事創新研發，通常獨占市場中無競爭對手時，廠商往往缺乏進步的動機；一旦潛在競爭廠商出現，獨占廠商則可利用所累積的龐大資本從事創新研發。例如，微軟受其他個人作業系統瓜分市場威脅，雖具獨占地位仍不斷研發新產品，使作業系統從的XP、VISTA、WIN7不斷升級。

6. 生產規模的觀點

完全競爭廠商多不若獨占廠商的規模大，較難如獨占廠商可藉大規模生產，使成本降低而享有規模經濟的好處。例如，自來水公司當用戶愈多則愈能分擔高額的設備費用，使平均成本遞減，利潤增加。

重點回顧

1. 獨占廠商面對的需求曲線就是負斜率的市場需求曲線，表示其若想要增加銷售量就勢必要降價。

2. 獨占廠商亦根據$MR=MC$決定利潤極大時之最適產量。$MR>MC$時，廠商將增產使利潤增加，直至$MR=MC$總利潤達到最大為止。$MR<MC$時，廠商將減產以提升利潤，直至$MR=MC$決定獨占廠商利潤最大的最適產量Q^*為止。

3. 影響獨占廠商訂價的因素：（1）邊際成本（2）需求彈性。獨占廠商的邊際成本高則定價高；需求彈性大的商品訂低價。

4. 獨占廠商均衡時，必處於需求彈性大於一處生產。

5. 獨占廠商短期有經濟利潤（超額利潤）時，$P=AR>AC$：（1）$MR=MC$同時決定短期均衡產量Q^*與均衡價格P^*。（2）均衡時，產量Q^*下，AR高於AC。

6. 獨占廠商短期有正常利潤時，$P=AR=AC$：（1）$MR=MC$同時決定短期均衡產量Q^*與均衡價格P^*。（2）均衡時，獨占廠商位於AC遞減且與需求曲線相切處生產。

7. 獨占廠商短期有虧損時，$P=AR<AC$：（1）$MR=MC$同時決定短期均衡產量Q^*與均衡價格P^*。（2）均衡時，獨占廠商位於AC遞減且AC高於AR曲線處生產。

8. 短期獨占廠商只要$P \geq AVC$，繼續生產的損失小於歇業的損失，獨占廠商應繼續生產。

9. 獨占廠商之訂價與產量無一對一關係，因此不存在供給曲線。

10. 獨占廠商長期有經濟利潤（超額利潤）時，$P>LAC=SAC$：（1）$MR=LMC$同時決定長期均衡產量Q^*與均衡價格P^*。（2）$MR=LMC=SMC$，MR、LMC、SMC相交於一點（3）SAC與LAC相切。

11. 獨占廠商長期有正常利潤時，$P＝LAC＝SAC$：（1）$MR＝LMC$同時決定長期均衡產量$Q*$與均衡價格$P*$。（2）$MR＝LMC＝SMC$，MR、LMC、SMC相交於一點（3）均衡時，獨占廠商位於LAC、SAC遞減且與需求曲線相切處生產。

12. 獨占廠商長期均衡時，依$MR＝SMC＝LMC$決定均衡之利潤最大產量，且$P＝AR≥LAC＝SAC$使獨占廠商長期可享有經濟利潤或正常利潤。

13. 第一級差別訂價又稱完全差別訂價（*perfect price discrimination*），係指獨占廠商對消費者購買的每一單位商品，皆依其願付最高價格來訂價。

14. 第二級差別訂價又稱區間訂價法或階段訂價法，係指廠商將消費量訂出幾個區間，並對不同區間收取不同價格。

15. 第三級差別訂價又稱市場分割訂價法，獨占廠商對不同需求彈性的市場訂定不同的價格。

16. 獨占廠商可採取差別取價，基於四個條件：（1）廠商具訂價能力（2）市場可有效區隔（3）商品不能轉售套利（4）不同市場的需求彈性不同。

17. 尖峰訂價係指廠商依不同時點收取不同價格，尖峰訂高價、離峰採低價。

18. 跨期差別訂價係指新產品剛上市，廠商熟知急於嚐鮮的消費者往往無法等待，故對新產品都會訂較高的價格。

19. 兩段訂價法係指廠商採取兩階段的收費方式，第一階段先收一筆固定費用，第二段再依消費量收一筆費用。

20. 獨占與完全競爭市場比較

	說　　明
均衡價格與數量	1. 完全競爭市場的均衡價格低於獨占市場的均衡價格 2. 完全競爭市場的均衡數量大於獨占市場的均衡數量
生產效率	完全競爭廠商具生產效率；獨占廠商不一定具生產效率
資源配置	完全競爭市場達到配置效率；獨占市場有資源浪費情形，不具配置效率
財富分配的公平性	市場獨占廠商愈多，財富分配愈不平均
創新的動機與能力	完全競爭廠商沒有創新動機與能力；獨占廠商具創新研發能力但動機不強
生產規模	獨占廠商較完全競爭廠商易享有規模經濟的好處

自我挑戰

一、選擇題

( ) 1. 獨占廠商之訂價決策何者正確？ (A)邊際成本愈高與需求彈性愈小則應訂高價 (B)邊際成本愈高與需求彈性愈大則應訂高價 (C)平均成本愈高與需求彈性愈小則應訂高價 (D) 平均成本愈高與需求彈性愈大則應訂高價 【8-1】

( ) 2. 獨占廠商均衡時面對的需求彈性 (A)無窮大 (B)等於1 (C) 大於1 (D) 小於1 【8-1】

( ) 3. P＞AVC，MR＜MC時，獨占廠商應 (A)增產以提高利潤 (B)減產以提高利潤 (C)歇業 (D) 不需調整產量 【8-1】

( ) 4. 右圖獨占廠商短期均衡時之商品價格與數量何者正確？
(A) (Q_1, P_4) (B) (Q_1, P_1)
(C) (Q_2, P_2) (D) (Q_3, P_3)
【8-1】

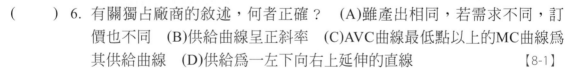

( ) 5. 有關獨占廠商短期均衡，何者錯誤？ (A) MR＝MC為利潤最大產出決策 (B)獨占廠商有超額利潤時，處於AC遞減處生產 (C) P＝AC時廠商經濟利潤為零 (D) P＜AVC，獨占廠商應歇業 【8-1】

( ) 6. 有關獨占廠商的敘述，何者正確？ (A)雖產出相同，若需求不同，訂價也不同 (B)供給曲線呈正斜率 (C)AVC曲線最低點以上的MC曲線為其供給曲線 (D)供給為一左下向右上延伸的直線 【8-1】

( ) 7. 獨占廠商長期均衡時，P＞LAC則 (A)MR、LMC、SMC相交於一點 (B)LAC、SAC與需求曲線相切 (C)SAC、LAC相交 (D) 經濟利潤為零 【8-2】

( ) 8. 獨占廠商達到長期均衡時，若P＞LAC則下列何者為正確？ (A)只有正常利潤 (B)LMC＝LAC決定均衡產量 (C)LAC最低點決定均衡產量 (D)發生虧損 【8-2】

( ) 9. 獨占廠商長期均衡 (A)可賺得正常利潤或經濟利潤 (B)廠商有虧損 (C)廠商位於LAC遞增處生產 (D)P＝LMC決定市場價格 【8-2】

(　　) 10.下列有關訂價的敘述，何者錯誤？　(A)第一級差別訂價會使消費者剩餘為零　(B)邊際成本訂價法為價格等於邊際成本　(C)第三級差別訂價會對需求價格彈性較小的市場訂價較高　(D)追求最大利潤的廠商，其訂價條件為邊際收入等於變動成本　【8-3】

(　　) 11.獨占廠商將A、B兩市場區隔採差別取價，兩市場需求的價格彈性分別為 ε_a 與 ε_b，且 $\varepsilon_a > \varepsilon_b$，以下何者正確（A、B兩市場之價格分別以$P_a$與$P_b$） (A) $P_a = \varepsilon_a + \varepsilon_b$且$P_b = 0$　(B) $P_a = P_b$　(C)$P_a < P_b$　(D) $P_a > P_b$　【8-3】

(　　) 12.飲料第二杯半價係廠商採　(A)完全差別訂價　(B)階段訂價法　(C)第三級差別取價　(D)跨期差別訂價　【8-3】

(　　) 13.有關獨占廠商差別訂價的條件，何者錯誤　(A)廠商具左右價格能力　(B)市場可有效區隔　(C)商品不可轉售套利　(D)完全差別取價下消費者仍有消費者剩餘　【8-3】

(　　) 14.夏季電費較貴係廠商採　(A)市場分割訂價　(B)跨期訂價　(C)尖峰訂價　(D)第二級差別取價　【8-3】

(　　) 15.獨占廠商之敘述何者錯誤？　(A)產量小於等於完全競爭廠商的產量　(B)不一定具生產效率　(C)不具配置效率　(D)長期只有正常利潤，且社會福利最大　【8-4】

(　　) 16.獨占廠商若採用差別取價時，下列何者為正確？　(A)消費者剩餘變大　(B)消費者會支付較低價格　(C) 若為完全差別取價，社會的無謂損失達到最大　(D)若為完全差別取價，廠商可完全剝奪消費者剩餘　【8-4】

(　　) 17.長期有關獨占與完全競爭市場，何者正確？　(A)獨占市場的社會福利大於完全競爭市場的社會福利　(B)獨占廠商因資源未達配置效率形成無謂損失　(C)完全競爭市場的財富分配最不平均　(D)獨占廠商較無法享有規模經濟　【8-4】

9 不完全競爭市場產量與價格的決定

　　2010年12月9日對亞洲知名面板廠而言是個不平靜的一天，歐盟執委會於前一天公布六家面板廠違反「反托拉斯法」，課以罰金共達6.49億歐元，而南韓三星因轉為污點證人，免除被罰鍰的命運。

　　歐盟執委會指控亞洲六家面板廠商於2006年2月至2001年10月，在台灣的飯店舉行達60次，代號「晶體會議」的秘密聚會，分享商業機密，涉嫌聯合操縱面板價格，違反歐盟「反托拉斯法」。

　　透過本章介紹，讀者可以發現生活周遭的產業幾乎是不完全競爭市場，瞭解此市場的特徵與廠商決策，將有助於解讀廠商間的競合行為，就能理解為何亞洲六家面板廠甘冒被控「反托拉斯法」的風險攜手合作、及三星決定告密而免罰等廠商行為。

本章綱要

1. 獨占性競爭市場的短期及長期均衡分析。
2. 寡占理論。
3. 不完全競爭市場的評論。
4. 公平交易法。

美國經濟學家秦伯霖（*Chamberlin*）與英國經濟學家羅賓遜夫人（*Robinson*）在1933年分別出版《壟斷競爭理論》與《不完全競爭經濟學》，奠定了不完全競爭市場的理論基礎，經濟學家薩繆森（*Samuelson*）更稱此兩書帶來「壟斷競爭的革命」，說明兩人在不完全競爭市場理論的重要貢獻。不完全競爭市場包括了獨占性競爭市場與寡占市場，是生活中最常見的市場結構。餐飲業、美容美髮業、零售業與紡織業等皆屬於獨占性競爭市場；通訊業、有線電視台、汽車業與水泥業是常見的寡占市場。

9-1 獨占性競爭市場廠商的短期均衡與長期均衡

獨占性競爭市場基於市場具買賣雙方人數眾多、每家廠商提供異質產品、訊息流通度高、廠商進出市場自由等特徵，而有以下二特色：

1. **獨占性競爭廠商為價格決定者**：獨占性競爭市場中，每家廠商提供消費者異質產品，使獨占性競爭廠商得以決定價格，因此，各廠商皆面對一條屬於該廠商自己的負斜率需求曲線。

2. **獨占性競爭廠商的需求彈性較獨占廠商大**：獨占性競爭市場中買賣雙方人數眾多、產品大同小異且替代性高，使消費者對商品價格波動反應非常靈敏，比起幾乎沒有替代品的獨占市場，獨占性競爭廠商面對的需求曲線之需求彈性較大[1]。例如：牛肉麵店賣的牛肉麵口味大同小異，若A家牛肉麵價格上漲，消費者可選其他家的牛肉麵代替，

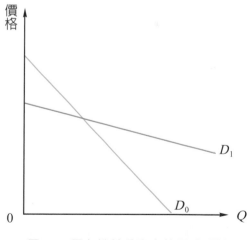

圖9-1　獨占性競爭廠商的需求彈性大

消費者對商品價格變動反應靈敏，牛肉麵店就面對一較平坦的需求曲線（D_1）。然而自來水的替代品少，當其價格上漲時，消費者仍必須消費自來水，因此自來水公司面對一條較陡的自來水需求曲線（D_0）。

---

1 需求彈性大，當價格下跌消費者會增加商品購買量，需求量對價格反應敏感，廠商可採薄利多銷。

9-1-1 獨占性競爭市場廠商的短期均衡

　　獨占性競爭廠商的短期決策行為與獨占廠商相同，一樣根據$MR=MC$同時決定均衡之利潤最大產量與均衡價格（圖9-2）。獨占性競爭廠商短期可賺得正常利潤、經濟利潤（超額利潤），也可能發生虧損，利潤狀況與獨占廠商相同。此外，也沒有供給曲線，且短期發生虧損時，只要$P>AVC$廠商仍應繼續生產（圖9-3）。

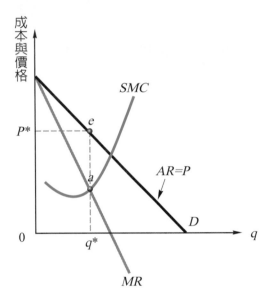

圖9-2　獨占性競爭廠商的均衡決策

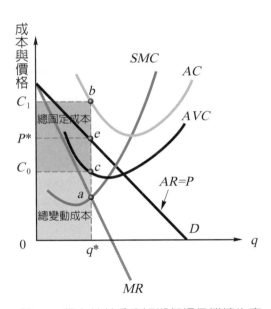

圖9-3　獨占性競爭廠短期虧損仍繼續生產

1. 廠商有經濟利潤（$\pi>0$）

　　圖9-4（a），獨占性競爭廠商根據$MR=MC$同時決定短期均衡之利潤最大產量q^*及均衡價格P^*，則總收入大於總成本（$\square P^*0q^*e>\square C_00q^*b$），廠商可賺得超額利潤（$\square P^*C_0be$，經濟利潤為正）。均衡時，產量$q^*$下，$AR$高於$AC$。

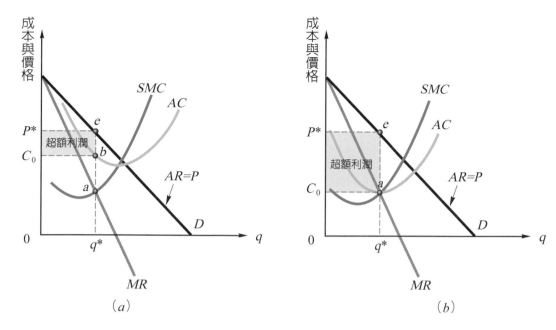

圖9-4　獨占性競爭廠商短期有經濟利潤

2. 廠商只有正常利潤，經濟利潤為零（$\pi = 0$）

圖9-5中，獨占性競爭廠商根據$MR = MC$同時決定短期均衡產量q^*與均衡價格P^*，總收入等於總成本□P^*0q^*e，短期獨占性競爭廠商經濟利潤為零。均衡時，獨占性競爭廠商位於AC遞減且與需求曲線相切處（e點）生產。

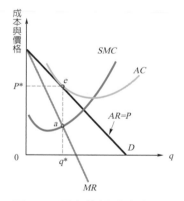

圖9-5　獨占性競爭廠商只有正常利潤

3. 廠商發生虧損

圖9-6中，獨占性競爭廠商根據$MR = MC$同時決定短期均衡產量q^*及均衡價格P^*，總收入小於總成本（□$P^*0q^*e <$ □C_00q^*b），短期獨占性競爭廠商經濟利潤為負□C_0P^*eb（發生虧損）。均衡時，獨占性競爭廠商位於AC遞減且AC高於AR曲線處（b點）生產。

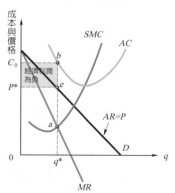

圖9-6　獨占性競爭廠商經濟利潤為負

9-1-2　獨占性競爭市場廠商的長期均衡

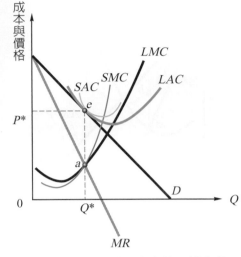

圖9-7　獨占性競爭廠商的長期均衡

　　獨占性競爭市場由於訊息流通，且無進入障礙，當廠商有經濟利潤時，自然吸引潛在廠商進入產業，**長期均衡時獨占性競爭廠商與完全競爭廠商一樣只能賺得正常利潤**，但完全競爭廠商處於LAC線最低點生產，獨占性競爭廠商則**處於LAC線遞減階段生產**（圖9-7）。日常生活中常見某些行業有利可圖時，吸引相同性質的其他廠商一窩蜂加入，廠商長期只能賺得正常利潤。

　　獨占性競爭廠商長期均衡時：

① $MR=SMC=LMC$同時決定均衡產量q^*與均衡價P^*。

② $P=AR=LAC=SAC$，SAC與LAC於遞減處與需求曲線相切於一點。

動動腦❶

（　　）1. 以下敘述何者正確？　(A)獨占性競爭廠商較獨占廠商面對較陡的需求曲線　(B)獨占性競爭廠商長期只有超額利潤　(C)實際社會中，產業多為獨占性競爭市場　(D)薩繆森帶來壟斷競爭的革命

（　　）2. 獨占性競爭廠商短期均衡時，以下敘述何者錯誤？　(A)與獨占廠商短期均衡狀況相同　(B)P＝MC決定利潤最大產出　(C)廠商可在AC最低點生產　(D)廠商可享經濟利潤

（　　）3. 獨占性競爭廠商短期虧損仍繼續生產是因為　(A)廠商可收回全部的變動成本　(B)退出市場困難　(C)完全無法收回固定成本　(D)資本設備處分不易

（　　）4. 獨占性競爭廠商長期均衡時，以下敘述何者錯誤？　(A)廠商只有正常利潤　(B)MR＝SMC＝LMC　(C)P＝AR＝LAC＝SAC　(D)AR曲線高於LAC曲線

（　　）5. 獨占性競爭廠商長期均衡時，與完全競爭廠商的共同點是　(A)社會福利最大　(B)具生產效率　(C)經濟利潤為零　(D)商品齊質

9-2　寡占理論

　　技術密集或資本密集的產業，較易形成寡占市場，寡占市場中廠商家數少，彼此決策相互牽制，美國經濟學者史威吉（*Sweezy*）於1939年提出拗折的需求曲線（*kinked demand curve*），說明寡占市場的價格相當的穩定，形成價格僵固（*price rigidity*）的現象。

9-2-1　拗折的需求曲線

　　拗折需求理論中，基於以下二個假設，可得圖9-8的拗折需求曲線[2]。

1. **廠商跟跌不跟漲**：指當某廠商漲價，其他廠商不會跟進；但某廠商降價時，市場中的其他廠商也會採取降價策略。

2. **市場價格已處在某價格水準上**：理論假設市場一開始價格已經處於$P*$的水準。

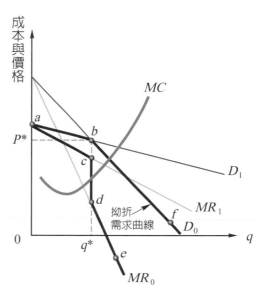

圖9-8　獨占性競爭廠商的均衡

　　圖9-8中，市場價格一開始處於$P*$、需求量為$q*$。當某廠商採漲價策略（$P>P*$），其他廠商不跟漲，則消費者會轉向不漲價的廠商消費，意謂廠商漲價將面對彈性較大的需求線D_1（需求曲線較平坦）。當廠商降價（$P<P*$），其他廠商也跟進，使最先發動降價決策的廠商之商品需求量增加有限，意謂廠商採降價決策將面對彈性較小的需求線D_0（需求曲線較陡峭）。

　　廠商跟跌不跟漲使需求曲線呈二段式的拗折狀（$\overline{abf}$），稱為拗折的需求曲線。對應之邊際收入曲線亦呈拗折（$\overline{acde}$），其中，垂直缺口$\overline{cd}$稱為邊際收入缺口（*MR gap*）。

2　一開始的市場價格如何被決定，模型中並無說明，此外，實證研究也不支持跟跌不跟漲，皆為此理論的缺點。

寡占廠商根據$MR＝MC$決定均衡時的最適產量與價格，圖9-9中，當廠商的MC通過邊際收入缺口時（即MC在線段$\overline{cd}$間移動），均衡價格與產量將維持在P^*與q^*，市場價格僵固在P^*，意謂邊際成本變動不大時，廠商不會輕易調整價格；反映跟跌不跟漲策略下，廠商間對彼此的價格具相互牽制力。

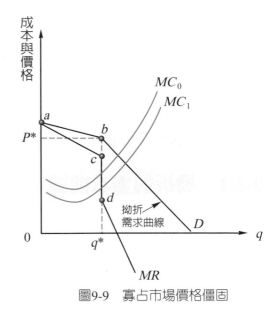

圖9-9　寡占市場價格僵固

9-2-2　寡占價格的決定

1. 平均成本加成訂價法

研究發現，寡占廠商實務上常採「平均成本加成」（*markup pricing*）方式訂價。即廠商在產量q_0時，平均成本為AC_0，廠商設定一利潤率r，並依式9-1訂定商品價格。

$$P＝AC_0×(1+r) \hspace{3cm} （式9-1）$$

r之高低與競爭程度有關，也與產品性質有關。民生必需品的加成數較低，奢侈品加成數較高，我國廠商最常用的加成數為15%[3]。

2. 價格領導模型

寡占市場中廠商互動性高，為避免各自訂價產生價格戰造成利潤減少，其他廠商跟隨一強力廠商（*dominant firm*）之訂價來訂定商品價格，稱為價格領導模型（*price leadership model*）。強力廠商之地位主要受市場佔有率、生產規模，或生產成本等因素影響，市場佔有率高、生產規模較大，或生產成本較低易使該廠商成為產業中的強力廠商。例如：國內證券金融業，復華證券在市場中享有先行者的優勢，而居於領導地位。

3　資料來源：陳正倉、林惠玲、陳忠榮、鄭秀玲合著，《個體經濟學理論與實務》，*P*452，2008年10月。

9-2-3　寡占市場廠商間的行為

1. 寡占廠商的競爭行為

　　廠商的競爭行為不外乎價格競爭與非價格競爭，目的是為追求較高的利潤，並阻礙伺機加入產業的廠商以確保其能享有長期的超額利潤。

（1）價格競爭

　　　　價格競爭或稱割頸式競爭（*cut-throat competition*），**指廠商間以削價為手段來獲取對手的市場**。國內3C通路的兩大龍頭，全國電子與燦坤3C常打出價格特惠，或電信業者的國際電話費率優惠，還是大型量販店業者們每年中元節祭出的超低價優惠等，都是常見的例子。

（2）非價格競爭

　　　　寡占廠商的惡性價格競爭行為讓消費者得利，卻使其收益大幅削減而利潤降低，除了價格競爭外，寡占廠商還可採以下常見的非價格競爭來確保其市場地位。

①　刊登廣告：廠商廣告的目的在提供產品資訊、打響產品知名度，或提升形象。可以發現，車商不僅在推出新車時廣告，也常刊登形象廣告，企圖以高額廣告費阻礙新廠商加入，使欲進入該產業的新廠商也要刊登廣告打響知名度，但並非所有新廠商都有能力負擔鉅額的廣告費，進而形成進入障礙。

②　提升品質：廠商藉由重視品質與提供多樣化商品，來提升產品在消費者心中的地位。如個人電腦處理器廠商不斷推出更高效能的 *CPU*、電視機業者推出新功能的平板電視，或筆記型電腦廠商針對不同的顧客設計不同效能與尺吋的產品等皆是。

③　提升服務：廠商提供高品質服務，促使消費者提高消費意願。例如：筆電大廠宏碁、華碩與 *HP* 等無不強調快速的售後服務。

小關鍵大重點 1

賽局理論

賽局理論（*game therom*）研究，始於策墨洛（*Zermelo*）、波雷爾（*Borel*）與馮紐曼（*von Neumann*），而後馮紐曼與摩根斯坦（*Morgenstern*）賦予賽局模型基礎，諾貝爾獎經濟學家奈許（*Nash*）證明理論的均衡存在，建立了賽局完整的理論基礎。

賽局理論原為應用數學理論，但被廣泛地應用在經濟學、政治學、生物學等領域。該理論係研究利害相衝突下之最適因應，藉由對他人的推測，尋求自身最大的利益，進而達到均衡。賽局理論最大的特色即為自身損益將受到對方決策影響，此與寡占廠商間決策相互牽制不謀而合，因此賽局理論也廣泛地應用在寡占市場的研究中。

2. 廠商勾結的行為

勾結（*collusion*）指廠商間藉聯合壟斷行為，避免劇烈競爭以提高利潤。寡占市場中廠商家數少容易形成勾結，勾結的情況按公開與否分為有形與無形的勾結。

（1）有形的勾結（*explicit collusion*）：即廠商間以公開協議，獲取高額利潤。如卡特爾（*Cartel*）、托拉斯（*Trust*）與辛迪克（*Syndicate*）等勾結的形態。

卡特爾（*Cartel*）係廠商間公開勾結形成一壟斷組織，企圖以一致的行動，控制市場價格與產量。全球最著名的卡特爾組織「石油輸出國組織[4]」（簡稱 *OPEC*），控制約全球三分之二的石油貯備，出口量佔全球產油量的四成，成員國在 *OPEC* 組織的運作下影響全球油品產量，以提高石油出口的利益。

4　*OPEC*最著名的聯合行為是在第一次石油危機（1973年至1974年），因1973年10月第四次中東戰爭爆發，*OPEC*為反制以色列與支持以色列的國家，宣佈石油禁運與暫停出口，造成油價上漲，原油價格從每桶不到3美元漲到13美元以上。1979年至1980年伊朗爆發伊斯蘭革命與後來爆發的兩伊戰爭（伊朗與伊拉克），原油產量銳減使得國際油市價格飆升，造成第二次石油危機。1990年爆發波灣戰爭，原油價格增加了近一倍即第三次石油危機。

托拉斯（*Trust*）係同一產業或在生產上有密切關係的產業，彼此勾結以壟斷產銷獲取高額利潤。例如：1948 年以前，美國派拉蒙電影公司與旗下的連鎖電影院控制了底特律各電影的首輪與二輪電影放映[5]。

辛迪克（*Syndicate*）指同產業中的廠商所建立的壟斷組織，以簽訂統一銷售與採購協定謀取高額利潤。辛迪克的成員在法律上及生產上雖彼此獨立，但是對外銷售上則失去自主性。

（2）無形的勾結（*non-explicit collusion*）：廠商間採非公開的勾結就稱無形的勾結。通常各國都會立法禁止勾結行為，因此，廠商間多採取非公開的勾結，如口頭約定或共同默契等，進一步影響市場產量與價格。例如：2006 年底，美國司法部針對亞洲的 *LCD* 面板廠商，涉嫌壟斷產品價格展開調查。

動動腦❷

（　　）1. 拗折的需求曲線是何種廠商獨有的現象？　(A)完全競爭廠商　(B)寡占廠商　(C)不完全競爭廠商　(D)獨占廠商

（　　）2. 史威吉認為寡占市場的廠商依存度高，形成以下何種訂價策略？　(A)價格領導制　(B)平均成本加成　(C)跟跌不跟漲　(D)跟漲不跟跌

（　　）3. 何者不是「非價格競爭」？　(A)加量不加價　(B)偶像代言　(C)24小時快速維修　(D)新產品推出快速

（　　）4. 生產上有密切關係的產業，相互勾結以壟斷產銷獲取高額利潤稱為　(A)卡特爾　(B)聯合控股　(C)辛迪克　(D)托拉斯

（　　）5. 同產業中的廠商，簽訂統一銷售與採購協定建立的壟斷組織，以謀取高額利潤稱為　(A)卡特爾　(B)聯合控股　(C)辛迪克　(D)托拉斯

---

5 1942年，美國獨立電影製片人協會，要求維護片廠制度中的小型、獨立電影業者的權利，控訴派拉蒙電影公司，向法院提出反托拉斯訴訟，直至1948年，美國最高法院作出決議，才終結了垂直壟斷系統。

9-3 不完全競爭市場的評論

1. 生產效率的觀點

　　獨占性競爭廠商長期均衡時處於 *LAC* 遞減階段而發生超額產能（*excess capacity*）[6]，形成資源浪費未達生產效率。圖9-10中 $q*$ 為最適生產規模產量，獨占性競爭廠商長期均衡產量為 q_0，$\overline{q*q^0}$ 即為超額產能。

　　當廠商的生產設備閒置時，就會有超額產能，如麥當勞有空桌、補習班有空座位等，皆表示獨占性競爭廠商產能未充分利用。由於**寡占廠商均衡時不一定處於 *LAC* 最低點生產，因此其不一定有超額產能，也未必能達到生產效率。**

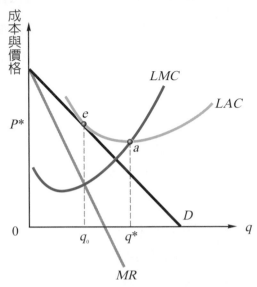

圖9-10　獨占性競爭廠商存在超額產能

2. 資源配置的觀點

　　獨占性競爭與寡占市場長期均衡時 $P > MR = MC$，表示社會資源未達配置效率（$P = MC$時）。

3. 產品多樣化與創新

　　不完全競爭市場中，廠商競爭激烈，藉由創新與多樣化提高產品差異，以提升競爭能力，產品種類與創新速度皆優於其他市場。例如：手機廠商一年四季都推出新款手機。

4. 廠商的廣告行為

　　相較於完全競爭與獨占廠商，不完全競爭廠商較常以廣告的非價格競爭方式形成產品區隔，達到提高競爭能力的目的。

6　超額產能係指廠商長期均衡產量與最適生產規模產量（*LAC* 最低點生產的產量）之差額。廠商有超額產能時，反映廠商可藉增產來降低平均生產成本。

9-4　公平交易法[7]

1. 公平交易法立法背景

　　過去我國因經濟急速發展，社會結構快速轉變，原有的經濟制度與規範，逐漸不適合當時經濟、社會環境需要，為配合經濟自由化、國際化以及制度化政策，急需建立一足為企業自由競爭的環境，與訂定一套公平合理的競爭規則，而促成公平交易法之立法，並由「行政院公平交易委員會」執行該法。

2. 公平交易法立法宗旨與內容

　　公平交易法主要針對「反托拉斯[8]行為」與「不公平競爭行為」進行規範，以維護交易秩序與消費者利益，確保公平競爭，促進經濟之安定與繁榮之立法宗旨。反托拉斯行為係對廠商之獨占、結合與聯合行為做出禁止與許可的規範；而不公平競爭行為則規範妨礙公平競爭、仿冒表徵或商標、虛偽不實等涉及欺罔或顯失公平的行為。公平交易委員會對於市場中違反公平交易法，危害公共利益之情事，得依檢舉或職權調查處理，並對違法之企業處以罰鍰，或令其停止、改正其行為或採取必要更正措施；情節重大者，並得命令解散、停止營業或勒令歇業。

動動腦❸

(　　) 1. 以下敘述何者正確？　(A)寡占廠商具生產效率　(B)寡占廠商資源未達配置效率　(C)不完全競爭廠商較不常以非價格競爭方式提高利潤　(D)寡占廠商決策互相牽制，彼此競爭不激烈

(　　) 2. 有關公平交易法之敘述，何者正確？　(A)1992年02月04日頒布「公平交易法」　(B)消基會是公平交易法之執法機關　(C)針對「反托拉斯行為」與「不公平競爭行為」進行規範　(D)不公平競爭行為係對廠商之獨占、結合與聯合行為做出禁止與許可的規範

7　資料來源：行政院公平交易委員會，網址 *http://www.ftc.gov.tw/internet/main/index.aspx*
8　反托拉斯（*Antitrust*）指反獨占（壟斷）的行為。

重點回顧

1. 獨占性競爭廠商的特色：（1）價格決定者。（2）需求彈性較獨占廠商大。

2. 獨占性競爭廠商短期依$MR=MC$同時決定最大利潤產出與均衡價格，則其利潤情況有：（1）$P \geq AC$，廠商有經濟利潤。

    （2）$P=AC$，廠商只有正常利潤。

    （3）$P<AC$，廠商發生虧損。

3. 獨占性競爭廠商短期雖有虧損，只要$P>AVC$，廠商仍應繼續生產。

4. 長期均衡時獨占性競爭廠商與完全競爭廠商一樣只能賺得正常利潤，但完全競爭廠商處於LAC線最低點生產，而獨占性競爭廠商則是處於LAC線遞減階段生產。

5. 獨占性競爭廠商長期均衡之狀態：

    （1）$MR=SMC=LMC$同時決定均衡產量q^*與均衡價格P^*。

    （2）$P=AR=LAC=SAC$，SAC與LAC於遞減處與需求曲線相切於一點。

6. 史威吉（Sweezy）提出拗折的需求曲線（*kinked demand curve*），說明寡占市場價格相當穩定，有價格僵固（*price rigidity*）的現象。

7. 當寡占廠商的邊際成本通過邊際收入缺口時，市場價格僵固。意謂邊際成本變動不大時，廠商不會輕易調整價格；反映跟跌不跟漲策略下，廠商間對彼此的價格具相互牽制力。

8. 寡占價格的決定：（1）平均成本加成訂價法：$P=AC_0 \times (1+r)$。（2）價格領導制度：領導廠商（*price leadership*）訂定價格，其他廠商跟隨此價格訂價。

9. 寡占市場中，廠商的市場占有率較高、規模較大、地位高，或生產成本較低時，容易使該廠商成為產業中的價格領導廠商

10. 廠商勾結行為有（1）有形的勾結（*explicit collusion*）：即廠商間藉由公開協議，獲取高額利潤。廠商勾結的形態有卡特爾（*Cartel*）、托拉斯（*Trust*）與辛迪克（*Syndicate*）。（2）無形的勾結（*non-explicit collusion*）：廠商間採非公開的勾結就稱無形的勾結，例如：口頭約定或共同默契。

11. 獨占性競爭廠商長期均衡時有超額產能，反映廠商產能未充分利用，發生資源浪費。例如：麥當勞有空桌、補習班有空座位等。

12. 獨占性競爭與寡占市場長期均衡時$P>MR=MC$，故不完全競爭市場不具配置效率（$P=MC$時社會資源達配置效率）。

13. 不完全競爭市場中，商品的種類與創新速度表現優於其他市場，廠商藉由創新與多樣化提高產品差異，以提升競爭能力。

14. 不完全競爭廠商較常以廣告的非價格競爭方式形成產品區隔，達到提高競爭能力的目的。

15. 行政院公平交易委員會執行公平交易法，規範廠商的勾結與不公平競爭行為。

自我挑戰

一、選擇題

( ) 1. 有關不完全競爭市場的敘述，何者錯誤？ (A)產品異質使不完全競爭廠商為價格決定者 (B)不完全競爭廠商的需求彈性大於獨占廠商的需曲彈性 (C)薩繆森稱秦伯霖的《壟斷競爭理論》與羅賓遜夫人的《不完全競爭經濟學》兩書帶來「壟斷競爭的革命」 (D)豆漿店面對一較陡的需求曲線 【9-1】

( ) 2. 獨占性競爭廠商的短期均衡決策與以下何廠商相似？ (A)完全競爭廠商 (B)寡占廠商 (C)獨占廠商 (D)自然獨占廠商 【9-1】

( ) 3. 獨占性競爭廠商面對的需求曲線即為 (A)平均收入曲線 (B)邊際收入曲線 (C)邊際成本曲線 (D)平均成本曲線 【9-1-1】

( ) 4. 獨占性競爭廠商短期時MR＝30、MC＝35，則廠商應 (A)歇業 (B)增加要素投入 (C)增加產量 (D)減少產量 【9-1-1】

( ) 5. 獨占性競爭廠商短期均衡，虧損仍應繼續生產的條件為 (A)P＝AR＞AFC (B)P＝AR＞AVC (C)P＝AR＝MC (D)MR＝MC，P＞MR 【9-1-1】

( ) 6. 獨占性競爭廠商長期只有正常利潤，是因為 (A)廠商可自由進出市場 (B)產品異質 (C)廠商為價格決定者 (D)資訊不完全流通 【9-1-2】

( ) 7. 獨占性競爭廠商長期均衡，MR與MC相交於 (A)LAC與SAC遞減階段 (B)LAC遞減與SAC最低點 (C)LAC與SAC最低點 (D)LAC與SAC遞增階段 【9-1-2】

( ) 8. 何種產業易形成寡占市場？ (A)廠商競爭力高 (B)市場規模小 (C)生產成本低 (D)技術密集或資本密集 【9-2】

( ) 9. 拗折的需求曲線說明了寡占廠商的何種行為？ (A)勾結 (B)非價格競爭 (C)價格協議 (D)跟跌不跟漲 【9-2】

( ) 10. Sweezy於1939年指出寡占廠商的需求曲線為以下何者？ 【9-2】

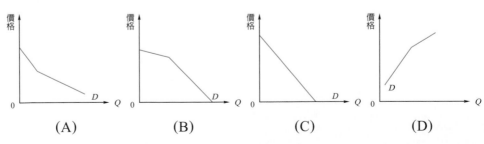

( ) 11. 寡占廠商位於邊際收入缺口生產時，則 (A)邊際成本一變動，廠商就調整商品價格 (B)價格恰決定於需求曲線較平坦處 (C)商品價格僵固、產量相當穩定 (D)價格恰決定於需求曲線較陡處 【9-2】

( ) 12. 有關寡占廠商之訂價何者錯誤？ (A)拗折的需求曲線未說明一開始之價格決定為此模型受批評之處 (B)實務上寡占廠商多採平均成本加成訂價法 (C)生產成本較高之廠商較易成為市場中的領導廠商 (D)平均成本加成訂價之公式為P＝AC×（1＋r） 【9-2-2】

( ) 13. 寡占市場中，一廠商訂價後其他廠商跟隨其訂價來訂定價格即 (A)價格跟隨制 (B)價格領導制 (C)平均成本訂價法 (D)平均成本加成訂價法 【9-2-2】

( ) 14. 何者非寡占廠商的「非價格競爭」行為？ (A)獨家代理 (B)24小時服務不打烊 (C)偶像代言 (D)買二送一 【9-2-3】

( ) 15. 廠商間公開勾結形成一壟斷組織，以一致行動控制市場價格稱為 (A)托拉斯 (B)卡特爾 (C)辛迪克 (D)控股公司 【9-2-3】

( ) 16. 同一產業或生產上有密切關係的產業彼此勾結、壟斷產銷獲取高額利潤者稱為 (A)控股公司 (B)托拉斯 (C)辛迪克 (D)卡特爾 【9-2-3】

( ) 17. 有關獨占性競爭廠商之評價，何者錯誤？ (A)長期產能充分發揮，無超額產能 (B)社會資源未達配置效率 (C)長期均衡之市場價格高於完全競爭市場之價格 (D)長期均衡產量低於完全競爭市場之產量 【9-3】

( ) 18. 有關寡占廠商之評價，何者錯誤？ (A)財富集中在少數廠商手中 (B)非在LAC最低點生產，形成資源浪費 (C)均衡時社會福利最大 (D)資本雄厚且市場競爭激烈，推動技術創新 【9-3】

( ) 19. 我國政府為提供企業自由競爭之環境，以下敘述何者錯誤？ (A)1990年頒佈公平交易法 (B)行政院公平交易委員會為執行公平交易法之單位 (C)公平交易法主要規範反托拉斯行為及不公平競爭行為 (D)企業若違反公平交易法，可以處以罰鍰；情節重大者得命令其解散 【9-3】

( ) 20. 公平交易法規範的反托拉斯行為，何者錯誤？ (A)獨占行為 (B)結合行為 (C)不當多層次傳銷 (D)聯合行為 【9-3】

memo

10 分配理論

經歷東歐革命的各國[1]每人平均GDP均低於民主國家[2],「各取所需」的共產主義經濟制度,或「各取等份」的齊頭式平等下,人們喪失了辛勤工作與進取心,導致經濟缺乏效率,形成均貧現象,十多年過去,這些國家的每人平均GDP仍無法到達民主國家的水準。隨著這些國家民主化後,市場逐漸開放,每人平均GDP的成長率相當驚人,1992-2005年間經濟成長率以超過80%的速度成長,遠高於民主國家的經濟成長率,僅管存在所得分配不均的問題,但比起過去,生活也獲得了大幅的改善。

本章關於分配理論的介紹,建構在市場經濟或混合經濟制度之下,上述各國的經濟成長反映了人們「各盡所能,各取所值」,生產成果依個人或家戶貢獻分配,鼓舞所有生產要素發揮效率,不僅帶動社會進步也創造了均富的社會。

---

1 匈牙利、德國(東德)、捷克、斯洛文尼亞、波蘭、保加利亞、拉脫維亞、斯洛伐克。
2 指澳洲、德國(西德)、英國、美國、奧地利、荷蘭、瑞典、法國、瑞士、丹麥、挪威、加拿大、紐西蘭、日本等國。

本章綱要

1. 所得分配的意義與分配的種類。
2. 所得分配不均度的測量。
3. 所得分配與社會福利。
4. 生產要素需求的特性及其決定因素。
5. 生產要素分配理論。

10-1 所得分配的基本概念

所得分配涉及一國的貧富差距與社會公平，深受各國政府重視，也是近年來的熱門議題，本章從分配的意義與所得分配的種類談起，再介紹三種常見所得分配不均度的測量指標，有助於讀者瞭解所得分配的概念。

10-1-1 分配的意義

從統計學的觀點來看，敘述資料的分佈狀態或情況即稱分配（*distribution*）。所得分配（*income distribution*）即所得分佈的狀態。分析所得資料分配的狀態有助於瞭解一社會的貧富差距與所得不均之變化。

10-1-2 所得分配的種類

所得分配可由功能性所得分配與個人所得分配兩種觀點來探討。

1. 功能性所得分配

要素之所得係按要素在生產活動中發揮的功能大小（對生產的貢獻）為依據，故以「功能性」稱之。**廠商僱用土地、勞動、資本與企業家精神等生產要素投入生產活動，並依其貢獻，將產出銷售之所得以地租、工資、利息與利潤等方式支付給各生產要素，稱為功能性所得。**其中，地租是租用土地的代價、工資則是僱用勞動的代價、利息是廠商使用資本的代價，廠商經營該企業所投注的企業家精神則可獲得利潤。

功能性所得分配是以生產要素為單位，探討各生產要素的所得分配情形。我國受僱人員報酬占所得總額的比例穩定的維持在50%以上，但有逐漸下降的趨勢，說明勞動在生產活動中具高度貢獻，但重要性則逐漸下降。

2. 個人所得分配

　　家計部門擁有土地、勞動、資本與企業精神等生產要素，廠商將經濟活動成果分配給各生產要素的部份即為家計部門的所得收入來源。換言之，**個人所得即家計部門提供生產要素投入生產活動，並從中獲取之所得。個人所得分配則是以家戶為單位，探討個人或家戶的所得分配情形。**

　　個人所得依來源不同可分成勞動所得與非勞動所得：

1. 勞動所得：來自勞動獲得的收入。勞動所得差異受勞力素質或工作內容影響。例如：具備專門知識的律師、醫師與會計師，或當紅高科技產業工作者，亦或高危險工作者（如空姐、消防員）之工作薪資皆較高。

2. 非勞動所得：來自非勞動獲得的收入。例如：家計部門借出資本賺得利息或租賃土地賺取地租。每個人因財富累積的方式不同，形成非勞動所得的差異，進一步使個人所得分配產生差異。

　　每一個家計單位擁有的生產要素數量與品質皆不一樣，是造成家計部門所得差異的原因，進而產生了貧富差距現象。例如：家計單位的教育水準高、技能優越或資本雄厚等則可獲得較高的所得，形成家計部門所得差異，進而產生了貧富差距現象。

10-2　所得分配不均度的測量

　　所得分配不均度係指貧富差距或所得集中的情形，也就是在分析個人所得分配不均的程度。洛侖士曲線、吉尼係數、最高與最低所得差距的倍數是三種客觀的所得分配不均度測量指標。

10-2-1　洛侖士曲線

　　美國統計學家洛侖士（*Lorenz*），**以「家戶數累積百分比」及其對應之「所得累積百分比」繪製的曲線來表示家戶所得分配情形，稱為洛侖士曲線（*Lorenz curve*）。**繪製洛侖士曲線前須先將家戶數依所得由低至高排序，再將累積的家戶數平分為數組（一般分為五等分[1]，組數愈多，繪出的曲線愈精細），根據表

1　行政院主計處提供的資料除較常見的五等分位，另外也有十等分位的資料。五等分位的分組下，每等分位皆佔20%。

10-2我國2009年家戶所得按戶數五等分位之所得分配情形，可得2009年臺灣的洛侖士曲線（圖10-1橙色線條）。

表10-2　2009年我國家戶所得按戶數五等分位之分配情形

家庭戶數五等分	所得分配比	所得累積百分比	家戶數累積百分比	所得絕對平均累積百分比	所得絕對不平均累積百分比
最低所得組20%	6.36	6.36	20	20	0
次低所得組20%	12.27	18.63	40	40	0
中間所得組20%	17.39	36.02	60	60	0
次高所得組20%	23.64	59.66	80	80	0
最高所得組20%	40.34	100.00	100	100	100

圖10-1中，對角線$\overline{0E}$為所得分配絕對平均線，線上每一點皆表示家戶數累積百分比等於所得累積百分比，如F點，累計60%的家戶，其所得占全國所得的60%。L型的$\overline{0GE}$為所得分配絕對不平均線，表示全部所得皆集中在一個家戶手中[2]，這兩種極端的分配狀態在現實的社會中並不存在。

當洛侖士曲線愈靠近絕對平均線，表示該國之所得分配愈平均（圖10-2，A國）；若洛侖士曲線愈

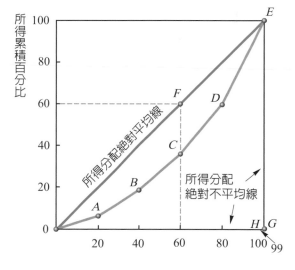

圖10-1　2009年我國之洛侖士曲線

靠近絕對不平均線，則表示該國之所得分配愈不平均（圖10-2，B國）。運用洛侖士曲線判斷所得不均度並非相當地精確，圖10-3中，C國與D國的洛侖士曲線相交，就無法判斷何者所得分配較平均。

2　圖10-1中，若一社會只有100個家戶，H點表示99個家戶的所得都為零，直到第100個（G點）家戶，其擁有全部的所得（E點），故所得分絕對不平均線呈L型。

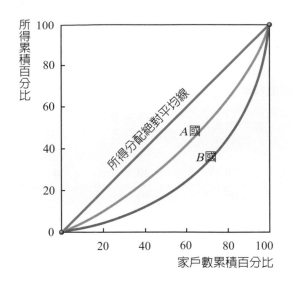

圖10-2 A國所得分配較B國平均

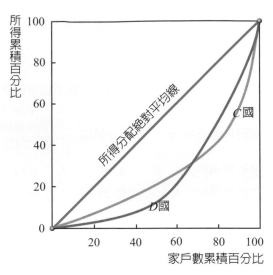

圖10-3 無法比較C、D兩國所得分配不均度

10-2-2 吉尼係數

吉尼係數（*Gini's coefficient*）是「洛侖士曲線與所得分配絕對平均線所夾的半月形面積」占「所得分配絕對平均線以下三角形面積」之比例（式10-1）。吉尼係數愈接近1，表示洛侖士曲線愈接近所得分配絕對不平均線，該國所得分配愈不平均，反之，若吉尼係數愈接近0，則表示洛侖士曲線愈接近所得分配絕對平均線，該國所得分配愈平均。

$$G = \frac{A}{A+B}$$

（式10-1）

G：表吉尼係數

A：洛侖士曲線與所得分配絕對平均線所夾的半月形面積

B：洛侖士曲線以下三角形面積

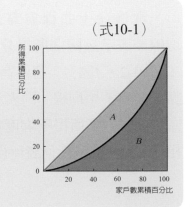

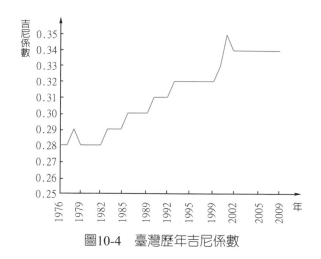

圖10-4　臺灣歷年吉尼係數

　　圖10-4中，我國歷年之吉尼係數，自1976年的0.28到2009年的0.34，呈現臺灣所得分配的不均程度有逐漸惡化的現象。

10-2-3　最高與最低所得差距的倍數

　　最高與最低所得差距倍數即是將最高所得組的所得百分比除以最低所得組的所得百分比[3]（式10-2）。**最高與最低所得差距倍數愈大表示該國所得分配愈不平均，反之愈平均。**

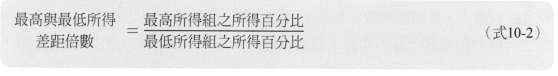

$$\frac{\text{最高與最低所得}}{\text{差距倍數}} = \frac{\text{最高所得組之所得百分比}}{\text{最低所得組之所得百分比}} \quad （式10\text{-}2）$$

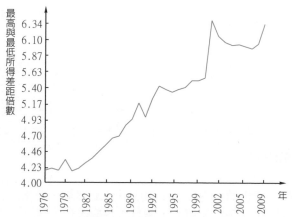

圖10-5　臺灣歷年最高與最低所得差距倍數

3　若所得分配資料為五等分位組時，只要將後20%的最高所得組之所得累積百分比除以前20%最低所得組之所得累積百分比，就是最高與最低所得差距倍數。

圖10-5中，我國歷年最高與最低所得差距倍數，從1976年的4.18倍到2009年的6.34倍，也反映我國所得不均度有逐漸惡化趨勢。

實力加強❶ 1980年後我國貧富差距擴大之原因

臺灣大學社會工作學系林萬億教授研究指出，臺灣先後受工業化與全球化的影響，貧富差距在1980年以後逐漸上升，1980年代中，臺灣已邁入後工業社會，從事服務業的勞動力人口已超過製造業，進入以服務業為主的經濟型態。

由於服務部門生產力不及工業部門（主因在於服務業的勞力密集性高），加上商業部門的薪資提高，不可避免地對經濟成長與就業產生負效果。都市地區的服務業發達，金融、保險、百貨、行銷、餐飲、旅遊、人事服務等普及，就業機會多，薪資也較高；鄉村地區不但失業率高、所得也降低，服務業的擴張，不只擴大臺灣的貧富差距，也擴大了城鄉差距。

10-3　所得分配與社會福利

經濟效率與經濟公平是影響社會福利的二個主要因素。在市場完全競爭下，市場機能充分運作，生產者剩餘與消費者剩餘的總和達到最大，表示社會福利也達到最大，此時經濟效率最高。但是市場中的所得分配是否具公平性？自功能性所得分配可知，當生產要素能依貢獻（邊際生產力）大小來獲取報酬[4]時，生產成果似乎能「公平地」分配給各生產要素持有者，進一步激勵生產要素投入生產，但是每一家計部門所持有的生產要素與資本皆不同，使家計部門財富累積產生差異，而發生了貧富不均。

即便一市場（如完全競爭市場）同時滿足了經濟效率與經濟公平，但仍有市場機能無法解決的所得不均問題存在，因此政府的租稅政策、社會福利政策與就業政策對於縮小貧富差距就產生了舉足輕重的影響。一般而言，政府可採三種政策縮小貧富差距[5]：

4　「各取所值」的分配方式也稱為邊際生產力所得分配理論，要素所得決定於要素的邊際生產力。所得分配方式除了「各取所值」，還有「各取等份」與「各取所需」，後兩者看似公平，但卻使要素持有者之所得必須與非要素持有者共享，最後將無人願意付出努力，反而造成均貧的現象。

5　資料來源：林萬億，「台灣是 M 型社會嗎？」，《愛心世界季刊》，2008春季號004期。

（1）財稅政策：例如政府對有工作收入的低所得家庭，於報所得稅時，不但不課稅，反而給予補貼，以協助低收入之工作家庭脫離貧困，這種鼓勵就業的「負所得稅」制度，又稱勞動退稅補貼（*earned Income tax credit, EITC*），在美國已行之多年，頗有成效。當前我國的現況，政府為提升產業在全球經濟市場中的競爭力，採取稅制優惠以提供良好的投資環境，是導致國家財政危機的原因之一，除非進行稅制改革，提高富人稅，否則以稅收作為縮小貧富差距的效果並不顯著。

（2）社會福利政策：如教育補助、失業與醫療保險、老農津貼、低收入生活補助等方案。我國2006年平均來自各級政府提供給最低所得家戶組的社會福利移轉收入，遠高於最高所得家戶組，所得差距因而縮小1.3倍，但是我國社會福利效果受經濟成長遲緩影響，已難再擴張太多。

（3）就業政策：我國2006年男性勞動參與率為67.35%，女性只有48.68%，兩者都偏低，儘管如此，1995年以來，以社會福利及就業方案作為縮小貧富差距的效果比財稅政策的效果佳，未來提升就業率及改善勞動力的質與量等將有助於改善所得分配不均的情形。

動動腦❶

（　　）1. 所得分配的種類有哪兩種？　(A)要素所得分配與個人所得分配　(B)生產所得分配與銷售所得分配　(C)功能性所得分配與個人所得分配　(D)實質所得分配與個人所得分配

（　　）2. 有關功能性所得分配之敘述，何者錯誤？　(A)以家戶為單位，探討家計部門所得分配情形　(B)以生產要素為單位，探討生產要所得分配情形　(C)地租是租用土地的報酬　(D)企業家精神之報酬是利潤

（　　）3. 勞動所得的差異主要是受何因素影響？　(A)個人擁有的資本大小　(B)勞力素質與工作內容　(C)財富多寡　(D)其他生產要素的生產力大小

（　　）4. 何者非所得分配不均度的衡量指標？　(A)洛侖士曲線　(B)吉尼係數　(C)恩格爾係數　(D)最高與最低所得差距倍數

5. 請根據右下表資料，繪製A、B兩國之洛侖士曲線。何國的所得分配較平均_____。

A國所得分配資料

家戶累積 百分比	最低所得組 （20%）	次低所得組 （20%）	中間所得組 （20%）	次高所得組 （20%）	最高所得組 （20%）
所得 分配比	10%	20%	25%	20%	25%

B國所得分配資料

家戶累積 百分比	最低所得組 （20%）	次低所得組 （20%）	中間所得組 （20%）	次高所得組 （20%）	最高所得組 （20%）
所得分配比	5%	10%	20%	28%	37%

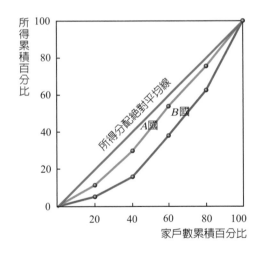

10-4　生產要素需求的特性及其決定因素

　　經濟活動的循環（圖10-6），說明了商品市場中，廠商生產商品為商品市場的供給者，家計部門則是商品市場中的需求者；商品市場透過供需均衡決定了商品的均衡價格與數量，此時家計部門付款消費取得商品以獲得滿足，廠商則因銷售商品而獲得收入。

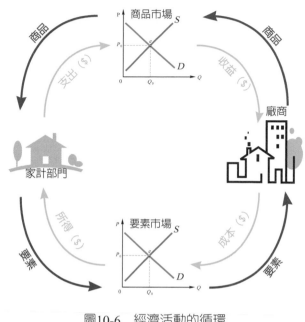

圖10-6　經濟活動的循環

　　要素市場中，家計部門擁有生產要素[6]是要素供給者；廠商為了生產商品對生產要素產生需求，為要素需求者；要素市場透過供需均衡決定了生產要素的均衡僱用價格與數量，此時廠商須承擔使用要素的成本，家計部門則獲得要素投入生產的報酬（所得）。要素市場的供給與需求是本節的重點課題，有關商品市場供需均衡詳見本書第二章介紹。

表10-3　商品與要素市場的供給者與需求者

	商品市場	生產要素市場
需求者	家計部門（商品需求者）	廠商（要素需求者）
供給者	廠商（商品供給者）	家計部門（要素供給者）

10-4-1　生產要素需求的特性

　　要素市場與商品市場的均衡分析相同，但廠商對要素的需求具有以下三種特性：

6　經濟學中假設生產要素是由家計部門所持有，即便現實社會中廠商持有資本，但股權仍為家計部門所擁有，因此資本的實際持有者仍為家計部門。

1. **要素需求為引申需求**：廠商為生產商品進而引申出對生產要素的需求，故廠商的要素需求屬於「引申需求」(derived demand) 或稱「間接需求」(indirect demand)。例如：春天速食餐廳為生產三明治套餐，而僱用員工、承租店面……等。

2. **要素需求是聯合需求**：生產過程中廠商須同時投入多種要素才能產出商品，無法以單一生產要素來生產，故廠商對要素的需求是「聯合需求」。例如：春天速食餐廳若僅僱用員工仍無法生產三明治套餐，還須投入機器設備與原料，才能提供美味的三明治給消費者。

3. **要素間具替代性**：雖然廠商須同時聯合多種要素才能生產，但各要素的使用具有一定程度的替代關係。例如：工資高漲時，廠商可多投入資本（機器設備）來取代勞動需求，運用要素間的替代關係，在要素價格改變時，適當的選擇要素組合，達到生產成本最低、利潤最大的目標。

10-4-2　生產要素需求的決定因素

廠商對於要素需求的多寡主要取決於下列因素：

1. **最終商品的需求多寡**：日常生活中可以發現，景氣回春時，消費者對最終商品的需求大增，推升了商品市場價格，使廠商增加商品供給量，同時也刺激廠商擴充資本設備及增加勞動需求，進而增加對各種要素的需求。故商品市場需求增加，廠商會增加要素需求，反之則減少。

2. **要素生產力的大小**：要素生產力係指「要素的邊際產量（MP）」。要素的邊際產量愈大，反映要素對生產的貢獻愈大，則要素需求增加，反之要素需求減少。例如：勞動的技術進步有助於勞動的邊際生產力提升，連帶地勞動需求也會增加。

3. **相關要素價格的高低**：由於要素間具有一定程度的替代關係，使得相關要素價格變動也會影響一要素的需求。例如：台幣升值導致進口設備變便宜，廠商就會願意增購設備以減少勞動僱用，使勞動需求減少。

動動腦❷

1. 廠商為生產商品進而對生產要素產生需求，則廠商對要素有_____。

2. 生產過程中廠商須同時投入多種要素才能產出商品，則廠商對要素有_____。

3. 工資高漲時，廠商可多投入資本（機器設備）來取代勞動需求，稱要素間有_____。

4. 請根據影響因素，說明廠商對要素需求的調整？
    （1）耶誕節前夕聖誕紅需求增加，花農對勞動的需求_____。
    （2）廠商引進新機器使產能大幅提升，廠商對勞動的需求_____。
    （3）工資率節節攀升，廠商對資本的需求_____。

5. 請在經濟循環圖中，填入正確的內容。

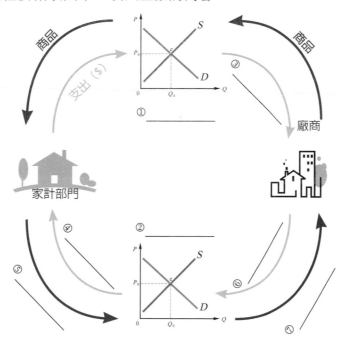

10-5　生產要素分配理論[7]

　　本書4-3節曾討論生產函數[8]及TP、AP與MP之關係，本章將進一步介紹要素與廠商收益間之關係，並說明廠商如何選擇要素投入與最適生產要素分配所呈現的特徵。

7　為方便學習，10-5節中皆假設「要素市場」與「商品市場」為完全競爭市場。

8　以數學函數表示要素投入與產出之關係，稱為生產函數。

10-5-1　生產要素的邊際生產力

邊際生產收益（*marginal revenue of product*，*MRP*）表示廠商每變動一單位生產要素僱用量，所引起產品總收入的變動量，也就是邊際收入與邊際產量的乘積（式10-3）。

$$MRP_x = \frac{\Delta TR}{\Delta x} = \frac{\Delta TR}{\Delta Q} \times \frac{\Delta Q}{\Delta x} = MR \times MP_x \qquad （式10-3）$$

MRP_x：x生產要素的邊際生產收益

x：生產要素x的數量　　　　　　　　Q：商品產量

$\triangle x$：生產要素x的變動量　　　　　$\triangle Q$：商品產量的變動量

MP_x：生產要素x的邊際產量　　　　　MR：邊際收入

表10-4中，清楚描繪了春天速食餐廳僱用各單位勞動，及勞動與其對應產量間的關係，透過式10-3可得勞動邊際生產收益MRP_L。根據表10-4，繪製圖10-7春天速食餐廳的勞動邊際生產收益曲線與邊際產量，可知MP_L與MRP_L呈相同的趨勢。

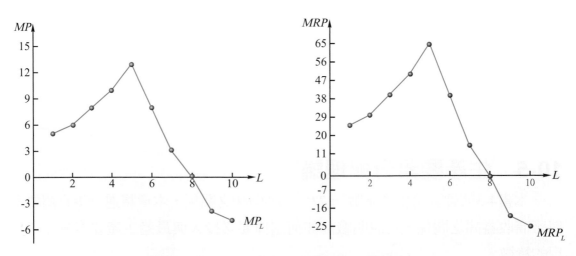

圖10-7　春天速食餐廳的勞動邊際生產收益曲線

表10-4　春天速食餐廳的邊際生產收益

勞動 （L）	總產量 （TP_L）	邊際產量 （MP_L）	商品價格 （P）	總收入 （TR）	邊際收入 （MR）	勞動邊際生產收益 （$MRP_L = MP_L \times MR$）
1	5	5	5	25	5	25
2	11	6	5	55	5	30
3	19	8	5	95	5	40
4	29	10	5	145	5	50
5	42	13	5	210	5	65
6	50	8	5	250	5	40
7	53	3	5	265	5	15
8	53	0	5	265	5	0
9	49	-4	5	245	5	-20
10	44	-5	5	220	5	-25

　　邊際產值（*value of marginal product*，*VMP*）係指商品市場價格與邊際產量的乘積（式10-4），表示多僱用一單位要素，所增加產量的市場價值；換句話說，就是廠商多僱用一單位要素，引起產量增加，而產量增加的市場價值即為*VMP*。

　　商品市場為完全競爭時，廠商的邊際收益等於市場價格（$MR=P$），則$MRP_x=VMP_x$。

$$VMP_x = P \times MP_x \hspace{3cm} （式10-4）$$

MRP$_x$與VMP$_x$的關係

　　只有商品市場完全競爭時，*MRP$_x$*與*VMP$_x$*兩者才相等，若商品市場為不完全競爭時，市場價格將大於邊際收益，則*VMP$_x$*一定大於*MRP$_x$*。

表10-5　*MRPx*與*VMPx*的關係

商品市場 要素邊際生產力	完全競爭市場 （$P = MR$）	不完全競爭市場 （$P > MR$）
MRP_x	$P \times MP_x$	$MR \times MP_x$
VMP_x	$P \times MP_x$	$P \times MP_x$
兩者的大小	$VMP_x = MRP_x$	$VMP_x > MRP_x$

小關鍵大重點 1

10-5-2 邊際生產力理論

邊際生產力理論[9]說明了「要素需求與要素邊際生產力如何被決定」，首先假設「商品與要素市場皆為完全競爭市場，商品價格與工資率分別為P與P_L」、「邊際報酬遞減法則成立，即MP_L呈現遞減」，以簡化分析使讀者更容易瞭解廠商如何決定利潤最大時之要素僱用量。

圖10-8中，要素市場為一完全競爭市場時，生產要素價格決定於要素市場供需均衡，廠商只是要素價格的接受者，其將面對一平行橫軸的要素供給曲線（S_L）且高度為工資率 P_L^*，意謂不管廠商僱用幾單位的勞動，只要多僱用一單位勞動，都支付固定的工資率。廠商多僱用一單位勞動所增加的收益（MRP_L）即為廠商獲得的好處，但其必須支付僱用這一單位勞動的工資，工資率P_L就是使用生產要素的代價。

廠商僱用要素的好處大於代價時（$MRP_L > P_L$，a點），表示多僱用勞動可增加廠商利潤，自然願意增加勞動僱用量。反之（$MRP_L < P_L$，b點），表示減少僱用一單位勞動可增加廠商利潤，廠商將減少勞動僱用量直到$MRP_L = P_L$。當$MRP_L = P_L$時，廠商達到利潤最大的最適勞動僱用量L^*（e點）。故$MRP_L = P_L$時，廠商同時決定了要素的需求量及要素的邊際生產力。

圖10-9中，在不同工資率下（P_1、P_2、P_3），廠商根據$MRP_L = P_L$決定其利潤最大之最適勞動僱用量（L_1、L_2、

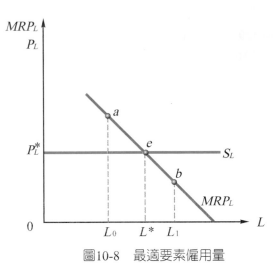

圖10-8　最適要素僱用量

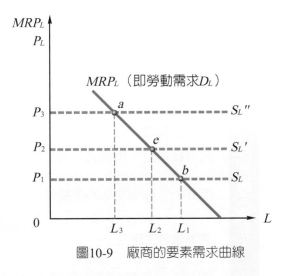

圖10-9　廠商的要素需求曲線

---

9 邊際生產力理論常以勞動市場為討論對象，理論中所指的要素為土地、勞動、資本，但不適用於探討企業家精神的報酬——利潤。

L_3），勞動需求量與工資率呈一對一之關係，可知**負斜率的要素邊際生產收益曲線即為廠商的要素需求曲線**，值得注意的是，廠商此時必然是處於合理生產階段。

實力加強❷ MRP_L與勞動需求曲線

商品市場與勞動市場皆為完全競爭，已知商品價格$P=2$、工資率$P_L=4$，勞動的邊際產量為$MP_L=5-L$，試求（1）MRP_L（2）勞動需求曲線L^d（3）工資率為4時的勞動需求量

解答

（1）商品市場為完全競爭時，則$MRP_L=P \times MP_L$，

$$MRP_L = 2 \times (5-L)$$

$$MRP_L = 10-2L$$

（2）勞動需求曲線

根據邊際生產力理論$MRP_L=P_L$，決定廠商利潤最大之最適要素需求

$$10-2L = P_L$$

$$L = \frac{10-P_L}{2}$$

（3）工資率4時之最適勞動需求量

已知勞動需求曲線為$L = \frac{10-P_L}{2}$，將4帶入P_L

$$L = \frac{10-4}{2}$$

$$L^* = 3$$

實力加強❸ 邊際生產力理論的發展

邊際生產力理論的起源已不可考，有學者認為此理論可追溯到屠能（*Thunen*）於1826年的著作《孤立國》、隆菲德（*Longfield*）的《政治經濟學講義》及亨利喬治（*Henry George*）的《進步與貧窮》等著作。克拉克在其重要著作《財富的分配》中，再三推崇亨利喬治，同時摘述其理論：「亨利喬治以一個人耕種無地租土地所創造之生產物來決定工資」。1880至1890年代，發展邊際生產力概念者並非只有克拉克一人，其他如耶逢斯（*Jevons*）、威克斯帝（*Wicksteed*）、馬歇爾（*Marshall*）、伍德（*Wood*）、華拉斯（*Walras*）及貝洛尼（*Barone*）等學者，皆有相當之貢獻，只是見解存在或多或少的差異。

10-5-3　邊際生產力均等法則

當廠商追求利潤最大時，必須使成本最小，也就是在任一產量水準下，廠商須以成本最低的要素組合來生產。邊際生產力均等法則即為廠商在一定產量下，使總成本最小的要素僱用準則。

邊際生產力均等法則在說明，廠商僱用多種生產要素從事生產，為使一定產量下的生產成本最低，其在一生產要素上支出的最後一元所得到的邊際產量，必須等於在其他生產要素上支出的最後一元所得到的邊際產量（式10-5）。要素僱用滿足邊際生產力均等法則，反映廠商對各要素的使用最經濟，且廠商的總成本最小[10]。

$$\frac{MP_1}{P_1} = \frac{MP_2}{P_2} = \frac{MP_3}{P_3} = \cdots\cdots = \frac{MP_N}{P_N} = \frac{1}{MC} \qquad （式10-5）$$

MP_N：表示第N種生產要素的邊際產量

P_N：表示第N種生產要素價格

10　$\frac{MP_1}{P_1} = \cdots = \frac{MP_N}{P_N}$ ，其中 $\frac{MP_i}{P_i}$ 表示最後一元支出所生產的邊際產量，其倒數 $\frac{P_i}{MP_i}$ 表示生產最後一單位產量的成本，意謂著 $\frac{P_i}{MP_i}$ 為生產的邊際成本，故 $\frac{MP_1}{P_1} = \cdots = \frac{MP_N}{P_N} = \frac{1}{MC}$ 。

重點回顧

1. 所得分配（*income distribution*）即所得分佈的狀態。

2. 廠商僱用土地、勞動、資本與企業家精神等生產要素投入生產活動，並依貢獻，將產出銷售之所得以地租、工資、利息與利潤等方式支付給各生產要素，稱為功能性所得。

3. 個人所得為家計部門提供生產要素投入生產活動，並從中獲取之所得。個人所得分配則是以家戶為單位，探討個人或家戶的所得分配情形。

4. 勞動所得差異受勞力素質或工作內容影響。

5. 每一個家計單位擁有的生產要素數量與品質皆不一樣，是造成家計部門所得差異的原因，進而產生了貧富差距現象。

6. 洛侖士曲線愈靠近絕對平均線，表示該國之所得分配愈平均；愈靠近絕對不平均線，則表示該國之所得分配愈不平均。洛侖士曲線相交時無法判斷何者所得分配較平均。

7. 吉尼係數愈大（愈接近1），表示該國所得分配愈不平均；愈小（愈接近0），則表示該國所得分配愈平均。

8. 最高與最低所得差距倍數愈大表示該國所得分配愈不平均，反之愈平均。

9. 經濟效率與經濟公平是影響社會福利的二個主要因素。完全競爭市場不僅具有經濟效率與經濟公平，且社會福利達到最大；即便如此，仍存在貧富不均的問題。

10. 政府可採三種政策縮小貧富差距：（1）財稅政策（2）社會福利政策（3）就業政策。以我國而言，提升就業率及改善勞動力的質與量將有助於改善所得分配不均的情形。

11. 廠商對要素的需求具有以下三種特性：（1）要素需求為引申需求（2）要素需求是聯合需求（3）要素間具替代性。

12. 最終商品的需求增加、要素生產力愈大，或相關要素價格上漲，將使廠商增加要素需求。

13. 邊際生產收益（MRP）表示廠商每變動一單位生產要素僱用量，所引起產品總收入的變動量，也就是邊際收入與邊際產量的乘積（$MRP_x = \dfrac{\Delta TR}{\Delta x} = \dfrac{\Delta TR}{\Delta Q} \times \dfrac{\Delta Q}{\Delta x} = MR \times MP_x$）。

14. 商品市場價格與邊際產量的乘積，稱為邊際產值（VMP）。

15. 只有商品市場完全競爭時，MRP_x 與 VMP_x 兩者才相等，若商品市場為不完全競爭時，市場價格將大於邊際收益，則 VMP_x 一定大於 MRP_x。

要素邊際生產力　　　商品市場	完全競爭市場（$P = MR$）	不完全競爭市場（$P > MR$）
MRP_x	$P \times MP_x$	$MR \times MP_x$
VMP_x	$P \times MP_x$	$P \times MP_x$
兩者的大小	$VMP_x = MRP_x$	$VMP_x > MRP_x$

16. 假設「商品與要素市場皆為完全競爭市場，商品價格與工資率分別為 P 與 P_L」、「邊際報酬遞減法則成立，即 MP_L 呈現遞減」，則 $MRP_L > P_L$，廠商願意增加勞動僱用量。反之 $MRP_L < P_L$，廠商將減少勞動僱用量直到 $MRP_L = P_L$。

17. 廠商最適要素需求及要素的邊際生產力決定於 $MRP_x = P_x$。

18. 負斜率的要素邊際生產收益曲線即為廠商的要素需求曲線，此時廠商必然處於合理生產階段。

19. 邊際生產力均等法則 $\dfrac{MP_1}{P_1} = \dfrac{MP_2}{P_2} = \dfrac{MP_3}{P_3} = \cdots\cdots = \dfrac{MP_N}{P_N} = \dfrac{1}{MC}$ 即為廠商在一定產量下，使總成本最小的要素僱用準則。

自我挑戰

一、選擇題

( ) 1. 以家戶為單位，探討個人或家戶的所得分配情形，是　(A)功能性所得分配　(B)個人所得分配　(C)國民所得分配　(D)生產所得分配
【10-1】

( ) 2. 造成勞動所得差異的原因是　(A)財富累積方式　(B)擁有的資本數量　(C)勞力素質與工作內容　(D)擁有的不動產數
【10-1-2】

( ) 3. 形成貧富差距現象的原因是　(A)廠商擁有的生產要素數量與品質皆不相同　(B)廠商擁有的生產要素數量與品質皆相同　(C)家計部門擁有的生產要素數量與品質皆相同　(D)家計部門擁有的生產要素數量與品質皆不相同
【10-1-2】

( ) 4. 所得分配不均度所關心的議題是　(A)貧富差距或所得集中的情形　(B)所得如何分配　(C)家計部門所得來源　(D)廠商利潤如何分配　【10-2】

( ) 5. 衡量所得分配是否平均的曲線稱為　(A)菲力普曲線　(B)洛崙士曲線　(C)所得消費線　(D)恩格爾曲線
【10-2-1】

( ) 6. 下列哪一項，使吉尼係數更趨近於1　(A)增加教育補助金額　(B)企業的租稅優惠措施　(C)擴大辦理職業訓練　(D)增加弱勢族群健保補貼
【10-2-2】

( ) 7. 所得分配絕對不平均時，以下何者正確？　(A)吉尼係數為1　(B)洛崙士曲線遠離對角線　(C)最高與最低所得差距倍數為1　(D)洛崙士曲線呈負斜率曲線
【10-2-3】

( ) 8. 有關社會福利之敘述何者錯誤？　(A)經濟效率與經濟公平是影響社會福利的主要因素　(B)生產者剩餘與消費者剩餘的總合可用以衡量社會福利　(C)完全競爭市場同時達到經濟效率與經濟公平　(D)社會福利最大時，所得分配也最平均
【10-3】

( ) 9. 以下何者不是政府改善所得分配不均的方法　(A)財稅政策　(B)社會福利政策　(C)外交政策　(D)就業政策　【10-3】

( ) 10.除利潤以外，功能性所得分配係依何者為分配所得之依據　(A)生產要素價格　(B)生產要素的使用量　(C)生產要素的數量　(D)生產要素的邊際生產力
【10-3】

( ) 11.最能改善我國所得分配不均的方法是 (A)財稅政策 (B)就業政策 (C)社會福利政策 (D)升學制度 【10-3】

( ) 12.以下何者說明了「生產什麼」、「如何生產」、「生產多少」、「為誰生產」等問題 (A)要素市場均衡 (B)經濟活動循環 (C)$MRP_L = P_L$ (D)商品市場均衡 【10-4】

( ) 13.資本的持有者是 (A)廠商 (B)銀行 (C)家計部門 (D)政府 【10-4】

( ) 14.修車廠對專業汽修師父的需求為 (A)引申需求 (B)直接需求 (C)聯合需求 (D)最終需求 【10-4-1】

( ) 15.農夫對種子的需求為 (A)引申需求 (B)直接需求 (C)聯合需求 (D)最終需求 【10-4-1】

( ) 16.以下何者將使廠商增加資本設備 (A)資本生產技術退步 (B)景氣蕭條 (C)工資水準上漲 (D)戰亂 【10-4-2】

( ) 17.要素的邊際產量愈大 (A)要素生產力愈小 (B)要素在生產中的貢獻愈小 (C)要素供給愈多 (D)要素需求愈多 【10-4-2】

( ) 18.廠商每變動一單位生產要素（x）僱用量，所引起產品總收入的變動量稱 (A)MP_x (B)MR (C)MRP_x (D)VMP_x 【10-5】

( ) 19.MRP曲線與以下何者具有相同的趨勢 (A)TR (B)MR (C)TP (D)MP 【10-5-1】

( ) 20.廠商多僱用一單位要素，所增加產量的價值稱為 (A)VMP (B)MRP (C)MP (D)MR 【10-5-1】

( ) 21.商品市場完全競爭時，MRP曲線即為 (A)勞動供給曲線 (B)MR曲線 (C)MP曲線 (D)VMP曲線 【10-5-1】

( ) 22.商品市場為不完全競爭時，則 (A)$VMP_x < MRP_x$ (B)$VMP_x > MRP_x$ (C)$VMP_x = MRP_x$ (D)$VMP_x \leq MRPx$ 【10-5-1】

( ) 23.廠商利潤最大之勞動僱用條件為 (A)$MRP_L = P_L$ (B)$MP_L = P_L$ (C)$MP_L = MR$ (D)$VMP_L = P_L$ 【10-5-2】

( ) 24.以下何者為要素需求曲線？ (A)邊際成本 (B)邊際收入曲線 (C)負斜率的要素邊際生產收益曲線 (D)邊際產量曲線 【10-5-2】

( ) 25.一產量下，邊際生產力均等法則成立，則

(A) $\dfrac{MP_1}{P_1} = \dfrac{MP_2}{P_2} = \dfrac{MP_3}{P_3} = \cdots\cdots = \dfrac{MP_N}{P_N}$

(B) $\dfrac{MU_1}{P_1} = \dfrac{MU_2}{P_2} = \dfrac{MU_3}{P_3} = \cdots\cdots = \dfrac{MU_N}{P_N}$

(C) $\dfrac{MC_1}{P_1} = \dfrac{MC_2}{P_2} = \dfrac{MC_3}{P_3} = \cdots\cdots = \dfrac{MC_N}{P_N}$

(D) $\dfrac{MR_1}{P_1} = \dfrac{MR_2}{P_2} = \dfrac{MR_3}{P_3} = \cdots\cdots = \dfrac{MR_N}{P_N}$

【10-5-3】

二、綜合練習

1. A、B、C三國之吉尼係數分別是0.4、0.3、0.5，則＿＿＿國的所得分配最平均、＿＿＿國的所得分配最不平均。　　　　　　　　　　　　【10-2-2】

2. 根據下圖，寫出正確的商品市場結構。　　　　　　　　　　　　【10-5-1】

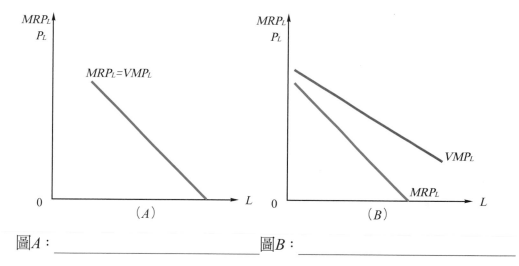

圖A：＿＿＿＿＿＿＿＿＿＿＿＿＿＿＿　圖B：＿＿＿＿＿＿＿＿＿＿＿＿＿＿＿

3. 商品與要素市場皆為完全競爭，商品價格為3元、工資率為15元，試完成下表，並求廠商利潤最大時之勞動僱用量。　　　　　　　　　　【10-5-2】

勞動（L）	1	2	3	4	5
MP_L	1	3	5	7	9
MRP_L					

▌解答

4. 已知$MRP_L＝100-2L$、商品價格為10元、勞動僱用量為20單位，則完全競爭市場之工資率為多少元？　　　　　　　　　　　　　　　　【10-5-2】

▌解答

5. L表示勞動、K表示資本，若 $\dfrac{MP_L}{P_L} > \dfrac{MP_K}{P_K}$，根據邊際生產力均等法則，

廠商減少僱用＿＿＿＿＿＿，增加僱用＿＿＿＿＿＿，直至 $\dfrac{MP_L}{P_L} = \dfrac{MP_K}{P_K}$ 以使成本

最低。 【10-5-3】

11 工資與地租

我國2009年各行業受僱員工薪資以「電力及燃氣供應業」的平均薪資每月95,996元最高,「住宿及餐飲業」的平均薪資每月27,171元最低,不同行業間的薪資差異達三倍之多。儘管是相同行業,男、女的薪資也有差異,其中差距最小的是「支援服務業」,男、女工資率比為96.42%,差距最大的是「醫療保健及社會工作服務業」,男、女工資率比為49.48%。透過本章勞動供需,您可以瞭解工資如何決定及其差異形成原因,進一步論及工會所扮演的角色與功能,藉由地租概念的延伸,說明經濟租與準租的應用。

本章綱要

11-1　工資

　　家計部門的所得主要來自工資收入，我國也不例外，觀察自1976年以來歷年臺灣地區受僱人薪資占所得比皆高於五成，說明了工資收入對家計部門的重要性。

11-1-1　勞動的意義與特性

1. 勞動的意義

　　勞動（labor）係指人類提供的勞心與勞力直接參與生產過程的行為。不論是藍領階級提供勞力或白領階級付出勞心直接參與生產，並以獲取報酬為目的者，皆稱為勞動。勞動與生產存在密切相關，學生上課、軍人服兵役、志工服務、假日娛樂等行為並非直接參與生產，故不屬於勞動。

2. 勞動的特性

　　勞動是人們直接參與生產的行為，自然無法脫離人的能力限制，故有以下三種特性：

（1）**勞動無法儲藏**：人們勞心與勞力的行為當天不用就消逝了，無法被儲藏。

（2）**勞動供給量有限**：經濟體系中，人口數量不可能無限擴充，所能提供的勞動人口自然有限，使得勞動供給量有限。即便一國的勞動供給量包括本國勞動人口與外國人在本國工作的人口，但人口數量無法無限擴充，因此一國的勞動供給量有限。

（3）**勞動與人體不可分割**：勞心與勞力行為依附著人體無法分割，隨死亡而消滅。例如：公車司機付出勞力開車疏運乘客，其勞力與身體不可能分開。

11-1-2　勞動力與勞動生產力

　　觀察一國勞動的數量與生產力，即可知其勞動情況，詳細說明如下：

1. 勞動力

勞動力是衡量一國勞動人口數的指標。所謂勞動力，係指年滿15歲，有工作能力與工作意願之民間人口。根據我國「人力資源調查統計編製方法」，民間人口又分為勞動力與非勞動力，而勞動力包括了就業人口與失業人口（圖11-1）。

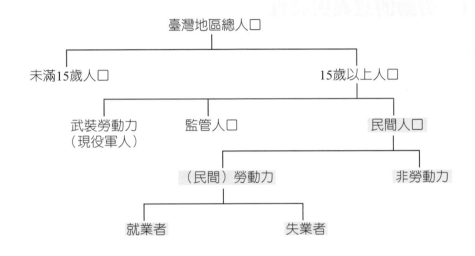

圖11-1　勞動力之分類

勞動力與非勞動力

小關鍵大重點1

1. 勞動力包括了就業者與失業者：

   （1）就業者：年滿15歲從事有酬工作者，或從事15小時以上之無酬家屬工作者。

   （2）失業者：年滿15歲同時具有無工作、隨時可以工作、正在找工作或已找工作正等待結果，此外，尚包括等待恢復工作者及找到職業而未開始工作亦無報酬者。

2. 非勞動力則是指年滿15歲，不屬於勞動力之民間人口，包括因就學、料理家務、高齡、身心障礙、想工作而未找工作且隨時可以開始工作，及其他原因等而未工作亦未找工作者。

2. 勞動參與率

　　勞動力係以人口數為單位，無法充分反映「民間人口參與勞動的多寡」，故以「勞動參與率」作為衡量之依據。勞動參與率係指勞動力占年滿15歲以上民間人口之比率（式11-1）。

$$勞動參與率（\%）= \frac{勞動力}{15歲以上民間人口} \times 100\% \qquad （式11-1）$$

3. 影響一國勞動力的五種因素

（1）人口總量與人口結構：人口總數量愈多或人口結構[1]中年滿15以上的青壯人口較多，則勞動力也就多。

（2）社會風氣與宗教信仰：社會中存在對婦女、少數民族的歧視或受宗教信仰的約束，影響了勞動從事工作的內容與勞動參與率。

（3）社會安全制度：社會安全制度設計不良而導致勞動參與意願降低。

（4）國民健康情況：國民普遍愈健康，提供之勞動力自然較多，反之則較少。

（5）工作態度與意願：民眾勞動參與的意願愈低，或對工作的抗壓力不足，易使勞動力降低。

4. 勞動生產力的意義與影響因素

　　經濟學家以平均每單位勞動可生產多少產量的觀念來分析勞動生產能力。勞動生產力（*productivity of labor*）係指在特定時間內，平均每單位勞動的生產量（式11-2）。例如：*A*國今年的總產量為100單位，勞動人口為10人，*A*國今年的勞動生產力就是10單位（100單位÷10人）。

$$勞動生產力 = \frac{總產量（TP_L）}{勞動投入量} = AP_L \qquad （式11-2）$$

1　我國目前人口結構仍以青壯人口為主，勞動力供給尚屬充足，社會負擔也相對較輕。

5. 影響勞動生產力大小的三種因素

（1）生產的技術水準：生產與管理技術愈進步，每單位勞動的生產力愈高。我國稻米改良技術享譽全球，技術進步不僅降低病蟲害，更提高稻米收成，農夫的勞動生產力也大幅提升。

（2）每單位勞動資本使用量：勞動與資本在生產上相輔相成，彼此具互補性，因此平均每單位勞動使用的資本增加，將使產量增加。例如：成衣廠投入縫紉設備，將有助於提高勞動的生產力。

（3）勞動者的素質與技能：勞動者的素質與技術愈高則勞動生產力愈高。例如：專業的會計人員比起一般人，可編製準確度高的財務報表與可靠的財稅資訊。

11-1-3　勞動的供給與需求

1. 個別勞動供給

個別勞動供給係指其他條件不變下，個別勞動者面對不同的工資率水準，願意而且有能力提供的勞動小時。每個人一天只有24小時，對時間的安排不是工作就是休閒[2]，若想多休閒1小時，就必須減少工作1小時，當然也就少了1小時的工資率，故工資是休閒的機會成本，可視為休閒的價格。

工資率變動對工作時數的影響有以下二種效果：

（1）替代效果：工資率上升使得休閒價格變貴，人們選擇休閒顯得較不划算。當工資率上升，人們願意增加工作時間、減少休閒時間，稱此為替代效果。

（2）所得效果：工資率上升使人們變得更富有，願意多消費、多休閒，進而減少工作時間。亦即工資上升帶來所得增加，將使得人們「多休閒、少工作」，稱為所得效果。

2　經濟學中常將時間安排分為工作與休閒，若將睡眠等某些行為包含在休閒中，可說是相當自然的假設。

圖11-2中，工資率[3]低於W_1時，工作時間隨著工資率上漲而增加，反映人們面對工資率增加，願意多工作而少休閒，個別勞動供給曲線呈正斜率，即工資率上漲的替代效果大於所得效果，使得工資率與工作時間呈同向變動的關係。

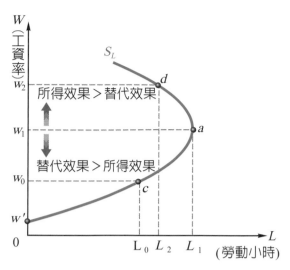

圖11-2　後彎的個別勞動供給曲線

工資率高於W_1時，工作時間隨工資率上漲反而減少，人們面對工資率增加將多休閒少工作，個別勞動供給曲線呈負斜率，即工資率上漲的所得效果大於替代效果，使得工資率與工作時間呈反向變動的關係。

綜上所述，工資率變動之所得效果大於替代效果時，個別勞動供給曲線呈後彎狀，供給法則不成立。

2. 市場勞動供給

市場中所有個別勞動供給的水平加總即為**市場勞動供給**，為一正斜率曲線。市場供給曲線並無後彎情形，係因每個人的勞動供給曲線後彎情況不同，縱使部分的人已經處於後彎，但更高的工資率卻會引吸更多人付出勞動小時，最後使總勞動小時增加，市場供給曲線仍呈正斜率。

3. 影響市場勞動供給的因素

（1）**人口數量與人口結構**：人口數愈多或人口結構主要由青壯人口組成，則勞動供給也愈多。

（2）**勞動參與率**：勞動參與率愈高可提供的勞動供給也愈多。

（3）**政府的勞動政策**：引進外籍勞工，將使勞動供給增加，我國至 2010 年 10 月止，外籍勞工約有 37 萬人，主要來自泰國、菲律賓、越南和印尼等國。

3　圖11-2中，w' 理論上稱保留工資（*reservation wage*），意謂工資率=w' 時勞動者工作與不工作無差異，w' 也就是勞動者內心要求的最低工資。

4. 勞動需求

　　根據邊際生產力理論，商品市場為完全競爭市場時（$P=MR$），廠商負斜率的勞動邊際生產收益曲線（MRP_L）即為個別廠商的勞動需求曲線（圖11-3）。水平加總市場中所有個別勞動需求曲線，可得負斜率的市場勞動需求曲線。

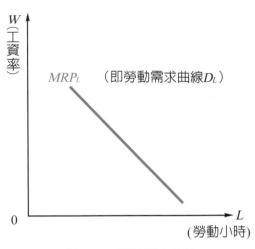

圖11-3　勞動需求曲線

5. 影響勞動需求的因素

（1）最終商品市場的需求：最終商品市場中，商品需求增加將使廠商增加勞動需求。例如：熱門新款智慧型手機供不應求時，廠商為增加產量必須僱用更多的勞動，進而增加勞動需求。

（2）勞動的邊際生產力：勞動的邊際生產力愈大，廠商對勞動需求也愈多。技術進步、每人資本增加、累積人力資本（如專業能力、語言能力⋯⋯）等，都可提高勞動的邊際生產力，連帶增加勞動需求。例如，廠商偏愛僱用有經驗者，或企業對專業人渴求，無不基於這些勞動的生產力較高。

（3）相關要素的價格：資本相對勞動便宜時，廠商會多使用資本，少僱用勞動，進而降低勞動需求。

11-1-4　工資的意義與種類

1. 工資的意義

　　勞動的報酬稱為工資。我國所得稅法將公、教、軍、警、公私事業職工薪資及提供勞務者之所得稱為薪資[4]。

2. 工資的種類：工資依表示方式分為二大類。

4　所得稅法中之所稱薪資所得，包括固定薪資（職工按月受領的經常性薪資）與非固定薪資（獎金、津貼、津貼補助費、補助費）。

（1）名目工資：以當年物價衡量的工資，即貨幣工資。

（2）實質工質：以貨幣購買力衡量的工資。實質工資考量物價波動對貨幣所得的影響，忠實反映貨幣的實際購買力。例如：物價持續上漲將使實質工資減少、購買力下降，生活水準也會下降。

$$實質工資 = \frac{名目工資}{物價指數} \times 100 \qquad\qquad （式11\text{-}3）$$

實力加強❶ 實質所得忠實反映貨幣的購買力

阿福去年工資40,000元，今年工資42,000元，今年物價比去年上漲5%，則阿福今年實質工資是否較去年多？

▌**解答**

$$\frac{42,000}{(100+5)} \times 100 = 40,000$$

阿福今年的實資工資為40,000元與去年相同。

11-1-5 工資之決定

1. 均衡工資之決定

　　勞動市場中[5]，勞動供給與需求相等，決定了市場均衡的工資率與均衡勞動量，但任何影響勞動供給或勞動需求的因素皆會改變勞動市場均衡，進而使均衡工資率與勞動量（或勞動小時）發生變化。

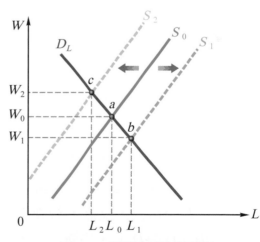

圖11-4　勞動市場均衡調整

（1）勞動供給的變動

　　　圖11-4中，市場勞動供給增加（$S_0 \to S_1$），均衡工資率下跌（$W_0 \to W_1$）且均衡勞動量增加（$L_0 \to L_1$），反之，勞動供給減

5　為簡化分析，假設勞動市場為一完全競爭市場。

少（$S_0 \to S_2$），均衡工資率上漲（$W_0 \to W_2$）且均衡勞動量減少（$L_0 \to L_2$）。

　　例如：政府引進外籍勞工以彌補本國勞動力不足，此舉使市場勞動供給增加（$S_0 \to S_1$），如圖11-4中，原工資率W_0下市場有超額供給，透過市場機能運作，市場將達到新均衡（b點），均衡工資率減少至W_1、勞動量增加為L_1。

動動腦❶

請根據影響勞動供給的因素，於下表中寫出正確的內容。

影響勞動供給的因素	勞動供給變化	均衡工資率變化	均衡勞動量變化
人口數量增加			
勞動參與率降低			
引進外籍勞工			
工作意願提高			
非工作所得提高			

（2）勞動需求的變動

　　圖11-5中，市場勞動需求增加（$D_0 \to D_1$），均衡工資率上漲（$W_0 \to W_1$）且均衡勞動量增加（$L_0 \to L_1$），反之，勞動需求減少（$D_0 \to D_2$），均衡工資率下跌（$W_0 \to W_2$）且均衡勞動量減少（$L_0 \to L_2$）。

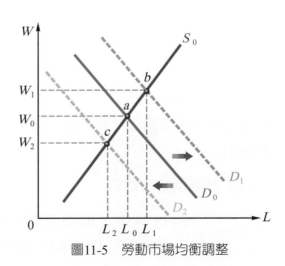

圖11-5　勞動市場均衡調整

例如：景氣回春使市場勞動需求增加（$D_0 \rightarrow D_1$），如圖11-5中，原工資率W_0下市場有超額需求，透過市場機能運作，市場將達到新均衡（b點），均衡工資率增加至W_1、勞動量增加為L_1。

動動腦❷

請根據影響勞動需求的因素，於下表中寫出正確的內容。

影響勞動需求的因素	勞動需求變化	均衡工資率變化	均衡勞動量變化
商品市場需求增加			
經濟不景氣			
生產技術進步			
資本價格上漲			

11-1-6　工資的差異與工會的影響

1. 工資的差異

實際社會中，工資差異係因不同行業、職業、地區等之工作條件及工作內容差異，或勞動者本身的能力與經驗不同所致。例如：勞動市場中熱門的專業人才，培育不易且廠商求才若渴，自然工資率較高，反之，可以勝任一般性行政工作的勞動者眾，勞動供給相對較多，工資水準就不若專業人才的工資率高。造成工資差異的四種原因如下：

（1）**勞動生產力差異**：勞動者的天資、教育程度、專業技能或工作經驗等不同，導致生產力不同，形成工資差異。即使是相同的工作內容，新進員工與資深員工對工作的嫻熟度不同，資深員工生產力高，工資也就比新進員工高。

（2）**補償性工資的差異**：即使同質的勞動（教育程度、能力……），因工作環境、工作壓力、工作時間、工作安全性或職業的社會評價……等條

件嚴峻時，勞動者會要求廠商給予補償性工資，使其工資較高。例如：警察、消防員的工作危險，政府就給予危險職務加給；又如清潔隊員的工作環境充滿異味，且工作時間長，除了本薪外，還有清潔獎金及加班費。

(3)「勞動市場不完全[6]」形成的差異：勞動市場不完全競爭時，易使強而有力的資方，企圖壓低勞方工資；或強勢勞方，可要求較高的工資。另外，受移民法與外籍勞工政策限制，國際間的勞動無法自由移動，形成跨國間工資差異。再則，性別、宗教或種族等歧視也會產生同工不同酬的情況。

(4)「勞動供需變動」形成的差異：受到產業結構改變影響，我國已由傳統的勞力密集產業，邁向高科技產業，廠商對高科技的人才需求不斷增加，對傳統的勞動需求逐漸減少，形成了不同產業間的工資差異，進一步引導人力資源流向產業所需方向發展。

2. 工會的影響

工會係基於維護勞工團結的理念，保障勞工權益、增進勞工知能、發展生產事業、改善勞工生活，而由一群勞工依法共同組織之法人組織。經濟學中，視強而有力的工會為勞動供給的獨賣者（*monopolist*），意謂工會獨家供給勞動力給資方，主要的勞動供給都掌握在工會手中，工會就有足夠的籌碼與資方協商、談判，爭取勞方應有的權利。工會可以下列三種手段來提高成員的福祉：

(1)透過商議提高工資：工會的力量較單一勞動者的力量大，可進行集體協商與資方談判，勞資雙方從中協調出彼此滿意的工資水準。

(2)減少勞動供給：勞動供給減少使勞動市場發生供不應求，自然提升了均衡工資率。

(3)爭取完善的員工訓練：藉由提高人力資本累積，促進勞動需求，進而使工資提升，形成勞資雙贏的局面。

---

6 勞動市場不完全是指勞動市場不是完全競爭市場、勞動移動受限與廠商的歧視行為等情形。

（1）與（2）雖可使工資率提高，卻讓資方成本增加，廠商將減少勞動需求量，造成失業增加。除了上述手段，有時勞資雙方談判形成僵局或破裂時，工會也可能採取罷工的激烈手段迫使資方重返談判，與勞方協商達成較公平合理的結果，罷工權是多數先進國家所承認的勞工權力，我國勞資爭議處理法中亦有明文規範。

11-2　地租

11-2-1　土地的意義與特性

1. 土地的意義

經濟學中，土地[7]泛指所有可用於生產的自然資源。例如：土壤、河川、海洋、森林與礦產等。

2. 土地的特性

（1）**數量不變**：自然力量形成了土地，人為無法改變其數量。土地與人造資本最大的差異，在於土地的總供給量固定，雖有荷蘭的填土造陸與杜拜的人工島，但其占土地總量的比例相當微小，對土地供給影響甚微，並不違反土地的數量不變性。

（2）**位置不移**：土地的位置固定，不若資本與勞動可以自由移動。即便我國北部地價相對東部地價昂貴，也無法將宜蘭的土地移至台北，以增加台北的土地供給。

（3）**具承載力**：人類的各種活動，皆仰賴土地的載重力，才可完成。

（4）**生產力有限**：受到報酬遞減法則影響，土地的生產力隨使用量增加逐漸遞減。例如：農地適度休耕，可以確保收成，維持土地的生產力。

基於（1）、（2）特性，在任何價格下，土地供給量都不會改變，土地供給曲線呈一垂直橫軸的直線，且供給彈性為零（圖11-6）。

7　關於土地完整的定義可參見第四章。從狹義的土地觀點來看本節，土地就是「土壤的部分」。

11-2-2　地租的意義

地租是廠商使用土地生產力的成本，也是家計單位供應生產用土地獲取的報酬，值得注意的是地租是使用土地的價格而非售價，是基於取得土地的使用權而非獲得土地的所有權。

11-2-3　地租之決定

「稀少性地租理論」利用土地稀少性說明地租的形成，而「差額地租理論」則是以土地的產值差異說明地租如何決定，分別介紹如下：

1. 稀少性地租理論

古典學派提出稀少性地租理論（*Theory of Scarcity Rent*），認為土地供給固定，相對於需求顯得相當稀少，地租的高低取決於土地的需求程度。例如，都市土地有限，供不應求使地租年年上漲，而鄉村地區土地供過於求，地租少有調整，都反映了土地稀少性不同形成地租差異。

圖11-6中，土地供給曲線S_0時，土地供給量固定為Q_0，當土地需求為D_0時，地租R_0。一旦土地需求從D_0增加到D_1，土地相對變得更稀有，地租也從R_0上漲到R_1。故土地供給量固定，地租高低決定於土地需求，土地需求愈多土地相對愈稀少，地租也就愈高。

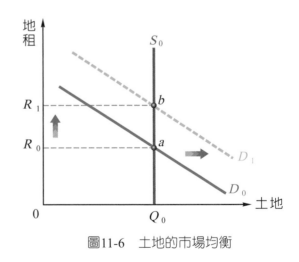

圖11-6　土地的市場均衡

2. 差額地租理論（theory of differential rent）[8]

<u>李嘉圖</u>（*Ricardo*）於1817年出版《政治經濟學及賦稅原理》[9]中提出「差

8　資料來源：西洋經濟思想史，林鐘雄，三民書局、民國79年六版，*P*112。

9　《政治經濟學及賦稅原理》（*On the Principles of Political Economy and Taxation*）。

額地租」觀念[10]。差額地租係指土地因肥沃度、交通性、人口集中度與地理位置等品質差異形成生產力不同，而有不同等級土地之分，隨著糧食需求不斷增加，劣等土地投入生產，使優等土地產生地租。「差額地租論」是以土地生產力的差異，說明各等級土地地租的差別，故又稱為「差別地租」。

假設相同要素投入下，土地依肥沃度可分為第一、二、三等級，且其生產力分別為100單位、90單位與80單位（圖11-7），那麼各級土地的地租決定如下所述：

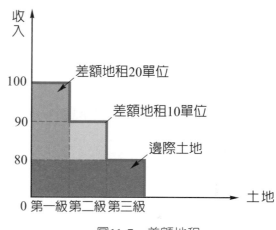

圖11-7 差額地租

(1) **初期無地租階段**：新開闢的地區，人口密度低，土地相對較多，只需耕種最肥沃的第一等級土地，就能滿足糧食市場的需求，在此階段土地的收入恰等於生產成本而無剩餘，沒有人願意支付地租，稱此無地租的土地為「邊際土地」。

(2) **第一等級土地產生地租**：隨著人口增加，糧食供不應求，糧價上漲吸引更多生產者投入生產，導致第一等級土地供不應求，生產者必須耕種生產力次佳的第二等級土地，此時第一等級土地比第二等級土地的生產力多10單位產量，生產者為使用生產力較高的第一等級土地，必須支付10單位地租；選擇使用第二等級土地者，不需支付地租，第二等級土地就成了邊際土地。

(3) **第一、二等級土地皆有地租**：人口持續增加，使糧價繼續上漲，生產者必須開發第三等級土地，此時，第二等級土地與第一等級土地之生產力分別比第三等級土地高10單位及20單位，則選擇使用第二等級土地就必須支付10單位的地租，選擇使用第一等級的土地生產，就必須支付20單位的租金，但使用第三等級土地則不需支付地租，第三等級的土地此時為邊際土地。

---

10 除了李嘉圖提出差額地租的說法，更早之前安德森（Andorson）也曾提出差額地租的觀念，但其內容不如李嘉圖來得精緻，故提到差額地租多數都指李嘉圖所提出。

11-2-4 地租與地價的關係

地租是土地的使用價格，地價則是土地的買賣價格，兩者概念不同但關係密切。假設土地每年地租固定R元，當市場利率為 i 時，土地之所有報酬以現值的觀點來看即為式11-4[11]。

土地的價值 $=\dfrac{地租（R）}{利率（i）}$

（式11-4）

註：地租為年租、利率為年息。

當土地市場為完全競爭時，土地價格等於土地出租可賺取的所有報酬，土地價格即為式11-4。土地價格受地租與利率兩因素影響，當利率水準固定，地租愈高則土地價格愈高。若地租固定，利率愈高則土地價格愈低。

實力加強❷

栗子有一塊土地，每年地租為1,000元，當市場年利率為5%時，請計算這塊土地的地價？若地租調漲為每年2,000元，則地價應為多少？當地租每年為1,000元時，年利率從5%上升至10%，則地價為多少？

解答

土地的價格 $=\dfrac{地租（R）}{利率（i）}$

(1) $P=\dfrac{1,000}{0.05}$
$P=20,000$

(2) $P=\dfrac{2,000}{0.05}$
$P=40,000$

(3) $P=\dfrac{1,000}{0.1}$
$P=10,000$

（1）、（2）知地租愈高地價愈高；（1）、（3）知利率愈高地價愈低。

---

11 土地是不隨時間而耗損的永久性資產，因此可將各期地租折現推得土地的全部報酬如下：

$$\frac{R}{1+i}+\frac{R}{(1+i)^2}+\frac{R}{(1+i)^3}+\cdots\cdots$$
$$=\frac{R}{1+i}\cdot\left(1+\frac{1}{1+i}+\frac{1}{(1+i)^2}+\frac{1}{(1+i)^3}+\cdots\cdots\right)$$
$$=\frac{R}{1+i}\cdot\left(\frac{1}{1-\frac{1}{1+i}}\right)$$
$$=\frac{R}{1+i}\cdot\left(\frac{1+i}{i}\right)$$
$$=\frac{R}{i}$$

11-2-5　準租與經濟租

經濟學家發現某些生產要素或資源的報酬與地租相似，於是對「租」發展出更廣義的理論，如準租或經濟租。

1. 準租

<u>馬歇爾</u>（*Marshall*）稱短期固定生產要素報酬為準租（*quasi-rent*）。生產要素在短期因缺乏足夠時間調整供給數量，而發生類似土地般供給固定的現象，導致要素報酬決定於生產要素需求，稱此類生產要素之報酬為準地租，簡稱準租。例如：專業經理人短期下供給量固定，勞動需求多寡決定了工資率的高低，此時專業經理人的工資收入就是準租。

2. 經濟租

生產要素要求的最低報酬即為機會成本，也稱為移轉賺額[12]。經濟租（*economic rent*）是生產要素報酬高於其機會成本的部分。圖11-8中，要素報酬為□$P_0 0 Q_0 e$較機會成本梯形$a0Q_0 e$多出△$P_0 ae$的部分就是要素的經濟租，可知，經濟租即為第四章介紹的生產者剩餘。

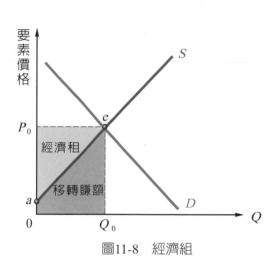

圖11-8　經濟組

從嚴謹的角度來看，地租與準租因生產要素供給數量固定，供給曲線呈垂直，「租」的多寡只受到生產要素需求大小的影響。經濟租則因供給曲線為正斜率，「租」的大小同時受到生產要素需求與供給曲線的影響。又地租、準租、經濟租與生產者剩餘皆為報酬超過機會成本的部分，為「剩餘」的概念。

---

12 移轉賺額（*transfer earning*）係指要素要求的最低報酬；當報酬低於此水準，要素將移轉他用。

小關鍵大重點 2

超級巨星的薪資

年收入高達上億台幣的超級巨星,常是大家茶餘飯後的焦點,由於少有人球技如老虎伍茲與或歌藝如阿妹,他們無法輕易被取代或大量供給下,龐大的需求形成超級巨星有高額的經濟租。運動巨星老虎伍茲2009年,年收入高達36億台幣,相對於高額的收入,其機會成本很小,大部分的收入都是經濟租。

重點回顧

1. 勞動（*labor*）係指人類提供的勞心與勞力直接參與生產過程的行為。

2. 勞動具有三種特性：（1）勞動無法儲藏、（2）勞動供給量有限、（3）勞動與人體不可分割。

3. 勞動力是衡量一國勞動人口數的指標。勞動力係指年滿15歲，有工作能力與工作意願之民間人口。勞動力包括了就業人口與失業人口。現役軍人、監管人口與失蹤人口皆不屬於勞動力。

4. 非勞動力是指年滿15歲，不屬於勞動力之民間人口，包括因就學、料理家務、高齡、身心障礙、想工作而未找工作且隨時可以開始工作，及其他原因等而未工作亦未找工作者。

5. 勞動參與率改善了勞動力無法充分反映「民間人口參與勞動的多寡」的問題，勞動參與率係指勞動力占年滿15歲以上民間人口之比率。

6. 影響一國勞動力的五種因素：（1）人口總量與人口結構、（2）社會風氣與宗教信仰、（3）社會安全制度、（4）國民健康情況、（5）工作態度與意願。

7. 勞動生產力（*productivity of labor*）係指在特定時間內，平均每單位勞動的生產量。

8. 影響勞動生產力大小的三種因素：（1）生產的技術水準、（2）每單位勞動資本使用量、（3）勞動者的素質與技能。

11. 個別勞動供給係指其他條件不變下，個別勞動者面對不同的工資率水準，願意而且有能力提供的勞動小時。

12. 工資是休閒的機會成本，可視為休閒的價格。

13. 工資率變動對工作時數的影響有二種效果：（1）替代效果、（2）所得效果。工資率變動之所得效果大於替代效果時，個別勞動供給曲線呈後彎狀，供給法則不成立。

14. 市場中所有個別勞動供給的水平加總即為市場勞動供給，呈一正斜率曲線。影響市場勞動供給的因素：（1）人口數量與人口結構、（2）勞動參與率、（3）政府的勞動政策。

15. 廠商負斜率的勞動邊際生產收益曲線（MRP_L）即為個別廠商的勞動需求曲線。水平加總市場中所有個別勞動需求曲線，可得負斜率的市場勞動需求曲線。

16. 影響勞動需求的因素：（1）最終商品市場的需求、（2）勞動的邊際生產力、（3）相關要素的價格。

17. 工資即為勞動的報酬，可分為以下各類：

依支付方式區分	（1）實物工資：以實物給付的工資。 （2）貨幣工資：以貨幣給付的工資。
依表示方式區分	（1）名目工資：以當年物價衡量的工資。 （2）實質工資：以貨幣購買力衡量的工資。 註：名目工資上漲不一定就能使生活會更好，除非實質工資增加。

18. 勞動市場中，勞動供給與需求相等，決定了市場均衡的工資率與均衡勞動量。勞動供給增加，使均衡工資率下跌且均衡勞動量增加，反之，勞動供給減少，均衡工資率上漲、均衡勞動量減少。市場勞動需求增加，均衡工資率上漲且均衡勞動量增加，反之，勞動需求減少，均衡工資率下跌、均衡勞動量減少。

19. 造成工資差異的四種原因：（1）勞動生產力差異、（2）補償性工資的差異、（3）勞動市場不完全形成的差異、（4）勞動供需變動形成的差異。

20. 工會係基於維護勞工團結的理念，保障勞工權益、增進勞工知能、發展生產事業、改善勞工生活，而由一群勞工依法共同組織之法人組織。強而有力的工會是勞動供給的獨賣者（monopolist），意謂工會獨家供給勞動力給資方。

21. 工會可以三種手段提高成員的福祉：（1）透過商議提高工資、（2）減少勞動供給、（3）爭取完善的員工訓練。

22. 土地泛指所有可用於生產的自然資源，具有四種特性：（1）數量不變、（2）位置不移、（3）具承載力、（4）生產力有限。

23. 地租係指廠商使用土地生產力所給付的成本，也就是家計單位供應生產用土地獲取的報酬。地租是使用土地的價格，而非售價，是基於取得土地的使用權而非獲得土地的所有權。

24. 稀少性地租論與差額地租理論之地租決定

理論	理論內容
稀少性地租論	1. 土地供給固定，土地供給曲線完全無彈性，為一垂直橫軸的直線。 2. 地租的高低取決於土地的稀少程度（土地的需求）。
差額地租理論 （提出者：李嘉圖）	1. 土地的收入恰等於生產成本而無剩餘，沒有人願意支付地租，稱此無地租的土地為「邊際土地」。 2. 土地因肥沃度不同形成生產力差異，而有不同等級土地之分，隨著糧食需求不斷增加，劣等土地投入生產，使優等土地產生地租。

25. 土地之所有報酬以現值的觀點來看即為：土地的價值 $=\dfrac{\text{地租}（R）}{\text{利率}（i）}$ 。若土地市場為完全競爭時，土地價格等於土地出租可賺取的所有報酬，土地價格即為：土地價格 $=\dfrac{\text{地租}（R）}{\text{利率}（i）}$ 。

26. 馬歇爾（Marshall）稱短期之固定生產要素報酬為準租（quasi-rent）。

27. 經濟租是生產要素報酬高於其機會成本（生產要素要求的最低報酬）的部分，即為生產者剩餘。其中生產要素要求的最低報酬又稱為移轉賺額。

28. 地租、準租、經濟租與生產者剩餘皆為報酬超過機會成本的部分，是「剩餘」的概念。

29. 從社會觀點思考，土地供給數量固定，除了投入生產別無他用，意謂「土地無機會成本」，故地租是剩餘。從個別使用者的角度來看，土地具有多種用途，生產者將土地投入在某一用途的機會成本即所支付的地租，故地租是成本。

自我挑戰

一、選擇題

(　　) 1. <u>浩子</u>與<u>阿祥</u>主持食尚玩家推廣美食是從事哪一種活動？　(A)休閒　(B)勞動　(C)旅遊　(D)運動 【11-1-1】

(　　) 2. 下列哪一項是<u>非</u>勞動力？　(A)年滿15歲正在找工作者　(B)留職停薪在家待產的婦女　(C)年滿15歲想工作而未找工作者　(D)年滿15歲有工作能力與意願的民間人口 【11-1-2】

(　　) 3. 下列哪一項目計入我國勞動力？　(A)失業人口　(B)70 歲已退休的人口　(C)15 歲以上在學人口　(D)未滿15 歲人口

(　　) 4. 已知我國民間人口有180萬人，失業人口為20萬人，非勞動力為50萬人，則　(A)勞動力100萬人　(B)就業人口130萬人　(C)勞動力160萬人　(D)就業人口110萬人 【11-1-2】

(　　) 5. 有關勞動生產力的敘述，何者<u>錯誤</u>？　(A)每單位勞動使用的資本愈多，勞動生產力愈高　(B)人口數愈多，勞動生產力愈高　(C)勞動者素質愈高生產力愈高　(D)勞動生產技術愈進步，勞動生產力愈高

(　　) 6. 下列敘述何者<u>錯誤</u>？
(A)從社會觀點，土地數量固定，故地租是一種剩餘的概念
(B)工資上漲，個人勞動供給曲線後彎，隱含休閒是一種劣等財
(C)市場供給曲線呈正斜率，且無後彎情形
(D)勞動市場完全競爭，工資率決定於市場供需 【11-1-2～3】

(　　) 7. 工資率上升後，勞動者的工作時間反而減少，其原因係工資率上升的：
(A) 價格效果大於所得效果
(B) 價格效果小於所得效果
(C) 所得效果大於替代效果
(D) 所得效果小於替代效果

(　　) 8. 下列敘述，何者正確？
(A)工資率上升，所產生的替代效果會使勞動者增加工作時數
(B)工資率上升，所產生的所得效果只會使勞動者增加工作時數
(C)15足歲以上的民間人口數愈多，則勞動參與率愈高
(D)平均產量愈高，勞動生產力愈低

（　）9. 假設銀行業勞動市場的勞動供給具完全彈性，爲減少僱用員工，以自動櫃員機代替人工，勞動市場將發生何種現象？　(A)工資率不變及員工僱用量減少　(B)工資率及員工僱用量均爲增加　(C)工資率及員工僱用量均爲減少　(D)工資率下降及員工僱用量不變

（　）10.今年物價較去年漲20%，若栗子的工資爲36,000元，則栗子今年的實質工資爲　(A)32,400　(B)34,000　(C)28,800　(D)30,000　【11-1-4】

（　）11.(A)名目所得　(B)重貼現率　(C)實質所得　(D)短期融通利率　最能反映實際貨幣購買力　【11-1-4】

*（　）12.勞動市場完全競爭時，若工資率大於勞動邊際生產收益，以下何者正確？
(A)廠商增加僱用勞動
(B)廠商僱用勞動量達到最適水準
(C)廠商減少僱用勞動
(D)以上皆非　【11-1-5】

（　）13.我國的外籍勞工日益增加，下列敘述何者爲誤？
(A) 引進外籍勞工，使我國重大公共公程建設得以早日完成，有助於經濟持續發展
(B) 引進外籍勞工，緩和廠商因勞力不足而出走現象
(C) 引進外籍勞工，使勞動工資上漲的壓力得到疏解
(D) 引進外籍勞工，使國內勞動工資上漲　【11-1-5】

（　）14.勞動市場若存在補償性工資差異，請問會是什麼原因造成？　(A)工作能力及經驗不同　(B)地區或職業之間勞動力的流動困難　(C)市場供需產生調整　(D)工作環境或條件不同

（　）15.土地基於何種特性，其供給曲線完全缺乏彈性？①數量不變②具承載力③生產力有限④位置不移
(A)①②　(B)①③　(C)②③　(D)①④　【11-2-1】

（　）16.收入僅足以維持生產成本的土地，稱爲　(A)第一級土地　(B)第二級土地　(C)邊際土地　(D)劣等土地　【11-2-3】

（　）17.古典學派所提出之稀少性地租理論指出，地租高低決定於　(A)土地需求　(B)土地供給　(C)土地的生產力　(D)土地價格　【11-2-3】

（　）18.李嘉圖在差額地租論中，指出地租發生的原因是　(A)土地數量固定　(B)土地肥沃度不同　(C)利息下跌　(D)人口減少　【11-2-3】

（　）19.土地的使用價格稱爲　(A)利潤　(B)利息　(C)地價　(D)地租　【11-2-4】

（　）20.假設有一塊土地，地租每月約3萬元，目前市場之年利率約5%，則地價爲　(A)720萬元　(B)60萬元　(C)360萬元　(D)120萬元

( ) 21. 下列敘述，有哪些是正確的？①由於工作的環境、條件等不同，所造成之報酬差異，稱為補償性工資差異②經濟租又稱為生產者剩餘③供給彈性大的生產要素較易產生經濟租④由個人觀點而言，地租是一種剩餘
(A)①② (B)①③ (C)②③ (D)①③④ 【11-2-5】

( ) 22. 關於地租的敘述，下列何者錯誤？ (A)準租是一種剩餘 (B)地租是土地的購買價格 (C)站在個人觀點，地租是一種成本 (D)站在社會觀點，地租是一種剩餘 【11-2-3~5】

( ) 23. 下列敘述何者有誤？ (A)生產要素報酬高於其機會成本的部分稱為經濟租 (B)生產要素的供給彈性愈小，經濟租愈大 (C)經濟租是一種成本 (D)生產要素要求的最低報酬即為機會成本，也稱為移轉賺額 【11-2-5】

12 利息與利潤

　　2008年天下雜誌指出台灣進入「負利率時代」，該年台灣銀行的「一年期定存利率」為2.65%，為何稱是負利率呢？鄰近的日本，自1999年起迄今，政府為刺激經濟，採取12年的零利率政策，其目的為何？「利率」作為使用資金的價格，扮演什麼角色與功能，本章將逐一說明。

　　從馬克斯的社會主義觀點來看，並未給予「利潤」正面評價，認為「利潤」是來自企業家剝削勞動者的工資。現今舉世各國幾乎都是追求利潤的市場與混合經濟制度，此是否意謂追求利潤所帶來的好處遠大於缺點？本章將從利潤的特性、根源與功能等加以說明。

本章綱要

1. 資本的意義與特性
2. 利息的意義與種類
3. 利率的決定
4. 利潤的意義與特性
5. 利潤發生的根源

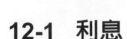

12-1 利息

12-1-1 資本的意義與特性

1. 資本（capital）的意義

　　「資本」係指生產過程中所投入的各種人造生產工具，包括：機器設備及廠房。例如：早餐店的烤麵包機或台電核三廠等皆屬之。

2. 資本的特性

（1）資本是人造的生產工具：資本結合各種生產要素，以人為方式所製造出來的生產工具。

（2）資本是「迂迴生產」的產物：迂迴生產係指先以生產要素生產出資本，然後再利用資本來生產商品（如圖 12-1）。

（3）「追求利潤」是廠商使用資本的目的：廠商為追求利潤，適當投入資本於生產過程中，以提高廠商的生產力。

圖12-1　迂迴生產

實體資本與貨幣資本

小關鍵大重點 1

一般而言，廠商須先取得貨幣資本，才能購得實體資本（如機器設備、廠房……等），再利用機器、廠房等實體資本來生產商品。

現代的經濟社會中，家計部門並不直接擁有實體資本，而是將手中的貨幣資本，透過金融機構提供給廠商，作為廠商購入實體資本的資金。

貨幣資本的用途即為購入實體資本的資金，而不直接投入生產，故**不屬於生產要素中的資本**。

12-1-2　利息的意義與種類

1. 利息（interest）的意義

「利息」是提供貨幣資本的報酬，或使用貨幣資本所須支付的價格。亦即利息是在一段期間內，貸給他人貨幣資本之報酬。

2. 利率（interest rate）的意義

「利率」係指一定期間內，利息占貨幣資本（資金總額）的百分比（式12-1）。例如，一年期的利率（一般稱為年利率）。「利率」充分表達每貸出1元的資金可得之報酬，較「利息」更能反映貸出資金報酬的高低。

$$利率 = \frac{利息}{資金總額} \times 100\% \qquad （式12-1）$$

3. 利率的種類

經濟學家費雪（*Irving Fisher*）指出，利率依是否考慮預期物價上漲率，分為「名目利率」與「實質利率」，詳見表12-1。

表12-1 利率的種類

名目利率（nominal interest rate）	實質利率（real interest rate）
不考慮預期物價上漲因素的利率稱「名目利率」。一般金融市場所稱的利率皆為名目利率。 例如：活期存款利率、放款利率……等。	「實質利率」係指以實質商品衡量的報酬率，由於已考慮預期物價上漲因素，因此「實質利率」能充分反映實際貨幣購買力。

　　費雪提出「費雪方程式」（Fisher equation），說明實質利率與名目利率間之關係（式12-2）。

名目利率（i）＝實質利率（r）＋預期物價上漲率（π^e）　　　　　　（式12-2）

實力加強①

栗子握有100元現金，可用來購買一顆100元的蘋果或全部拿去定存（一年期定存利率為2%），若預期物價上漲率是4%，請回答以下問題：

（1）一年後，栗子買一顆蘋果要花多少錢？

（2）栗子將100元定存一年後，本利和為多少？

（3）若當初栗子決定將100元定存起來，一年後她買得起蘋果嗎？

（4）一年後，市場中實質利率為何？

▌解答

　　（1）一年後，一顆蘋果的價格：100元×（1＋4%）＝104元

　　（2）一年後，100元定存的本利和：100元×（1＋2%）＝102元。

　　（3）買不起，因為102元＜104元。

　　（4）預期物價上漲率4%、名目利率2%，根據（式12-2），實質利率（r）＝2%－4%＝－2%。

本章一開始的小故事中，2008年台灣銀行的一年期定存利率為2.65%，但同年消費者物價指數年增率（*consumer price index*，*CPI*）達3.53%，兩者相差0.88%，民眾在銀行的定存孳息，比不上物價上漲的速度，使得「實質利率為負」而發生了負利率的情況，意謂民眾選擇將錢定存反而會降低購買能力。

小關鍵大重點 2

「1碼」是多少？

中央銀行透過升息或降息來影響市場，此處所稱升息、降息是指中央銀行調整「重貼現率」、「擔保放款融通利率」與「短期融通利率」等三種中央銀行引導市場利率的政策利率。

中央銀行調整利率的單位稱為「碼」，1碼即為0.25%，半碼就是0.125%。

12-1-3　利率的決定

除了投資儲蓄理論、可貸資金理論說明利率的決定外，還有凱因斯（*John Maynard Keynes*）提出的「流動性偏好理論」，由於該理論涉及貨幣供需與貨幣市場均衡，將於第十五章介紹。本節藉由古典學派與新古典學派之利率理論說明利率之決定。

1. 投資儲蓄理論（Theory of Saving and Investment）

古典學派（classical school）提出「投資儲蓄理論」，指出投資（investment，I）與儲蓄（saving，S）共同決定「利率」。

「儲蓄」提供投資所需資金，故儲蓄即為資金供給，「利率」則是提供資金的報酬。利率愈高，儲蓄的報酬也愈高，因此會刺激儲蓄增加。同理，「投

資」即為資金的需求，「利率」是投資使用資金的成本，利率愈高，表示投資的成本也愈高，因此將導致投資減少，如表12-2。

表12-2 投資、儲蓄與利率之關係

	利率愈高	利率愈低
投資	成本提高，投資減少	成本降低，投資增加
儲蓄	報酬提高，儲蓄增加	報酬降低，儲蓄減少

（1）均衡利率的決定

可貸資金供給等於可貸資金需求時，共同決定了均衡利率（i^*），即圖12-2中，F^d曲線與F^s曲線相交於均衡點e。

投資與利率呈反向關係，因此投資曲線呈負斜率；儲蓄與利率呈正向關係，故儲蓄曲線為正斜率，如圖12-3。

圖12-3中，投資曲線（I）與儲蓄曲線（S）相交於e點，該點投資量等於儲蓄量（$I^*=S^*$），決定了借貸市場的均衡利率為i^*。

圖12-3中，當借貸市場發生超額資金供給時（$S>I$），將使利率下跌直至達到均衡利率為止（i_0下跌至i^*）。同理，當借貸市場發生超額資金需求時（$I>S$），將使利率上漲直至達到均衡利率為止（i_1上漲至i^*）。

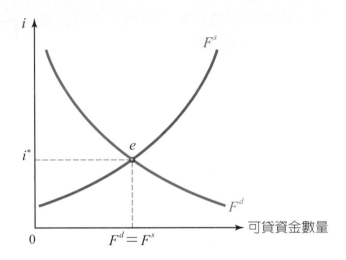

圖12-2 可貸資金市場均衡

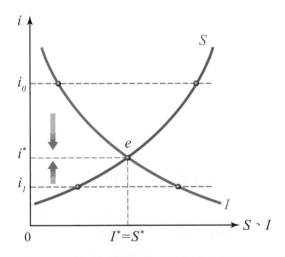

圖12-3 投資儲蓄理論之借貸市場均衡

2. 可貸資金理論（loanable funds theory）

新古典學派（Neoclassical School）提出可貸資金理論，認爲「利率由可貸資金供給與可貸資金需求共同決定」。所謂「可貸資金」即爲可供借貸的資金。日常生活中，大部分資金都是透過金融市場來進行借貸，其中，借入資金即爲可貸資金需求，貸出資金則是可貸資金的供給，見表12-3。

表12-3　可貸資金供給與需求

	可貸資金需求（F^d）	可貸資金供給（F^s）
來源	1. 家計部門購買消費財所需資金； 2. 企業部門進行投資所需資金； 3. 政府部門預算赤字或公共建設所需資金； 4. 新增貨幣需求。	1. 家計部門的儲蓄； 2. 企業部門的未分配盈餘、公積金； 3. 政府部門的預算盈餘或中央銀行新增貨幣供給。
說明	利率愈高，意謂使用的資金成本增加，會導致市場中可貸資金需求量減少，反之，利率愈低時，表示使用的資金成本愈低，市場中的可貸資金需求量會增加。 可貸資金需求量與利率呈反向變動，可貸資金需求曲線呈負斜率（如圖12-4）。	利率愈高，表示提供資金可獲取的報酬增加，使得可貸資金供給量增加，反之，利率愈低，提供資金的報酬減少，可貸資金的供給量則會減少。 可貸資金供給量與利率呈同向變動，可貸資金供給曲線呈正斜率（如圖12-5）。
圖示	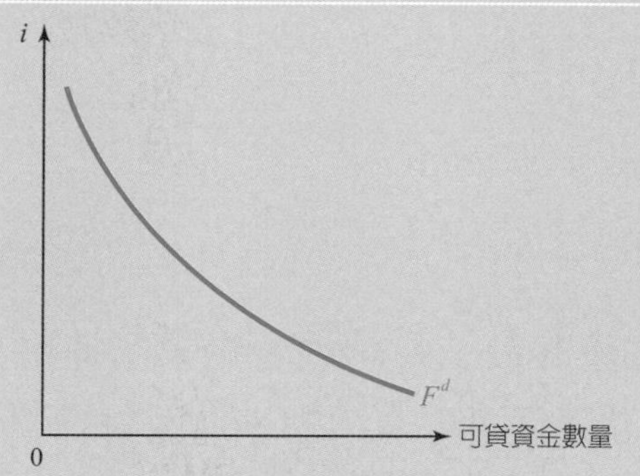 圖12-4　可貸資金需求曲線	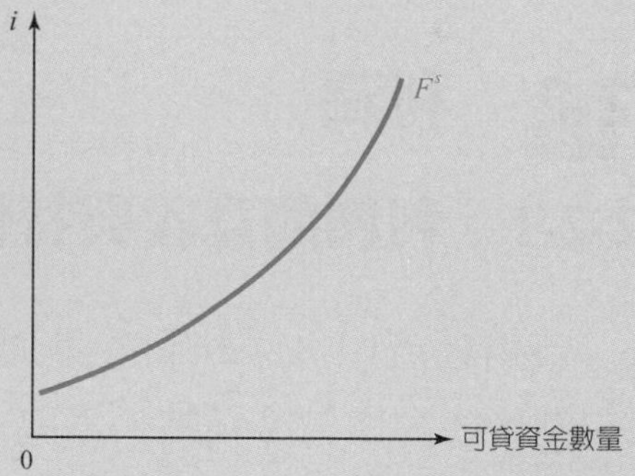 圖12-5　可貸資金供給曲線

實力加強❷

廠商們為因應景氣復甦時，消費者對商品的需求增加，紛紛擴廠，導致市場上可貸資金需求增加，請繪圖說明借貸市場的利率變動。

▌解答

借貸市場中可貸資金需求增加，則 F_0^d 右移，使得借貸市場利率上升。

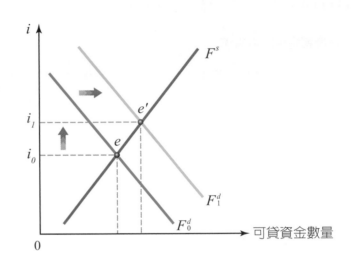

12-2　利潤

12-2-1　利潤的意義與特性

市場經濟中，「利潤」是促進生產的最主要誘因。企業家運用其組織能力、創新能力與冒險精神，為追求利潤而從事生產活動，進而對經濟社會做出貢獻。

1. 利潤（profit）的意義

「利潤」是企業家提供經營能力的報酬。企業家結合土地、勞動、資本等生產要素，運用其經營管理能力以追求利潤，並承擔風險。經濟利潤能忠實地反映廠商的盈虧，因此經濟學中所稱之利潤是指經濟利潤（或稱超額利潤），與一般所稱會計利潤（或商業利潤）不同。式12-3為會計利潤與經濟利潤之關係。

> 經濟利潤＝會計利潤－正常利潤（或內含成本）　　　　　（式12-3）

2. 利潤的特性

工資、利息、地租與利潤四種功能性所得中，唯「利潤」與其他三者的性質差異較大，其特性包括：

（1）利潤為事後所得

工資、利息與地租在生產前即決定，屬於事前所得，利潤則必須在商品銷售完成後才能得知，故為事後所得的概念。

（2）利潤為剩餘所得

總收入扣除總成本後剩餘部分即為利潤，為剩餘所得概念。工資、利息與地租受生產要素對生產的貢獻影響，根據契約約定所給付之所得，為契約所得概念。

（3）利潤為不確定所得

利潤是總收入與總成本的差額，反映企業家承擔風險的一種獎勵或懲罰，企業是否擁有正的利潤或發生虧損（負的利潤），視企業的經營成果而定，不同於其他要素報酬皆為正值。

（4）利潤非邊際生產力決定

土地、勞動、資本等生產要素的邊際生產力大小分別決定了「地租」、「工資」與「利息」的高低。「利潤」並非單純由邊際生產力決定，還受到企業家能力、風險等多種因素影響。

12-2-2　利潤發生的根源

透過以下的理論介紹，可以幫助我們瞭解利潤發生的原因。

1. 風險與不確定說

奈特（*Frank Hyneman Knight*）在《風險、不確定性和利潤》（*Risk, Uncertainty and Profit*）乙書中，他認爲「企業家須承擔各種無法預測的風險，例如：消費者偏好變化、競爭者的出現與政府政策改變等，而利潤乃是其承擔風險的報酬。若未發生風險，則企業家賺得利潤；反之，若風險發生，則企業家將承擔損失。」

▲奈特
資料來源：維基百科

2. 獨占說

根據經濟學家秦伯霖與羅賓遜夫人的觀點，完全競爭市場在長期下，廠商無經濟利潤。實際的經濟社會中，我們常見到獨占或不完全競爭的市場結構，這類廠商具有完全或部分控制價格與產量的能力；長期下，廠商將盡可能抬高價格與減少供給量，以獲取經濟利潤。廠商利用其獨占能力，所獲得的利潤又稱爲「獨占利潤」（monopoly profit）。

3. 創新說[1]

熊彼德（*Joseph Alois Schumpeter*）提倡創新說，他認爲「實際社會是動態社會，企業家面對不確定的未來，透過『創新』（innovation）[2]活動獲得的報酬，即爲企業家的利潤」。

市場競爭下，隨時間經過，創新會被競爭者倣效，使得該創新的利潤消失，但隨著新的創新再度發生，又會產生利潤，不斷接踵的創新活動，是企業家的利潤來源，也是社會進步的動力。熊彼德認爲企業家的創新包含表12-4中的五種方式。

▲熊彼德
資料來源：維基百科

---

1 熊彼德認爲一個「靜態社會」中，人口數量、資源供給、生產技術、消費偏好與財貨供需固定不變，在無不確定與完全預測下，生產者與消費者皆充分瞭解市場資訊，因此，廠商在靜態環境中，只能賺得正常利潤而無經濟利潤。

2 徐育珠在《經濟學導論》指出，「創新不同於發明，發明只是對一種新事物或新方法的發現，而把這些新發現的方法及事物加以實際利用和推廣，則是屬於創新的工作，從事創新的人，我們稱爲企業家。」

表12-4 企業家的創新方式

創新方式	說　明
1. 生產新產品	蘋果平板電腦*iPad*、任天堂的互動遊戲機*Wii*，或微軟推出的*Kinect* 體感遊戲。
2. 引進新技術	台積電新製程的12吋晶圓廠、汽車使用油電混合或電動引擎。
3. 開闢新市場	實體店家開闢網路銷售業務、速食店改為24小時營業。
4. 運用新原料	利用生質能源做為燃料、玉米原料做成的環保杯。
5. 建立新企業組織	藉由組織再造或創新提高生產力，提升企業的市場競爭力。

4. 剩餘價值說

又稱「剝削說」，馬克斯（*Karl Heinrich Marx*）在其勞動價值說中指出，生產的一切價值皆源於勞動，認為資本主義下，企業家付給勞動的工資低於勞動對生產的貢獻，稱此兩者間的差額為「剩餘價值」，並視企業家的利潤是剝削勞動的成果。

 **自我挑戰**

一、選擇題（每題2.5分）

( ) 1. 生產過程中所投入的人造生產工具稱為 (A)土地 (B)勞動 (C)資本 (D)企業家精神。 【12-1-1】

( ) 2. (A)利息 (B)利率 (C)實體資本 (D)貨幣資本 是廠商購買機器設備的資金來源。 【12-1-1】

( ) 3. 廠商必須先生產出資本，再利用資本來生產商品稱為 (A)直接生產 (B)迂迴生產 (C)專業生產 (D)分工生產。 【12-1-1】

( ) 4. 有關資本的敘述何者正確？ (A)廠商使用資本的目的是追求利潤 (B)是直接生產的產物 (C)資本投入無助於生產力提升 (D)貨幣資本屬於生產要素中的「資本」。 【12-1-1】

解：

( ) 5. (A)利潤 (B)所得 (C)利息 (D)現金 是提供貨幣資本的報酬。【12-1-2】

( ) 6. 一定期間內，利息占貨幣資本的百分比稱為 (A)利潤 (B)利率 (C)消費者物價指數 (D)現金。 【12-1-2】

( ) 7. 以下何者最能表達貸出1元資本可獲得之報酬？ (A)利潤 (B)利率 (C)消費者物價指數 (D)利息。 【12-1-2】

( ) 8. 有關費雪方程式（Fisher equation）之敘述何者正確？(A)名目利率＝實質利率－預期物價上漲率 (B)實質利率＝名目利率＋預期物價上漲率 (C)預期物價上漲率＝實質利率－名目利率 (D)實質利率＝名目利率－預期物價上漲率。 【12-1-2】

解：

( ) 9. 有關名目利率之敘述何者正確？ (A)已考量預期物價波動的利率 (B)未考量預期物價波動的利率 (C)反映消費者的實際購買力 (D)負利率時代中所稱利率即為「名目利率」。 【12-1-2】

解：

( ) 10.「活期存款利率」屬於 (A)名目利率 (B)實質利率 (C)短期融通利率 (D)重貼現率。 【12-1-2】

(　　) 11. 銀行一年期定存利率3%，同年消費者物價指數年增率為4%，則 　(A)實質利率為正 　(B)名目利率為負 　(C)定存有助於提高貨幣購買力 　(D)定存反而會降低購買能力。　　　　　　　　　　　　　　　【12-1-2】

解：

(　　) 12. 中央銀行調整利率的單位稱為「碼」，1碼是指 　(A)0.125% 　(B)0.25% 　(C)0.37% 　(D)0.5%。　　　　　　　　　　　　　　　　　　【12-1-2】

(　　) 13. 古典學派認為利率由何者決定？ 　(A)投資與儲蓄共同決定 　(B)可貸資金供給與需求共同決定 　(C)由中央銀行決定 　(D)由貨幣供給與貨幣需求共同決定。　　　　　　　　　　　　　　　　　　　　　　【12-1-3】

(　　) 14. 有關投資儲蓄理論之敘述何者錯誤？ 　(A)儲蓄可供應投資所須資金，利率是供應資金的報酬 　(B)利率愈高，投資的成本也愈高，將導致投資減少 　(C)新古典學派所提出的利率理論 　(D)投資是利率的減函數，儲蓄是利率的增函數。　　　　　　　　　　　　　　　　　　　　【12-1-3】

(　　) 15. 新古典學派認為利率由何者決定？ 　(A)投資與儲蓄共同決定 　(B)可貸資金供給與需求共同決定 　(C)由中央銀行決定 　(D)由貨幣供給與貨幣需求共同決定。　　　　　　　　　　　　　　　　　　　【12-1-3】

(　　) 16. 可貸資金需求係指透過金融市場 　(A)借入資金 　(B)貸出資金 　(C)可供借貸的資金 　(D)以上皆非。　　　　　　　　　　　　　　　【12-1-3】

(　　) 17. 以下何者非可貸資金供給的來源 　(A)企業部門的未分配盈餘、公積金 　(B)家計部門的儲蓄 　(C)政府部門預算盈餘 　(D)企業部門進行的投資。　　　　　　　　　　　　　　　　　　　　　　　　【12-1-3】

(　　) 18. 利率愈高，使用的資金成本增加，導致市場中可貸資金 　(A)需求量減少 　(B)需求減少 　(C)供給量減少 　(D)供給減少。　　　　　　【12-1-3】

(　　) 19. 利率愈高，提供資金可獲取的報酬增加，導致市場中可貸資金 　(A)需求量增加 　(B)需求增加 　(C)供給量增加 　(D)供給增加。　　　　　【12-1-3】

(　　) 20. 有關可貸資金供給與需求之敘述，何者正確？ 　(A)可貸資金需求量與利率呈反向變動 　(B)可貸資金供給曲線為負斜率 　(C)可貸資金供給量與利率呈反向變動 　(D)以上皆是。　　　　　　　　　　　　　　　【12-1-3】

(　　) 21. 結合土地、勞動、資本等生產要素以經營企業並承擔風險的報酬是 　(A)工資 　(B)地租 　(C)利息 　(D)利潤。　　　　　　　　　　　　【12-2-1】

(　　) 22. 經濟學中所稱之利潤是指以下何者？ 　(A)會計利潤 　(B)經濟利潤 　(C)正常利潤 　(D)商業利潤。　　　　　　　　　　　　　　　　　【12-2-1】

(　　) 23. 利潤不具以下何種特性？ 　(A)事後所得 　(B)剩餘所得 　(C)不確定所得 　(D)企業家的邊際生產力愈高，利潤也愈高。　　　　　　　　【12-2-1】

( ) 24.以下何者非契約所得？ (A)利息 (B)利潤 (C)地租 (D)工資。【12-2-1】

( ) 25.有關風險與不確定說之敘述何者錯誤？ (A)奈特在《風險、不確定性和利潤》乙書中提出利潤乃是企業家承擔風險的報酬 (B)風險未發生，則企業家賺得利潤 (C)若風險發生，則企業家將承擔損失 (D)以上皆非。
【12-2-2】

( ) 26.有關獨占說之敘述何者錯誤？ (A)實際的經濟社會中廠商具有完全或部分控制價格與產量的能力 (B)廠商利用其獨占能力，所獲得的利潤又稱為獨占利潤 (C)長期下，完全競爭市場中廠商可賺得超額利潤 (D)長期下，廠商將盡可能抬高價格與減少供給量，以獲取經濟利潤。
【12-2-2】

( ) 27.有關創新說之敘述何者錯誤？ (A)熊彼德提倡創新說 (B)倡導者認為實際社會是靜態社會 (C)競爭者的傲效將使創新所帶來的利潤消失 (D)創新活動是企業家利潤來源，也是社會進步的動力。 【12-2-2】

( ) 28.以下何者非企業家創新的方式？ (A)延攬人才 (B)建立新企業組織 (C)引進新技術 (D)開闢新市場。 【12-2-2】

( ) 29.開闢網路銷售業務屬於以下何種創新方式？ (A)運用新原料 (B)建立新企業組織 (C)引進新技術 (D)開闢新市場。 【12-2-2】

( ) 30.汽車廠開發油電混合或電動引擎屬於以下何種創新方式？ (A)運用新原料 (B)生產新產品 (C)引進新技術 (D)開闢新市場。 【12-2-2】

( ) 31.有關剩餘價值說之敘述何者錯誤？ (A)馬克斯提出此觀念 (B)企業家付給勞動的工資低於勞動對生產的貢獻，稱此兩者間的差額為「剩餘價值」 (C)視企業家的利潤是剝削勞動的成果 (D)以上皆非。 【12-2-2】

( ) 32.以下何一學說可說明利潤發生的原因？ (A)風險與不確定說 (B)投資儲蓄理論 (C)可貸資金說 (D)時間偏好說。 【12-2-2】

13 國民所得

財務報表是一窺企業經營成果的良好工具,而「國民所得會計」則是一國從事總體經濟活動結果的記錄,其中包括了「國內生產毛額」、「國民生產毛額」、「國民所得」與「個人所得」等,是國際通用的國家所得會計帳科目。

一個國家是由「政府」與成千上萬的「家戶」與「廠商」構成,為計算其國民所得會計,必須將繁雜的資料適當的蒐集、篩選並加以評估,自然是件浩大的工程,本章深入淺出介紹國民所得會計的起源、建立方式、缺點與經濟福祉之關係,讀者可以更瞭解我國的總體經濟概況,也能具備解讀各國經濟實力的基礎能力。

本章綱要

13-1 國民所得的概念

1. 國民所得會計的起源

▲ 國民所得會計之父
顧志耐
資料來源：維基百科

1930年代經濟大恐慌[1]，各國面臨重大經濟衝擊下，衡量一國經濟活動受到多大的影響，自然是重要課題。當時並無適當資料與統計方法瞭解究竟發生什麼事，時任職於美國國民經濟研究局（NBER）的顧志耐（Simon Kuznets）立志研究這個課題，經過幾年的努力，美國在1934年首度發表「國民所得」（national income）資料[2]。

為感謝顧氏開創國民所得會計帳的貢獻，世人尊稱顧志耐為「國民所得會計之父」，其更於1971年榮獲第三屆諾貝爾經濟學獎。

2. 我國國民所得會計之建立

1953年起，行政院成立國民所得統計小組，以聯合國「國民所得會計制度」（system of national accounts，SNA）為藍本，按年估計與編算中華民國台灣地區國民所得（俗稱國民所得黃皮書）。1970年起，按季發布所估計資料。

13-1-1　GDP與GNP的意義

當前世界各國主要以「國內生產毛額」衡量一國之經濟活動與經濟成長，我國也以「國內生產毛額」衡量經濟成長率[3]。藉由以下「國內生產毛額」與「國民生產毛額」之間關係的介紹，將可瞭解為何以「國內生產毛額」取代「國民生產毛額」來衡量一經濟體大小。

1. 國內生產毛額（gross domestic product，GDP）的定義

GDP係指一國「國內」，在一定期間內所生產出來，供最終用途的財貨與勞務之市場價值。相關含意詳見表13-1。

1　1930年代經濟大恐慌，導火線是1929年10月24日紐約股市崩盤，隨後美國經濟陷入嚴重的蕭條，進而波及全球經濟，進入長達十年的蕭條。

2　Simon Kuznets在1934年的National Bureau of Economic Research發表National Income, 1929-1932，開創國民所得會計。

3　行政院主計總處國民所得統計評審委員會，鑑於GNP衡量的本國住民所得無法忠實反映一地區經濟活動的真實情況，於1994年11月23日決議，我國依循國際慣例改以GDP衡量經濟成長率。

表13-1　*GDP*的含意

計算*GDP*的 四大關鍵	意　義
一國「國內」	一國的*GDP*包括了一國「國境內」之本國人與外國人，所生產的最終財貨與勞務之價值，可知*GDP*是用「國內」來界定一國的生產價值。 例如：*Super junior*來台開演唱會創造的價值，是計入台灣的*GDP*，而曾雅妮在美國高球職業賽中創造的價值，則是計入美國的*GDP*。
在「一定期間內」的生產價值	一國的*GDP*是衡量「一定期間內」所生產的價值。一定期間所指的時間長度通常為一年或一季。 *GDP*之計算原則如下四點： 1. 本期生產的財貨，不論售出與否，皆須計入本期*GDP*。 　例如：華碩2013年生產平板電腦，年底未銷售成為存貨，也須計入2013年的*GDP*。 2. 「二手貨」與「中古屋」買賣不計入本期*GDP*，但交易過程投入「人力與物力」的報酬，須計入本期*GDP*。 　例如：花爸委託仲介以20萬元賣出二手車，並支付佣金2萬元，當中只有2萬元佣金會計入本期*GDP*。 3. 「移轉性支付」（*transfer payments*）不計入*GDP*。 　例如：公債利息、退休金、撫卹金、救濟金與獎學金等，只是部門間的資源移轉，「移轉收支」本身對生產並無貢獻，故不計入*GDP*。 4. 「地下經濟」不計入*GDP*中。 　例如：走私、盜採砂石、色情、流動攤販等「非法經濟」，或是逃漏稅、地下工廠等所得申報或統計調查未能包含之經濟行為（即「隱藏經濟」）。「地下經濟」即為非法經濟與隱藏經濟之總合，其雖有交易活動，但難以正常管道掌握其對經濟的貢獻，故不計入*GDP*中。
「最終用途」的財貨與勞務價值	為避免重覆計算產出價值，*GDP*只計入供「最終用途」的財貨與勞務[4]價值，不計入生產過程使用原料與半製品等中間產品（*intermediate products*）的價值。 例如：麵包店為生產蛋糕出售所購入的雞蛋與麵粉不計入*GDP*中，但蛋糕的價值則應計入*GDP*。若購買雞蛋的目地是回家做料理來吃，則雞蛋屬於最終產品，應計入*GDP*。商品是否計入*GDP*中，端視購買此商品之用途而定。
市場價值	*GDP*是按市場價值來計算。但「自有房屋的設算租金」與「農民留供自用的農產品」兩項非市場活動，由於其價值較高，且易於估算，雖無市場交易，仍計入*GDP*中。 例如：家務工作（清掃、洗衣等）、自行修理房舍、粉刷牆壁或自己動手做等「無市場交易的經濟活動」，不易估計其價值，因此不計入*GDP*中。

4　作為「最終用途」的財貨，稱為「最終產品」（*final products*）。

2. 國民生產毛額（gross national product，GNP）的定義

GNP係指一國「常住居民」[5]，在一定期間內所生產出來，供最終用途的財貨與勞務之市場價值。有關GDP與GNP之差異見表13-2。

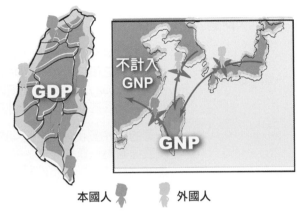

圖13-1　GDP與GNP

表13-2　GDP與GNP的差異

項目	GDP	GNP
1. 界定	採屬「地」主義（即一國國境內）來衡量一國之生產價值。	採屬「人」主義（即一國常住居民）來衡量一國之生產價值。
2. 計算上的關聯	GNP＝GDP＋本國要素在國外的所得－國外要素在本國的所得 　　　＝GDP＋國外要素所得淨額　　　　　　　　　　　（式13-1） 國外要素所得淨額＝本國要素在國外的所得－國外要素在本國的所得 　　　　　　　　　　　　　　　　　　　　　　　　　（式13-2）	

5　我國行政院主計總處估算GNP時，依據「聯合國1993SNA規範」採「常住居民」為界定標準而非「國籍」。

「本國常住居民」係指：

（1）主要經濟利益中心位於本國之個人、公司、政府機構及各種非營利機構等。

（2）外國觀光客及受僱於國際機構之非本國國民其停留本國超過一年以上者。

（3）治外法權之機構視為領土延伸，故使領館及駐外軍事機構人員，雖然住在國外，仍應納為本國常住居民。

（4）但本國國民之主要經濟利益中心位於國外者，如華僑及大陸台商等則非本國常住居民。

小關鍵大重點1

「流量」與「存量」

經濟學家將所關心的總體經濟變數，分為「流量」與「存量」兩類。

1. 流量（*flow*）：指經濟活動經過「**一段期間**」後，經濟變數「變化」的數量，即衡量單位時間內的數量。

2. 存量（*stock*）：指經濟活動在「**特定時間點**」上，經濟變數的數量，即衡量特定時點上的數量。

例如：我「這個月」或「在某期間」賺得「所得」，所得即為流量概念，我一旦退休，所得就變成零，但在「退休那天」我的「財富」有600萬，即使沒有所得，也能安心過退休生活，「財富」即為存量的概念。

圖13-2　流量與存量

動動腦❶　計入GDP還是GNP？

以下經濟活動中，計入我國*GDP*者打「✓」，計入*GNP*者打「○」。

經 濟 活 動	計入*GDP*	計入*GNP*
（1）小賈斯汀在台北小巨蛋演唱會的收入		
（2）長年居住大陸台商的收入		
（3）來台工作兩年，日籍技術人員薪資		
（4）宏碁去年生產的平板電腦，在今年銷售的收入		
（5）老賴售出股票的收入		
（6）稻農崑濱伯留為自用的稻米		
（7）崑濱伯的老農津貼收入（移轉性收入）		
（8）阿土盜採砂石的收入		

註：（2）　長年居住大陸的台商，雖具有台灣國籍且為我國國民，但因其經濟利益中心位於中國大陸，故非台灣的常住居民。

　　（3）　來台工作兩年的日籍技術人員，其主要經濟利益中心位於台灣，故應計入台灣之*GNP*。

13-1-2 國內生產毛額的衡量方法

實務上，一國GDP可採「生產面」、「支出面」與「所得面」等三種不同方式衡量，每一種衡量方法，都會得到一致的結果，故又稱為三面等價。

1.「生產面」計算GDP

生產面是以國內所有生產的總產值來估算*GDP*，其計算方法有「最終產品法」與「附加價值法」兩種。

（1）最終產品法（final product approach）

「最終產品法」即市場中最終財貨與最終勞務按市場價值計算的總合。為避免重覆計算，計算時僅計入最終產品的價值，不計入中間產品的價值。

> 最終產品法＝最終財貨的市場價值＋最終勞務的市場價值 （式13-3）

（2）附加價值法（value added approach）

「附加價值法」即每一生產階段中，所增加的價值總合。實務上，附加價值法依據生產過程之增值逐步計算，對國內生產整體之估計不致有遺漏與重複，且能分別陳示各類產業在國內生產毛額中所占比率及其變動趨勢，我國行政院主計總處即採附加價值法估計GDP。

圖13-3 三面等價

實力加強❶ 生產面計算GDP

農夫花3,000元向種苗廠購入小麥種子,小麥收成後,麵粉廠以20,000元收購所有小麥,製成的麵粉以40,000元全數售給麵包店,麵包店將麵粉製成土司,以75,000元售給消費者,請分別以「最終產品法」及「附加價值法」計算GDP。

解答

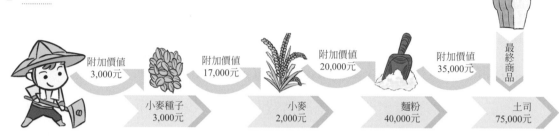

生產者	(1) 種苗廠	(2) 農夫	(3) 麵粉廠	(4) 麵包店	GDP
銷售額	3,000	20,000	40,000	75,000	最終產品法:75,000元。
附加價值	3,000	(2)－(1) ＝17,000	(3)－(2) ＝20,000	(4)－(3) ＝35,000	附加價值法:3,000+17,000+ 20,000+35,000=75,000元。

2.「支出面」計算**GDP**

「支出面」計算之GDP又稱為國內支出毛額(*gross domestic expenditure*,GDE)。

「家計、廠商、政府、國外」等四大部門構成一國經濟體系,加總四大部門購買之最終財貨與勞務的支出總值即為支出面之GDP。換言之,支出面是以最終商品的流向來衡量一國的GDP,加總一國之「民間消費」、「國內投資毛額」、「政府消費支出」與「淨出口」等支出總值,即為一國GDP(式13-4)。

$$GDP = C + I^G + G + X - M \qquad (式13-4)$$

C：民間消費支出

I^G：國內投資毛額，又稱國內資本形成毛額

G：政府消費支出

X：出口

M：進口

其中，$X-M$又稱為淨出口

（1）民間消費支出（private consumption expenditures，C）

民間消費支出即是一國的消費財支出。我國民間消費支出占GDP之比例最高，約為50%～60%之間。

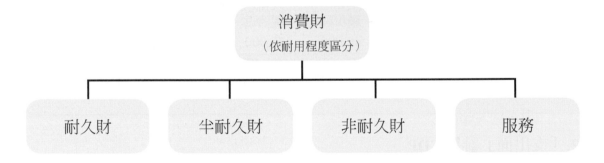

圖13-4　消費財的種類

圖13-4中，消費財依耐用程度分為四類。其中，耐久財（*durables*）係指可重覆使用，且一年以上耐用年限的商品。半耐久財（*semi-durables*）係指可重覆使用，且預期耐用年限超過一年的商品，但半耐久財的價格卻遠低於耐久財。根據行政院主計總處的歸類，家具、家電、寢具及汽機車等使用年限較長的物品屬於「耐久財或半耐久財」，而食品、飲料、菸草及燃料等屬於「非耐久財」，美容美髮、醫療、娛樂、交通及租金等則是「服務」。

（2）國內投資毛額（gross domestic investment，I^G）

國內投資毛額又稱國內資本形成毛額，包括「固定資本形成毛額」與「存貨增加」兩項。

① 「固定資本形成毛額」即固定投資，包括公、私部門當年購入之資本財或投資財，例如：機器設備、運輸設備。

② 「存貨」係指當年生產尚未銷售的部份，包括原材料、半製品及製成品。「存貨增加」即為期末存貨減期初存貨。

值得注意的是，「自用住宅設算的房租租金」計入民間消費支出，「購屋支出」則計入國內投資毛額。我國固定資本形成毛額占GDP比例約20%左右，存貨增加約為5%以下且逐漸下降，故國內投資毛額約占GDP的二成左右。

（3）政府消費支出（government consumption expenditures，G）

政府消費支出包括「政府購買最終財貨與勞務」與「雇用軍、公、教人員的薪資」。例如，教育、治安、國防與公共行政等支出皆屬於政府消費支出。我國政府消費支出占GDP比例正逐年減少。政府的移轉性支出不計入政府消費支出中。例如，老農津貼、敬老津貼等，屬於部門間資源移轉，僅為所得之重分配。

（4）出口（export，X）與進口（import，M）

「出口」係指國內生產輸出至國外的任何物品，由於不會再回銷國內成為中間產品，故皆視為最終產品。由於C、I^G、G、X中皆有「進口」商品的成分，故支出面計算GDP時應扣除進口。

（X－M）稱為「淨出口」。淨出口＞0，即出口＞進口，稱為貿易順差（trade surplus）；淨出口＜0，即出口＜進口，表示貿易逆差（trade deficit）。我國1970年代在政府政策帶動與民間努力下，淨出口由逆差轉為順差，直至2010年仍維持出口大於進口。

動動腦❷ 支出面計算GDP

甲國20X1年國民所得資料如下,試求該國20X1年之(1)民間消費支出(2)國內投資毛額(3)政府支出(4)GDP(5)甲國的貿易情況如何?

單位:億元

耐久財支出	200	去年建造完成的商辦	30
半耐久財	150	今年建造完成的廠房	30
醫療支出	50	今年建造完成的住宅	20
娛樂支出	10	敬老津貼	12
教育、治安、國防支出	200	期初存貨	15
軍、工、教薪資	120	期末存貨	30
自用住宅設算租金	20	出口	50
今年製造之機器設備	50	進口	60

▌解答

3.「所得面」計算GDP

「所得面」計算之GDP係指將一國國內的所有生產成果,分配給參與生產活動的各要素所有者。

國民所得(national income,NI[6])係指要素所有者參與生產活動的報酬(地租、工資、利息與利潤)總合(式13-5)。

資本設備在生產過程中產生折舊,自然不能計入企業的盈餘;再則,企業的收入必須繳交各種名目的間接稅外,還可能自政府處獲得各種不同形式的補貼,兩者的差額即為間接稅淨額,此亦不屬於企業的盈餘,因此企業須扣除「資本折舊」與「間接稅淨額」,剩餘部份才能分配給生產活動的參與者,故NI加上「資本折舊」與「間接稅淨額[7]」即為GNP(式13-6)。再依據GDP與GNP之關係(式13-1),將GNP扣除國外要素所得淨額,即為GDP(式13-7)。

---

6 關於NI,詳見13-2-2。

7 間接稅淨額請參見小關鍵大重點3。

國民所得（*NI*）＝地租＋工資＋利息＋利潤　　　　　　　　　（式13-5）

國民生產毛額（*GNP*）＝*NI*＋資本折舊＋間接稅淨額　　　　（式13-6）

GDP＝*GNP*－國外要素所得淨額　　　　　　　　　　　　　（式13-7）

動動腦③　所得面計算GDP

乙國今年國民所得資料如下，試求該國之（1）*NI*（2）*GNP*（3）*GDP*。

單位：億元

地租	150	資本折舊	35
薪資	200	間接稅淨額	15
債券利息	120	國外要素所得淨額	160
利潤	300		

解答

13-2 國民所得會計

國民所得會計中,除GDP與GNP等常用指標外,尚有其他可詮釋不同目的之指標。本節將逐步推演其他國民所得指標,與分析指標間相互之關係。

13-2-1 國民生產淨額(net national product,NNP)

NNP又稱為國民淨生產,等於國民生產毛額扣除資本折舊(式13-8);是一國常住居民,在一定期間內,所有生產之市值經扣除資本折舊後,顯現出生產的淨價值。

$$NNP＝GNP－資本折舊 \qquad (式13-8)$$

國民生產「毛額」與國民生產「淨額」

小關鍵大重點 2

觀點一:折舊成本之考量

GNP未扣除生產過程中,固定資本設備耗損(即資本折舊,depreciation),是「毛額」的概念。NNP是GNP扣除資本折舊後,呈現真正生產之淨值,故為「淨額」的概念。

觀點二:投資毛額與投資淨額(支出面衡量之一國之生產總值)

支出面所稱之國內投資毛額(即投資毛額,I^G),扣除資本折舊後,即為投資淨額(簡稱I^N,$I^N＝I^G－資本折舊$)。支出面表示GNP與NNP之關係如下:

$$GNP－NNP＝I^G－I^N＝資本折舊$$
$$GNP＝NNP＋資本折舊 \qquad (式13-9)$$

13-2-2 國民所得（national income，NI）

NI是一定期間內，「一國常住居民」所擁有的生產要素，參與生產的報酬總合。即國民的生產要素所得，也就是「地租、工資、利息與利潤」之總合（式13-10）。

小關鍵大重點3

國民所得之計算

從所得面與生產面皆可求得NI。所得面衡量之NI見式13-10，生產面衡量之NI見式13-11，兩者說明了國民生產的總價值（GNP），扣除資本折舊與間接稅淨額後，才能作為各生產要素所得之總合（NI）（圖13-5）。

NI＝地租＋工資＋利息＋利潤　　　　（式13-10，所得面衡量之NI）

NI＝GNP－資本折舊－間接稅淨額
　　＝NNP－間接稅淨額
　　＝NNP－（間接稅－政府對企業的補貼）（式13-11，生產面衡量之NI）

其中，間接稅淨額＝間接稅－政府對企業的補貼；
　　　間接稅包括：營業稅、貨物稅與進口稅等。

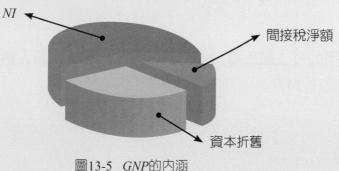

圖13-5　GNP的內涵

13-2-3　個人所得（personal income，PI）

PI係指在一定期間內，家計部門的所得總合。國民所得並非皆落入家戶手中，必須扣除「勞而不獲」，加入「不勞而獲」，故PI與NI之關係如式13-12。

$$PI＝NI－勞而不獲＋不勞而獲 \qquad （式13-12）$$

「勞而不獲」包括：營利事業所得稅、公司未分配盈餘、罰款與社會安全支付（國民保險、全民健保及公、勞、農保等社會保險）。

「不勞而獲」包括：移轉性支付；其中，國外移轉給家戶者，如九二一地震與莫拉克風災國外對我國的贈與。國內移轉給家戶者，如獎學金、消費券、退休金及各項社福津貼（老農津貼、災害急難救助與失業給付等）。

13-2-4　可支配所得（disposable income，DI）

DI係指個人所得中家計部門可支配所得。個人所得扣除「個人直接稅」（個人所得稅、遺產稅及贈與稅等）後，才是家計部門可自由支配所得（式13-13）。

$$DI＝PI－個人直接稅 \qquad （式13-13）$$

家計部門的可支配所得只使用在「消費」與「儲蓄」兩種用途，故兩者加總即為DI（式13-14）。

$$DI＝C+S \qquad （式13-14）$$

國民所得會計帳（各種國民所得指標的計算）

小關鍵大重點 4

各種國民所得指標之關係：

國內生產毛額（$GDP=C+I^{G}+G+X-M$）.................................... ①
　加：國外要素所得淨額

國民生產毛額（GNP）.. ②
　減：資本折舊

國民生產淨額（NNP）.. ③
　減：間接稅淨額（間接稅－政府對企業的補貼）

國民所得（$NI=$地租＋工資＋利息＋利潤）........................... ④
　減（勞而不獲）：
　　　營利事業所得稅
　　　公司未分配盈餘
　　　社會安全支付
　　　罰款
　加（不勞而獲）：
　　　移轉性支付

個人所得（PI）... ⑤
　減：個人直接稅
　　　家戶對國內外的移轉性支付

可支配所得（DI）.. ⑥
　減：個人消費（C）

個人儲蓄（S）.. ⑦

國民所得會計的計算

假設A國國民所得會計帳的資料如下，試求（1）NI（2）NNP（3）GNP（4）GDP（5）DI。

單位：億元

地租	100	營利事業所得稅	15
工資	300	政府對企業的補貼	20
利息	150	貨物稅	12
利潤	400	進口稅	15
資本折舊	40	勞保費	20
消費券	5	健保費	50
失業給付	10	風災救助	60
我國對友邦金援	20	個人所得稅	300
本國要素在國外的所得	70	國外要素在本國的所得	50

▌解答

（1）NI＝地租＋工資＋利息＋利潤＝100＋300＋150＋400＝950億元。

（2）NNP＝NI＋間接稅淨額＝NI＋（間接稅－政府對企業的補貼）

　　　　＝950＋（12＋15－20）＝957億元。

（3）GNP＝NNP＋資本折舊＝957＋40＝997億元。

（4）GDP＝GNP－國外要素所得淨額＝997－（70－50）＝977億元。

（5）DI＝NI－勞而不獲＋不勞而獲－個人直接稅

　　　　＝950－（15＋20＋50）＋（5＋10＋60）－300＝640億元。

13-3　國民所得會計的應用及限制

　　直至目前，已探討數種衡量「一國經濟活動」的指標，這些指標除了用來瞭解國家經濟情況、供政府施政參考外，還可為跨國間經濟成長與經濟實力的比較。然而，這類指標卻存有侷限性，本節將針對此問題加以說明。

13-3-1　物價水準的變動

　　前述GDP與GNP，皆按「當期市場價格」來衡量最終財貨的價值，故以「名目GDP」與「名目GNP」稱之。儘管相同數量的最終財貨，在不同期間可

能有不同的市場價格，解讀「名目」指標的變化，必須考量物價水準變動，才不致忽略其對經濟狀況的影響。

例如，某國連續兩年生產相同數量（例如：5,000個）的最終財貨，第二年財貨價格較第一年上漲一倍。只觀察名目*GDP*變動，容易誤認該國經濟情況大好，然而最終財貨數量相同下，實際上經濟並未改善。此例反映了名目*GDP*深受到物價水準影響。理論上利用「*GDP*平減指數」剔除物價水準變動，較可呈現真正的經濟生活水準。

1. 名目國內生產毛額（nominal GDP）

依「當期市場價格」衡量的國內生產毛額。

2. 實質國內生產毛額（real GDP）

依「基期市場價格」衡量的國內生產毛額。基期（*base period*）係指「用來做為比較基礎的時期」。

3. GDP平減指數（GDP deflator）

能反映全部最終財貨的物價指數，計算方式見式13-15。

$$GDP平減指數 = \frac{名目GDP}{實質GDP} \times 100\% \qquad （式13-15）$$

4. 經濟成長率（economic growth rate）

一般以「實質*GDP*變動」衡量一國經濟成長率，計算方式見式13-16。

$$第t年經濟成長率 = \frac{實質GDP_{第t年} \quad 實質GDP_{第t-1年}}{實質GDP_{第t-1年}} \times 100\%$$

$$= (\frac{實質GDP_{第t年}}{實質GDP_{第t-1年}} \quad 1) \times 100\% \qquad （式13-16）$$

實力加強④ 國民所得會計的計算

假設甲國只生產牛奶與麵包兩種最終財貨，20X1年與20X2年相關資料如下表，請以20X1年為基期，並回答以下問題。

	20X1年（基期）		20X2年	
	價格	數量	價格	數量
牛奶	@10元	20公升	@15元	22公升
麵包	@20元	10個	@30元	11個

1. 「甲國」在20X1年的名目GDP與實質GDP為何？兩者是否相同，若相同其原因為何？
2. 「甲國」在20X2年的名目GDP與實質GDP為何？
3. 「甲國」在20X2年的GDP平減指數為何？
4. 「甲國」在20X2年的經濟成長率為何？

解答

	公式	20X1年	20X2年
名目GDP	$\sum_{i=1}^{n} P_i^{當期} Q_i^{當期}$	$10 \times 20 + 20 \times 10$ $= 400$元	$15 \times 22 + 30 \times 11$ $= 660$元
實質GDP	$\sum_{i=1}^{n} P_i^{基期} Q_i^{當期}$	$10 \times 20 + 20 \times 10$ $= 400$元	$10 \times 22 + 20 \times 11$ $= 440$元
GDP平減指數	$\dfrac{名目GDP}{實質GDP} \times 100\%$		$\dfrac{660}{440} \times 100\% = 150\%$

1. 「甲國」20X1年的名目GDP與實質GDP皆為400元。

   以20X1年為基期，在$P^{基期} = P^{當期}$下，20X1年之名目GDP即為實質GDP。

2. 「甲國」20X2年的名目GDP為660元與實質GDP為440元。

3. 「甲國」20X2年GDP平減指數為150%。

4. 「甲國」在20X2的經濟成長率為10%。

$$\frac{實質GDP_{20X2} \quad 實質GDP_{20X1}}{實質GDP_{20X1}} \times 100\%$$

$$= \frac{440 - 400}{400} \times 100\% = 10\%$$

13-3-2　人口的變動與平均每人實質GDP

國內生產毛額（**GDP**）之大小與「人口多寡」有一定的關係。2010年，中國大陸GDP達58,783億美元，僅次於美國，為世界第二的經濟大國，遠高於台灣的4,304億美元（排行第24名）。若以「平均每人」有多少GDP比較時，台灣的18,588美元遠高於中國大陸的4,288美元。受到中國大陸十三億人口遠高於我國人口數之影響，使其GDP相形較我國來得多。

當我們關心的是「個人」生活水準時，須考慮人口變動的因素。「平均每人實質GDP」同時剔除「人口」與「物價」的影響性，適切反映了每人的經濟生活水準（式13-17），能忠實呈現一國人民的經濟生活程度。

$$平均每人實質GDP＝\frac{實質GDP}{總人口} \qquad\qquad (式13\text{-}17)$$

13-3-3　國民所得會計的問題

國民所得會計只計入一國的經濟活動，無法反映非經濟因素的影響，且基於以下基本問題，使國民所得會計無法精確衡量一國之GDP。

1. 無法掌握地下經濟

走私、盜採砂石、色情、流動攤販等「地下經濟」雖然有交易活動，但無法掌握與難以估計，而未計入GDP中，以致官方的GDP低估一國實際生產價值。

2. 漏掉無市場交易的經濟活動

家務工作（清掃、洗衣等）、自行修理房舍、粉刷牆壁或自己動手做等「無市場交易的經濟活動」，不易估計，而未計入GDP，以致低估GDP。

3. 忽略休閒的價值

適當的「休閒」可使人們提高生產效率，然而GDP中並未包含休閒的價值。我國「每人每月平均工時」自1980年至2010年的三十年來，每月平均工時減少33.9小時（表示休閒時間增加了），但這樣的變化並未反映在GDP中。

4. 未扣除外部成本與負產品（disproducts）

市場經濟活動造成的環境汙染（空氣、水及噪音汙染等）、健康損害（吸菸、酗酒及吸毒等）與損及他人的犯罪行為，皆屬負產品，卻未從GDP中扣除，以致高估民眾的經濟福祉。

5. 未反映所得分配的情況

GDP只呈現一國生產總值，未能反映所得分配情況，進而無法透過GDP瞭解一國的所得不均程度[8]。

6. 未反映產品品質與生產技術水準

GDP是「量」與「價」的呈現，無法從中得知品質改善與技術進步。例如，數位相機從1996年80萬畫數提升至2011年每部至少都有1,000萬畫數，當其價格不變時，GDP則無法反映出像這樣的品質改善。

13-4　經濟福利概念

1. 經濟福利的概念

經濟福利反映一國經濟活動的成果帶給國民的經濟生活水準。值得注意的是，經濟福利只用來反映經濟生活水準，不宜與反映人民生活福祉的「社會福祉」等同視之。

2. 經濟福利指標

各項國民所得會計指標中，「平均每人實質GDP」較適合作為衡量一國國民經濟福利之指標。主要是該指標已剔除「人口」與「物價」變動的影響，較能忠實呈現平均每人的經濟福利水準。

3. 新的經濟福利指標

（1）MEW 與 NEW

經濟學家諾浩思（William Nordhaus）和杜賓（James Tobin）於1972年提出經濟福利測度（measure of economic welfare，MEW）。他們主張

8　即便是「平均每人實質GDP」也只是「平均」的觀念，而無法呈現所得的分配程度。

有害國民福利的經濟活動應從GDP中扣除，同時加上可增加國民福利的經濟活動。

經濟學家薩穆遜（*Paul Anthony Samuelson*）以MEW為基礎，發展出衡量經濟福利的指標──經濟福利淨額（*net economic welfare*，NEW）。不論是MEW或NEW，兩者都有共同的觀點，並可表示如下：

| 國內生產毛額（GDP） |
| 　減：資本折舊 |
| 國內生產淨額（NDP） |
| 　　加：休閒的價值 |
| 　　　　未上市的價值 |
| 　　　　遺漏資本所提供之勞務 |
| 　　減：無益產品（國防、警消等「防弊」的支出） |
| 　　　　負產品（污染、垃圾等環境損害） |
| 經濟福利淨額（NEW） |

（2）綠色國民所得

綠色國民所得又稱為「環境與經濟綜合帳」，係將經濟活動對環境、生態及資源的耗損情況，納入國民所得帳中。當前我國行政院主計總處對於綠色GDP衡量，主要依據聯合國SEEA[9]（2003版）編製而成，估算情況如表13-3所示。

表13-3　台灣綠色國民所得（環境與經濟綜合帳）[10]

單位：百萬元

	2007年	2008年	2009年
GDP	12,910,511	12,620,150	12,477,182
減：自然資源折耗	18,838	18,330	17,856
環境品質質損	70,347	68,336	66,285
綠色GDP	12,821,326	12,533,484	12,393,041

9　SEEA為「環境經濟綜合帳系統」（*system of integrated environmental and economic accounting*）的簡稱。

10　「自然資源折耗」即自然資源使用量超過自然生長及補注，所造成存量下降的價值。「環境品質質損」則是估算減少污染排放所須投入的成本。

自我挑戰

一、選擇題（每題2分，＊表複選題）

( ) 1. 以下何者有「國民所得會計之父」之稱？ (A)薩穆遜 (B)凱因斯 (C)費雪 (D)顧志耐。 【13-1】

( ) 2. 1953年起，我國哪一單位負責編撰《中華民國台灣地區國民所得》 (A)經濟部 (B)國稅局 (C)國民所得統計小組 (D)財政部。 【13-1】

( ) 3. 當前世界各國皆以下列何者衡量一國之經濟活動與經濟成長？ (A)國內生產毛額 (B)國民生產毛額 (C)國民所得 (D)國民生產淨額。 【13-1-1】

( ) 4. (A)當年期末存貨 (B)購中古屋的佣金 (C)退休金 (D)自有房屋的設算租金 不應計入國內生產毛額（GDP）。 【13-1-1】

( ) 5. 早餐店購入雞蛋生產蛋餅，則 (A)雞蛋應計入GDP (B)蛋餅應計入GDP (C)煎蛋用的瓦斯應計入GDP (D)煎蛋用的油應計入GDP。 【13-1-1】

( ) 6. 國民生產毛額以下列何者為計算標準？ (A)淨價 (B)市價 (C)成本 (D)以上皆非。 【13-1-1】

( ) 7. 下列何者之所得不應計入國民生產毛額？ (A)一國常住居民 (B)我國駐外使館人員 (C)在台工作一年以上的外籍看護 (D)大陸台商。 【13-1-1】

( ) 8. 下列敘述何者錯誤？ (A)GNP採屬人主義衡量一國生產價值 (B)GDP採屬地主義衡量一國生產價值 (C)GNP＋國外要素所得淨額＝GDP (D)以上皆非。 【13-1-1】

( ) 9. GDP中不含移轉支付的原因為 (A)款項收到後未必會支付出去 (B)有重複計算的現象 (C)市場價值不易估計 (D)為部門間的移轉對生產沒有貢獻。 【13-1-1】

( ) 10. (A)支出面 (B)生產面 (C)所得面 (D)以上皆是 係以最終產品的流向來衡量GDP。 【13-1-2】

( ) 11. (A)支出面 (B)最終產品法 (C)附加價值法 (D)所得面 計算GDP僅計入每一生產階段所增加的價值總合來衡量國內生產毛額。 【13-1-2】

＊( ) 12. 一國經濟體系由哪些部門構成？ (A)家計 (B)廠商 (C)政府 (D)國外。 【13-1-2】

( ) 13. 下列何者正確？ (A)購屋支出應計入國內投資毛額 (B)軍、公、教人員薪資應計入民間消費 (C)存貨增加不應計入國內投資毛額 (D)老農津貼應計入政府支出。 【13-1-2】

（　）14.我國今年出口＞進口，表示我國　(A)有貿易逆差　(B)有貿易順差　(C)外匯存底減少　(D)將使GDP減少。　【13-1-2】

（　）15.要素所有者參與生產活動的報酬即為　(A)國民生產毛額　(B)地租＋工資＋利息＋間接稅淨額　(C)GNP－資本折舊　(D)國民所得（NI）。【13-1-2】

（　）16.政府為刺激民間消費，發放消費券給大眾，這種支出是屬於政府哪一類支出？　(A)消耗性支出　(B)資本性支出　(C)移轉性支出　(D)公債利息支出。　【13-1-2】

（　）17.(A)GNP　(B)GDP　(C)NI　(D)NNP　反映一國常住居民在一定期間內的生產淨價值。　【13-2-1】

（　）18.支出面的觀點，以下何者正確　(A)GNP＝C＋I＋G＋X－M＋國外要素所得淨額　(B)GNP＝C＋IN＋G＋X－M＋國外要素所得淨額　(C)NNP＝GNP＋資本折舊　(D)GDP＝NNP＋資本折舊。　【13-2-1】

（　）19.以下何者非間接稅　(A)所得稅　(B)營業稅　(C)貨物稅　(D)進口稅。
解：　【13-2-2】

（　）20.以下何者為生產面衡量之國民所得　(A)地租＋工資＋利息＋利潤　(B)GDP－資本折舊－間接稅淨額　(C)GNP－間接稅淨額　(D)NNP－（間接稅－政府對企業的補貼）。　【13-2-2】

（　）21.國民所得扣除勞而不獲，加不勞而獲為　(A)NNP　(B)PI　(C)DI　(D)GNP。　【13-2-2】

（　）22.以下何者計入個人所得　(A)全民健保　(B)我國對日本311地震的捐款　(C)老農津貼　(D)未分配盈餘。　【13-2-3】

（　）23.下列哪一項會使當年度國內生產毛額（GDP）增加？
(A)政府加碼提供獎學金給各項表現優良的學生
(B)百貨公司年終慶，吸引大批民眾前往搶購
(C)中古房屋成交價2,000萬元
(D)某投資大戶大舉買進5,000萬元的股票　【13-2-2】

（　）24.計算個人所得時，國民所得之處理何者正確？　(A)應加上失業給付　(B)應加上交通違規罰款　(C)應減去獎學金　(D)應加上營利事業所得稅。　【13-2-3】

（　）25.個人所得中家計部門可支配的所得為　(A)PI　(B)NI　(C)DI　(D)GNP。　【13-2-3】

（　）26.有關PI之敘述何者錯誤？　(A)DI＝C＋S　(B)DI＝NI－社會安全給付＋社會福利津貼　(C)DI＝PI－個人所得稅－遺產稅－贈與稅　(D)以上皆非。　【13-2-3】

(　) 27.為衡量一國經濟成長率，應使用以下何一工具？ (A)實質GDP變動率 (B)GDP平減指數 (C)名目GDP (D)以上皆非。 【13-2-3】

(　) 28.已知甲國20X1年實質GDP為6,000億元，20X2年的名目GDP為6,210億元，GDP平減指數為103.5%，則以下何者正確？
(A)甲國20X2年的經濟情況比20X1年好
(B)甲國20X2年的經濟情況比20X1年差
(C)甲國20X2年的經濟情況與20X1年一樣
(D)無法判斷。 【13-3-1】

(　) 29.已知乙國20X1年實質GDP為500億元，20X2年的實質GDP為600億元，則20X2年的經濟成長率為 (A)13% (B)17% (C)18% (D)20%。 【13-3-1】

(　) 30.假設今年中國大陸GDP為60億元、印度GDP為20億元，反映了 (A)中國大陸每人生活水準比印度好 (B)中國大陸的總產值不一定高於印度 (C)為比較兩國的每人生活水準，必須剔除「物價」與「人口」對GDP的影響 (D)為忠實反映兩國人民的生活水準，應以名目GDP作比較。 【13-3-2】

(　) 31.國民所得會計帳無法衡量以下何者？ (A)地下經濟 (B)無市場交易的經濟活動 (C)所得分配的情況 (D)以上皆是。 【13-3-3】

(　) 32.在各國民所得會計指標中，何者較適合衡量一國的經濟福利 (A)平均每人實質GDP (B)實質GNP (C)PI (D)DI。 【13-3-4】

(　) 33.有關經濟福利指標MEW的敘述何者錯誤？ (A)諾浩思（William Nordhaus）提出 (B)主張GDP中應扣除有害國民福利的經濟活動 (C)GDP應扣除地下經濟的貢獻 (D)MEW是經濟福利測度（measure of economic welfare）的縮寫。 【13-3-4】
解：

(　) 34.有關經濟福利指標NEW的敘述何者錯誤？ (A)諾浩思（William Nordhaus）提出 (B)薩穆遜提出 (C)以MEW為基礎出發展出來的經濟福利指標 (D)NDP＋休閒價值＋未上市的價值＋遺漏資本所提供之勞務－無益產品的支出－負產品。 【13-3-4】

二、綜合練習

1. 以下各活動中，計入*GDP*者請打「✓」，不計入者請打「×」。

   （共10分）　　　　　　　　　　　　　　　　　　　　　【13-1-1】

   例：撫卹金　　　　　　　　（×）

   1. 獎學金　　　　　　　　（　）　　6. 請師父粉刷牆面　　　　　（　）

   2. 出售中古屋所得　　　　（　）　　7. 農夫留供自用的農產品　　（　）

   3. 小甲賺得賣車仲介費　　（　）　　8. 盜採砂石　　　　　　　　（　）

   4. 今年的期初存貨　　　　（　）　　9. 賭博　　　　　　　　　　（　）

   5. 奶奶打理家務　　　　　（　）　　10. 民間標會　　　　　　　　（　）

2. 以下各變數，屬於流量者請打「✓」，屬於存量者請打「×」。

   （共10分）　　　　　　　　　　　　　　　　　　　　　【13-1-1】

   例：新出生人口　　　　　　（✓）

   1. 失業人數　　　　　　　（　）　　6. 國民所得　　　　　　　　（　）

   2. 國民生產毛額　　　　　（　）　　7. 進口量　　　　　　　　　（　）

   3. 個人財富　　　　　　　（　）　　8. 投資　　　　　　　　　　（　）

   4. 出口量　　　　　　　　（　）　　9. 消費　　　　　　　　　　（　）

   5. 資本數量　　　　　　　（　）　　10. 政府消費支出　　　　　　（　）

3. 請根據以下資料，求算（1）*DI*（2）*PI*（3）*NI*（4）*NNP*（5）*GNP*（6）*GDP*。（共6分）

   單位：百萬元

個人消費	100	印花稅	7
個人所得稅	200	貨物稅	11
個人儲蓄	60	進口稅	15
國民消費支出	500	政府對企業的補貼	20
期末存貨	40	公司未分配盈餘	60
教育支出	40	勞保費	30
出口	100	健保費	34
資本折舊	100	交通罰款	70
營利事業所得稅	30	獎學金	5
本國要素在國外的所得	60	撫恤金	3
國外要素在本國的所得	70	失業給付	12

解答

4. 泡泡國僅生產 A、B 兩種商品，相關資料如下表，請以 20X3 年為基期，求算該國 20X4 年之（1）實質 GDP（2）名目 GDP（3）GDP 平減指數（4）泡泡國之經濟成長率。（共 4 分）

年度	20X3 年		20X4 年	
項目	產量	價格	產量	價格
A 財	7800	20	6000	30
B 財	600	30	800	45

解答

	公式	20X3年	20X4年
名目 GDP			
實質 GDP			
GDP 平減指數			

14 所得水準的決定

2011年世界經濟論壇（WEF）公佈全球競爭力評比，142國中台灣名列第13名。其中，在政府赤字與政府負債兩項評比中退步許多。

金融海嘯期間，我國為紓緩衝擊，提出擬定「刺激消費」、「振興投資、加強建設」以及「穩定金融、促進出口」等三個基本政策方向，投入振興經濟方案的預算，同時持續擴大公共建設，此外，又推出了一連串的減稅措施，使財政負擔更形雪上加霜，藉由本章簡單凱因斯模型的介紹將可以瞭解我國採取上述措施，雖使政府財政負擔加重，但對未來經濟成長仍有所助益。

本章綱要

1. 有效需求理論
2. 消費函數與儲蓄函數
3. 投資函數
4. 簡單的均衡所得決定過程
5. 簡單的凱因斯模型
6. 總支出等於總產出分析法
7. 投資等於儲蓄分析法
8. 均衡所得決定式
9. 乘數原理與加速原理
10. 膨脹缺口、緊縮缺口與節儉的矛盾
11. 政府支出與均衡所得

14-1 消費、儲蓄與投資

14-1-1 有效需求理論

1. 有效需求理論的起源

1930年代發生全球性經濟蕭條，當時社會上普遍存在「民間消費與投資不足」、「廠商生產過剩」、「資本設備閒置」與「大量失業」等現象[1]，凱因斯觀察到市場中這股「總需求不足」的現象，於是在1936年出版《就業、利息與貨幣的一般理論》，闡明了如何解決當時的經濟問題。

總需求的構成要素為「民間消費支出（C）、投資支出（I）、政府支出（G）、淨出口（$X-M$）」等四項，即為國民所得會計帳中的「支出面」觀點，因此總需求又稱為總支出（aggregate expenditure，AE）。

2. 有效需求理論的概念

凱因斯觀察當時的經濟社會處於景氣蕭條，受到總需求不足影響，市場上存在商品過剩與大量資本與勞動閒置，因此認為充分就業並非處於常態，而提出「有效需求理論」。「有效需求理論」（theory of effective demand）認為景氣蕭條時，如能使總需求增加，此時廠商有能力提供商品，不僅可消除市場中過多的存貨，還能提高資本使用率與降低失業率，也不會影響物價水準。

14-1-2 消費函數[2]與儲蓄函數

從國民所得會計帳可知，可支配所得只有兩種用途——「消費」與「儲

---

1 面對經濟體系處於嚴重蕭條，尊重市場機能的古典學派對於總需求不足的現象尚無法提出有效的解決方法。
2 根據消費理論尚有各種不同消費函數，本書的分析著重於簡單凱因斯模型，僅介紹簡單消費函數。

蓄」。本節根據凱因斯觀點，融合已介紹過的國民所得會計帳，建立消費函數、儲蓄函數，及其與可支配所得的關係。

我國的民間消費占*GDP*的比例約六成水準，顯見消費對一國經濟的發展具有舉足輕重的影響。凱因斯根據人性與觀察，提出基本心理法則（*fundamental psychological law*）詮釋消費行為，指出一般而言，當所得增加時，人們將增加其消費，但消費增量低於所得增量。

▲可支配所得的用途

1. 消費函數（**consumption function，C**）

消費函數表示「消費」與「可支配所得」間的函數關係（式14-1)。消費函數由「自發性消費」與「誘發性消費」所組成，又稱為簡單消費函數（*simple consumption function*）。

$$C = \overline{C} + bY_d \tag{式14-1}$$

其中，

$\overline{C}$：自發性消費。為一固定常數，且$\overline{C} > 0$。

b：邊際消費傾向（*marginal propensity to consume，MPC*），$0 < b < 1$。

Y_d：可支配所得。

bY_d：誘發性消費。

（1）自發性消費（**autonomous consumption**）

自發性消費（$\overline{C}$）係指不受可支配所得（Y_d）影響的消費支出。亦即可支配所得為零時，消費者最起碼的消費支出。

（2）誘發性消費（induced consumption）

　　　誘發性消費（bY_d）即受可支配所得（Y_d）影響的消費支出。根據基本心理法則，可支配所得愈高，則誘發性消費水準也愈高。由於可支配所得[3]是個人所得扣除個人直接稅，當個人直接稅變動，將先影響可支配所得，進而再影響誘發性消費。

2.邊際消費傾向與平均消費傾向

（1）邊際消費傾向（MPC）

　　　MPC係指可支配所得變動一單位，引起消費支出變動的數量[4]（式14-2）。MPC[5]為固定常數b，且為消費曲線的斜率。根據基本心理法則，MPC將介於0與1之間（$0<b<1$）。

$$MPC = \frac{\Delta C}{\Delta Y_d} = b \text{，} 0 < b < 1$$　　　　　　　　　　（式14-2）

　　　圖14-1中，消費曲線與縱軸的截距項$\overline{0c}$即為自發性消費，消費曲線的斜率即邊際消費傾向b。

（2）平均消費傾向（average propensity to consume，APC）

　　　APC係指每一單位可支配所得中，用於消費的比例（式14-3）。APC反映消費占可支配所得的比例，APC與Y_d呈反向關係，當Y_d愈大，APC愈小（因$\frac{\overline{C}}{Y_d}$愈小），反之，Y_d愈小，APC愈大。

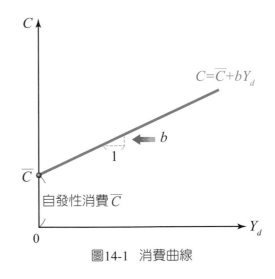
圖14-1　消費曲線

3　可支配所得等於個人所得扣除個人直接稅：$Y_d=Y-T$；T：個人直接稅（個人所得稅、遺產稅及贈與稅等）。

4　短期下，社會習慣與所得分配等因素變動不大，因此凱因斯認為短期間MPC相當穩定。

5　$\Delta C = \Delta(\overline{C} + bY_d) = b\Delta Y_d$，$b$與自發性消費為常數，故$\frac{\Delta C}{\Delta Y_d} = b$。

$$APC = \frac{C}{Y_d} = \frac{\overline{C} + bY_d}{Y_d} = \frac{\overline{C}}{Y_d} + b \qquad （式14-3）$$

（3）MPC 與 APC 的關係

根據式14-2與式14-3（推導如下），可得$APC > MPC$。

$$APC = \frac{\overline{C}}{Y_d} + b$$

$$\frac{\overline{C}}{Y_d} > 0 \ \text{且} \ MPC = b$$

$$\therefore (\frac{\overline{C}}{Y_d} + b) > b$$

$$APC > MPC$$

3. 影響消費的因素

消費除了受可支配所得（Y_d）影響外，還受到表14-1中因素影響。

表14-1　影響消費的因素

影響因素	說明
利率水準	利率上升，將抑制消費而增加儲蓄[6]。
財富水準	財富增加，消費能力提高，消費支出增加。
物價水準	物價上漲會降低消費者的實質購買力，進而減少消費支出。
對未來的預期	消費者對未來的預期樂觀（如工作穩定、收入將提高），則愈願意消費，消費支出會增加。
所得分配狀況	一般而言，高所得家戶的MPC較低所得家戶為低。因此，當所得只集中在少數富人手中，社會的消費水準將較低。反之，所得愈平均，社會的消費水準將提高。

4. 儲蓄函數（saving function，S）

儲蓄函數係指「儲蓄」與「可支配所得」間的函數關係（式14-4）。

可支配所得用於「消費」與「儲蓄」兩種用途，故$C + S = Y_d$。則儲蓄函數可表示爲$S = Y_d - C$。又$C = \overline{C} + bY_d$代入前述S中，經過整理儲蓄函數即爲式14-4。

---

6 從個人角度看，利率的增加，受財富效果影響，消費支出的變化將不確定。但總體經濟學家認爲，經由全體的加總，財富效果大致上會抵消，通常認爲民間消費與利率呈反向關係。

$$S = -\overline{C} + (1 - b)Y_d \text{, } 0 < (1 - b) < 1 \qquad \text{（式14-4）}$$

自發性儲蓄 ↲ 　　　　↳ 誘發性儲蓄

儲蓄函數由「自發性儲蓄[7]」與「誘發性儲蓄」組成。其中，「自發性儲蓄」不受可支配所得影響。「誘發性儲蓄」則受可支配所得影響，當可支配所得愈高，誘發性儲蓄水準也愈高（圖14-2）。

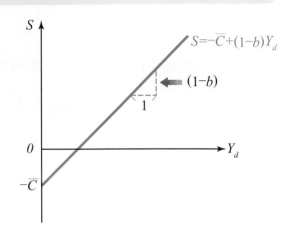

圖14-2　儲蓄曲線

5. 邊際儲蓄傾向與平均儲蓄傾向

（1）邊際儲蓄傾向（marginal propensity to save，MPS）

　　MPS係指可支配所得變動一單位，引起儲蓄支出變動的數量（式14-5）。MPS為固定常數（$1-b$），亦為儲蓄曲線的斜率。

$$MPS = \frac{\Delta S}{\Delta Y_d} = (1 - b) \text{ , } 0 < (1 - b) < 1 \qquad \text{（式14-5）}$$

（2）平均儲蓄傾向（average propensity to save，APS）

　　APS係指每一單位可支配所得中，用於儲蓄的比例（式14-6）。APS反映儲蓄占可支配所得的比例APS與Y_d呈正向關係；當Y_d愈大，APS愈大（因$-\frac{\overline{C}}{Y_d}$愈大[8]），反之，$Y_d$愈小，APS愈小。

$$APS = \frac{S}{Y_d} = \frac{-\overline{C} + (1 - b)Y_d}{Y_d} = -\frac{\overline{C}}{Y_d} + (1 - b) \qquad \text{（式14-6）}$$

7　不論有無儲蓄，生活上消費者都有最起碼的消費支出，故自發性儲蓄為負值（意謂自發性消費支出為負）。

8　$-\frac{\overline{C}}{Y_d} < 0$，$Y_d$愈大$\frac{\overline{C}}{Y_d}$愈小，故$-\frac{\overline{C}}{Y_d}$愈大。

6. 消費與儲蓄之關係

藉由45度線的輔助,可得圖14-3中消費與儲蓄的對應關係。消費曲線與45度線相交於e點,此時可支配所得等於均衡所得($Y_d = Y^*$),滿足**消費等於可支配所得**($C = Y_b$),故e點為**收支平衡點**(**break even point**)。

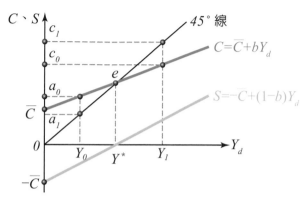

圖14-3　消費曲線與儲蓄曲線

根據基本心理法則[9],圖14-3中,可支配所得(Y_d)與儲蓄之關係如下:

(1) 可支配所得小於均衡所得($Y_0 < Y^*$)時,消費會大於可支配所得($\overline{0a_0} > \overline{0a_1}$),則儲蓄為負值。

(2) 可支配所得小於均衡所得($Y_1 > Y^*$)時,消費小於可支配所得($\overline{0c_0} < \overline{0c_1}$),儲蓄為正值。

小關鍵大重點 1

消費傾向與儲蓄傾向的關係

1. $APC + APS = 1$

   根據$C + S = Y_d$,可得平均消費傾向與平均儲蓄傾向的總合為1。

   $$APC + APS = \frac{C}{Y_d} + \frac{S}{Y_d} = \frac{Y_d}{Y_d} = 1$$

2. $MPC + MPS = 1$

   根據式14-2與式14-5,邊際消費傾向與邊際儲蓄傾向的總合為1。

   $$MPC + MPS = b + (1-b) = 1$$

9　根據基本心理法則,可支配所得小於Y^*($Y_d < Y^*$),所得減少大於消費減少,故從收支平衡變成入不敷出(負儲蓄)。反之,可支配所得大於Y^*($Y_d > Y^*$),所得增加大於消費增加,故從收支平衡變成正儲蓄。

14-1-3 投資函數

1. 投資的意義

　　「投資」係指一段時間內資本財的增量，即固定資本形成毛額與存貨增加，例如新購入的機器設備、各種建築物或存貨變動等三種實體資本，故投資是流量的概念[10]。

2. 投資函數（investment function，I）

　　常用的投資函數有以下兩種形態：

（1）投資函數爲一常數

　　　　投資不受所得影響時，投資函數即爲「自發性投資」（$I = \bar{I}$，且$\bar{I} > 0$）。此時投資的多寡仍受資本財價格、利率、預期因素、技術水準與生產成本等因素影響。

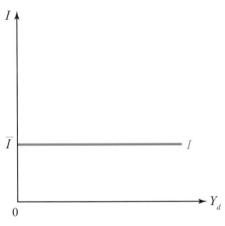

圖14-4　投資曲線－投資函數為常數

（2）投資受所得影響

　　　　投資由「自發性投資（$\bar{I}$）」與「誘發性投資（iY）」兩部分所組成（式14-7）。其中i表示邊際投資傾向（MPI），MPI大於零（$i > 0$），意謂所得增加將誘發投資增加。

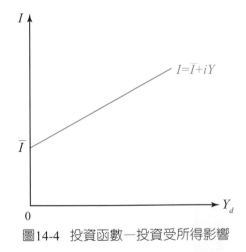

圖14-4　投資函數－投資受所得影響

---

10 資本是「特定時間點上」資本財的總量，是「存量」的概念。值得注意的是，一般稱購入金融商品（例如：股票、基金、債券、期貨等）爲投資行爲，由於該行爲僅爲財產權之移轉，並非添購「新的資本財」，故非經濟學所稱之投資。

$$I = \bar{I} + iY \qquad\qquad (\text{式}14\text{-}7)$$

其中$\bar{I}$、i皆大於零。

3. 投資邊際效率（marginal efficiency of investment，MEI）

*MEI*觀念源自凱因斯[11]，用以衡量投資的預期報酬率，並作為投資的決策依據，又稱為「內部報酬率」。

（1）衡量投資邊際效率

*MEI*是一種「貼現率」，用於折現「投資在未來各年的預期收益」，並使其現值的總合等於投資財價格，有關*MEI*之計算見式14-8。

$$P_I = \frac{R_1}{1 + MEI} + \frac{R_2}{(1 + MEI)^2} + \cdots\cdots + \frac{R_n}{(1 + MEI)^n} \qquad (\text{式}14\text{-}8)$$

其中，

P_I：投資財價格[12]，或稱「投資的重置成本」。

$R_1，R_2，\cdots\cdots，R_n$：未來各年的預期收益。

（2）投資決策

投資決策依據「成本與收益」的觀點來決定是否值得投資。*MEI*就是投資的收益，「市場利率（i）」是投資的成本，亦即投資的機會成本。有關投資者的決策行為，見表14-2。

11 凱因斯提出「資本邊際效率」（*marginal efficiency of capital*，MEC），後來的學者如薩穆遜，為避免對「資本」與「投資」的混淆，提出*MEI*用來說明投資的決策行為。

12 投資財價格即廠商新購入之資本財的價格。

表14-2 投資者的決策行為

收益與成本	經濟含意	決策行為
$MEI>i$	投資的收益＞成本，表示有利投資	增加投資
$MEI=i$	投資的收益＝成本，表示投資與否並無差異	投資不變
$MEI<i$	投資的收益＜成本，表示不利投資	減少投資

圖14-6中，負斜率的MEI曲線表示隨著投資不斷增加，使得資本邊際生產力遞減，MEI減少。反之，投資逐漸減少時，MEI將增加。

4. 影響投資的因素

自投資邊際效率的觀點而言，投資決策不僅受到「利潤」、「投資成本（投資財價格）」的影響，也與「預期收益的水準」有關。影響預期收益的因素，詳見表14-3。

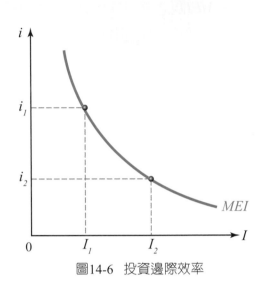

圖14-6　投資邊際效率

表14-3 影響投資的預期收益因素

影響因素	說明
技術與創新	技術進步、產品創新與品質提高等皆有助於提高財貨價格或降低生產成本，使得投資的預期收益增加，MEI提高。
預期產品市場的未來狀況	預期銷售暢旺，使得投資的預期收益增加，MEI提高。
生產成本與稅賦	生產成本或稅賦的增加，皆使廠商的成本提高，使投資的預期收益減少，MEI下降。
資本設備利用率	資本利用率愈高，表示投資新增資本較少被閒置，使得投資的預期收益提高，故MEI也較高。

14-2　簡單的均衡所得決定過程

簡單凱因斯模型係由「消費」、「儲蓄」與「投資」所構成。透過此簡單架構，我們仍可掌握<u>凱因斯</u>理論的核心與均衡所得的決定。

14-2-1　簡單凱因斯模型（simple keynesian model）

1. 基本假設

實際運作模型之前，必須先瞭解六大基本假設：

① 經濟社會處於「未充分就業」。

②「利率」與「物價」固定不變。

③ 未考慮政府與國外部門，故總需求（即總支出）來自家計部門的「消費」（C）與廠商部門的「投資」（I），即 $AE＝C＋I$。

④ 消費需求就是簡單消費函數（$C＝\overline{C}＋bY_d$）。

⑤ 投資需求即自發性投資（$I＝\overline{I}$），為一外生決定的固定常數。

⑥ 未考慮折舊（無政府部門），$GDP＝NNP＝NI＝PI＝DI$，因此總所得（總產出）即為可支配所得（$Y＝Y_d$）。

2. 簡單凱因斯模型的基本構成

根據基本假設，簡單凱因斯模型，由式14-9中四方程式構成。又可支配所得只用於消費與儲蓄，故總所得（總產出[13]）恆等於消費與儲蓄（式14-9，①），符號「≡」表示恆等。

> 總產出：$Y≡C＋S$…………①
> 總支出（總需求）：$AE＝C＋I$…………②
> 消費：$C＝\overline{C}＋bY_d$…………③
> 投資：$I＝\overline{I}$…………④ （式14-9）

---

[13] 簡單凱因斯模型中，總產出的成果全部分配給要素所有者，故總產出即總所得，本書統一以總產出稱之，並以總支出一詞統稱總需求，以與商品市場與貨幣市場均衡時之 AD（總合需求）及勞動市場均衡之 AS（總合供給）有所區隔。

3. 影響總支出的因素

（1）自發性支出變動，使總支出平行移動：消費或投資的自發性支出增加，
使 AE 線平行上移（圖 14-7(a)，$AE_0 \rightarrow AE_1$）。

（2）誘發性支出變動，使總支出斜率改變：當 MPC 增加，使將 AE 線的斜率
變大（圖 14-7(b)，$AE_0 \rightarrow AE_2$）。

簡單凱因斯模型中，常用「總支出等於總產出法」或「投資等於儲蓄法」
決定均衡所得，詳細內容見14-2-2及14-2-3介紹。

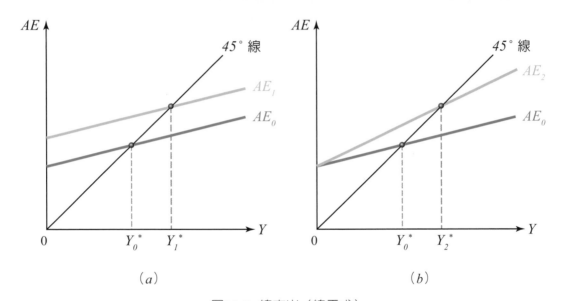

圖14-7 總支出（總需求）

總支出函數

將消費函數與投資函數代入總支出中，可以發現總支出函數也是由「自發性總支出」與「誘發性總支出」所組成。自發性總支出是由自發性消費與自發性投資所組成$\overline{C}+\overline{I}$。誘發性總支出在簡單凱因斯架構下，即為消費的誘發性支出（bY_d）。

已知$AE=C+I$

則$AE=(\overline{C}+bY_d)+\overline{I}$，其中$\overline{E}=(\overline{C}+\overline{I})$

故$AE=\overline{E}+bY_d$

可支配所得為零（$Y_d=0$）時，總支出（AE）即為自發性總支出（$\overline{E}$）也就是$\overline{C}+\overline{I}$。

14-2-2　均衡所得決定①－總支出等於總產出分析法

總支出等於總產出時（$AE=Y$）[14]，表示商品市場中沒有過剩或不足，此時市場達到均衡，同時決定了均衡產出（Y^*）。依據表14-4與模型假設，說明均衡所得之決定（圖14-8）。

圖14-8中，縱軸表示總支出AE，橫軸表示總產出Y，當總產出為零時，AE線與縱軸交在120元，是一條斜率為0.6的直線。

表14-4　總產出與總支出

總產出（Y）	總支出（$AE=120+0.6Y$）	消費（$C=20+0.6Y$）	儲蓄（$S=-20+0.4Y$）	投資（$I=100$）	產出水準的變化
100	180	80	20	100	產出將增加（供不應求）
300	300	200	100	100	產出不變（均衡狀態）
500	420	320	180	100	產出將減少（供過於求）

14 國民所得會計帳中的資料都是已發生的數字，不論滿意與否，皆已實現，故總產出Y為「事後（即實現了）」的概念。詳見小關鍵大重點4。

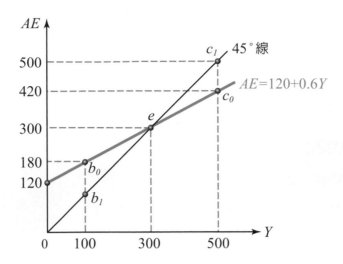

圖14-8　均衡所得決定─總支出等於總產出分析法

45度線的作用

小關鍵大重點3

　　圖14-8中，以45度線為輔助線，線上每一點到兩軸的距離相等[15]，簡單凱因斯模型的均衡所得分析透過「45度線」輔助，以利比較總支出與總產出，故又稱為「45度線分析法」。

（1）總產出小於總支出（$Y < AE$）

　　圖14-9中，$Y = 100$時，$AE = 180$，總產出小於總支出，商品市場發生供不應求（短缺了$\overline{b_0 b_1}$），廠商於是增產使總產出增加，直至總支出等於總產出為止（$AE = Y = 300$）。

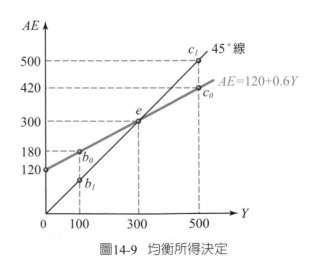

圖14-9　均衡所得決定

---

15 45度線上的每一點至兩軸皆等距，表示線上每一點皆為總支出等於總產出。

（2）總產出大於總支出（Y ＞ AE）

　　圖14-9中，$Y=500$時，$AE=420$，總產出大於總支出，商品市場發生供過於求（$\overline{c_1c_0}$ 的過剩），表示非預期存貨過多，廠商為減少存貨於是減產，使總產出減少，直至總支出等於總產出為止（$AE=Y=300$）。

（3）總產出等於總支出（Y=AE）

　　圖14-9中，$Y=300$時，$AE=300$，總產出等於總支出，商品市場供需均衡，產出水準維持不變，此時均衡所得$Y^*=300$，即圖中e點。

預擬與實現之概念

小關鍵大重點 4

1.預擬的（planned）表事前（ex ante）的概念

　　「預擬」即「打算」或「計畫」進行的意思，因此又稱為「計畫的」、「事前的」。從表14-4中可知，對家計部門而言，若給其100元的總所得（$Y=100$），那麼其將計畫消費80元、而且計畫儲蓄20元，表中的計畫投資是固定常數（100元）。

2.實現的（realized）表事後（ex post）的概念

　　實現是指「實際發生」的意思，因此又稱為「事後的」。國民所得會計帳中的資料（例如：消費、投資與儲蓄等）皆為實際發生的最終產品價值。

　　在均衡所得下，預擬的必然實現，於是預擬的就等於實現的。

　　現實的社會中，某一期間內生產出來的最終財貨的總量，也會有生產不足或生產過剩的情形，生產過剩時，就會發生有產品賣不出去，這些是原先沒打算的（非計畫的）存貨增量，會被計入國民所得會計中。當生產不足時，就發生了供不應求，於是透過兩種方式來解決，一是消費者直接減少需求，以調整成與總產出一致；另一則是廠商先出售存貨（存貨減少）供應給市場，國民所得會計帳中的實際投資減少，使與總產出一致。

14-2-3　均衡所得決定②－投資等於儲蓄分析法

加以整理均衡所得決定條件（$AE=Y$），可推得投資等於儲蓄（$I=S$）時，所得也處於均衡狀態（式14-10）。

總產出：$Y \equiv C+S$…………①

總支出（總需求）：$AE=C+I$…………②

$$AE=Y$$
$$C+S=C+I$$
$$S=I$$

（式14-10）

依據表14-4與模型假設，說明均衡所得之決定（圖14-10）。圖14-10中，縱軸表示投資與儲蓄，橫軸表示總產出Y，由於投資不受總產出影響（爲一固定常數，100元），故爲一平行橫軸的直線。

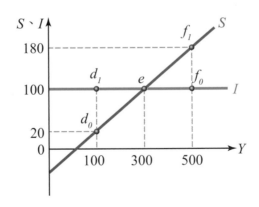

圖14-10　均衡所得決定－投資等於儲蓄分析法

（1）計畫投資大於計畫儲蓄（I ＞ S）

　　圖14-10中，$Y=100$時，計畫投資大於計畫儲蓄（100元＞20元），廠商生產不足，市場上供不應求（短缺$\overline{d_1d_0}$），促使廠商減少存貨，增加生產，使得總產出增加，直至計畫投資等於計畫儲蓄爲止（$I=S$），此時均衡所得$Y^*=300$，即圖中e點。

（2）計畫投資小於計畫儲蓄（I＜S）

　　圖14-10中，Y＝500時，計畫投資小於計畫儲蓄（100元＜180元），廠商生產過剩，市場上供過於求（$\overline{f_1 f_0}$的過剩），表示存貨過多，促使廠商減產，使得總產出下降，直至計畫投資等於計畫儲蓄為止（$I=S$），此時均衡所得Y^*=300，即圖中e點。

（3）計畫投資等於計畫儲蓄（I=S）

　　圖14-10中，Y＝300時，計畫投資等於計畫儲蓄（100元＝100元），商品市場無過剩與短缺，產出水準將維持不變，此時均衡所得Y^*=300，即圖中e點。

小關鍵大重點5

「總支出等於總產出分析法」與「投資等於儲蓄分析法」

　　「總支出等於總產出分析法」與「投資等於儲蓄分析法」是一體兩面的分析方式，其對應關係如圖14-11所示。

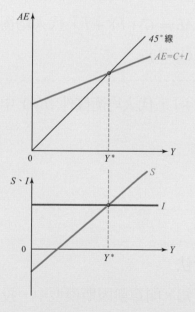

圖14-11　簡單凱因斯模型之均衡所得決定

14-2-4　計算均衡所得的方式

1. 總支出等於總產出分析法

由14-2-2小節中可知，簡單凱因斯模型中，總支出等於總產出（$AE = Y$），決定了均衡所得。相關計算方式與步驟詳見下述。

總支出：$AE = C + I$ ⋯⋯⋯①
消費：$C = \overline{C} + bY$ ⋯⋯⋯②
投資：$I = \overline{I}$ ⋯⋯⋯③

步驟1：求總支出函數

將消費函數（②）與投資函數（③）代入總支出（①）中，即可得總支出函數為 $AE = \overline{C} + bY + \overline{I}$。

步驟2：根據均衡條件，求算均衡所得

將步驟1之結果（$AE = \overline{C} + bY + \overline{I}$）代入均衡條件 $AE = Y$ 中，加以整理即得均衡所得 $Y^* = \dfrac{1}{1-b}(\overline{C} + \overline{I})$。

> 已知 $AE = \overline{C} + bY + \overline{I}$，代入均衡條件 $AE = Y$ 中，則
> $Y = \overline{C} + bY + \overline{I}$
> $(1 - b)Y = \overline{C} + \overline{I}$
> $Y^* = \dfrac{1}{1-b}(\overline{C} + \overline{I})$

2. 投資等於儲蓄分析法

由14-2-3小節中可知，簡單凱因斯模型中，投資等於儲蓄（$I=S$），即決定了均衡所得。相關計算方式與步驟詳見下述。

儲蓄：$S = -\overline{C} + (1 - b)Y$ ⋯⋯⋯①
投資：$I = \overline{I}$ ⋯⋯⋯②

將儲蓄（①）與投資（②）代入均衡條件$I=S$中，加以整理即得均衡所得$Y^* = \dfrac{1}{1-b}(\overline{C}+\overline{I})$，與「總支出等於總產出法」的均衡所得一致。

> ①、②代入均衡條件（$I=S$），則
> $$I = S$$
> $$\overline{I} = -\overline{C} + (1-b)Y$$
> $$Y^* = \frac{1}{1-b}(\overline{C}+\overline{I})$$

實力加強① 投資受所得影響時之均衡所得

請根據丙國之簡單凱因斯模型架構（單位：元），回答問題。

總支出：$AE = C+I$

總產出：$Y \equiv C+S$

消費：$C = 10 + 0.6Y$

投資：$I = 10 + 0.2Y$

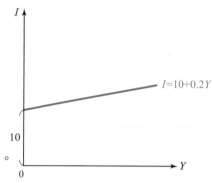

（1）丙國的儲蓄函數為何？

（2）丙國的總支出函數為何？

（3）請以總支出等於總產出法，求丙國的均衡所得。

（4）請以投資等於儲蓄法，求丙國的均衡所得。

▍解答

（1）丙國的儲蓄函數 $S = -10 + 0.4Y$	$S = Y - C$ $S = Y - (10 + 0.6Y)$ $S = -10 + 0.4Y$
（2）丙國的總支出函數 $AE = 20 + 0.8Y$	$AE = C + I$ $AE = (10 + 0.6Y) + (10 + 0.2Y)$ $AE = 20 + 0.8Y$
（3）總支出等於總產出法之丙國的均衡所得為100元。	$AE = Y$ $20 + 0.8Y = Y$ $0.2Y = 20$ $Y^* = 100$
（4）投資等於儲蓄法之丙國的均衡所得為100元。	$I = S$ $10 + 0.2Y = -10 + 0.4Y$ $0.2Y = 20$ $Y^* = 100$

14-3　乘數原理與加速原理

自發性投資增加，引發「所得增量」數倍於「投資增量」，此即「乘數原理」。本節除介紹自發性支出增加，產生的乘數效果外，進一步，還將說明小克拉克（*John Maurice Clark*）所提出的「加速原理」，最後再說明薩穆遜（*Paul A. Samuelson*）於1939年提出的「乘數—加速原理」。

14-3-1　乘數原理

1. 乘數原理（multiplier principle）的意義

凱因斯提出了著名的乘數原理，其認為經濟體系處於「未充分就業」時，當總支出（包括：消費、投資、政府支出與淨出口）中，任何一項「自發性支出」的變動，將引發「均衡所得」呈同方向變動，且所得的變動量數倍於自發性支出的變動量，稱此為「乘數效果」，又該倍數稱為乘數。

2. 乘數原理的經濟分析

簡單凱因斯模型下，自發性支出增加（自發性消費或自發性投資增加），使圖14-12中總支出線平行上移（$AE_0 \to AE_1$，自發性支出增量為$\overline{a_1 a_0}$），均衡所得增加（$Y_0^* \to Y_1^*$，均衡所得增量為$\overline{Y_0^* Y_1^*}$），故乘數效果下，$\overline{Y_0^* Y_1^*} > \overline{a_1 a_0}$，產出增量數倍於自發性支出的增量。

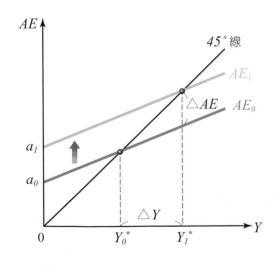

圖14-12　自發性支出變動的乘數效果

乘數原理的經濟直覺

簡單凱因斯模型中，當自發性消費增加10元時，此10元必然成為某人的所得，故所得增加10元。由於所得增加，誘使消費增加$10b$元（誘發性消費增加），此消費增加又會成為所得，如此不斷循環，最後所得的總增量 $\triangle Y$為$10\left(\dfrac{1}{1-b}\right)$元，比起一開始增加的自發性消費要來得多（表14-6）。

表14-6　乘數原理

	$C = \overline{C} + bY$ 自發性消費變化	$Y = C + I$ 所得變化	所得總增量[16]
0	$\overline{C}$ 增加10元，使C增加10元	Y也增加10元	
1	Y增加10元，使C增加$10b$元	Y也增加$10b$元	$\triangle Y = 10 + 10b + 10b^2 + \cdots\cdots$
2	Y增加$10b$元，使C增加$10b \times b$元	Y也增加$10b \times b$元	$= 10(1 + b + b^2 + \cdots\cdots)$
3	Y增加$10b \times b$元，使C增加$(10b \times b) \times b$元	Y也增加$(10b \times b) \times b$元	$= 10\left(\dfrac{1}{1-b}\right)$
4	⋮	⋮	

3. 自發性支出乘數

「自發性支出乘數」即是「均衡所得的變動量」除以「自發性支出的變動量」，式14-11是簡單凱因斯模型下之自發性支出乘數。假設自發性投資增加10元，引發均衡所得增加50元，則投資的自發性支出乘數即為5。

$$自發性支出乘數 = \frac{均衡所得變動量}{自發性支出變動量} = \frac{1}{1-b} = \frac{1}{MPS} \qquad （式14-11）$$

---

16 所得增量中$(1 + b + b^2 + \cdots\cdots)$為無窮等比級數，由於$0 < b < 1$。因此
$(1 + b + b^2 + \cdots\cdots) = \dfrac{1}{1-b}$。

（1）投資乘數（$K_{\bar{I}}$）

表14-7中，當自發性投資支出從$\bar{I}$增加為$\bar{I}+\triangle I$時，均衡所得由Y_0^*增加為Y_1^*，則投資乘數$K_{\bar{I}}=\dfrac{1}{1-b}$。又$b$為邊際消費傾向（$MPC$），故$1-b$即為邊際儲蓄傾向（$MPS$），所以投資乘數$K_{\bar{I}}=\dfrac{1}{1-b}=\dfrac{1}{MPS}$。

表14-7 投資乘數

自發性投資變化（$\triangle\bar{I}$）	均衡所得	均衡所得變化（$\triangle Y$）	投資乘數推導
當$I_0=\bar{I}$時	$Y_0^*=\dfrac{1}{1-b}(\bar{C}+\bar{I})$	－	$K_{\bar{I}}=\dfrac{\triangle Y}{\triangle\bar{I}}$
投資增加$\triangle\bar{I}$元，則$I_1=\bar{I}+\triangle\bar{I}$	$Y_1^*=\dfrac{1}{1-b}(\bar{C}+\bar{I}+\triangle\bar{I})$	$\triangle Y=Y_1^*-Y_0^*$ $\triangle Y=\left(\dfrac{1}{1-b}\right)\triangle\bar{I}$	$K_{\bar{I}}=\dfrac{\left(\dfrac{1}{1-b}\right)\triangle\bar{I}}{\triangle\bar{I}}$ $K_{\bar{I}}=\dfrac{1}{1-b}$

（2）消費乘數（$K_{\bar{C}}$）

同理，可得消費乘數$K_{\bar{C}}=\dfrac{1}{1-b}$（表14-8）。消費、投資兩者的自發性支出乘數相同[17]，故自發性支出乘數可表示為$K=\dfrac{1}{1-b}=\dfrac{1}{MPS}$（式14-11）。

表14-8 消費乘數

自發性消費變化（$\triangle\bar{C}$）	均衡所得	均衡所得變化（$\triangle Y$）	消費乘數推導
當$C_0=\bar{C}$時	$Y_0^*=\dfrac{1}{1-b}(\bar{C}+\bar{I})$	－	$K_{\bar{C}}=\dfrac{\triangle Y}{\triangle\bar{C}}$
消費增加$\triangle\bar{C}$元，則$C_1=\bar{C}+\triangle\bar{C}$	$Y_1^*=\dfrac{1}{1-b}(\bar{C}+\triangle\bar{C}+\bar{I})$	$\triangle Y=Y_1^*-Y_0^*$ $\triangle Y=\left(\dfrac{1}{1-b}\right)\triangle\bar{C}$	$K_{\bar{C}}=\dfrac{\left(\dfrac{1}{1-b}\right)\triangle\bar{C}}{\triangle\bar{C}}$ $K_{\bar{C}}=\dfrac{1}{1-b}$

4. MPC、MPS與自發性乘數之關係

自發性支出乘數與邊際消費傾向（MPC）呈同向變動，與邊際儲蓄傾向（MPS）呈反向關係。邊際消費傾向（MPC）愈大，則自發性支出乘數愈大。反之，MPC愈小，則自發性支出乘數愈小（表14-9）。

---

17 簡單凱因斯模型只包含家計與廠商部門，故自發性支出只有消費與投資。

表14-9 *MPC*、*MPS*與自發性乘數之關係

MPC=*b*	*MPS*=1−*b*	$K = \dfrac{1}{1-b}$
愈大	愈小	愈大
愈小	愈大	愈小

14-3-2 加速原理

1. 加速原理（acceleration principle）

小克拉克等經濟學家[18]提出「加速原理」，以闡明消費對投資的影響。「加速原理」的兩個重要假設如下：

① 經濟體系中無閒置的資本設備。

② 資本與消費呈固定比例，$K = \beta C$。其中，K為資本、C是消費、β表示資本與消費的比例或稱「加速係數」。

資本與消費呈固定比例的假設下，投資受到消費變動的影響（$I = \triangle K = \beta \times \triangle C$），因此，消費成長時，投資將加速成長；反之，消費衰退時，投資將加速減少，即消費變動將加速投資的變化，稱此為「加速原理」。

加速原理下，消費變動會導致所得的加速變化。也就是當消費發生變化，將加速投資變動，進一步影響景氣變化。因此小克拉克等經濟學家就以加速原理來解釋這種景氣循環的現象。

2. 乘數－加速原理

薩穆遜於1939年提出結合「乘數原理」與「加速原理」兩種理論的「乘數－加速原理」[19]。根據其想法，當自發性（政府）支出增加，一開始「乘數－

---

18 根據*Steinar Støm*在《20世紀的計量經濟學與經濟學理論》（*Econometrics and Economic Theory in the 20th Century*）乙書，加速原理是1909年艾伯特（*Albert Aftalion*）、1914年弗雷德里克（*Charles Bickerdike*）及1917年小克拉克等⋯⋯經濟學家們在同時期提出的理論。

19 薩穆遜在1939年著名的論文「乘數分析與加速原理之間的相互作用」（*Interactions Between The Multiplier Analysis and the principle of acceleration*）中，根據其指導教授漢森（*Alvin Hansen*）的假設，提出「乘數－加速原論」，故該理論模型又稱為「漢森－薩穆遜模型」。

加速效果」較大，帶動經濟快速成長，隨後「乘數－加速效果」變小，經濟成長速度趨緩，最後，在消費減少與投資衰退下，「乘數－加速效果」反而導致經濟衰退。薩穆遜在簡單凱因斯模型下，運用「乘數－加速原理」的作用建構景氣循環的周期性變化，更深入的解釋景氣波動現象。

14-4 膨脹缺口、緊縮缺口與節儉的矛盾

14-4-1 膨脹缺口與緊縮缺口

簡單凱因斯模型在充分就業所得水準的基礎下，以「膨脹缺口」與「緊縮缺口」等概念衡量一經濟社會之景氣過熱或景氣蕭條。

充分就業所得水準（Y_f），又稱潛在產出（potential output），係指勞動與資本設備充分利用時的產出水準。現實經濟社會中，受景氣波動影響，產出水準並非一直維持在充分就業所得水準（Y_f）上，實際產出與潛在產出之間的差距就稱為「產出缺口」（output gap）[20]

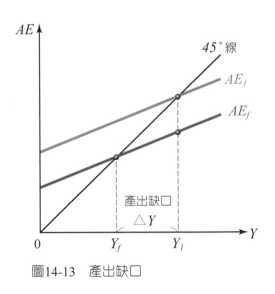

圖14-13 產出缺口

（式14-12），產出缺口是判斷「經濟社會在短期下，是否面臨物價膨脹或緊縮的指標」。以下藉由簡單凱因斯模型加以說明。

產出缺口＝實際產出－潛在產出 （式14-12）

---

[20] 理論上，產出缺口的大小，可以「實際值」與「百分比」兩種方式表達。本書為計算膨脹缺口與緊縮缺口，故採「實際值」為衡量標準。

表14-10　產出缺口的大小[21]

情　況	產出缺口
實際產出＞潛在產出	正值
實際產出＜潛在產出	負值

1. 膨脹缺口（inflationary gap）的意義與分析

　　膨脹缺口係指「經濟體系的自發性總支出」高於「維持充分就業的自發性總支出」。現實經濟社會中，總支出過多，使均衡所得大於充分就業所得水準[22]，爲達充分就業所需減少的自發性總支出，就稱爲膨脹缺口（式14-13）。

$$膨脹缺口 = \frac{產出缺口\ (Y_1 - Y_f)}{自發性支出乘數} \qquad （式14-13）$$

　　圖14-14中，令自發性總支出爲$\overline{E_f}$時，均衡所得水準爲「充分就業所得水準（Y_f）」。自發性總支出爲$\overline{E_1}$時，總支出線爲AE_1，決定均衡所得爲Y_1。此時產出缺口大於零（$Y_1 - Y_f > 0$），實際所得水準高於充分就業所得水準，實際社會中，自發性總支出過多（$\overline{E_1} > \overline{E_f}$），因此，欲回到充分就業所得水準，自發性總支出必須減少至$\overline{E_f}$，其中$\overline{E_1} - \overline{E_f}$即「膨脹缺口」。

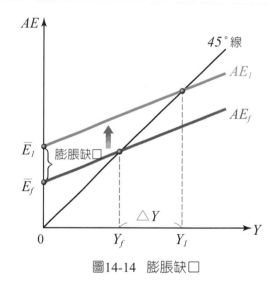

圖14-14　膨脹缺口

　　發生膨脹缺口時，經濟社會處於總需求過多，景氣過熱，且物價水準有上漲的趨勢，此時政府可採取減少自發性總支出的策略，使實際所得回到充分就業水準。例如：採取「減少政府支出」或「增加稅收」的緊縮性政策。

---

21 根據 *Edward Gamber, David C Colander* 在 *Macroeconomics*（2006）所述，一般而言，產出缺口爲正，物價水準趨於增加。反之，產出缺口爲負，物價水準趨於下跌。

22 此時，社會上所有資源皆充分使用，實質所得將無法增加，因此，過多的總支出導致物價上漲，使得名目所得水準增加。

2. 緊縮缺口（deflationary gap）的意義與分析

緊縮缺口係指「經濟體系的自發性總支出」低於「維持充分就業的自發性總支出」。現實經濟社會中，發生總支出不足，使均衡所得低於充分就業所得水準，為達充分就業所須增加的自發性總支出，就稱為緊縮缺口（式14-14）。

$$緊縮缺口 = \frac{|產出缺口\ (Y_2 - Y_f)|}{自發性支出乘數} \qquad （式14-14）$$

圖14-15中，令自發性總支出為$\overline{E_f}$時，均衡所得水準為「充分就業所得水準（Y_f）」。自發性總支出為$\overline{E_2}$時，總支出線為AE_2，決定均衡所得為Y_2。此時產出缺口小於零（$Y_2 - Y_f < 0$），實際所得水準低於充分就業所得水準，實際社會中，自發性總支出不足（$\overline{E_2} < \overline{E_f}$），欲回到充分就業所得水準，自發性總支出須增加至$\overline{E_f}$，其中$\overline{E_f} - \overline{E_2}$即「緊縮缺口」。

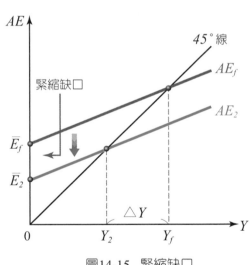

圖14-15 緊縮缺口

發生緊縮缺口時，經濟社會處於總需求不足，景氣蕭條，市場存在勞動與資本閒置的現象。此時政府可採取增加自發性總支出的策略，使實際所得回到充分就業水準。例如：採取「增加政府支出」或「減少稅收」的擴張性政策。

增加政府支出

14-4-2 節儉的矛盾（paradox of thrift）

就個人或家計部門而言，儲蓄是件美德，可累積財富，但就整體社會而言，若大家都提高儲蓄，對經濟社會究竟有何影響，以下藉簡單凱因斯模型闡述凱因斯的想法。

社會總儲蓄減少　　　　儲蓄是美德

1. 節儉的矛盾的意義與分析

「節儉的矛盾」係指經濟體系處於「未充分就業」時，社會大眾都增加（自發性）儲蓄，結果將使「社會總儲蓄不變，甚至變更少的現象」。這是因為自發性儲蓄提高（即自發性消費減少），透過乘數效果，導致均衡所得下降，進一步使誘發性儲蓄減少，一增一減下，總儲蓄可能不變或減少。以下分兩種情況說明。

（1）投資為固定常數，自發性儲蓄增加，均衡儲蓄不變

投資僅為自發性投資（$I = \bar{I}$），原均衡所得為Y_1，儲蓄水準為$S = \bar{I}$。當自發性儲蓄增加（儲蓄曲線由S_1上移至至S_2），使均衡所得由Y_1減少至Y_2，但均衡儲蓄仍維持原水準$\bar{I}$。

投資為固定常數時，自發性儲蓄增加，均衡所得水準下降，均衡儲蓄水準不變（圖14-16）。

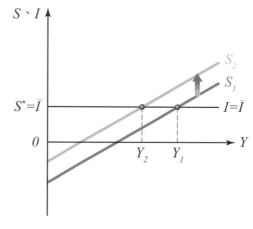

圖14-16　自發性儲蓄增加，均衡儲蓄不變

（2）投資受所得影響時，自發性儲蓄增加，均衡儲蓄減少

投資受所得影響（$I = \bar{I} + iY$）時，原均衡所得為Y_1，儲蓄水準為S_1^*。當自發性儲蓄增加（儲蓄曲線由S_1上移至S_2），造成均衡所得減少（Y_1減少至Y_2），均衡儲蓄從S_1^*減少至S_2^*。

故投資受所得影響時，自發性儲蓄增加，均衡所得水準下降，均衡儲蓄水準減少（圖14-17）。

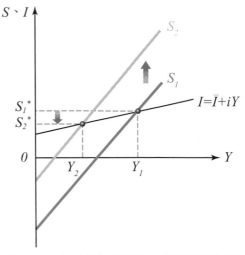

圖14-17　自發性儲蓄增加，均衡儲蓄減少

2. 節儉的矛盾與我國早期經濟情勢

我國早期的經濟情勢與歐美當時有效需求不足，存在大量資本與勞動閒置的情況不同。1956年到1987年間，我國儲蓄率雖呈上升趨勢（圖14-18）卻沒有發生「節儉的矛盾」，因為當時臺灣正處於生產能量不足，在資本累積不足下，為取得投資所需的資金需求，政府鼓吹儲蓄帶動了資本快速累積與經濟成長。

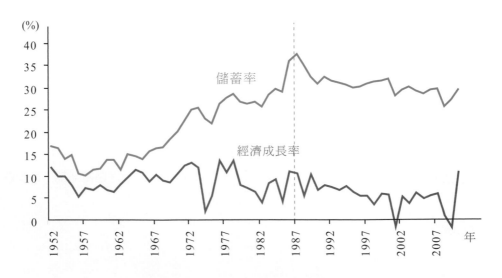

圖14-18　1952年至2010年我國經濟背景

資料來源：主計總處。

14-5　政府收支與均衡所得

經歷經濟大恐慌，<u>凱因斯</u>認為短期下，經濟體系無法經由自行調整回到充分就業的產出水準，其以「*In the long run, we are all dead*」說明民眾面臨所得減少或失業時，是等不及市場機能的調整。

本節於簡單凱因斯模型中，加入政府部門，進一步分析政府經由政策行為，調節經濟景氣，藉此瞭解為何<u>凱因斯</u>學派主張「大有為政府」。

14-5-1　政府收支

政府收入的來源有：租稅收入、公營事業盈餘、專賣收入及規費收入等。其中，租稅收入是政府主要收入來源，約占政府總收入的7成。其次，才是公營事業盈餘（約占1～2成）（見第16章，圖16-4）。

政府支出主要分為「政府消費支出」與「政府投資支出」。政府消費支出又包括「政府購買最終財貨與勞務」及「僱用軍、公、教人員的薪資」。政府投資則包括「公共投資與建設」及「耐久性消費購置」等支出。

14-5-2　加入政府部門的簡單凱因斯模型

加入政府部門的簡單凱因斯模型架構如下：

總產出[23]：$Y \equiv C + S + T$ ……①

總支出：$AE = C + I + G$ ……②

消費：$C = \overline{C} + bY_d$ ……③

投資：$I = \overline{I}$ ……④

政府支出：$G = \overline{G}$ ……⑤

政府稅收：$T = \overline{T}$ （定額稅）……⑥

其中，Y_d 表示可支配所得 $\left(Y_d = Y - T \right)$。

---

23 可支配所得有消費與儲蓄兩種用途，$Y_d = C + S$，又$Y_d = Y - T$，故$Y = C + S + T$。

將政府支出與政府稅收代入總支出中，發現總支出函數也是由「自發性總支出」與「誘發性總支出」所組成。$\overline{C} + \overline{I} + \overline{G} - b\overline{T}$表示自發性總支出，$bY$表示誘發性總支出，且所得愈高，總支出也愈高。若總產出為零時，AE即$\overline{C} + \overline{I} + \overline{G} - b\overline{T}$。

已知$AE = C + I + G$，則

$$AE = (\overline{C} + bY_d) + \overline{I} + \overline{G}$$

$$AE = [\overline{C} + b(Y - \overline{T})] + \overline{I} + \overline{G}$$

$$AE = [\overline{C} - b\overline{T} + \overline{I} + \overline{G}] + bY$$

令$\overline{E} = \overline{C} + \overline{I} + \overline{G} - b\overline{T}$，則

$$AE = \overline{E} + bY$$

自發性總支出 ⌐   ⌐ 誘發性總支出

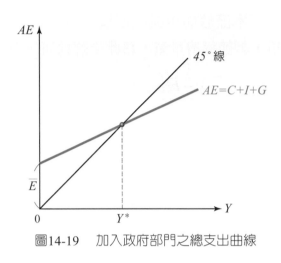

圖14-19　加入政府部門之總支出曲線

2. 均衡所得決定①－總支出等於總產出分析法

簡單凱因斯模型中，總支出等於總產出（$AE = Y$）時，市場達到均衡，同時決定了均衡產出（Y^*），見圖14-19，計算方式與步驟詳見下述。

步驟1：求消費函數

將政府稅收（⑥）代入消費函數中，整理得消費函數為$C = \overline{C} - b\overline{T} + bY$。

步驟2：求總支出函數

將④、⑤及步驟1中消費函數代入總支出（②）中，即可得總支出函數為$AE = (\overline{C} - b\overline{T} + \overline{I} + \overline{G}) + bY$。

$$AE = C + I + G$$

$$AE = (\overline{C} - b\overline{T} + bY) + \overline{I} + \overline{G}$$

$$AE = (\overline{C} - b\overline{T} + \overline{I} + \overline{G}) + bY$$

步驟3：根據均衡條件，求算均衡所得

已知$AE = (\overline{C} - b\overline{T} + \overline{I} + \overline{G}) + bY$，代入均衡條件$AE = Y$，加以整理即得均衡所得$Y^* = \dfrac{1}{1-b}(\overline{C} - b\overline{T} + \overline{I} + \overline{G})$。

$$Y = (\overline{C} - bT + I + G) + bY$$
$$(1-b)Y = (\overline{C} - b\overline{T} + \overline{I} + \overline{G})$$
$$Y^* = \frac{1}{1-b}(\overline{C} - b\overline{T} + \overline{I} + \overline{G})$$

3. 均衡所得決定②－投資等於儲蓄分析法

加入政府部門時，總產出為$Y \equiv C + S + T$、總支出為$AE = C + I + G$，市場均衡時$AE = Y$，加以整理可得投資等於儲蓄分析法之均衡條件$I + G = S + T$（式14-15）。

$$AE = Y$$
$$C + I + G = C + S + T$$
$$I + G = S + T$$

（式14-15）

根據投資等於儲蓄分析法，請依以下步驟求算均衡所得。

儲蓄：$S = -\overline{C} + (1-b)Y_d$ ……①

投資：$I = \overline{I}$ ……②

政府支出：$G = \overline{G}$ ……③

政府稅收：$T = \overline{T}$（定額稅）……④

其中，$Y_d = Y - T$……⑤

步驟1：求儲蓄函數

將可支配所得（⑤）代入儲蓄中，整理得考量政府稅收下的儲蓄函數。

$S = [-\overline{C} - (1-b)\overline{T}] + (1-b)Y$。

$$S = -\overline{C} + (1-b)(Y - \overline{T})$$
$$S = -\overline{C} - (1-b)\overline{T} + (1-b)Y$$
$$S = [-\overline{C} - (1-b)\overline{T}] + (1-b)Y$$

步驟2：根據均衡條件，求算均衡所得

已知均衡條件$I + G = S + T$，將②、③及步驟1代入均衡條件中，加以整理即得均衡所得 $Y^* = \dfrac{1}{1-b}(\overline{C} - b\overline{T} + \overline{I} + \overline{G})$，與總支出等於總產出分析法的均衡所得一致。

$$I + G = S + T$$
$$\overline{I} + \overline{G} = [-\overline{C} - (1-b)\overline{T}] + (1-b)Y + \overline{T}$$
$$\overline{I} + \overline{G} = [-\overline{C} - \overline{T} + b\overline{T} + \overline{T}] + (1-b)Y$$
$$\overline{I} + \overline{G} = [-\overline{C} + b\overline{T}] + (1-b)Y$$
$$Y^* = \frac{1}{1-b}(\overline{C} - b\overline{T} + \overline{I} + \overline{G})$$

由前述可知，簡單凱因斯模型中，加入「政府部門」後，自發性總支出多了$\overline{G} - b\overline{T}$，此即政府收支情況。加入「政府部門」後，對均衡所得之影響取決於政府收支情況（表14-11）。

表14-11 加入「政府部門」之簡單凱因斯模型均衡所得調整

條件	AE線	均衡所得
$\overline{G} - b\overline{T} > 0$	上移	增加
$\overline{G} - b\overline{T} < 0$	下移	減少

14-5-3 政府支出、政府定額稅與平衡預算乘數

政府可利用政府支出或稅收調整等工具，影響所得與就業水準。以下介紹加入政府部門的簡單凱因斯模型及相關乘數，說明凱因斯學派中政府扮演的角色。

1. 政府支出乘數（$K_{\overline{G}}$）

政府支出乘數係指政府支出變動（$\triangle G$），引起所得變動（$\triangle Y$）數倍於政府支出變動（式14-16）。即政府支出變動一單位，所得將增加$\dfrac{1}{1-b}$單位，表示政府支出增加，有助於提升所得水準。

$$K_{\bar{G}} = \frac{\Delta Y}{\Delta G} = \frac{1}{1-b} \qquad \text{（式14-16）}$$

2. 定額稅乘數（$K_{\bar{T}}$）

定額稅乘數係指定額稅變動$\Delta \bar{T}$，引起所得變動ΔY數倍於定額稅的變動（式14-17）。即定額稅變動一單位，引起所得減少$\frac{-b}{1-b}$單位，表示增加定額稅，將使所得水準降低。

$$K_{\bar{T}} = \frac{\Delta Y}{\Delta T} = \frac{-b}{1-b} \qquad \text{（式14-17）}$$

3. 平衡預算乘數（K_B）

政府主要以「租稅收入」來融通「政府支出」，當「政府支出變動與租稅收入變動呈同方向同額度（$\Delta G = \Delta \bar{T}$）時，稱爲平衡預算」，表示政府支出增量全數由租稅增量融通，平衡預算下產生的乘數，就稱爲平衡預算乘數。若一國之稅制爲定額稅（$T = \bar{T}$），則平衡預算乘數爲1（式14-18）。

$$K_B = K_{\bar{G}} + K_{\bar{T}}$$
$$K_B = \frac{1}{1-b} + \frac{-b}{1-b} \qquad \text{（式14-18）}$$
$$K_B = 1$$

前述可知，政府部門對所得水準具有影響力，因此，凱因斯學派認爲，政府應扮演「有形的手」，當市場中有效需求不足，造成景氣衰退時，政府應採取增加支出或減稅措施，以提振景氣並提升所得水準與就業水準。反之，景氣過熱時，政府應減少支出或增稅，來降低物價上漲壓力，不難發現凱因斯學派是主張「大有爲政府」。

自我挑戰

一、選擇題（每題1.6分）

( ) 1. 有效需求理論中，有關總需求的敘述，何者錯誤？ (A)即為總支出 (B)有效需求的來源只有民間消費、投資支出、政府支出 (C)與國民所得會計帳支出面觀點相同 (D)認為景氣蕭條時，社會處在未達充分就業狀態，市場中有效需求不足。 【14-1-1】
解：

( ) 2. 以下敘述何者錯誤？
   (A) 我國消費支出占GDP達六成，故消費支出是我國最重要的有效需求來源
   (B) 有效需求理論發展的環境背景是1930年代經濟大恐慌
   (C) 供不應求是引發1930年經濟大蕭條的原因
   (D) 凱因斯編著《就業、利息與貨幣的一般理論》乙書，介紹解決有效需求不足的方法，而有「總體經濟學之父」的美譽。 【14-1-1】
解：

( ) 3. 根據基本心理法則，所得增加將使人們增加消費，但消費的增量將 (A)等於所得增量 (B)大於所得增量 (C)小於所得增量 (D)不一定。【14-1-2】

( ) 4. 簡單凱因斯模型中，政府提高定額稅時，將使 (A)可支配所得減少，誘發性消費支出減少 (B)可支配所得增加，誘發性消費支出增加(C)可支配所得減少，自發性消費支出減少 (D)可支配所得增加，自發性消費支出增加。 【14-1-2】

( ) 5. 簡單凱因斯模型中，基於何種原因，MPC介於0、1之間 (A)邊際效用遞減 (B)富人的MPC較小，窮人的MPC較大 (C)人類慾望無窮 (D)基本心理法則。 【14-1-2】

( ) 6. 所得分配愈平均的社會，其MPC (A)愈小 (B)愈大 (C)與APC無關 (D)等於1。 【14-1-2】

( ) 7. 簡單凱因斯模型中，所得增加5%，導致消費增加3%，則MPC為 (A)0.3 (B)0.5 (C)0.6 (D)0.8。 【14-1-2】

( ) 8. 承上題，MPS為何？ (A)0.3 (B)0.4 (C)0.5 (D)0.6。 【14-1-2】

( ) 9. 可支配所得愈高時，以下何者正確？ (A)APC愈小 (B)APS愈小 (C)MPC愈小 (D)MPS愈小。 【14-1-2】

( ) 10.簡單凱因斯模型中，以下何者錯誤？ (A)APC＋APS＝1 (B)MPC＋MPS＝1 (C)MPS介於0、1之間 (D)MPC愈大，APC愈大。 【14-1-2】

( ) 11.假設消費函數爲C＝10+0.8Y，則儲蓄函數爲何？ (A)S＝10+0.2Y (B)S＝－10+0.8Y (C)S＝－10+0.2Y (D)S＝10+1.2Y。 【14-1-2】

( ) 12.承上題，MPC與MPS分別爲多少？ (A)MPC＝0.8、MPS＝0.2 (B)MPC＝0.2、MPS＝0.2 (C)MPC＝0.8、MPS＝－0.2 (D)MPC＝MPS＝0.2。 【14-1-2】

( ) 13.以下何者不是影響消費函數的因素？ (A)利率 (B)MEI (C)財富水準 (D)所得分配狀況。 【14-1-2】

( ) 14.簡單凱因斯模型中，消費函數爲C＝50＋0.75Y，則損益兩平時的所得爲何？ (A)50 (B)100 (C)200 (D)250。 【14-1-2】

( ) 15.承上題，此時儲蓄爲何？ (A)0 (B)50 (C)100 (D)200。 【14-1-2】

( ) 16.甲國爲一無政府的封閉經濟體，其儲蓄與總產出的關係如下表，則儲蓄函數爲何？ (A)－16＋0.4Y (B)－20＋0.6Y (C)－16＋1.6Y (D)－20＋0.4Y。 【14-1-2】

單位：百萬元

總產出	40	50	60	70
儲蓄	－4	0	4	8

( ) 17.承上題，市場達到損益兩平時，消費爲多少？ (A)70 (B)60 (C)50 (D)40。 【14-1-2】

( ) 18.薩穆遜指出投資決定於投資邊際效率與 (A)利潤 (B)資本財的價格 (C)利率 (D)利息。 【14-1-3】

( ) 19.所得增加誘使投資增加，係指 (A)MPI (B)MEI (C)資本的重置價格 (D)乘數原理。 【14-1-3】

( ) 20.投資的多寡不受以下何種因素影響？ (A)可支配所得 (B)資本財的價格 (C)利率 (D)生產成本。 【14-1-3】

( ) 21.根據投資邊際效率，以下敘述何者正確？ (A)MEI是投資的成本 (B)市場利率（i）是投資的收益 (C)MEI＞i時，投資會減少 (D)MEI＜i時，投資會減少。 【14-1-3】

( ) 22.下列何種因素，將使MEI提高？ (A)預期收益減少 (B)技術進步與創新 (C)稅賦增加 (D)資本閒置。 【14-1-3】

( ) 23.投資決策受到以下哪些因素影響？ (A)利率 (B)投資成本 (C)預期收益的水準 (D)以上皆是。 【14-1-3】

( ) 24.簡單凱因斯模型中，假設無政府部門且未考慮折舊時，則以下何者正確？ (A)總所得即可支配所得 (B)消費即爲總所得 (C)投資爲零 (D)消費即爲儲蓄。 【14-2-1】

( ) 25.簡單凱因斯模型中，總產出大於總支出（AE）時，將使 (A)非預期存貨減少，市場有超額需求 (B)非預期存貨增加，市場有超額供給 (C)市場達到均衡 (D)以上皆非。 【14-2-2】

( ) 26.簡單凱因斯模型中，某一社會的實際所得水準小於均衡所得水準時，市場發生 (A)超額供給，非預期的存貨增加 (B)超額需求，非預期的存貨減少 (C)超額供給，非預期的存貨減少 (D)超額需求，非預期的存貨增加。 【14-2-3】

( ) 27.簡單凱因斯模型中，市場均衡時，以下何者正確？ (A)存貨變動為零 (B)可支配所得等於消費支出 (C)政府支出等於政府稅收 (D)消費等於儲蓄。 【14-2-2】

( ) 28.國民所得會計帳中的資料屬於 (A)預擬的資料 (B)事後的資料 (C)估計值 (D)以上皆非。 【14-2-3】

( ) 29.事前儲蓄大於事前投資，將使所得 (A)增加 (B)不變 (C)減少 (D)以上皆非。 【14-2-3】

( ) 30.簡單凱因斯模型中，無政府部門之封閉經濟體系之均衡所得決定於 (A)預擬儲蓄等於預擬投資 (B)預擬儲蓄等於預擬消費 (C)預擬消費等於預擬投資 (D)以上皆非。 【14-2-3】

( ) 31.某國的經濟結構如下，則其市場均衡時之所得為何？ (A)3,100 (B)4,100 (C)5,100 (D)6,100。 【14-2-3，14-5-2】

$$C = 200 + 0.8Y_d$$
$$I = 1,000$$
$$G = 500$$
$$T = 600$$
$$Y_d = Y - T$$

( ) 32.承上題，均衡時之可支配所得為何？ (A)3,400 (B)4,500 (C)5,500 (D)5,600。 【14-2-3，14-5-2】

( ) 33.承上題，該國之政府收支如何？ (A)盈餘1,475 (B)赤字500 (C)盈餘100 (D)赤字100。 【14-2-3，14-5-2】

( ) 34.假設某一無政府之封閉經濟體系如下，其市場均衡時之所得為何？ (A)40 (B)50 (C)60 (D)70。 【14-2-3】

$$C = 11 + 0.5Y$$
$$I = 10 + 0.15Y$$

( ) 35.承上題，市場均衡之消費為何？ (A)31 (B)41 (C)52 (D)62。 【14-2-3】

( ) 36.經濟體系處於未充分就業時，自發性支出增加，導致均衡所得成倍數增加，即為 (A)所得效果 (B)價格效果 (C)加速原理 (D)乘數原理。 【14-3-1】

（　）37.某未達充分就業經濟體系，均衡產出為 $Y = \dfrac{1,500}{1-0.75}$ ，則投資乘數為何？ (A)4　(B)2.5　(C)1.3　(D)1。　【14-3-1】

（　）38.某未達充分就業經濟體系的均衡所得原為5,200萬元，MPC為0.65，若欲使均衡所得增加至5,850萬元，則此社會應增加多少自發性消費？　(A)200萬元　(B)227萬5仟元　(C)230萬元　(D)237萬5仟元。　【14-3-1】

（　）39.邊際儲蓄傾向愈大，則自發性支出乘數　(A)愈小　(B)愈大　(C)兩者無關　(D)以上皆非。　【14-3-1】

（　）40.以下何者提出加速原理？　(A)凱因斯　(B)小克拉克　(C)薩穆遜　(D)顧志耐。　【14-3-2】

（　）41.薩穆遜以何者建構景氣循環的周期變化，深入解釋景氣波動？　(A)所得效果　(B)乘數效果　(C)加速效果　(D)乘數－加速效果。　【14-3-2】

（　）42.加速原理說明了　(A)社會無閒置資本設備存在時，自發性支出增加，使均衡所得成倍數增加　(B)社會無閒置資本設備存在時，消費支出增加，使投資成倍數增加　(C)社會存在閒置資本時，消費支出增加，使投資成倍數增加　(D)以上皆非。　【14-3-2】

（　）43.根據加速原理，資本設備（K）是消費支出（C）的 β 倍，則資本產出比率 β 愈大表示　(A)自發性支出的乘數效果不變　(B)自發性支出的乘數效果愈小　(C)加速效果愈大　(D)加速效果愈小。　【14-3-2】

（　）44.實際產出水準與潛在產出水準之間的差距，稱為　(A)膨脹缺口　(B)緊縮缺口　(C)產出缺口　(D)以上皆非。　【14-4-1】

（　）45.短期下，判斷經濟社會是否面臨物價膨脹或緊縮風險的指標是　(A)投資水準　(B)經濟成長率　(C)進口數量　(D)產出缺口。　【14-4-1】

（　）46.以下敘述，何者正確？　(A)勞動與資本未充分利用時之產出水準稱為潛在產出　(B)實際產出大於潛在產出時，物價趨於上漲　(C)自發性總支出大於充分就業時的自發性總支出，表示經濟社會有緊縮缺口　(D)自發性支出乘數愈大，產出缺口愈大。　【14-4-1】

（　）47.根據圖示，該經濟體的膨脹缺口或縮緊缺口為以下何者？　(A)膨脹缺口為線段ab　(B)膨脹缺口為線段cd　(C)縮緊缺口為線段ab　(D)縮緊缺口為線段cd。　【14-4-1】

（　）48.承上題，產出缺口為何？　(A)線段ab　(B)線段cd　(C)線段ef　(D)以上皆非。　【14-4-1】

（　）49.某封閉經濟結構如下，當充分就業產出水準為340億元時，均衡產出及產出缺口為何？　(A)380、40　(B)300、－40　(C)360、20　(D)320、－20。　【14-4-1，14-5-2】

$$C = 20 + 0.9Y_d$$
$$I = 10$$
$$G = 60$$
$$Y_d = Y - T$$
$$T = 60$$

( ) 50.承上題，自發性支出乘數為何？ (A)2 (B)3 (C)5 (D)10。【14-3-1，14-5-2】

( ) 51.承49題，該經濟體有膨脹缺口或緊縮缺口若干？ (A)緊縮缺口2億元 (B)緊縮缺口20億元 (C)膨脹缺口2億元 (D)膨脹缺口20億元。【14-4-1】

( ) 52.承49題，為使均衡所得達到充分就業所得水準，政府應採取何種措施？ (A)減少自發性支出2億元 (B)增加自發性支出2億元 (C)增加自發性支出20億元 (D)增加稅收10億元。【14-4-1】

( ) 53.經濟社會未達充分就業時，自發性儲蓄增加，則 (A)均衡儲蓄增加 (B)均衡儲蓄減少 (C)均衡儲蓄可能減少或不變 (D)以上皆非。【14-4-1】

( ) 54.承上題，上述現象凱因斯稱之為 (A)節儉矛盾 (B)加速效果 (C)邊際儲蓄傾向遞減 (D)基本心理法則。【14-4-1】

( ) 55.以下敘述，何者錯誤？ (A)凱因斯認為短期下，經濟體系無法自行調整到充分就業水準，主張大有為政府 (B)政府的主要收入來源為國營企業盈餘 (C)政府支出包括政府消費支出與政府投資 (D)政府投資包括公共投資與建設及耐久性消費購置。【14-5-1】

( ) 56.某封閉經濟結構如下，定額稅乘數為何？ (A)－1 (B)－1.25 (C)－1.5 (D)－2。【14-5-3】

$$C = 5 + 0.6Y_d$$
$$I = 15$$
$$G = 10$$
$$Y_d = Y - T$$
$$T = 20$$

( ) 57.承上題（單位：萬元），均衡所得為？ (A)40萬元 (B)45萬元 (C)50萬元 (D)55萬元。【14-5-3】

( ) 58.承56題，欲使均衡所得增加至75萬元，則應減稅或增稅多少？ (A)增稅10萬元 (B)增稅20萬元 (C)減稅10萬元 (D)減稅20萬元。【14-5-3】

( ) 59.承56題，若政府採定額稅制，以租稅融通政府支出20億元，則均衡所得將 (A)增加20億元 (B)減少20億元 (C)不變 (D)以上皆非。【14-5-3】

( ) 60.承上題，平衡預算乘數中，政府支出乘數與定額稅乘數分別為何？ (A)政府支出乘數等於2.5、定額稅乘數等於－1.5 (B)政府支出乘數等於2.5、定額稅乘數等於－2.5 (C)政府支出乘數等於1.5、定額稅乘數等於－1.5 (D)以上皆非。【14-5-3】

15 貨幣與金融

《全球金融雜誌》（Global Finance）自1994年起，依據各國央行總裁對通貨膨脹控制、貨幣穩定、利率管理與經濟成長目標等各項之執行能力，給予A至F的評比等級。

我國央行總裁彭淮南先生更是《全球金融雜誌》創辦十多年來唯一一位連續獲得最多A級評價的央行總裁。

本章綱要

15-1　貨幣的概念

日常生活裡我們使用硬幣、紙幣、信用卡、小額付款的電子錢包（例如：icach或悠遊卡）、支票等工具來完成交易，這些交易工具是否就是經濟學家所稱的「貨幣」呢？本章將從貨幣演進與功能談起，進一步介紹經濟學中所定義的貨幣。

15-1-1　貨幣的意義與功能

1. 貨幣的意義

貨幣主要的功能是作為「交易媒介」，其他還包括「價值的標準」、「價值儲藏」與「遞延支付的標準」等功能。換言之，具此四功能者就稱為貨幣。

2. 貨幣的功能

（1）交易媒介（medium of exchange）

「交易媒介」是最重要的貨幣功能。貨幣尚未發明前，市場透過「以物易物」的方式進行交易，但是每件商品的單位與價值皆不同，使得交易非常不方便。隨著「貨幣」的發明，商品只要出售即可獲得貨幣，再以貨幣購入所需，以貨幣為交易媒介，大幅提升了交易的便利性，使得經濟活動得以順利運行。

（2）價值的標準（standard of value）

價值的標準又稱計價的單位（unit of account）。貨幣以「價格」表示一財貨的價值，市場裡各類財貨標示的價格，就是以貨幣衡量的財貨價值。兩財貨在沒有貨幣作為價值標準下，為進行交易，必須先取得

兩者的「相對價格」，實際社會中，財貨種類眾多，相對價格就更多[1]，大家為進行交易必須蒐集各種商品的相對價格，非常不方便，貨幣的存在，使財貨價值可以貨幣價格表示，大幅減少蒐集相對價格的成本，也提高市場交易的效率。

（3）價值儲藏（**store of value**）

　　價值儲藏即將價值保存，可於未來作為支付功能（購買力）的工具。現代經濟社會有許多方法可以儲藏價值（包括：黃金、股票、債券、貨幣……等），儘管貨幣價值因物價上漲而減損，但其「高度流動性」仍使一般大眾願意將部分的財富以貨幣來儲藏。

（4）遞延支付的標準（**standard of deferred payment**）

　　交易活動中所產生的借貸、賒欠、分期付款等相關債權、債務，須遞延至未來才能履行，以貨幣作為遞延支付工具，能使債權、債務的衡量具共同的標準。例如，酪農阿牛向味全牧場租借3頭乳牛，言明租期十年，歸還4頭牛。到期時，阿牛認為歸還4頭牛即可，但牛隻有大小、年紀與生產力的差異，味全牧場不見得願意接受，此時若以貨幣計算本金與利息，雙方將有共同標準，也能使交易順利進行。

15-1-2　貨幣的演進

　　「物物交換」時期財貨種類不若現今豐富，透過以物易物就可完成生活中必須的交易。隨著社會進步，人們發明了不同的貨幣因應不同時期的需求，貨幣相關演進介紹如下。

---

[1]　若市場中有n種財貨，將有$\dfrac{n(n-1)}{2}$種相對價格。若$n=300$，市場中就有44,850種相對價格。

1. 商品貨幣時期

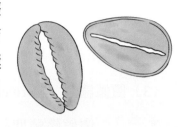

　　以物易物的交換方式，無法滿足財貨種類日趨豐富的經濟社會需要，於是產生了最早的貨幣——商品貨幣。商品貨幣不僅是商品也是貨幣，因爲社會環境的差異，商品貨幣也非常多元化，例如：家畜、貝殼、穀物、皮革、鹽、象牙等都曾爲商品貨幣。

　　商品貨幣礙於「運輸困難」、「儲藏不易」、「不易分割」與「數量有限」等缺點，隨經濟活動日漸擴大，無法負荷大量交易所需，逐漸爲金屬貨幣所取代。例如：中國殷商時期，曾以「海貝」作爲貨幣，但交易日漸擴大，海貝數量供不應求，而有了以銅鑄成貝形的「銅倣貝」出現，此爲中國金屬貨幣的開端。

實力加強① 貨幣小故事

位於太平洋上的雅浦島，金屬資源匱乏，石頭就成爲重要資源，當地原住民就曾使用石幣作爲流通貨幣。石幣的價值與大小有關，大小從直徑30公分到3公尺都有。

二次世界大戰期間，紅十字會曾提供有限的香煙、衣服與食物等給德國納粹集中營裡的戰俘。由於物品數量及種類無法顧及每位戰俘的喜好，於是在戰俘間產生了以香煙爲商品貨幣進行交換的情形。

2. 金屬貨幣時期

　　金屬材質鑄成一定形狀的貨幣稱爲「金屬貨幣」，具有「體積小易運輸」、「可儲藏」、「可分割」的優點，進而取代商品貨幣成爲主要的交易媒介。金屬貨幣常見的成分有金、銀、銅、鐵等，其價值則取決於成色與重量。

　　隨經濟活動迅速成長，有限的金、銀等貴金屬相對不足外，跨國或遠地貿易，攜帶大量金屬貨幣易有安全性與便利性的問題，遂有紙幣型態的信用貨幣產生。

實力加強② 格萊欣法則

16世紀，英國財政大臣格萊欣（*Sir Thomas Gresham*）提出「格萊欣法則」。

人們發現市場上流通的同面額金屬鑄幣中，貴金屬含量（如：金、銀）不同，於是收藏起面額＝幣材價值的良幣，最後市場上只流通面額＜幣材價值的劣幣，發生劣幣驅逐良幣的現象，即格萊欣法則。

3. 信用貨幣時期

信用貨幣除了紙幣，隨著銀行的興起，也發展出「存款貨幣」。其中，紙幣從初期的「可兌換紙幣」發展至今已為「不可兌換紙幣」。

（1）可兌換紙幣（*convertible paper money*）

　　初期為使民眾接受紙幣與使其流通順利，採取「紙幣可向發行機構兌換成等值的金、銀」，該時期的紙幣就稱為「可兌換紙幣」。

（2）不可兌換紙幣（*inconvertible paper money*）

　　第一次世界大戰後，各國流通的紙幣已不能兌換等值的貴金屬，此時紙幣的價值與貴金屬無直接連繫，稱此種紙幣為「不可兌換紙幣」。「不可兌換紙幣」的價值是國家依法賦予無限法償（**unlimited legal tender**）的地位，故又稱為「法定貨幣」或「強制貨幣」。無限法償係指清償各種債務時，不受數量上限制，若債權人拒絕接受，即喪失追索債務的權利。

（3）存款貨幣（*deposit money*）

　　存款貨幣包括「支票存款」、「活期存款」與「活期儲蓄存款」三種（式15-1）。銀行興起後，銀行存戶以「支票存款」為基礎，簽發支票作為交易媒介，值得注意的是，「支票」本身不屬於存款貨幣只是

一種支付憑證,依此憑證債權人才能從開票人的「支票存款帳戶」中提兌。隨著金融機構與自動櫃員機的普及,「活期存款」與「活期儲蓄存款」的存戶,可在營業時間內,隨時提取現金,故此兩者也視為存款貨幣的一部分。

存款貨幣＝支票存款＋活期存款＋活期儲蓄存款 （式15-1）

4. 電子貨幣[2]時期

隨著科技與通訊的快速發展,現代社會出現了許多新型態的電子支付工具,從早期的信用卡、近來熱門的「轉帳卡」與「電子現金儲值卡」等電子貨幣(electronic money)。受到電子貨幣使用便利的影響,消費者的購物行為與支付方式正邁向無現金社會發展。儘管如此,電子貨幣是不是貨幣呢?電子貨幣的發展,受到各國中央銀行的高度關注,德國於1997起已將電子貨幣計入貨幣供給中,但目前多數國家(包括我國)仍尚未將其納入貨幣供給[3]。

 實務觀點中,誰是貨幣?

小關鍵大重點1

　　我國財政部法令規定,「電子現金儲值卡」必須由「準金融機構」核發,且歸財政部管理。「悠遊卡」是臺北智慧卡票證公司發行,且臺北智慧卡票證公司不是準金融機構,又由交通部管理,故「悠遊卡」不是電子現金儲值卡,自然不是電子貨幣。同理,「icash卡」也不是電子貨幣。

　　「信用卡」有「塑膠貨幣」之稱,不僅具有信用交易的功能,也是延期支付的工具,但不具有「價值儲藏」功能,因此信用卡不是貨幣。

---

2 根據國際清算銀行(Bank for International Settlements,BIS)對電子貨幣的定義,電子貨幣是「以電子形式儲存傳統貨幣於消費者持有之電子設備中,並以現行貨幣單位計算之貨幣價值,作為儲值(stored value)或預付(prepaid)工具。」
3 貨幣供給之介紹見15-2。

15-2　貨幣的供給與需求

根據凱因斯的貨幣理論，貨幣供給等於貨幣需求時，決定了貨幣市場的均衡利率。以下對貨幣供給與需求加以定義，再引進凱因斯的貨幣需求理論介紹貨幣市場均衡。

15-2-1　貨幣供給的衡量

1. 貨幣供給量的定義

某特定時點的貨幣總量，就稱為貨幣供給量。貨幣供給量又稱為「貨幣總計數」。我國中央銀行（簡稱央行）對貨幣供給量的定義，分為狹義貨幣（M_{1A} 與 M_{1B}）與廣義貨幣（M_2），其中，M_{1A} 的流動性最高，其次為 M_{1B}，M_2 再次之。

2. 狹義的貨幣供給量（M_{1A} 與 M_{1B}）

狹義的貨幣供給量[4]包含了 M_{1A} 與 M_{1B}。M_{1A} 與 M_{1B} 的關係見式15-2及式15-3。M_{1B} 就是過去俗稱的 M_1，是通貨淨額加上存款貨幣淨額，即 M_{1A} 加上活期儲蓄存款[5]。

$$M_{1A} = 通貨淨額 + 支票存款淨額 + 活期存款 \qquad (式15\text{-}2)$$

$$
\begin{aligned}
M_{1B} &= 通貨淨額 + 存款貨幣淨額 \\
&= 通貨淨額 + 支票存款淨額 + 活期存款 + 活期儲蓄存款 \\
&= \qquad\qquad M_{1A} \qquad\qquad + 活期儲蓄存款
\end{aligned}
\qquad (式15\text{-}3)
$$

4　基於各國金融體系的不同，某些國家並未將狹義的貨幣供給區分為 M_{1A}、M_{1B}，僅以 M_1（即 M_{1B}）作為狹義貨幣，故貨幣供給的定義，不同國家也會有所不同。

5　活期儲蓄存款僅限個人及非營利法人才可開戶。定期儲蓄存款亦同。

（1）通貨與通貨淨額

　　央行發行流通在外的紙幣與硬幣，統稱爲「通貨」，即「中央銀行通貨發行額」（式15-4）。社會大衆手中握有的通貨則稱爲「通貨淨額」（式15-5）。央銀發行的通貨並非全數於市面上流通，部分被貨幣機構與中華郵政公司儲匯處作爲「庫存現金」，因此，通貨發行額扣除「庫存現金」的餘額，即爲通貨淨額。

通貨發行額＝紙幣＋硬幣　　　　　　　　　　　　　　　　（式15-4）

通貨淨額＝通貨發行額－
　　　　　全體貨幣機構與中華郵政公司儲匯處的「庫存現金」　（式15-5）

（2）支票存款與支票存款淨額

　　支票存款包括「本票」、「保付支票」及「旅行支票」等。當支票被開出且尚未兌現時，款項尚未從支票存款帳戶中扣除，但支票已在外流通，此兩者都會被計入支票存款中，因此，爲避免重覆計算，應將「待交換票據」（即已開出的支票，未來才會被兌現）從「支票存款」中扣除，才能反應實際狀況，此即爲「支票存款淨額」。

支票存款淨額＝支票存款－待交換票據　　　　　　　　　　（式15-6）

（3）存款貨幣與存款貨幣淨額

　　「存款貨幣」扣除「待交換票據」即爲存款貨幣淨額（式15-7）。

存款貨幣淨額＝存款貨幣－待交換票據
　　　　　　＝（支票存款－待交換票據）＋活期存款＋活期儲蓄存款（式15-7）
　　　　　　＝　　支票存款淨額　　　　＋活期存款＋活期儲蓄存款

3. 廣義的貨幣供給量（M_2）

廣義的貨幣供給量係指M_2，即M_{1B}加上準貨幣（式15-8）。準貨幣（*quasi money*）又稱為近似貨幣，是指一些高流動性金融資產，主要有定期存款、定期儲蓄存款、郵政儲金與外幣存款等。

$M_2＝M_{1B}＋$準貨幣

其中，

準貨幣＝定期存款＋定期儲蓄存款＋郵政儲金＋外幣存款

　　　＋外國人持有之新臺幣存款＋貨幣基金與銀行的債券附買回

（式15-8）

4. 貨幣供給曲線

一般而言，貨幣供給量常被認為是由各國中央銀行所控制，不受所得與利率水準影響。因此，貨幣供給（M^s）在某特定時點時，其供給量為一固定常數，故貨幣供給曲線為一條與橫軸垂直的直線。貨幣供給有以下兩個特徵：

①貨幣供給量不受利率變動影響。

②央行雖無法直接變動貨幣供給，但可經由調整貨幣工具（例如：重貼現率、法定準備率與公開市場操作）來影響貨幣供給量。當央行採寬鬆貨幣政策時，增加貨幣供給，則貨幣供給曲線平行右移。反之，央行採緊縮貨幣政策時，減少貨幣供給，貨幣供給曲線平行左移（圖15-1）。

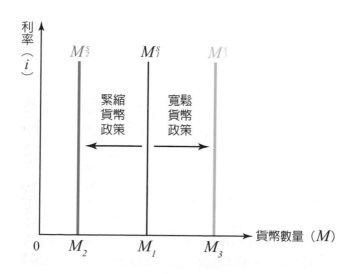

圖15-1　貨幣供給曲線

15-2-2　貨幣的需求

凱因斯提出「流動性偏好理論」（*liquidity preference theory*）」，建構凱因斯學派的貨幣需求理論。所謂「流動性偏好」係指貨幣因流動性高，為人所偏好，而願意保有貨幣。凱因斯認為人們持有貨幣，是基於「交易動機」、「預防動機」與「投機動機」等三種動機，此三種動機也說明人們為何偏好保有貨幣（流動性偏好）。

1. 貨幣需求的動機

（1）交易動機

交易動機係指人們為了支付日常交易活動的支出，而對貨幣產生需求。例如：為了食衣住行等一切開銷，而保有貨幣。一般而言，所得高時，交易量也較高，反之，則較低。所以「交易動機的貨幣需求」與「所得」呈「同向」關係。以函數表示時，「交易動機的貨幣需求」是「所得」的「增函數」。

（2）預防動機

預防動機係指人們會為了日常生活中意料之外的支出，而保有貨幣。例如：意外受傷、天災等。應付意外支出的能力，與所得水準高低有關，所得高有能力準備較多貨幣作為預防用途，反之則較少。所以「預防動機的貨幣需求」與「所得」呈「同向」關係。以函數表示時，「預防動機的貨幣需求」是「所得」的「增函數」（式15-9）。

（3）投機動機[6]

投機動機係指以貨幣作為資產，基於未來有利的投機機會，而保有貨幣。凱因斯認為利率是持有債券的報酬，當利率高時，債券價格低[7]，

6　凱因斯提出的投機動機，對於貨幣理論有重大的貢獻。古典學派的貨幣理論中，主要著重於「交易媒介」功能。價值儲藏則著墨較少，「投機動機」不但解釋「價值儲藏」的功能，並且說明利率與貨幣需求間的關聯。

7　凱因斯假設人們有「貨幣」與「債券」兩種資產。人們藉由「預期報酬」的多寡決定選擇何種財富。假設無限期的債券價格為 P、債券每期的利息為 R、利率為 i，則 P 即為每期利息之折現總合（$\frac{R}{i}$，詳見下式）。利率愈高，債券價格愈低，反之，債券價格愈高。

$$P = \frac{R}{1+i} + \frac{R}{(1+i)^2} + \cdots\cdots = \frac{R}{i}$$

但未來債券價格上漲空間較多，此時債券的預期報酬較高，人們會多購入債券，而減少投機動機下的貨幣需求量，反之，利率低時，債券價格高，未來債券價格上漲空間有限，此時債券的預期報酬較低，人們會轉而多持有貨幣，使貨幣需求量增加。所以「投機動機的貨幣需求」與「利率」呈「反向」關係。以函數表示時，「投機動機的貨幣需求」是「利率」的「減函數」（式15-9）。

2. 貨幣需求函數

加總「交易動機」與「預防動機」而保有的貨幣數量，即為「活動餘額」（*active balance*）。由於此兩動機的貨幣需求皆與所得呈同向關係，故活動餘額亦為所得的增函數。活動餘額的貨幣需求函數即為$L_1(Y)$，Y表示所得。

基於「投機動機」而保有的貨幣數量又稱為「閒置餘額」（*idle balance*）。由於投機動機的貨幣需求與利率呈反向關係，故閒置餘額亦為利率的減函數。閒置餘額的貨幣需求函數即為$L_2(i)$，i是利率。

綜上所述，貨幣需求函數（M^d）是「所得」的增函數，是「利率」的減函數（式15-9）。

$$M^d = L(Y, i) = L_1(Y) + L_2(i) \qquad （式15-9）$$

3. 貨幣需求曲線

圖15-2中，其他條件不變下，貨幣需求量與利率呈反向關係，貨幣需求曲線為一條左上向右下延伸（負斜率）的曲線。

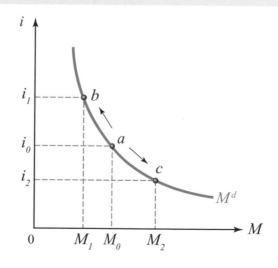

圖15-2 貨幣需求曲線

（1）貨幣需求量變動

　　其他條件不變下，利率變動引起貨幣需求量變化。在貨幣需求曲線上是點的移動。

　　利率上升時，表示投資債券的未來預期報酬增加，大眾會減少持有貨幣多購買債券，使貨幣需求量減少（圖15-2，a點移至b點），反之，利率下跌時，投資債券的未來預期報酬減少，大眾寧可持有貨幣，使貨幣需求量增加（圖15-2，a點移至c點）。

（2）貨幣需求變動

　　在一定的利率水準下，所得水準或流動性偏好程度改變，引起貨幣需求變化。利率以外的其他因素變動，將使貨幣需求曲線整條平行移動。

　　利率水準固定下，所得增加，人們對貨幣流動性偏好增加（活動餘額增加），貨幣需求曲線平行右移（圖15-3，M_1^d平行右移至M_2^d）。所得減少，貨幣需求曲線平行左移（圖15-3，M_1^d平行左移至M_3^d）。

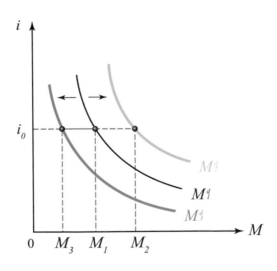

圖15-3　貨幣需求曲移動

小關鍵大重點2

流動性陷阱（liquidity trap）

　　<u>凱因斯</u>認為利率水準低到某個水準時，不論有多少貨幣，人們都會無限制持有。此時，「貨幣需求曲線」呈水平線，其將此稱為「流動性陷阱」（圖15-4）。

　　根據投機動機，利率很低時，債券價格過高，人們認為債券價格不可能再上升，甚至跌價機會極高。在債券的預期報酬為負的情況下，人們不願持有債券，只願保有貨幣，有多少貨幣就持有多少，使得貨幣需求曲線為水平線。

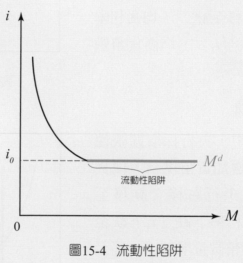

圖15-4　流動性陷阱

15-2-3　貨幣市場的均衡

1. 貨幣市場均衡的決定

　　物價與所得水準固定不變下，貨幣供給（M^s）等於貨幣需求（M^d）時，貨幣市場達到均衡，決定了均衡利率i^*、均衡貨幣數量M^*（圖15-5）。

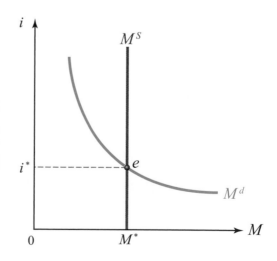

圖15-5　貨幣市場均衡

2. 貨幣供需變動

（1）貨幣需求變動

圖15-6中，所得增加，使貨幣需求增加，貨幣需求曲線平行右移（M_1^d 移至 M_2^d），均衡利率上升（i_1 上漲至 i_2），均衡貨幣數量不變（M^*）。同理，所得減少，使貨幣需求減少，貨幣需求曲線平行左移（M_1^d 移至 M_3^d），均衡利率下跌（i_1 下跌至 i_3），均衡貨幣數量不變（M^*）。

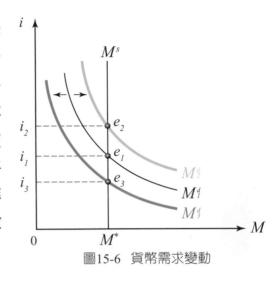

圖15-6 貨幣需求變動

（2）貨幣供給變動

圖15-7中，央行採取擴張性貨幣政策，增加貨幣供給，使貨幣供給曲線平行右移（M_1^s 移至 M_2^s），均衡利率下跌（i_1 下跌至 i_2），均衡貨幣數量增加（M_1^* 移至 M_2^*）。同理，央行採取緊縮性政策，減少貨幣供給，使貨幣供給曲線平行左移（M_1^s 移至 M_3^s），均衡利率上升（i_1 上漲至 i_3），均衡貨幣數量減少（M_1^* 減至 M_3^*）。

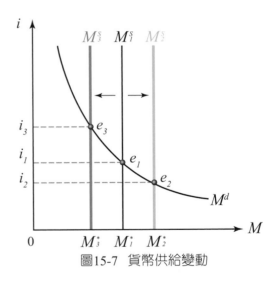

圖15-7 貨幣供給變動

中央銀行採取擴張性或緊縮性貨幣政策的目的，在於改變貨幣市場中的利率水準，進一步影響投資與產出水準。例如：中央銀行增加貨幣供給，使利率下降，以刺激投資增加，進而使所得水準增加。

3. 流動性陷阱下貨幣政策無效

　　貨幣市場存在流動性陷阱時，中央銀行採取擴張性貨幣政策，增加貨幣供給，貨幣供給曲線平行右移（由M_1^s移至M_2^s），由於均衡利率不變，故無法刺激投資以提高所得水準。因此，凱因斯認為經濟社會處在流動性陷阱時，擴張性貨幣政策無效，唯有採取提高有效需求的「財政政策」才會有效果（例如：增加政府支出）。

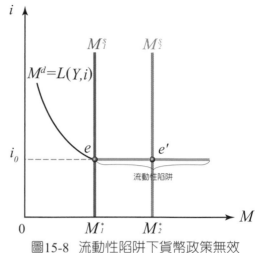

圖15-8　流動性陷阱下貨幣政策無效

15-3　物價、幣值與貨幣數量學說

15-3-1　物價與幣值之關係

1. 貨幣價值

　　貨幣價值又稱幣值，可用「貨幣的購買力」來表示，即1單位貨幣所能夠購買的財貨數量。若1單位貨幣能夠購買的財貨量愈多，表示貨幣的購買力愈強，幣值愈高。反之，能夠購買的財貨量愈少，幣值愈低。

2. 物價與幣值之關係

　　物價水準愈高時，貨幣能夠購買的財貨數量愈少，幣值愈低。反之，物價水準愈低，貨幣能夠購買的財貨數量愈多，幣值愈高。物價水準與幣值呈反向

關係（式15-10）。例如：甲國只生產蘋果（蘋果價格即爲物價）。若物價從原先1元上漲爲2元，幣值則從1跌至0.5。

$$幣值（貨幣購買力）= \frac{1}{物價水準} \qquad （式15-10）$$

實際經濟社會中，財貨不只一種，因此我國行政院主計總處，選定代表性的財貨計算出消費者物價指數（CPI），以瞭解消費者的購買能力，及物價的上漲情況，並據以計算出「通貨膨脹率」。

15-3-2 貨幣數量學說（quantity theory of money）

古典學派提出貨幣數量學說，闡明「貨幣數量」與「物價水準」間的關係。傳統上，貨幣數量學說的研究，主要以「現金交易說」及「現金餘額說」爲代表。受凱因斯學派興起的影響，「貨幣數量學說」也曾沈寂一段時間，晚近的經濟學家弗利德曼（*Milton Friedman*）提倡「現代貨幣數量學說」後，才又讓世人再次重視該理論的價值。

1. 現金交易說（cash transaction theory）

古典學派經濟學家費雪提倡「現金交易說」，根據貨幣作爲「交易媒介」的觀點，提出交易方程式（式15-11，交易型交易方程式），指出「一段期間內貨幣流通的總量（$M \times V_T$）必等於同一期間內交易總值（$P \times T$）」，意謂「一手交錢，一手交貨」。

$$MV_T = PT \qquad （式15-11）$$

其中，
M：貨幣數量
V_T：貨幣流通速度
P：物價水準
T：實質交易量

　　威克塞爾（*Knut Wicksell*）根據費雪的交易方程式，提出目前較常見所得型交易方程式（式15-12）。

$$MV=Py \hspace{6cm} （式15-12）$$

其中，

y：實質所得

V：貨幣所得流通速度

　　古典學派的貨幣數量學說有以下兩個重要假設。

①實質所得為固定常數（$y=\bar{y}$）。古典學派認為，價格可自由調整與市場機能充分運作下，所得水準將維持在充分就業所得水準，因此假設實質所得為固定常數。

②短期下，「貨幣所得流通速度」為固定常數（$V=\bar{V}$）。古典學派認為貨幣所得流通速度與「民眾交易習慣」、「金融制度」等因素有關，短期下這些因素相當穩定，因此，提出短期下「貨幣所得流通速度」為固定常數。

　　根據上述假設，交易方程式可加以整理成式15-13。

$$P=\frac{\bar{V}}{y}\times M \hspace{6cm} （式15-13）$$

　　其中，$\dfrac{\bar{V}}{y}$是大於零的常數，貨幣數量（M）與物價水準（P）呈同方向、同比例變動。當貨幣數量增加時，物價水準也將提高，且「物價變動的百分比」等於「貨幣數量變動的百分比」[8]，換句話說，**貨幣數量的變動，對實質所得沒有任何影響，只會造成物價波動，貨幣只是一層面紗，此即古典學派的貨幣數量學說觀點。**

8　令 $\dfrac{\bar{V}}{y}=a$（常數），則交易方程式為 $P=aM$。若貨幣數量由 M_0 變動到 M_1，物價水準由 P_0 變動到 P_1。「貨幣數量變動百分比」為：$\dfrac{M_1-M_0}{M_0}$，而「物價變動百分比」為：$\dfrac{P_1-P_0}{P_0}$。經整理，物價變動百分比將等於貨幣數量變動百分比，$\dfrac{P_1-P_0}{P_0}=\dfrac{aM_1-aM_0}{aM_0}=\dfrac{M_1-M_0}{M_0}$。

甲國一年最終財貨的貨幣總值為500元（P=50元、y=10單位）。為了交易價值500元的最終財貨，一年內貨幣流通的總量必為500元。當貨幣數量為100元時（1元硬幣100個），根據式15-11，這一年內平均每1元硬幣流通5次（$V=\dfrac{Py}{M}=\dfrac{500}{100}=5次$）。

2. 現金餘額說

新古典學派又稱劍橋學派，提倡「現金餘額說」。經濟學家皮古（*Arthur Cecil Pigou*）根據馬歇爾（*Alfred Marshall*）的貨幣理論觀點，提出「現金餘額方程式」（又稱劍橋方程式，式15-13），其後由羅伯遜（*Dennis Holme Robertson*）進一步闡揚[9]。

$$M^d=kPy \tag{式15-13}$$

其中，

M^d：貨幣需求量

k：現金餘額比例。即名目所得（PY）中，持有現金餘額的比例

P：物價水準

y：實質總所得（總產出）

假設k與y為一固定常數下，式15-13中物價水準（P）與貨幣數量（M）呈「同向等比例」關係，與交易方程式的結論相同。

不同於古典學派貨幣只有「交易媒介」的功能，劍橋學派認為貨幣不僅是「交易媒介」，還具有「價值儲藏」的功能，且人們將名目所得中的「一定比例」（k）以貨幣形式保有[10]。

9　現金餘額說源自於馬歇爾的貨幣數量說之觀點，皮古在《貨幣的價值》（1917年）中，將其數學化成「現金餘額方程式」，其後的羅伯遜在《貨幣》（1922年）一書中更進一步闡揚該理論。

10　有關劍橋學派如何將「交易媒介」與「儲藏價值」兩種功能融合為一式子，請參見李怡庭《貨幣銀行與金融市場》，2009年。

貨幣市場均衡時，現金餘額比例（k）即爲貨幣所得流通速度（V）的倒數（式15-14），表示貨幣流通速度愈快（V愈大），現金餘額的比例愈低（k愈小）。

已知，劍橋方程式爲$M=kPy$、交易方程式爲$MV=Py$。

貨幣市場均衡時$M^s=M^d=M^*$，

則劍橋方程式爲$M^*=kPy$、交易方程式爲$M^*=\dfrac{1}{V}\times Py$。

故$M^*=\dfrac{1}{V}\times Py=kPy$ （式15-14）

3. 現代貨幣數量學說

1956年弗利德曼提出「現代貨幣數量學說」，其根據1867年至1960年間美國長期貨幣資料，實證發現——長期貨幣流通速度相對的穩定[11]，進一步提出，長期下貨幣供給量的變動，是造成物價水準變動的主因，故曾說：「通貨膨脹[12]隨時隨地都是一種貨幣現象」（*Inflation is always and everywhere a monetary phenomenon*）。

15-4　銀行貨幣的創造

銀行係指「依《銀行法》組織登記，在營利爲目的下，吸收資金而且加以管理與運用的金融機構」。銀行的存、放款行爲與存款貨幣的創造有著密切的關係。

15-4-1　存款準備率

銀行吸收的存款，主要運用於放款。銀行吸收存款必須保留一定比例作爲「準備金」（該比例即爲「存款準備率」，準備金的種類與說明詳見表15-1），用於因應存款戶隨時提領，剩餘的部分才用於放款。

---

11 弗利德曼並不否認「短期下，貨幣供給量變動將影響貨幣流通速度與實質所得」的觀點。
12 通貨膨脹即爲物價水準持續上漲的一種現像。

表15-1　銀行的準備金

準備金的種類	說　明
1. 法定準備金	法定準備金就是銀行根據《銀行法》規定，將吸收的存款，依照中央銀行訂定之「法定準備率」，保留的準備金，其目的在維護金融安定。
2. 超額準備金	超額準備金是銀行實際保留的準備金，超過法定準備金的部分。超額準備金占存款的比例即「超額準備率」。

綜上所述，可得以下各準備率：

$$存款準備率＝法定準備率＋超額準備率 \qquad （式15-15）$$

$$法定準備率＝\frac{法定準備金}{存款總額}×100\% \qquad （式15-16）$$

$$超額準備率＝\frac{超額準備金}{存款總額}×100\% \qquad （式15-17）$$

15-4-2　存款貨幣的創造

　　貨幣供給量的組成，除中央銀行發行在外流通的通貨淨額外，還包括比重最高，由銀行創造的存款貨幣。以下說明銀行如何在存、放款過程，創造出更多的存款貨幣。然後說明中央銀行所發行的通貨如何創造出一國的貨幣供給量，與何謂貨幣乘數。

1. 銀行創造存款貨幣的過程

　　銀行經由放款創造存款貨幣的過程稱為「信用創造」（或貨幣創造）。原始存款就是「客戶最初存入的存款」。原始存款在銀行保留存款準備金後，其餘存款將放款出去，經由反覆存款、放款的過程，引申出的所有存款貨幣稱為「引申存款」，引申存款是原始存款的數倍。以下三個簡化假設，有助於說明銀行信用創造的過程：

　　①銀行只有「支票存款業務」。

　　②銀行無「超額準備率」。意謂各銀行的存款準備率即為法定準備率（r）。

　　③民眾將貸款全數存入銀行。銀行貸款給民眾後，民眾手中不保有現金，
　　　會全部轉存到銀行的支票存款帳戶，意謂沒有「現金流失」的情況。

最初，<u>小玉</u>將100元存入A銀行。A銀行有100元的原始存款，並依法定準備率提撥10%的準備金。根據簡化假設，表15-2逐步說明了銀行存款貨幣的創造過程。

表15-2　銀行的信用創造

引申存款	說　明
第一次引申存款 （90元）	步驟1：最初，A銀行自<u>小玉</u>處收到原始存款：100元。 步驟2：A銀行自原始存款中提撥準備金：10元（根據假設②）。 步驟3：A銀行將剩餘的資金90元，全數放款給<u>小福</u>。<u>小福</u>將90元全數轉存到「B銀行」（根據假設③），於是創造了第一次的引申存款90元。
第二次引申存款 （81元）	步驟1：B銀行自<u>小福</u>處收到原始存款：90元。 步驟2：B銀行自原始存款中提撥準備金：9元（根據假設②）。 步驟3：B銀行將剩餘的資金81元，全數放款給<u>小安</u>。<u>小安</u>將81元全數轉存到「C銀行」（根據假設③），於是創造了第二次的引申存款81元。
第三次引申存款 （72.9元）	步驟1：C銀行自<u>小安</u>處收到原始存款：81元。 步驟2：C銀行自原始存款中提撥準備金：8.1元（根據假設②）。 步驟3：C銀行將剩餘的資金72.9元，全數放款給<u>小雄</u>。<u>小雄</u>將72.9元全數轉存到「D銀行」（根據假設③），於是創造了第三次的引申存款72.9元。

表15-2中的過程反覆進行下去，最終創造出存款貨幣1,000元（式15-18）。其中，引申存款為900元。

創造的存款貨幣＝原始存款＋引申存款　　　　　　　　　　（式15-18）

$$創造的存款貨幣 = 100 + 100 \times (1-0.1) + 100 \times (1-0.1)^2 + 100 \times (1-0.1)^3 + \ldots\ldots$$
$$= 100 + 100 \times 0.9 + 100 \times 0.9^2 + 100 \times 0.9^3 + \ldots\ldots$$

原始存款 ┘　　引申存款

$$= 100 \times (1 + 0.9 + 0.9^2 + 0.9^3 + \ldots\ldots)$$

$$= 100 \times \frac{1}{1-0.9}$$

$$= 1,000$$

2. 中央銀行如何創造貨幣供給量

以下藉由「銀行貨幣創造」與「中央銀行發行的強力貨幣」，說明強力貨幣如何創造貨幣供給量與貨幣乘數。所謂**強力貨幣**（B）就是中央銀行發行的通貨總量，又稱準備貨幣或貨幣基數。

（1）貨幣供給量（M^s）的創造

在銀行信用創造的三個簡化假設下，中央銀行發行「強力貨幣」給民眾，民眾將取得的通貨總量全數轉存到銀行，經由銀行的信用創造，產生出貨幣供給量。例如：中央銀行發行強力貨幣B元，法定準備率為r，則貨幣供給量與貨幣基數的關係為式15-19。

$$
\begin{aligned}
貨幣供給量（M^s）&= 強力貨幣（B）\times \left[1 + (1-r) + (1-r)^2 + \cdots \right] \\
&= 強力貨幣（B）\times \frac{1}{法定準備率（r）}
\end{aligned}
$$

（式15-19）

（2）貨幣乘數（*money multiplier*，*m*）

貨幣乘數即強力貨幣創造出來貨幣供給量的倍數，就是「貨幣供給量除以強力貨幣」（式15-20）。式15-20中，貨幣乘數也可表示為「法定準備率分之1」。

$$
貨幣乘數（m）= \frac{貨幣供給量（M^s）}{強力貨幣（B）} = \frac{1}{法定準備率（r）}
$$

（式15-20）

$$
貨幣供給量（M^s）= 強力貨幣（B）\times 貨幣乘數（m）
$$

（式15-21）

動動腦 ①

中央銀行發行100元的強力貨幣，請回答以下問題。

（1）法定準備率20%時，貨幣供給量與貨幣乘數為多少？

（2）法定準備率20%，央行增加發行強力貨幣至200元時，則貨幣供給量為多少？

（3）承（1）題，中央銀行降低法定準備率至10%時，貨幣供給量與貨幣乘數如何變動？

▌ 解答

　　貨幣供給量受「強力貨幣」與「法定準備率」影響；從動動腦1中，可知貨幣供給量與強力貨幣呈同向關係，與法定準備率呈反向關係。當法定準備率不變時，強力貨幣愈多，貨幣供給量愈多，反之，貨幣供給量愈少。當強力貨幣不變時，法定準備率愈低，貨幣供給量愈多，反之，貨幣供給量愈少。

15-5 中央銀行與貨幣政策

15-5-1 中央銀行的意義與任務

1. 中央銀行的意義

中央銀行是國家貨幣政策的制定及執行機關，肩負穩定物價及金融之責任，並以經濟長期成長為目標，追求全民最高福祉。中央銀行有下列四項經營目標：

▲ 中央銀行

（1）促進金融穩定。

（2）健全銀行業務。

（3）維護對內及對外幣值之穩定。

（4）於上述目標範圍內，協助經濟發展。

2. 中央銀行的任務

中央銀行依其業務與經營目標，有表15-3中五項任務。

表15-3 中央銀行的任務

任　務	說　明
1. 作為銀行的銀行	中央銀行一方面接受保管一般銀行的「轉存款」與提列的「存款準備金」，另一方面又融通資金給一般銀行，故中央銀行亦稱為「銀行的銀行」。
2. 作為政府的銀行	中央銀行負責經理國庫業務與保管政府存款，並且融通資金給政府，以調節政府的財政收支。
3. 控制貨幣供給	中央銀行藉由貨幣供給量的控制，進而穩定物價水準，或執行貨幣政策。
4. 經管外匯準備，穩定外匯市場秩序	統籌調度外匯準備，調整外匯供需，以維持外匯市場的秩序。
5. 從事總體金融監理	央行具有貨幣監理權，能即時取得銀行體系健全與運作的資訊，以判斷貨幣政策傳遞的信用管道，對於解決銀行的危機有相當的助益。

15-5-2　貨幣政策

1. 貨幣政策的概念與類型

（1）貨幣政策的概念

　　　　中央銀行依據經濟情勢，利用貨幣政策工具，影響貨幣供給與金融情勢，進而達到穩定物價、匯率與促進經濟成長的目標。

（2）貨幣政策的類型

　　　　中央銀行因應經濟情勢的好壞，提出「擴張性」與「緊縮性」的貨幣政策，詳見表15-4。

表15-4　貨幣政策的類型

貨幣政策的類型	說　明
1. 擴張性貨幣政策	景氣衰退時，央行採取**增加貨幣供給與擴張信用等**擴張性貨幣政策，來刺激消費與投資，達到提振景氣的目的。例如：美國2008年底採取的*QE*1與2010年底的*QE*2[17]。
2. 緊縮性貨幣政策	景氣過熱時，央行採取**減少貨幣供給與緊縮信用等**緊縮性貨幣政策，以減緩消費與投資，緩和通貨膨脹問題。例如：近年中國大陸為緩和通膨，數次調高法定存款準備率，2011年6月法定存款準備率更高達21.5%[18]。

2. 一般性貨幣政策工具

　　中央銀行常使用的一般性貨幣政策工具有三種：（1）公開市場操作（2）重貼現率政策（3）法定準備率政策。

（1）公開市場操作

　　　　各國中央銀行最常使用的貨幣政策工具——公開市場操作。公開市場係指個人與機構皆可參與，且價格與數量等相關資訊公開，合法且具制度化之金融市場。**公開市場操作**[15]即中央銀行在公開市場買賣票券與

---

13 量化寬鬆貨幣政策（*quantitative easing monetary policy*，*QE*），即中央銀行透過公開市場操作，提高貨幣供給。

14 同期我國最高的法定存款準備率為10.75%。

15 實務上央銀公開市場的操作，是在準備金市場上買賣票、債券，影響銀行的準備金，此舉

債券，透過影響強力貨幣，達到控制貨幣供給量的目的。其運作方式，見表15-5。

表15-5 央行之公開市場操作

景氣過熱時之政策因應	景氣衰退時之政策因應
中央銀行在公開市場中，「賣出」票券、債券，以收回貨幣，減少市場中的貨幣供給量。	中央銀行在公開市場中，「買回」票券、債券，釋出貨幣，增加市場中的貨幣供給量。

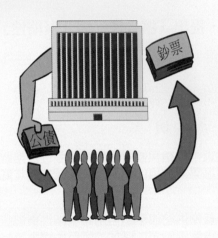 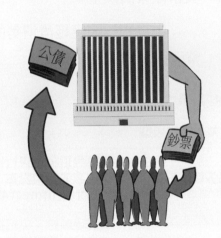

（2）重貼現率政策

　　民眾持票據向銀行融通資金的行為稱為「貼現」（*discount*）。相同地，銀行資金短絀時，則可將持有的銀行承兌匯票、商業承兌匯票或商業本票等合格票據，向中央銀行申請重貼現，進行融資，此行為就稱「重貼現」。

　　銀行因「重貼現」而給付中央銀行的利率稱為「重貼現率」（*rediscount rate*）。重貼現率政策即中央銀行藉「調整重貼現率」，影響銀行融通資金的成本，與銀行重貼現的意願，進一步使貨幣供給量發生改變。其運作方式，見表15-6。

表15-6　央行之重貼現率政策[16]

景氣過熱時之政策因應	景氣衰退時之政策因應
中央銀行「調高」重貼現率，提高銀行融資成本，降低重貼現意願，**促使貨幣供給量減少**。	中央銀行「調降」重貼現率，降低銀行融資成本，提高重貼現意願，**促使貨幣供給量增加**。

（3）法定準備率政策

　　法定準備率政策即中央銀行藉由調整法定準備率，來擴張或緊縮銀行的「信用創造能力」，進而控制貨幣供給量（表15-7）。

表15-7　央行之法定準備率政策[17]

景氣過熱時之政策因應	景氣衰退時之政策因應
中央銀行「調高」法定準備率，此舉將降低貨幣乘數，使得銀行信用創造能力降低，導致**貨幣供給量減少**。	中央銀行「調降」法定準備率，此舉將提高貨幣乘數，使得銀行信用創造能力提高，導致**貨幣供給量增加**。

　　上述三種主要貨幣政策中，公開市場操作可視為是央行主動的政策。重貼現率政策透過影響銀行重貼現行為來達到政策目標，故視為被動的政策。接著藉由式15-19，進一步說明政策如何影響貨幣供給量。其中，「公開市場操作」與「重現貼率政策」主要藉由影響「強力貨幣」，來改變貨幣供給量。「法定準備率」則藉由影響「貨幣乘數」，來改變貨幣供給量。

3. 其他貨幣政策工具

　　中央銀行除可運用上述一般性貨幣政策工具，還可以採用以下貨幣政策工具：

（1）金融機構轉存款

　　金融機構轉存款係指中央銀行接受銀行、中華郵政等金融機構之轉存款，若吸收轉存款增加，在外流通的貨幣供給將減少。反之，吸收轉存款減少，貨幣供給將增加。

16　實務上銀行重貼現的情況相當少見，主要是備而不用，多為宣示用的政策。

17　實務上法定準備率政策具有很強的影響性，一般而言，央銀不會輕易改變法定準備率。我國央行近十年的法定準備率幾乎沒有調整，只有2008年7月到9月間為因應物價上漲問題，而有短暫調整，但隨後也調回原水準。

（2）外匯買賣操作

外匯買賣操作係指中央銀行買外匯時釋出本國貨幣，或賣外匯時收回本國貨幣，若本國貨幣流進本國貨幣市場，就會影響貨幣供給量。然而，中央銀行買賣外匯的目的，主要是穩定匯率水準，一般而言，央行不以外匯買賣，作為貨幣政策的主要工具。

（3）選擇性信用管制

選擇性信用管制係指中央銀行針對「特定信用」加以管制。例如：景氣過熱時，中央銀行將針對股市、房市與消費信貸等施行信用管制，如提高保證金比例、提高頭期款金額與縮短分期付款期限。

（4）道德勸說

道德勸說係指中央銀行對各銀行說明貨幣政策之立場，希望以道德的影響方式，說服各銀行配合中央銀行的貨幣政策。此政策仰賴口頭勸說，而無實質的行動，又被稱為「下巴骨政策」（*jaw boning policy*）。例如：2009年10月我國央行總裁彭淮南，擔心國內房屋市場過熱，邀請台銀、土銀與合作金庫，三家主要房貸銀行的董事長，進行會商與道德勸說，就是典型的下巴骨政策。

上述貨幣政策工具中，「選擇性信用管制」與「道德勸說」是針對資金的分配予以管制，故稱為「質的管制」。其餘的貨幣政策因為會影響貨幣供給量，故稱為「量的管制」。

自我挑戰

一、選擇題（每題2分）

( ) 1. 貨幣必須具備四種功能，除了價值的儲藏外，尚有 (A)交易媒介 (B)價值的標準 (C)延期支付的工具 (D)以上皆是。【15-1-1】

( ) 2. 劣幣驅逐良幣，即 (A)格萊欣法則 (B)投資邊際效率 (C)可兌換貨幣 (D)不可兌換貨幣。【15-1-2】

( ) 3. 有關不可兌換貨幣的敘述，何者錯誤？ (A)又稱為法定貨幣 (B)又稱為強制貨幣 (C)可兌換等值的貴金屬 (D)以上皆非。【15-1-2】

( ) 4. 存款貨幣是以下何者？
(A) 支票存款＋活期存款＋定期存款
(B) 支票存款＋活期存款＋活期儲蓄存款
(C) 定期存款＋活期存款＋活期儲蓄存款
(D) 支票存款＋定期存款＋定期儲蓄存款。【15-1-2】

( ) 5. 有關貨幣的演進，以下何者正確？
(A) 物物交換時期→商品貨幣時期→金屬貨幣時期→信用貨幣時期
(B) 金屬貨幣時期→商品貨幣時期→信用貨幣時期→電子貨幣時期
(C) 信用貨幣時期→金屬貨幣時期→商品貨幣時期→電子貨幣時期
(D) 商品貨幣時期→金屬貨幣時期→信用貨幣時期→電子貨幣時期。【15-1-2】

( ) 6. 在我國以下何者不是貨幣？ (A)信用卡 (B)icash卡 (C)轉帳卡 (D)以上皆是。【15-1-2】

( ) 7. 以下何者是廣義的貨幣供給量？ (A)M_{1A} (B)M_2 (C)M_{1B} (D)M_1。【15-2-1】

( ) 8. 根據貨幣的流動性由高至低，以下順序何者正確？ (A)$M_{1A}>M_{1B}>M_2$ (B)$M_{1A}>M_2>M_{1B}$ (C)$M_2>M_{1A}>M_{1B}$ (D)$M_2>M_{1B}>M_{1A}$。【15-2-1】

( ) 9. 通貨為以下何者？ (A)紙幣及存款 (B)鑄幣及信用貨幣 (C)紙幣及信用貨幣 (D)市場上實際流通的紙幣和鑄幣

( ) 10.通貨淨額係指以下何者？ (A)紙幣＋硬幣 (B)通貨發行額－全體貨幣機構與中華郵政公司儲匯處的庫存現金 (C)支票存款－待交換票據 (D)定期存款＋定期儲蓄存款＋郵政儲金＋外幣存款。【15-2-1】

( ) 11.我國對M_{1A}的定義為以下何者？ (A)通貨淨額＋支票存款＋活期存款(B)通貨淨額＋支票存款淨額＋定期儲蓄存款 (C)通貨淨額＋支票存款淨額＋活期存款 (D)通貨淨額＋支票存款淨額＋活期存款＋活期儲蓄存款。【15-2-1】

（　）12.我國對M_{1B}的定義為以下何者？　(A)通貨淨額＋支票存款＋活期存款　(B)通貨淨額＋支票存款淨額＋定期儲蓄存款　(C)通貨淨額＋支票存款＋活期存款＋定期存款　(D)通貨淨額＋支票存款淨額＋活期存款＋活期儲蓄存款。　【15-2-1】

（　）13.以下何者不屬於支票存款淨額？　(A)待交換票據　(B)本票　(C)保付支票　(D)旅行支票。　【15-2-1】

（　）14.有關貨幣的敘述，何者錯誤？　(A)準貨幣又稱近似貨幣　(B)準貨幣的流動性高　(C)準貨幣由定期存款、定期儲蓄存款、郵政儲金及外幣存款所組成　(D)廣義的貨幣供給量＝M_{1B}＋準貨幣。　【15-2-1】

（　）15.有關活動餘額的敘述，何者正確？　(A)因投機動機所保有的貨幣需求　(B)所得增加，活動餘額的貨幣需求也會增加　(C)利率上漲，則活動餘額的貨幣需求將減少　(D)以上皆非。　【15-2-1】

（　）16.其他條件不變下，利率上漲，則　(A)貨幣需求曲線平行左移　(B)貨幣需求曲線平行右移　(C)是貨幣需求曲線上點的移動，此時貨幣數量將增加　(D)是貨幣需求曲線上點的移動，此時貨幣數量將減少。　【15-2-2】

（　）17.利率水準不變下，人們對貨幣的流動性偏好提高，則　(A)貨幣需求曲線平行左移　(B)貨幣需求曲線平行右移　(C)是貨幣需求曲線上點的移動，此時貨幣數量將增加　(D)是貨幣需求曲線上點的移動，此時貨幣數量將減少。　【15-2-2】

（　）18.凱因斯認為經濟蕭條時期，貨幣供給增加，實際產出不會改變，且人們會不斷增加持有閒置餘額，此時　(A)利率很高　(B)貨幣需求曲線垂直橫軸　(C)擴張性貨幣政策有效刺激景氣回升　(D)市場處於流動性陷阱。　【15-2-2】

（　）19.央行採取緊縮性貨幣政策時，有關貨幣市場的敘述，何者正確？
(A)貨幣需求減少，均衡利率上升，均衡貨幣數量減少
(B)貨幣需求增加，均衡利率下跌，均衡貨幣數量增加
(C)貨幣供給減少，均衡利率上升，均衡貨幣數量減少
(D)貨幣供給增加，均衡利率下跌，均衡貨幣數量增加。　【15-2-3】

（　）20.凱因斯認為流動性陷阱時，政府應採取何種措施，刺激景氣？　(A)擴張性財政政策　(B)緊縮性財政政策　(C)擴張性貨幣政策　(D)緊縮性貨幣政策。　【15-2-3】

（　）21.幣值與物價水準呈何種關係？　(A)物價水準愈高，幣值愈低　(B)物價水準愈高，幣值愈高　(C)物價水準愈低，幣值愈低　(D)以上皆非。　【15-2-3】

(　　) 22.根據古典學派的貨幣理論，若政府增加貨幣供給，會使　(A)失業率提高　(B)物價上漲　(C)利率下跌　(D)短期貨幣所得流通速度加快。　【15-3-2】

(　　) 23.承上題，古典學派的貨幣理論為以下何者？　(A)現金餘額說　(B)現代貨幣數量學說　(C)現金交易說　(D)以上皆非。　【15-3-2】

(　　) 24.根據現金交易說，短期貨幣所得流通速度固定，實質所得固定不變，則貨幣數量增加5%，則物價水準會　(A)下跌5%　(B)上漲5%　(C)下跌10%　(D)上漲10%。　【15-3-2】

(　　) 25.費雪認為　(A)實質所得與貨幣流通速度呈正比　(B)市場機能無法充分運作　(C)物價愈高，貨幣流通速度愈大　(D)貨幣是一層面紗。　【15-3-2】

(　　) 26.有關劍橋學派的貨幣數量學說，何者錯誤？　(A)實質所得與貨幣供給量呈一固定比例　(B)現金餘額方程式$M＝kPy$　(C)貨幣市場均衡時，現金餘額愈大，貨幣所得流通速度愈慢　(D)認為貨幣除了交易媒介的功能，尚有價值儲藏的功能。　【15-3-2】

(　　) 27.有關現代貨幣數量學說之敘述，何者錯誤？　(A)由弗利德曼提出　(B)長期貨幣流通速度穩定　(C)利率上升是造成通貨膨脹的原因　(D)通貨膨脹隨時隨地都是一種貨幣現象。　【15-3-2】

(　　) 28.若法定準備率為25%，貨幣乘數應為　(A)1.3　(B)2　(C)3　(D)4。　【15-4-4】

(　　) 29.以下何者非中央銀行的任務？　(A)控制貨幣供給　(B)融通資金給一般銀行　(C)改善稅制　(D)作為政府的銀行。　【15-5-1】

(　　) 30.央行在市場買賣公債屬於何種貨幣政策？　(A)公開市場操作　(B)法定準備率政策　(C)選擇性信用政策　(D)貼現率政策。　【15-5-2】

(　　) 31.為緩和過熱景氣，央行應採取何種措施？　(A)公開市場買進票券　(B)調低重貼現率　(C)提高法定準備率，降低銀行信用創造能力　(D)放寬信用管制。　【15-5-2】

(　　) 32.以下何者屬於一年期以內的金融商品？　(A)股票　(B)商業本票　(C)公司債　(D)信託憑證。　【15-5-2】

二、綜合練習（每小題3分）

1. 20X2年甲國貨幣供給資料如下表，請計算該國之（1）通貨淨額（2）存款貨幣淨額（3）M_{1A}（4）M_{1B}（5）準貨幣（6）M_2。　【15-1-2】

（單位：萬元）

紙幣	300	支票存款	60	活期儲蓄存款	130	郵政儲金	300
硬幣	400	待交換票據	20	定期存款	100	外幣存款	200
庫存現金	100	活期存款	120	定期儲蓄存款	200		

▌解答

2. 下表是甲銀行的資產負債表，法定準備率為25%，則（1）超額準備金為多少？（2）超額準備率為多少？【15-4-3】

資產		負債與淨值	
準備金	1,200,000	存款	4,000,000
放款	4,800,000	資本	2,000,000
	6,000,000		6,000,000

▌解答

3. 中央銀行對銀行融通150萬元，法定準備率為20%時，則（1）貨幣乘數為何？（2）整個銀行體系能創造出的引申存款有多少？　【15-4-4】

▌解答

16 政府

　　2008年北歐冰島發生破產危機後，接踵而來2009年南歐希臘也有嚴重的國家債務問題，甚至到了2010年，歐洲的葡萄牙、義大利、愛爾蘭、西班牙等國，同樣浮現債務危機。過去在低度開發國家或政經情況不穩定國家，易發生國家債務問題，此次卻也發生在先進的歐洲國家。

　　面對瞬息萬變的國際經濟情勢，政府如何帶領國家邁向成長與順利度過各多種難關，便是其重要職責之一，本章將從經濟學的角度介紹政府經濟職能，讀者可從中瞭解政府如何掌控國家這艘大船，順利航向穩定成長的目標。

本章綱要

1. 政府的稅收與支出
2. 政府的經濟政策──財政政策
3. 私有財與公共財
4. 市場失靈
5. 代理問題
6. 公共選擇理論

長久以來，政治學者、經濟學家與哲學家對政府應扮演何種角色各有見解。1930年代以前，經濟學家深受古典學派思想影響，主張自由放任，強調市場在價格機能充分運作下，可達充分就業，政府只要扮演保護人民財產、制定適當法規，與提供國防的角色，於是鼓吹「小而美的政府」。直至1930年代，經歷經濟大恐慌，凱因斯學派興起，提倡「大有為政府」，認為政府應積極介入經濟社會，彌補市場失靈。

16-1 政府的收入與支出

政府統籌收入與支出，目的是要順利推行政府施政，提供公共財與公共服務，使社會資源重分配，以維護與提升民眾福祉。

通常，一國政府的收入與支出皆占GDP相當比例。表16-1中，2010年英國與德國的政府收入皆占GDP約4成，美國也有3成，我國則不到2成。其中，政府支出占GDP比率以英國最高，達5成之多，我國則為2成。該年度各國政府收支皆發生短缺，不足的部分各國政府可「發行公債」或「移用以前的賸餘」來融通。

表16-1　2010年各國政府收支占GDP比率

政府收支占GDP百分比 ＼ 國別	中華民國	美國	英國	德國
收入占GDP比率（％）	16.9	30.8	40.3	44.5
支出占GDP比率（％）	21.4	42	51.5	47.5

1. 政府收入

一國當年度的政府收入，可自該國政府歲入一窺究竟。政府歲入係指「政府一會計年度內為支應政府支出計畫所籌措之收入，但不包括債務之舉借及以前年度歲計賸餘之移用」。我國行政院主計總處將政府歲入劃分為表16-2中五大類。

「稅收」是目前我國政府主要歲入來源，占歲入的7成以上（其中又以

「所得稅」爲最大宗。「營業盈餘及事業收入」居次，約占歲入的12%，主要來源是公營事業盈餘繳庫收入。規費及罰款收入則位居第三。

表16-2　政府歲入

政府歲入的類型	說　明
1. 課稅及專賣收入	「課稅」即國家為了因應政務支出或達成其他行政目的，基於公法的權力，強制將人民手中之部分財富移轉為政府所有。我國租稅依性質可分為：（1）所得稅（2）財產稅（3）消費稅（4）流通稅（5）遺產及贈與稅等。 「專賣收入」即政府為增加國庫收入與節制生產與消費，規定專賣貨物。例如：早期的香菸與酒類為公賣局專賣。
2 營業盈餘及事業收入	「營業盈餘及事業收入」係指政府有償提供財物或勞務所獲得財務，其中包括：營業基金盈餘繳庫、非營業基金賸餘繳庫，與投資收益。
3. 規費及罰款收入	「規費」是政府機關提供特定服務、設備，或設定某種權利，或為達成某種管制政事目的，而對特定對象按成本或其他標準計收的款項。例如：申辦戶籍謄本、土地登記費、汽機車燃料費、高速公路通行費，及報考國家考試的報名費等。 罰款收入包括：罰鍰、怠金、過怠金、沒入金或沒收物，及賠償等收入。
4. 財產收入	「財產收入」是各級政府因出租或出售動產與不動產、財產孳息與出售廢舊物資等，所獲之收入。
5. 其他收入	其他收入包括：捐獻及贈與、學雜費，與雜項等收入。

2. 政府支出

一國當年度的政府支出，可從該國政府歲出來瞭解。政府歲出係指「政府各機關一會計年度內為推行各項政務之一切支出，但不包括債務之償還」。歲出按「政事別」區分為九種：（1）一般政務支出（2）國防支出（3）教育科學文化支出（4）經濟發展支出（5）社會福利支出（6）社區發展及環境保護支出（7）退休撫卹支出（8）債務支出（9）一般補助及其他支出。

歲出占國內生產毛額（GDP）的比率，顯示一國政府在國家經濟活動中的重要性，近年我國各級政府歲出占GDP之比率約為2成。

16-2　政府的經濟政策──財政政策

　　政府可以採取「財政政策」或「貨幣政策」，達成穩定經濟社會，促進經濟成長的目標。有關貨幣政策之介紹，詳見第十五章，本節著重於財政政策的探討。

1. 財政政策（Fiscal Policy）的概念

　　財政政策係指「政府藉由調整其政府收入與政府支出，來影響國民所得與物價變動的政策」。受到凱因斯思想的薰陶，使財政政策已成各國為達經濟目標常用的政策手段[1]。美國總統尼克森曾說：「我們都是凱因斯的信徒」，充分表達了財政政策的重要性。

　　1970年代，我國政府推動十大建設，進行了一系列公共建設，不但減緩1973年石油危機對我國經濟的衝擊，也完善了道路、港埠、機場、發電廠等基礎建設，使當時的經濟能在穩定中成長。

2. 權衡性財政政策與自動安定機能

（1）權衡性財政政策（*discretionary fiscal policy*）

　　　　權衡性財政政策係指「政府依據經濟景氣狀況，主動調整政府收支，達到平穩經濟的目標」，故又稱為「主動性財政政策」。表16-3中，說明了政府根據景氣好壞，可採取擴張性財政政策（*expansionary fiscal policy*）與緊縮性財政政策（*contractionary fiscal policy*）。

表16-3　權衡性財政政策

政策工具	政策採行時機	操作方式	政策目的
1. 擴張性財政政策	景氣衰退	增加政府支出、減少稅收	提高產出與就業水準
2. 緊縮性財政政策	景氣過熱	縮減政府支出、增加稅收	減少總需求以降低通貨膨脹

1　政府收支占*GDP*有一定比率，故有能力影響*GDP*的水準。根據第十四章介紹，政府支出與稅收的變化經由乘數效果，將影響均衡所得水準。

（2）自動安定機能

　　自動安定機能係指「景氣波動時，經濟體系存在自動調整的機能，能抑制經濟波動，穩定經濟體系」。一般有「累進所得稅」與「社會安全制度」兩種（表16-4），這些自動調整景氣波動的機能，非政府刻意採取的政策，而是景氣波動時，經濟體系自動發揮穩定作用，一般稱為自動穩定因子（built-in stabilizer）或自動調節因子（automatic stabilizer），也由於是非主動的政策行為，又稱為「被動性財政政策」。

　　「累進所得稅」係指所得稅率隨所得增加而愈高，例如：我國的綜合所得稅即為累進所得稅制。「社會安全制度」係指政府對於經濟上弱勢的勞工及農民給予保護、確保人民就業、妥善處理勞資糾紛、實施失業補貼、社會保險，及社會救濟等。

表16-4　自動安定機能

政策工具	運作方式
1. 累進所得稅	景氣過熱時，民眾所得大幅成長，累進所得稅制下，使民眾稅賦加重，進一步減少可支配所得，從而降低民間消費，達到抑制經濟過熱。
	景氣衰退時，民眾所得減少，累進所得稅制下，能減輕民眾稅賦，提高民眾消費的意願，達到活絡經濟的目標。
2. 社會安全制度	景氣衰退時，社會安全制度能救濟失業人口與經濟弱勢民眾，進而維護社會的安定。

3. 實施財政政策產生的問題

　　實施財政政策會發生表16-5中所述三種落差問題。

表16-5　實施財政政策產生的問題

三種落差問題	說　明
1. 認知落後（recognition lag）	認知落後係指當發生經濟問題時，政府經過一段時間後，才意識到問題的存在，此種時間的落差導致延後財政政策的推動時間。
2. 行動落後（action lag）	行動落後係指財政政策依法為行政機關規劃，再送交國會部門審查通過，過程中經歷政策的規劃與朝野的辯論及協商，以致延後財政政策的施行時間。
3. 作用落後（operation lag）	作用落後係指執行財政政策後，通常須經過一段時間，才能發揮政策效果。例如：根據乘數原理，政府支出與稅收的乘數效果，為經歷一段時間所產生。

16-3　公共財與市場失靈

　　市場失靈下，市場機制的自由運作，不僅無法使資源有效配置，也無法達到社會福利最大。唯有政府積極介入，才能使市場回復效率的運作。常見的市場失靈有：公共財、外部性、自然獨占，與資訊不對稱。

16-3-1　私有財與公共財

　　「共享性」與「無排他性」兩種財貨性質，能協助讀者瞭解公共財與私有財的特點。藉由表16-6中的財貨的特性，就能解釋爲何政府必須扮演公共財的供給者角色。

表16-6　財貨的性質－共享性與獨享性、無排他性與排他性

性質	意義	說明
1. 共享性（nonrival[2]）	共享性即「財貨可**供**多人使用，且不損及其中任何人的效用」。簡言之，即消費上的共享性。	小明看了食尚玩家的電視節目，並不影響小李收看此節目的效用，或警察提供民眾良好治安，當我受保護的同時，也不影響他人受保護的效用。因此，食尚玩家節目與警察維護治安等皆具有共享性。
2. 獨享性	共享的相反——獨享，獨享性即「財貨被某人消費後，無法再供他人享用」。	阿牛吃了一顆蘋果，這顆蘋果就無法再供他人享用。因此這顆蘋果就具有獨享性。
3. 無排他性（Nonexclusive）	無排他性即「無法禁止或排除他人，在未支付代價下而消費該財貨」。	「路燈」提供街道照明，只要路過的人都可享受到好處。
4. 排他性	排他性即「可禁止或排除他人消費某一財貨」，亦即可防止他人坐享其成」。	小明在麵店點一碗牛肉麵，這碗牛肉麵是屬於小明的，他可排除別人與其共享。

　　根據財貨的性質，可將財貨區分爲表16-7中，四種類型。

2　*nonrival and rival*英文原義爲「無敵對性」與「敵對性」，經濟學上通常翻譯爲「共享性」與「獨享性」。

表16-7　財貨的種類

	排他性	無排他性
獨享性	1. 純私有財 例如：食物、衣服、手機	2. 準私有財 例如：公海漁業資源
共享性	3. 準公共財 例如：健身俱樂部、有線電視	4. 純公共財 例如：國防、治安、燈塔與司法等

（1）純私有財（pure private goods）

　　凡財貨兼具「獨享性」與「可排他性」兩種性質者，即為「純私有財」。日常生活中，大多數的財貨都屬於私有財，例如：房屋、個人家電等。圖16-1中，老賴吃完或吃過的下午茶，他人無法再度享用，此份下午茶即滿足「獨享性」。此

圖16-1　純私有財與純公共財

外，這份下午茶是老賴付費取得，其可排除或禁止他人享用，故此份下午茶也滿足「可排他性」。

（2）準私有財（quasi-private goods）

　　財貨兼具「獨享性」與「無排他性」兩種性質者，即為「準私有財」。例如：公海漁業資源。A漁船在公海捕撈的漁獲為其所有，其他漁船無法共享該漁獲，故該漁獲滿足「獨享性」。又公海領域中，無法排除其他漁船進入，因此公海中的漁業資源皆滿足「無排他性」（圖16-2）。

圖16-2　準私有財

（3）純公共財（pure public goods）

財貨兼具「共享性」與「無排他性」兩種性質者，即為「純公共財」。例如：國防、治安、路燈、燈塔，與司法等。圖16-1中，警察維護治安，保障「全體民眾」身家財產安全的服務滿足「共享性」；維護治安提供的是全面性服務，無法排除特定民眾享有，故維護治安的服務同時滿足「無排他性」。

（4）準公共財（quasi-public goods）

財貨兼具「共享性」與「排他性」兩種性質者，即為「準公共財」。例如：健身俱樂部的設備、有線電視與高速公路等。圖16-3中，健身俱樂部裡，甲用完跑步機後，不會減少乙使用跑步機的效用，故滿足「共享性」，但未繳會員費的民眾

準公共財

圖16-3　準公共財

則無法使用這些設備，故健身俱樂部的設備滿足「可排他性」。因此，準公共財又稱為俱樂部財（club goods）。

基於公共財的性質，當公共財由私人提供時，因他人坐享其成的「搭便車」（Free Rider）心態，以致有人不願付費或提供，導致公共財的供給不足而發生市場失靈。例如：社區路燈若為民眾自行設置，一有人安裝路燈後，附近的人不須付費皆可免費享有照明，搭便車的心理，使周圍的人不設置路燈，最後，只有對路燈有較大需求者，才願意提供路燈。此時，路燈若為政府提供，政府將從社區整體規劃角度提供適當數量的路燈。

上述可知，提供適量的公共財是政府重要的職能之一。亞當斯密在《國富論》（The Wealth of Nations）中，認為政府的工作在提供國防、司法與公共建設等純公共財。

最大的純公共財－知識（knowledge）

　　純公共財具有供多人使用，且每人都能享受全部，與互不侵犯的特性，其中，「知識」也屬於純公共財。知識能自由的流傳，甚少受時空與地域的限制，幾乎為所有人類所共享（除了某些專利知識或受智慧財產權保護的知識具有排他性外），隨時間積累，知識的內容也愈發豐富，在全體人類貢獻下造就了世界上最大的純公共財——「知識」。

16-3-2　市場失靈（market failure）

　　市場失靈係指公共財、外部性、自然獨占，與資訊不對稱等問題，皆造成自由市場無法達到經濟福祉，損及經濟效率的情形。以下逐一說明其形成的問題，與政府的因應對策。

（1）外部性（externality）

　　　　外部性係指某人的行為對他人福利的影響。若該影響是有益的，就產生外部利益，反之，有害的影響則產生外部成本。工廠亂排放污水導致河川污染嚴重，或二氧化碳過度排放引發全球暖化等，皆是對日常生活產生嚴重問題的有害外部性。表16-8中，說明了外部成本形成市場失靈的問題與政府的因應之道。

表16-8　外部成本形成市場失靈與因應

外部成本形成市場失靈的問題　　　　政府因應對策	廠商依私人生產成本來決定產量，生產成本中不計入生產過程所產生的外部成本，以致生產成本低估，而生產過多產品，進一步產生過多的外部成本。
1. 直接管制	生產過程中，因污染產生外部成本時，政府可直接管制，設定廠商排放污染量的上限。例如：行政院環保署對於空氣污染訂定總量管制。

3　碳交易的目的在促使廠商減少碳排放。當廠商碳排放量多時，須支付更多費用購買排碳權，導致廠商採取減排措施，當廠商有多餘碳權時，也可出售某利。

2. 課稅	政府藉由「課稅」提高廠商的生產成本，達到反映廠商實際生產成本的目的，促使其「減產」，同時將課徵的稅收，用於矯正外部成本的影響。**政府以「課稅」手段，使生產者自行負擔外部成本**，此對策又稱「外部成本內部化」。例如：環保署課徵空污費，並用於空氣品質改善。
3. 補貼	**政府提供廠商補貼以減少外部成本的產生。**例如：《空氣污染防制費減免辦法》中，政府給予購置空氣污染防制設備之廠商適當的補貼，以減少污染排放。
4. 建立污染權市場	**政府決定社會上最適污染量後，賦予各廠商污染權，污染權市場中價格機能充分運作，能有效率的分配污染權，達到污染減量的目標。**例如：碳交易市場[3]即為因應《京都議定書》中，減少全球溫室氣體排放，所產生的污染權市場。目前施行碳交易的國家有芬蘭、挪威、瑞典、丹麥與瑞士等國。

（2）自然獨占（natural monopoly）

自然獨占廠商長期平均成本（LAC）遞減，形成產量愈多，LAC愈低的情形，以致其他廠商無法與其競爭，而獨占整個市場。表16-8中，說明了自然獨占形成的問題與政府消除自然獨占造成社會無謂損失的對策。

表16-9 自然獨占形成市場失靈與因應

自然獨占形成市場失靈的問題 政府因應對策	獨占廠商為追求利潤最大，根據$MR=MC$決定均衡產量與價格，訂定的價格不僅較完全競爭市場均衡價格來得高，生產的產量也較少，使社會發生了無謂損失[4]。
1. 商品由國營事業生產	政府以「國營」方式，提供適當價、量的商品，以維護民眾的福祉。我國與民生相關的財貨，如自來水、電力等，皆為國營事業生產供應。
2. 政府監督與干預價格	政府藉由監督與干預，防止廠商訂定過高價格，傷害消費者福祉。例如：台北市公車、捷運票價等訂定，須經台北市市議會審核通過。

---

4 獨占廠商根據$MR=MC$（非$P=MC$）決定均衡產量與價格，將造成社會的無謂損失。見《經濟學I》8-4分析。

（3）資訊不對稱（**information asymmetry**）

資訊不對稱係指「交易雙方擁有不對等的資訊」，通常是「交易雙方，一方擁有另一方所沒有的資訊，形成『我知你不知』的不對稱現象」。

發生資訊不對稱時，資訊多的一方往往為了自身利益，隱匿資訊或掩飾行為，不利資訊少的一方，造成市場無效率的情形。此時就會發生「逆選擇」與「道德危險」兩類問題，見表16-10。

表16-10　資訊不對稱形成市場失靈的問題

問　題	說　明
1. 逆選擇	逆選擇（*adverse selection*）即「在交易契約成立前，隱匿資訊（特性），導致市場選擇較差的結果」，簡而言之，就是愈選愈糟糕的狀況。 **範例1：中古車市場（又稱檸檬車市場）** 中古車市場中，賣方相較於買方擁有較多車況的資訊。買方只能從車子外觀與自身知識判斷車況。 賣方為售得好價格，產生隱匿汽車缺陷資訊（例如：泡水車、事故車，與不實的里程數）的動機。買方在可能買到瑕疵車下，也不願支付高價購買中古車，導致擁有好車的賣方不願供給，只剩擁有爛車的賣方意願供給車子給二手車市場。 二手車市場在上述逆選擇的惡性循環下，不但市場交易量萎縮，且充斥著低品質的廉價二手車。 **範例2：健康保險市場** 健康保險市場中，健康狀況不佳的保戶，為少繳保費與謀取較佳的投保條件，會隱瞞其健康情形，導致保險公司提高保費，造成健康良好的人因保費過高而不願投保，最後投保者，就只剩健康不佳的人。
2. 道德危險	道德危險（*moral hazard*）即「在交易契約成立後，擁有資訊的一方，為一己之私隱匿資訊，而陷另一方於不利的行為」。 **範例1：代理問題——股東與經理人** 股東以追求公司利潤最大為目標，但經理人考量自身利益，而追求產量極大時，則發生目標不一致，損害股東利益的情形。 **範例2：代理問題——雇主與員工** 僱用契約成立後，若雇主無法明察員工努力的程度，員工渾水摸魚的行為將損害雇主的利益。 **範例3：承保人** 投保人於投保後，疏於注意而產生道德危險。例如：小明自從投保車體損失險後，時常開快車，又闖紅燈，疏於遵守交通規則，提高了發生事故的風險，發生不利承保機構的情形。

資訊不對稱而損及民眾福祉，可透過政府公權力介入，減少市場失靈的情形。政府可採「直接介入」的方式，例如：開辦全民保險與失業保險等業務，也可藉由「提供相關資訊或訂定規範，充分揭露資訊，進而消除資訊不對稱的問題」，例如：政府可提供中古屋買賣市場有關海砂屋與輻射屋的相關資訊，或為保障投資大眾，上市櫃公司必須依《證券交易法》公布財務報告等公開資訊。

動動腦 ❶

請根據事件內容，寫出市場失靈產生的問題。

事件	失靈產生的問題
例：二手車市場，只有品質差的廉價車	逆選擇
1. 佃農在地主承租土地後，惰於耕種	
2. 貨幣市場中，劣幣趨逐良幣	
3. 保戶投保高額意外險後，積極從事極限運動	

16-4　代理問題與公共選擇問題

政府代理全體人民管理眾人之事，但不可諱言政府官員與民意代表，也可能存有私心，若其為追逐自身利益，將發生代理問題與公共選擇問題，前者肇因於資訊不對稱，而後者則屬政治經濟學研究的範疇。

16-4-1　代理問題

1. 代理的意義

表16-11　生活中常見的代理關係

委託人	代理人
股東	公司經理人
雇主	員工
民眾	民意代表與政府官員[8]

代理係指「委託人授權委託代理人，代其執行某項工作或事務的行為」。其中，委託人係指委托他人為自身辦理事務者，代理人係指接受委託代為處理事務者。日常生活

中委託與代理的關係無所不在，人們常是他人的代理人，為他人的目標努力，常見的代理關係見表16-11。

2. 代理的問題

資訊不對稱是形成代理問題的主因，當委託人（例如：民眾）與代理人（例如：民意代表或政府官員）間存在資訊不對稱時，代理人為行動的當事人，通常比委託人掌握更多的資訊，形成雙方資訊不對稱，此時若代理人不以委託人的最大利益為準則，而追求自身利益最佳時，將發生代理問題，形成「逆選擇」與「道德危險」。接下來，以民眾與民意代表為例，說明逆選擇與道德危險問題。

（1）逆選擇

選舉前（即交易契約成立前），選民根據對各候選人的瞭解，從中選擇適任的候選人，來代理選民執行公眾事務。若該候選人採取隱惡揚善（隱匿資訊），或亂開選舉支票的手段，導致選民誤信其詞，將票投給了較差的候選人，就產生了逆選擇的問題。

（2）道德危險

民意代表當選後（即交易契約成立後），若為一己之私，於執行職務時，隱匿行為謀取不當利益，或未善盡職責等而損害社會大眾的利益，就產生道德危險的問題。

16-4-2　公共選擇理論（Public choice theory）

公共選擇理論是當代經濟學領域中的新興理論，其代表人物布坎南（James Buchanan）認為「公共選擇是將經濟學的工具與方法，應用在政治方面的集體或非市場決策行為上」。

1. 公共選擇理論的起源

公共選擇理論源自1940年代，該理論的原理與架構成形於1960年代。自此

---

5 民意代表與行政官員受民眾之託處理公眾的事務，因此民意代表與政府官員為代理人，民眾即為委託公眾事務的委託人。

對於學術影響迅速擴大，近代公共選擇理論始於英國經濟學家布萊克（Duncan Black），於1948年發表《論集體決策原理》奠定了公共選擇理論的基礎，1958年出版的《委員會和選舉理論》更被認為是公共選擇理論的代表作，其後的經濟學家尊稱他為「公共選擇理論之父」。

另一位公共選擇理論的重要學者，當推美國著名的經濟學家布坎南，他從1950年代研究公共選擇理論，並發表許多公共選擇理論的經典著作，對公共選擇理論建樹良多，因此在1986年獲得諾貝爾經濟學獎。

2. 公共選擇理論的概念

公共選擇理論是一門研究民主制度中，選民、政治人物，及行政官員，在利己心與追求自身效用最大下，彼此間的互動行為，其研究範圍包括「投票制度」與「公共決策」等。

公共選擇理論認為，政治活動的主體包括利益團體、政治人物，與行政官員（官僚）。民主政治中，民眾可用選票選擇政治人物，希冀其能在政策、法案與法律制度上為民謀取最大利益，但公共選擇理論認為，利益集團常為自身利益，游說民意代表、民選首長等政治人物，藉由政治人物的影響力，干預行政部門預算編列或法案制定。民主政治中，利益團體、政治人物，與行政官員間的互動關係，對公共決策具重大影響力，而有「政治鐵三角」之稱（如圖16-4）。

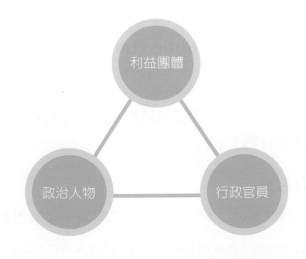

圖16-4　政治鐵三角

3.公共選擇的問題

　　政府失靈（government failures）係指政府介入經濟事務，卻因其過當管制、無效率施政與公共支出排擠民間投資，反而產生「政府政策失靈」的現象。公共選擇理論假設利益團體、政治人物，與行政官員皆具「理性」、「利己心」與「追求自身效用最大」等特性，當利益團體不當游說政治人物，進而向行政官員施壓，發生利益壟斷、官商勾結，與公共資源不當分配等扭曲情形，即發生了「政府失靈」。有關公共選擇理論關心的議題，見表16-12。

表16-12　公共選擇理論常研究的議題

研究面向	研究議題
1. 選民方面	舉選過程中，選民藉由投票，做出集體決策。亞羅（*Kenneth Arrow*）證明了在多數決的投票制度下，選舉結果可能發生「無法做出一致決定」的問題。換句話說就是，重新投票可能有不同的結果，此即「**多數決的矛盾**」（*paradox of voting*）。[9]
2. 行政官員方面	民主政治中，行政官員進行公共決策與預算編列時，除受民選政府首長或民意代表影響，另一方面行政官員為滿足自身利益與權力時，可能發生**浮編預算與濫用資源的問題**。例如：全台各地的蚊子館，反映出行政官員在規劃公共建設時，未確實做好效益評估。
3. 政治人物方面	公共選擇理論同時也探討政黨、利益集團，或民意代表追求自身利益等因素，對民意代表決策的影響，及產生了什麼問題，並研究如何以相關法規約束民意代表的決策。
4. 利益團體方面	**利益團體**向政治人物從事游說[10]活動，**干預公共事務**，達到爭取對其有利決策的目標。但是對利益團體有利的決策，未必符合全民利益，也可能只有少數人獲益，這種鑽營行為，就稱為競租[11]（*rent seeking*）。

6　亞羅提出「在一些合理的假設下，『任何』投票方式可能產生不一致的結果」，謂為不可能定理（張清溪等四人，經濟學：理論與實際，第六版）。

7「遊說」是多元化的民主政體中，正常的運作模式之一，我國於2007年制定與施行「遊說法」，促使在公開、透明的程序下進行合法遊說，引導遊說行為發揮正面功能，並防止不當利益輸送，杜絕黑金政治與不法關說。

8　競租又稱為尋租，也就是某團體為了獲得壟斷地位（如：政府給予特許經營），謀取壟斷利潤，從事一些非生產性的尋利活動。

自我挑戰

一、選擇題（每題2分，共60分）

( ) 1. 下列何種對策可解決資訊不對稱問題？ (A)管制 (B)課稅 (C)商品由國營事業生產 (D)政府提供資訊與訂定規範使資訊充分揭露。 【16-1】

( ) 2. 我國政府主要收入來源是 (A)罰金 (B)國營事業收入 (C)課稅 (D)發行公債。 【16-1】

( ) 3. 下列何種收入是政府基於公法，強制將人民手中的財富移轉為政府所有？ (A)規費 (B)課稅收入 (C)出售廢舊物資收入 (D)捐獻。 【16-1】

( ) 4. 我國租稅依性質可分為所得稅、財產稅及以下何者？ (A)消費稅 (B)流通稅 (C)遺產及贈與稅 (D)以上皆是。 【16-1】

( ) 5. 下列何者不是我國歲入的來源？ (A)發行公債 (B)稅課及專賣收入 (C)公營事業收入 (D)財產收入。 【16-1】
解：

( ) 6. 政府採取何種政策，達到主動調整政府收支，穩定經濟？ (A)道德勸說 (B)被動性財政政策 (C)權衡性財政政策 (D)干預匯市。 【16-2】

( ) 7. 景氣蕭條時，政府可採取何種政策，促進就業與提高產出？ (A)調高綜合所得稅的扣除額 (B)增加社會福利支出 (C)增加政府投資 (D)以上皆是。 【16-2】
解：

( ) 8. 景氣過熱時，政府可以採取何種政策，達到緩和物價上漲的壓力？ (A)調高稅率 (B)增加國防支出 (C)發行消費券 (D)增加教育補助。 【16-2】

( ) 9. 下列何者為經濟中的自動穩定因子？ (A)累進所得稅 (B)利率 (C)政府支出 (D)貨幣供給。 【16-2】

( ) 10. 下列何者不是造成財政政策效果延遲的原因？ (A)認知落後 (B)行動落後 (C)經費落後 (D)作用落後。 【16-2】

( ) 11. 同一件商品無法由一人以上消費，則該商品具何種性質？ (A)無敵對性 (B)獨享性 (C)排他性 (D)無排他性。 【16-3-1】

( ) 12. 財貨可供多人使用，且不損及其中任何人的效用，屬於以下何種特性？ (A)共享性 (B)獨享性 (C)無排他性 (D)排他性。 【16-3-1】

( ) 13. 商品供給者可以阻止未付費的人使用這些商品，則該商品具何種性質？ (A)排他性 (B)無排他性 (C)獨享性 (D)共享性。 【16-3-1】

（　　）14. 各縣市環保局的清潔隊員提供免費的垃圾清運服務，屬於以下何種財貨？　(A)純私有財　(B)準私有財　(C)準公共財　(D)純公共財。【16-3-1】

（　　）15. 付費的垃圾清運服務，屬於以下何種財貨？　(A)純私有財　(B)準私有財　(C)準公共財　(D)純公共財。【16-3-1】

解：

（　　）16. 私人不願意供給公共財的原因爲何？　(A)資訊不對稱　(B)代理問題　(C)存在搭便車心理　(D)逆選擇。【16-3-1】

（　　）17. 亞當斯密在《國富論》指出政府應扮演以下何種角色？　(A)大有爲政府　(B)管制物價　(C)提供公共財　(D)以上皆是。【16-3-1】

（　　）18. 公共財、外部性、自然獨占與資訊不對稱等，造成自由市場無法達到經濟福祉，損害經濟效率的情形，即爲　(A)政府失靈　(B)市場失靈　(C)供需失衡　(D)以上皆非。【16-3-2】

（　　）19. 工廠排放廢氣，損害臨近居民健康，此即　(A)外部利益　(B)外部成本　(C)自然獨占　(D)道德危險。【16-3-2】

（　　）20. 下列何者不是解決外部成本的方法？　(A)由政府經營該外部成本來源　(B)課稅　(C)補貼　(D)建立污染權市場。【16-3-2】

（　　）21. 廠商以私人成本決定產量時，可能發生何種問題？　(A)低估生產成本　(B)過度生產　(C)產生過多外部成本　(D)以上皆是。【16-3-2】

（　　）22. 下列何者是解決自然獨占造成市場失靈的方法？　(A)該商品由國家生產或監督與干預價格　(B)直接管制　(C)補貼　(D)課稅。【16-3-2】

（　　）23. 市場上發生愈選愈糟的情形時，表示市場發生了　(A)逆選擇　(B)代理問題　(C)道德危險　(D)公共選擇問題。【16-3-2】

（　　）24. 「檸檬車市場」是屬於何種市場失靈問題？　(A)道德危險　(B)逆選擇　(C)外部成本　(D)代理人問題。【16-3-2】

（　　）25. 交易雙方形成你知我不知的現象，稱爲　(A)外部成本　(B)資訊不對稱　(C)政府失靈　(D)公共選擇問題。【16-3-2】

二、綜合練習（每格2分，共40分）

1. 請根據下述兩造之關係，寫出正確的答案。　　　　　　　　　　　　【16-4-1】

關係	委託人	代理人
例：市議員與市民	民眾	民意代表
被告與律師		
經理人與股東		
保險經紀人與保戶		
地主與佃農		

2. 研究民主制度中，選民、政治人物及行政官員在自利心與追求自身效用最大下，彼此互動行爲的是＿＿＿＿＿＿理論。　　　　　　　　　　　　【16-4-2】

3. ＿＿＿＿＿、＿＿＿＿＿及＿＿＿＿＿，稱爲政治鐵三角。

4. 公共選擇理論中，假設利益團體、政治人物與行政官員皆具以下三種特性：＿＿＿＿＿、＿＿＿＿＿及＿＿＿＿＿。　　　　　　　　　　　　【16-4-2】

5. 民主制度下，選民以「投票」進行集體決策常受各種因素影響，若投票可進行許多次，每一次結果皆可能有不同，此即公共選擇可能發生的＿＿＿＿問題。　　　　　　　　　　　　【16-4-2】

17 國際貿易與國際金融

　　過去30年間，美、中兩大經貿大國的貿易往來發展極為快速，成長將近達到200倍。隨著經貿關係日趨密切，貿易摩擦也趨於頻繁，從過去美國對中國紡織品、鋼鐵產品採貿易管制，到2011年美國對中國傾銷商品課徵反傾銷稅等制裁皆可觀察到兩國如何在貿易上維護各自利益。2011年10月，美國國會更通過《貨幣匯率監督改革法案》，針對「匯率被低估」的主要貿易夥伴，徵收懲罰性關稅，由於法案高度針對中國大陸，也被各界視為是「制裁人民幣法案」。

　　國與國之間的貿易往來，既是貿易夥伴也是競爭對手，本章深入淺出介紹國際貿易發生的原因與好處，及各學說觀點之貿易政策及相關措施，最後從匯率的意義與制度，及匯率水準決定等介紹，協助讀者充分掌握國際貿易與金融的相關知識。

本章綱要

1. 國際貿易的基礎與利益
2. 國際貿易政策
3. 國際投資概述
4. 外匯市場與匯率的決定

17-1　國際貿易的基礎與利益

17-1-1　國際貿易的意義

國際貿易係指國與國之間進行財貨交易與勞務行為的經濟活動。國際貿易理論主要在研究國與國之間為什麼會產生貿易，與貿易帶來的影響。

17-1-2　國際貿易的發生原因

根據下列四個主要觀點，說明國際貿易的發生原因。

1. 各國擁有不同的要素稟賦

一國擁有之生產要素又稱為「要素稟賦」（factor endowment）。各國因地理位置、人口數量、自然資源……等差異，形成要素稟賦不同，使各國專業生產自己擅長的優勢商品，透過自由貿易，提升國家福利。

例如：沙烏地阿拉伯擁有豐富原油資源，其主要收入亦來自石油產業，是全球最大石油出口國。中國大陸擁有豐沛人力資源，且相對低廉的勞動力，形成龐大的勞力密集產業，而有世界工廠之稱。

2. 各國的生產技術水準不同

各國皆擁有屬於自己的商品生產技術，確保生產技術領先，能保障產品在國際市場的優勢地位。例如：日本的汽車、瑞士的鐘錶、臺灣的 LED 與 DRAM 等皆在製造上具領先技術，使商品能在國際市場占有一席之地。

3. 生產要素缺乏流動性

受到自然因素或人為因素的限制，部分生產要素無法充分的自由移動[1]。在生產要素缺乏流動性下，國際貿易促使資源有效率運用，進而提升全球的經濟福祉。

1　勞動及資本雖不若土地完全無法移動，但仍受各國相關法令約束，只可有限度的往來。例如：我國看護市場供不應求時，並無法無限制的進口看護勞動，仍須經勞委會核准，才可聘請外籍勞工擔任看護工作。

例如：紐西蘭地廣人稀、土地肥沃，農畜產業發達；香港地狹人稠，融合中西風情景緻與經濟自由，觀光、金融等產業舉世聞名。紐西蘭與香港的「土地」雖無法移動，但透過國際貿易，香港可以享有來自紐西蘭的農畜產品，而紐西蘭人則可透過觀光，一睹東方之珠的美麗風情。

4. 受各國消費者的偏好影響

形成國際貿易的因素，除前述三種供給面觀點外，需求面的觀點——「消費者偏好」也是影響商品進出口的重要因素之一。

例如：我國從2004年每人每年喝掉約47杯現煮咖啡，增加至2010年每人每年78杯現煮咖啡，可知國人愈來愈偏愛喝現煮咖啡，我國咖啡豆進口也從1997年的13.5億元增至2010年的33億元（新臺幣）。

17-1-3　國際貿易的利益

從經濟學之父亞當斯密到李嘉圖（David Ricardo），甚至新古典學派的黑克夏（E. F. Heckscher）及歐林（B. Ohlin）等大師，皆告訴我們參與國際貿易的國家，經由國際分工，生產各自擅長的商品，擴大了全球經貿大餅，使參與者皆享有更多利益，闡明了國際貿易存在的益處。

17-1-4　國際貿易理論

1. 重商主義

重商主義（mercantilism）經濟思想為十六至十七世紀重商學派所提出。

重商學派認為一國擁有的貴金屬反映出一國的財富，財富的累積可透過貿易順差來達成，並且建議政府為達貿易順差，應該鼓勵出口限制進口。例如，採取補貼出口、提高進口關稅與進口管制等措施，以維持本國商品的國際競爭力，這也意謂重商主義具有保護貿易的色彩。

直至十八世紀，重商主義思想漸受挑戰，主張自由放任與去除貿易障礙的古典學派興起，發展出絕對利益理論。

2. 絕對利益理論（the principle of absolute advantage）

古典學派經濟學家<u>亞當斯密</u>提倡絕對利益理論。在自由貿易的觀點下，<u>亞當斯密</u>認為經由「國際分工」，各國皆專業化生產其「技術較高」或具有「絕對利益」的商品，然後與他國進行貿易，可使各國互蒙其利。

絕對利益之分析可從產出與投入兩方面討論，不論是何種觀點，其經濟含意皆相同。根據以下簡化假設，分別以實力加強1、2加以說明。

① 世界上只有兩個國家，且只生產兩種商品。

② 各國勞動素質相同（同質），且勞動數量固定，是唯一的生產要素。

③ 勞動無法跨國自由移動。

實力加強① 產出面分析絕對利益

兩國只生產兩種商品，投入相同單位勞動（要素）下，商品產量較高者具有絕對利益。換句話說，當「花費同，產出高」時則該國有絕對利益。

表17-1是臺灣與南韓皆投入相同一單位勞動，所生產之稻米與電腦數量。

表17-1　投入一單位勞動之商品產出

商品 ＼ 國別	臺灣		南韓	結論
稻米	5公噸	＞	10公噸	南韓在生產稻米上具有絕對利益
電腦	10台	＜	5台	臺灣在生產電腦上具有絕對利益

① 哪一國在生產「稻米」上具絕對利益？

投入相同的一單位勞動，南韓可生產的稻米產量比臺灣多（10公噸＞5公噸），因此南韓在生產稻米上具有絕對利益。

② 哪一國在生產「電腦」上具絕對利益？

同理，投入相同的一單位勞動，臺灣可生產的電腦產量比南韓多（10台＞5台），因此臺灣在生產電腦上具有絕對利益。

根據絕對利益理論，透過國際分工，南韓應專業化生產稻米，臺灣應專業化生產電腦，再透過貿易活動取得各自所需的商品。

實力加強② 投入面分析絕對利益

兩國只生產兩種商品，為生產相同一單位商品，使用要素投入較少者具有絕對利益。換句話說，當「產出同，投入少」時則該國有絕對利益。

表17-2是臺灣與南韓為生產一公噸稻米或一台電腦所需投入之勞動單位。

表17-2 生產一單位商品之要素投入

商品＼國別	臺灣		南韓	結論
稻米	1/5單位勞動	＜	1/10單位勞動	南韓在生產稻米上具有絕對利益
電腦	1/10單位勞動	＞	1/5單位勞動	臺灣在生產電腦上具有絕對利益

① 哪一國在生產「稻米」上具絕對利益？

生產相同一單位稻米時，南韓比臺灣使用更少的勞動（1/10單位＜1/5單位），因此南韓在生產稻米上具有絕對利益。

② 哪一國在生產「電腦」上具絕對利益？

同理，生產相同一單位電腦，臺灣比南韓使用更少之勞動（1/10單位＜1/5單位），因此臺灣在生產電腦上具有絕對利益。

根據絕對利益理論，透過國際分工，南韓應專業化生產稻米；臺灣專業化生產電腦，再透過貿易活動取得各自所需的商品。

絕對利益理論認為各國將生產及出口對其具絕對利益之商品。當某國對商品皆不具任何絕對利益時，根據絕對利益理論，就無法出口任何商品了，但現實並不然[2]。例如：美國儘管在眾多商品上皆具有領先的技術，但仍進口許多商品，是全球十大逆差國之一。為回答此一問題，<u>李嘉圖</u>修正了絕對利益理論，提出「比較利益理論」。

3. 比較利益理論（the principle of comparative advantage）

　　古典學派經濟學家<u>李嘉圖</u>提倡比較利益理論，認為「比較利益」才是貿易的基礎。比較利益理論認為，資源要用在相對具有效率的商品上，即生產「機會成本」比他國低之商品。因此，儘管一國之商品生產技術皆不如他國，仍可出口劣勢程度較不嚴重的商品，簡而言之，各國仍可「生產及出口機會成本較低的商品」。

　　為簡化分析，採與絕對利益相同之假設，同樣地從「產出面觀點」與「投入面觀點」說明比較利益，不論是何種觀點，比較利益之經濟含意皆相同。

實力加強③　產出面分析比較利益

當兩國只生產A、B兩種商品，投入相同單位要素下，生產之兩種商品中，機會成本較低者具有比較利益。相同要素投入下，生產一單位A商品的機會成本，即所放棄B商品之產量；生產一單位B商品的機會成本，即所放棄A商品之產量（式17-1）。

$$生產一單位A商品的機會成本＝\frac{放棄B商品之產量}{A商品產量}$$

$$生產一單位B商品的機會成本＝\frac{放棄A商品之產量}{B商品產量} \qquad （式17-1）$$

表17-3中是相同單位勞動投入量下，臺灣與南韓之稻米與電腦產量。臺灣在生產稻米及電腦上皆具絕對利益。

2　若某國「只進口，不出口」，短期下或許可用國內貴金屬來交換，但長期下這些貴金屬數量是有限，若無進、出口的貿易行為，將無法維持長期的貿易活動。

表17-3　投入一單位勞動之商品產出

	臺灣	南韓
稻米	3公噸 >	2公噸
電腦	2台 >	1台

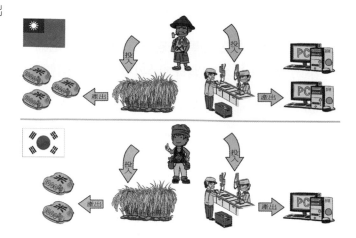

表17-4　各國生產商品之機會成本

	臺　灣	南　韓	結　論
生產1公噸「稻米」的機會成本	$\dfrac{電腦產量}{稻米產量} = \dfrac{2}{3} = 0.7台電腦$ >	0.5台電腦	南韓對稻米生產具有比較利益
生產1台「電腦」的機會成本	$\dfrac{稻米產量}{電腦產量} = \dfrac{3}{2} = 1.5公噸稻米$ <	2公噸稻米	臺灣對電腦生產具有比較利益

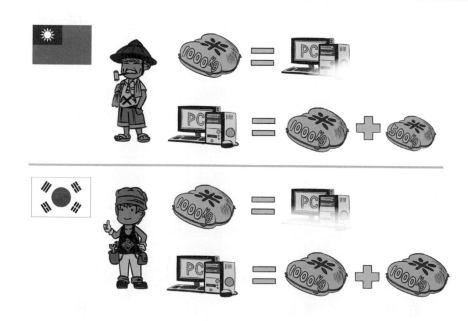

① 哪一國在生產「稻米」上具比較利益？

表17-4中，臺灣生產1公噸稻米必須放棄電腦的數量大於南韓（0.7台＞0.5台），表示南韓生產稻米的機會成本小於臺灣，南韓在稻米生產上具有比較利益。

② 哪一國在生產「電腦」上具比較利益？

同理，臺灣生產1台電腦必須放棄的稻米數量小於南韓（1.5公噸＜2公頓），表示臺灣生產電腦的機會成本小於南韓，臺灣在電腦生產上具有比較利益。

綜上所述，國際分工下，南韓應專業化生產稻米，臺灣應專業化生產電腦，兩國透過貿易活動進行交易，取得所需商品。

實力加強④ 投入面分析比較利益

投入面分析，係以「每單位要素之商品產量」來衡量機會成本。

兩國只生產A、B兩種商品，生產一單位A商品的機會成本，即所放棄每單位要素所能生產B商品之數量；生產一單位B商品的機會成本，即所放棄每單位要素所能生產A商品之數量（式17-2）。商品生產之機會成本較低者，具有比較利益。

$$生產一單位A商品的機會成本 = \frac{每單位要素所能生產B商品的數量}{每單位要素所能生產A商品的數量}$$

$$生產一單位B商品的機會成本 = \frac{每單位要素所能生產A商品的數量}{每單位要素所能生產B商品的數量} \qquad （式17-2）$$

根據表17-3，臺灣與南韓生產一單位稻米或電腦之勞動投入量如表17-5。

表17-5　臺灣與南韓一單位產量之勞動投入

	臺 灣	南 韓
稻米	3單位	2單位
電腦	2單位	1單位

生產一單位稻米的機會成本即所放棄生產電腦的數量，反之，生產一台電腦的機會成本即所放棄生產稻米的數量，有關臺灣與南韓生產稻米與電腦的機會成本見表17-6。

表17-6　各國生產商品之機會成本

	臺　灣	南　韓	結　論
生產1公噸「稻米」的機會成本	$\dfrac{\frac{1}{2}}{\frac{1}{3}} = \dfrac{3}{2} = 1.5$台電腦　＜	2台電腦	臺灣對稻米生產具有比較利益
生產1台「電腦」的機會成本	$\dfrac{\frac{1}{3}}{\frac{1}{2}} = \dfrac{2}{3}$公噸稻米　＞	0.5公噸稻米	南韓對電腦生產具有比較利益

① 哪一國在生產「稻米」上具比較利益？

　　表17-9中，臺灣生產1公噸稻米必須放棄電腦的數量小於南韓，表示臺灣生產稻米的機會成本小於南韓，臺灣在稻米生產上具有比較利益。

② 哪一國在生產「電腦」上具比較利益？

　　同理，南韓生產1台電腦必須放棄的稻米數量小於臺灣，表示南韓生產電腦的機會成本小於臺灣，南韓在電腦生產上具有比較利益。

　　國際分工下，臺灣應專業化生產稻米，南韓應專業化生產電腦，兩國透過貿易活動進行交易，取得所需商品。

4. 現代比較利益理論——要素稟賦理論

　　新古典學派的經濟學家黑克夏與歐林提倡現代比較利益理論[3]。要素稟賦理論擴展了李嘉圖的比較利益理論，將原有一種（勞動）生產要素，擴展成兩種生產要素。該理論利用各國擁有生產要素的差異，詮釋比較利益的發生，故又稱為「現代比較利益理論」。

3　瑞典經濟學家黑克夏於1919年提出要素稟賦理論，再由其學生歐林進一步闡釋，當初該理論以瑞典文撰著，故未引起經濟學界注意，直至1933年美國哈佛大學譯為英文後，才開始受到重視。因該理論為黑克夏與歐林提出，故又稱為「$H-O$理論」。

　　要素稟賦理論指出一國對外貿易決定於該國要素稟賦的多寡。若一國某要素稟賦較其他國充裕時，其投入成本相對較便宜，故將多投入該要素於生產，形成生產及出口「密集使用充裕要素」的商品，反之，對於較缺乏的要素，則進口「該要素密集」的商品（表17-7）。

表17-7　現代比較利益理論

	勞動較充裕的國家	資本較充裕的國家
出口	勞動密集型商品	資本密集型商品
進口	資本密集型商品	勞動密集型商品

　　例如：紐西蘭土地肥沃且地廣人稀，泰國擁有較充裕的勞動人口，按要素稟賦理論，紐西蘭應出口土地密集型商品──農產品、畜產品。同理，泰國應出口勞動密集型商品──紡織、成衣。

17-2　國際貿易政策

　　綜上所述，自由貿易不僅可提升資源使用效率，還能增進貿易國福祉。那麼是否應盡量減少對於國際貿易的干預呢？現實裡並沒有一個國家真正奉行自由貿易，各國考量產業發展與國家利益，或多或少皆採取某些貿易措施。

17-2-1　自由貿易

　　古典學派學者亞當斯密與李嘉圖提倡自由貿易。所謂「自由貿易」係指政府不干預國際貿易，採取自由放任（即未施行關稅與貿易障礙等影響國與國貿易進行的措施），並在國際分工的基礎下，各國按照經濟原則進行貿易，進而提升資源使用效率，與增進各貿易國的福祉。

17-2-2　保護貿易

　　德國經濟學家李斯特（Friedrich List）提倡保護貿易理論。他不僅發揚漢彌爾頓（*Alexander Hamilton*）保護幼稚工業的觀點，且整合出完整的理論系統，後人尊稱其為保護貿易理論的鼻祖[4]。

4　保護貿易的觀點雖可追溯至重商學派，但是李斯特在鉅著《政治經濟學的國民體系》中，完整闡述保護貿易理論，故被視為保護貿易理論的始祖。

　　保護貿易係指政府爲維護本國人民經濟利益與產業發展，採取限制進口與鼓勵出口等相關貿易政策。一國政府基於（1）保護幼稚產業、（2）防止傾銷、（3）維護國家安全與經濟穩定、（4）確保國內就業機會、（5）提供財政收入的來源，與（6）改善貿易逆差等理由，而實施保護貿易。

小關鍵大重點1

防止傾銷

　　傾銷（*dumping*）係指一國以低於該產品正常價值的方式銷售於國外。「正常價值」即同類產品在出口國國內的銷售價格。

　　各國面臨傾銷時，通常依據世界貿易組織（*WTO*）的《反傾銷協議》規定，實施「反傾銷」措施，以維持市場的公平競爭。常見的反傾銷措施見表17-8。例如：我國自2007年3月16日起對中國大陸產製進口之鞋靴產品課徵43.46%的反傾銷稅[1]。

表17-8　反傾銷措施

措　施	說　明
1. 反傾銷稅	進口國對傾銷商品除課以一般進口稅外，再依傾銷程度課徵「特別關稅」，使該商品無法廉價出售。
2. 平衡稅	進口國針對「受出口國補貼」的進口商品，除課徵一般進口關稅外，再課徵相當「補貼淨額」的特別關稅。

1　資料來源：財政部關政司。

17-2-3　保護貿易的方式

　　近年各國政府較常採取的保護貿易措施有：關稅、出口補貼、進口配額，與出口自動設限等，分別如下說明。

1. 關稅（tariff）

　　關稅係指對進入或離開國境的商品所課徵的稅（表17-9）。

表17-9 關稅的種類

種 類	定 義	說 明
1.進口稅	對進口商品所課徵的稅。	個人自行進口化粧品與保養品，金額超過3,000元，將被課徵12.5%或9.5%的關稅[6]。
2.出口稅	對出口商品所課徵的稅。	2011年中國大陸對稀土課徵15%至25%的出口稅，其目的在抑制稀土的出口。

　　一般提到的關稅，多以「進口稅」為主，各國為避免損害自己國家生產之商品競爭力，很少對出口商品課徵出口稅。進口稅的形式見表17-10。

表17-10 進口稅的形式

進口稅的形式	定 義	說 明
1. 從量稅	對進口商品之數量（重量或材積等）或其每單位課徵固定稅額。	我國對進口啤酒，課徵每公升26元進口稅。
2. 從價稅	對進口商品之進口價格課徵一定比例稅額（從價稅＝進口價格×稅率）	2011年我國汽車進口，從價稅的稅率為17.5%。
3. 關稅配額	對進口商品在配額以外的進口量，課以歧視性關稅。	2005年我國汽車進口，配額內稅率24.6%，但配額外則課以60%的高關稅。
4. 臨時性關稅	進行貿易報復，或對傾銷等採取的暫時性措施，將隨外在因素消失而撤除。	2011年歐盟對中國瓷磚課徵73%懲罰性的臨時性關稅。

2. 出口補貼（subsidy）

　　出口補貼係指政府對出口商品提供各種形式的補助與獎勵措施。出口補貼的目的在培育產業與鼓勵出口，以提高出口品在國際市場的價格競爭力。例如，低利貸款、租稅減免與出口退稅等皆是常見的出口補貼方式。

3. 進口配額（quota）

　　進口配額係指進口國對進口品數量設定一定額度的限制。通常政府會規定一段間內，進口品的進口數量限制，例如：我國2010年在汽車進口配額方面，美國的進口配額全年68萬4617輛，但為履行我國加入世界貿易組織（WTO）的承諾，2011年起已取消進口汽車的配額。

5　進口之郵包物品，且其完稅價格在3,000元以內者，依關稅法規定免徵進口稅。其中，完稅價格係指由輸出國銷售至中華民國實付或應付之價格，再加計運費（郵資）與保險費。

4. 出口自動設限（voluntary export restraints，VER）

進、出口國雙方透過協定，由出口國自行對出口數量加以限制。VER與進口配額性質相近，只是VER的配額改由出口國自行管理與執行。

早期我國外匯不足的年代，爲控管外匯數量與限制進口的政策，曾採取「外匯管制」措施，依進口與出口的種類，採取不同的兌換匯率，以達「鼓勵出口，抑制進口」的目的。

實力加強⑤　貿易條件（terms of trade，TOT）

貿易條件即「在國際市場上，一單位的出口品所能換得的進口品之數量」。從相對價格來看，就是出口品的國際價格與進口品的國際價格之比值（式17-3）。

$$貿易條件（TOT）= \frac{所能換得進口品數量（M）}{出口品數量（X）} = \frac{出口品國際價格}{進口品國際價格}$$

（式17-3）

範 例	TOT
例一 A國出口3單位商品，能換得的9單位B國商品。則A國對B國的貿易條件爲何？	$TOT = \frac{9}{3} = 3$ A國對B國的貿易條件爲3。
例二 A國出口品國際價格爲2元，B國進口品國際價格爲1元。則A國對B國的貿易條件爲何？	$TOT = \frac{2}{1} = 2$ A國對B國的貿易條件爲2，表示A國1單位出口品可換得2單位B國進口品。
例三 承例二，若B國對A國採取傾銷行爲，A國政府對B國進口品課徵懲罰性的臨時性關稅，稅率爲100%。此政策下，A國對B國的貿易條件爲何？	A國對B國課徵懲罰性關稅時，A國的進口品價格＝進口品國際價格＋進口品國際價格×懲罰性關稅稅率。 $TOT = \frac{2}{1+（1×100\%）} = 1$ A國對B國的貿易條件即爲1。

17-3　國際投資概述

17-3-1　國際投資的意義

　　國際投資係指國際間資本的移動,其中包括人民或政府投資國外企業、購入國外資產、有價證券與貸款給他國企業等經濟活動。由於以下問題,使企業必須進行國際投資,提升國際競爭力與資本使用效率。

(1) 國際貿易仍存在某些障礙:儘管世界各國無不積極參與國際經貿組織或自由貿易區[6],努力推動自由貿易,但仍存在如進口稅等貿易障礙。

(2) 國際間生產要素無法完全的自由移動:多數國家為確保國民的就業權益,仍對外國籍勞動人口進行管制。

　　值得注意的是,國際間資本移動,除考慮投資標的之報酬率,還必須考量匯兌風險,例如:巴西的年利率雖高達12%,但投資一年後,若巴西貨幣嚴重貶值,投資者雖賺得高額的利息,但也賠掉了匯差。

17-3-2　國際投資的方式與考量因素

1. 國際投資的方式

　　一般而言,國際投資可分為「直接投資」與「間接投資」兩種。

(1) 直接投資 (direct investment)

　　　　直接投資係指企業直接將「資金」或「生產技術」移轉至他國的投資方式,其目的是為取得當地企業的所有權或經營權,故又稱「外人直接投資」[7] (foreign direct investment,FDI)。上述企業一般稱為「跨國企業」,其藉由合資、併購、獨資或策略聯盟等方式,取得對當地企業的不同程度主控權。

　　　　中國大陸或東南亞的消費市場廣大、勞動力相對低廉,吸引了許多臺商設廠投資,印度充沛的軟體人才則使許多先進國家在該國投資軟體

6　見17-5介紹。

7　根據經建會說法,將 *foreign direct investment* 譯為「外人直接投資」。

產業，我國以資訊科技的軟、硬體實力聞名，吸引*Google*於2011年在台投資設立資料中心等，皆是企業直接投資。

（2）間接投資（**indirect investment**）

間接投資係指企業藉由貸款或購入國外有價證券（公債、公司債、股價等）的投資方式。間接投資的目的是為賺取股利、利息或擊息。例如：菲律賓2011年1月至9月的國外間接投資流入金額為132.3億美元，其中，126億美元主要流入股市與公債，其餘才是定存、信託基金等。

2. 國際投資應考量之因素

（1）**獲利性**：投資首重獲利，但國際投資除考慮「投資標的的報酬率」，由於涉及外幣兌換，因此須多考慮「匯兌因素」。

（2）**風險性**：常見的國際投風險有：當地政經情勢、治安、法令是否完善……等。例如：委內瑞拉暴力犯罪激增，當拉丁美洲各國家經濟快速發展同時，委內瑞拉卻因治安不佳，使投資環境惡化，外資企業撤離，導致該國失業率超過 8%，經濟衰退問題嚴重。

（3）**流動性**：當投資地在國外時，如遇投資國發生重大事故，投資標的的流動性高則可減輕損失。

17-3-3　外人直接投資[8]

外人直接投資（*FDI*）可加速資本、技術，及勞動力等生產要素流動，利於提升技術、擴大市場，及帶動就業，深化各國經貿往來程度，促進全球經濟繁榮。

1. 外人直接投資的全球現況

全球*FDI*流量受金融海嘯影響，自2007年2兆1,000億美元急遽降至2009年1兆1,141億美元。2011年1月間聯合國貿易暨發展會議（*UNCTAD*）發布外人直接投資的好消息——全球*FDI*流量止跌回升。已開發國家*FDI*流入一向占全球*FDI*流量最大比例，但2010年開發中國家及轉型經濟體首次吸引全球過半數的

8　資料來源：經建會。

*FDI*流入,占全球外資流量比例達53%,反映該等地區及國家已成爲國際間重要的投資目的地(圖17-1)。

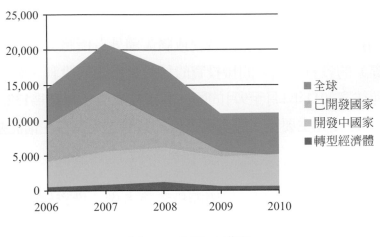

圖17-1　全球*FDI*趨勢

2. 吸引外人直接投資

企業爲取得較低生產成本、確保生產原料供應穩定、規避貿易障礙,與開拓新市場等因素,積極從事外人直接投資,全球貿易型態與投資方式也跟著改變,紛紛自本國出口轉型爲外人直接投資。

各國政府多將外資引導至具發展潛力的新興產業,與國家建設相關計畫,使投資持續帶動經濟穩定成長及永續發展。吸引外人直接投資的方式包括:(1)創造優良投資環境、(2)排除投資障礙、(3)簡化行政流程、(4)相關法規鬆綁等。

17-4　外匯市場與匯率的決定

17-4-1　外匯與匯率

全球化腳步下,國與國之間的貿易、金融與勞務等經貿活動更顯活絡,又多數國家皆擁有屬於自己的貨幣,爲順利進行跨國經濟活動,「外匯」成了國際間主要的交易媒介與支付工具。

1. 外匯（foreign exchange）

外匯係指用來「作為國際支付的外國通貨」，或是「對外國資產或債權的請求權」。外匯的種類，見表17-11。

表17-11　外匯的種類

外匯種類	說　明
1. 外國通貨	美元、歐元、人民幣與日圓等皆為外國通貨。
2. 對外國資產或債權的請求權	一國持有之外國債券，或外國的銀行存款，即為一國對外國資產或債權的請求權。

2. 外匯存底

我國外匯的主管機關——中央銀行。外匯存底係指中央銀行保有的外匯數量，又稱為「外匯準備」。

值得注意的是，一般民眾或企業持有之外匯並未計入外匯存底。我國產業長久以出口為主，使我國擁有鉅額的外匯存底，直至2011年7月臺灣外匯存底達到4,007.66億美元，名列全球第四。

3. 匯率（exchange rate）

匯率係指本國貨幣與外國貨幣的兌換比例。匯率的表示方式有（1）應付匯率與（2）應收匯率（表17-12）。

表17-12　匯率的種類[9]

匯率的種類	定義	說明
1. 應付匯率	應付匯率又稱支付匯率或直接匯率。**表示1單位外國貨幣可兌換本國貨幣的數量。**習慣上，本章皆以應付匯率表示。	1美元可兌換臺幣30元，則臺幣的應付匯率即為30。
2. 應收匯率	應收匯率又稱收入匯率或間接匯率。**表示1單位本國貨幣可兌換外國貨幣的數量。**其中，應收匯率恰可表示為應付匯率的倒數。	1美元可兌換臺幣30元，則臺幣的應收匯率即為 $\frac{1}{30}$。即1元臺幣可兌換 $\frac{1}{30}$ 美元。

註：本章稱我國之新臺幣為臺幣。

9　應付匯率又稱支出匯率（*giving quotation*）或直接匯率（*direct rate*）。
　　應收匯率又稱收入匯率（*receiving*）或間接匯率（*indirect rate*）。

17-4-2　外匯的需求與供給

開放經濟體系[10]中，外匯交易是在外匯市場進行，匯率則是外匯市場的價格，匯率水準反映兩國貨幣的兌換比例，以下從外匯市場自由運作的觀點，說明均衡匯率的決定。

1. 外匯需求

（1）外匯需求的意義

外匯需求係指對外國貨幣的需求。例如：進口商進口財貨、民眾出國旅遊等經濟活動，皆對外國貨幣產生需求。外匯需求的主要來源見表17-13。

表17-13　外匯需求的主要來源

外匯需求的主要來源	說　明
1. 購買外國財貨或支付勞務之需	某進口商進口大豆的外匯需求
2. 本國民眾出國旅遊、留學，與經商洽公等在外國的開銷	阿基至日本旅遊的外匯需求
3. 本國投資者對外國進行長、短期投資	鴻海在馬來西亞投資設廠的外匯需求
4. 外國投資者在本國投資獲利了結	外資在股市獲利5,000萬元，匯回投資者祖國的外匯需求
5. 對外國的移轉性支付	對邦交國的經濟援助
6. 償還國外借款之本金或利息	早期我國十大建設，因資金不足向外國借款，逐年償還本金與利息的外匯需求
7. 中央銀行基於政策目的購買外匯	為提高外匯存底或提高匯率，央行在外匯市場買入外匯

（2）外匯需求曲線

外匯需求量與匯率呈現反向關係，表示匯率上升，外匯需求量減少，反之，匯率下跌，外匯需求量增加。

---

10 當經濟體系包含國際貿易與金融稱爲開放經濟體系（*open economy*），反之，經濟體系若無國際貿易與金融則稱爲封閉經濟體系（*closed economy*）。

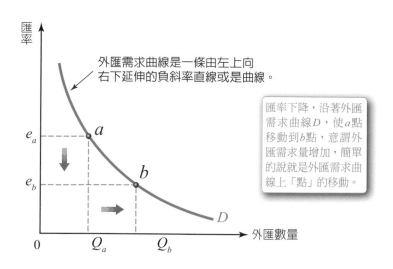

圖17-2　外匯需求曲線

　　例如：美元匯率30（1美元兌換30元臺幣），外匯需求量為10單位；當美元匯率跌至25（1美元兌換25元臺幣），外匯需求量增加至12單位。

（3）外匯需求的變動

　　從外匯需求的來源討論外匯需求變動的因素，見表17-14。

表17-14　影響外匯需求變動的因素

影響因素	外匯需求增加 （外匯需求曲線平行右移）	外匯需求減少 （外匯需求曲線平行左移）
1. 購買外國財貨與勞務	韓風流行，刺激國人增加韓國商品需求，導致我國對韓元需求增加。	與他國發生貿易糾紛，我國對他國採取貿易管制，導致進口量減少。
2. 本國民眾出國旅遊、留學，或經商洽公等	大陸舉行世界博覽會，吸引國人赴陸參觀旅遊，使我國對人民幣需求增加。	日本輻災，國人減少赴日旅遊，導致日圓需求減少。
3. 本國投資者對外國進行長、短期投資	預期澳洲經濟情況大好，國人增加對澳洲投資，使澳幣需求增加。	希臘發生嚴重債務問題，前景看淡，國人減少對希臘投資，導致我國對歐元需求減少。

影響因素	外匯需求增加 （外匯需求曲線平行右移）	外匯需求減少 （外匯需求曲線平行左移）
4. 外國投資者在本國投資獲利了結	年關將近，外資為降低風險，將股市獲利了結，匯回美國，則我國對美元需求增加。	本國經濟動盪，外資在股市投資失利。
5. 對外國移轉性支付	日本大地震，我國對日本大量捐款，使日圓需求增加。	我國終止對塞內加爾的經濟援助。
圖　示		

2. 外匯供給

（1）外匯供給的意義

外匯供給係指對於外國貨幣的供給。例如：出口商出口商品、外國觀光客來臺旅遊等經濟活動，提供外國貨幣兌換成本國貨幣。外匯供給的主要來源見表17-15。

表17-15　外匯供給的主要來源

外匯供給的主要來源	說　明
1. 出口本國財貨與勞務收取的款項	鴻海出口積體電路記憶卡，將收入匯回本國
2. 觀光客來臺旅遊、留學與經商洽公等	小布來臺旅遊的外匯供給
3. 外國投資者對本國進行長、短期投資	「*Google*」來台投資30億美元設立資料中心的外匯供給
4. 本國投資者在外國投資獲利了結	投資外國股票獲利，匯回本國
5. 外國對本國的移轉性支付	921地震外國對我國捐款的外匯供給
6. 外國償還向本國借款之本金或利息	貸款給邦交國，利息收入的外匯供給
7. 中央銀行基於政策目的售出外匯	為避免臺幣過度升值，央行在外匯市場出售外匯，以降低匯率水準。

（2）外匯供給曲線

外匯供給與匯率呈現正向關係，表示匯率上升，外匯供給量增加，反之，匯率下跌，外匯供給量減少。。

例如：美元匯率20，外匯需求量為10單位；當美元匯率升至25，外匯供給量增加至12單位。

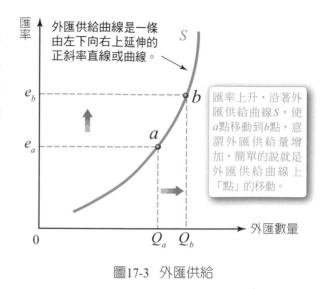

外匯供給曲線是一條由左下向右上延伸的正斜率直線或曲線。

匯率上升，沿著外匯供給曲線 S，使 a 點移動到 b 點，意謂外匯供給量增加，簡單的說就是外匯供給曲線上「點」的移動。

圖17-3　外匯供給

（3）外匯供給的變動

從外匯供給的來源討論外匯供給變動的因素，見表17-16。

表17-16　外匯供給變動的因素

影響因素	外匯供給增加 （外匯供給曲線平行右移）	外匯供給減少 （外匯供給曲線平行左移）
1. 出口本國財貨與勞務	蘋果增加對鴻海商品的採購。	金融風暴歐美經濟衰退，導致我國出口量減少。
2. 觀光客來臺旅遊、留學與經商洽公等	日本人來臺觀光增加。	來臺觀光客減少。
3. 外國投資者對本國進行長、短期投資	本國經濟情況大好，吸引外資來臺投資。	我國經濟衰退，減緩外資來臺投資。
4. 本國投資者國外投資獲利	本國資金在美股市獲利了結。	紐約股市大跌，我國資金投資失利。
5. 對外國移轉性支付	921大地震，來自各國的大量捐款。	美國終止對我國的經濟援助。
圖　　示		

3. 均衡匯率的決定

外匯市場在自由競爭下，外匯供給等於外匯需求時，共同決定均衡匯率。

圖17-4中，匯率30時，外匯供給量＞外匯需求量，外匯市場中發生超額供給（ES＞0），透過價格機能的運作，匯率向下調整，指引外匯需求者提高需求量、外匯供給者減少供給量，反覆進行，使超額供給量逐漸減少，直至外匯供給等於外匯需求（E點，ES＝0），外匯市場達到均衡，均衡匯率為e^*。

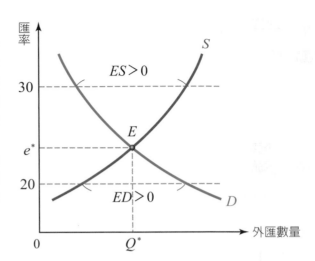

圖17-4　外匯市場均衡

同理，匯率20元時，外匯供給量＜外匯需求量，外匯市場中發生超額需求（ED＞0），透過價格機能的運作，匯率向上調整，指引外匯需求者減少需求量、外匯供給者增加供給量，反覆進行，使超額需求量逐漸減少，直至外匯供給等於外匯需求（E點，ED＝0），外匯市場達到均衡，均衡匯率為e^*。

實力加強6　臺幣升值與貶值

匯率水率高低，反映一國幣值大小。當（應付）匯率上升，意謂本國貨幣貶值，反之，匯率下跌，則表示本國貨幣升值（表17-17）。

表17-17　匯率與臺幣升、貶值

匯率變動	臺幣幣值	說　明
1. 匯率上升	貶值	匯率從25上升至30時，表示1美元可兌得的臺幣從25元增加至30元，臺幣變得較不值錢，故臺幣貶值。
2. 匯率下跌	升值	匯率從25下跌至20時，表示1美元可兌得的臺幣從25元減少至20元，可兌換的台幣減少了，表示臺幣變得較值錢，故臺幣升值。

4. 匯率變動對進、出口之影響

有關匯率變動對出口及進口之影響，見表17-18。

表17-18　匯率變動對進、出口之影響

匯率變動	對出口的影響	對進口的影響
1. 匯率上升	匯率上升，表示臺幣貶值，我國商品相對外國商品便宜，將**有利**出口。	匯率上升，表示臺幣貶值，外國商品相對本國商品昂貴，將**不利**進口。
2. 匯率下跌	匯率下跌，表示臺幣升值，我國商品相對外國商品昂貴，將**不利**出口。	匯率下跌，表示臺幣升值，外國商品相對本國商品便宜，將**有利**進口。

5. 外匯市場需求變動與供給變動

表17-19、17-20以美元匯率說明匯率以外的因素改變，使外匯需求與供給變動對外匯市場均衡之影響。

表17-19　外匯需求變動對市場均衡之影響

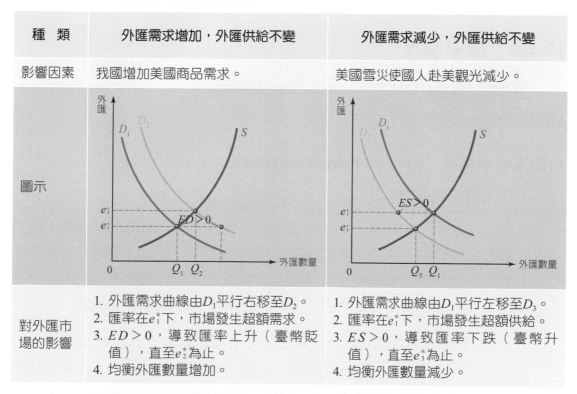

種　類	外匯需求增加，外匯供給不變	外匯需求減少，外匯供給不變
影響因素	我國增加美國商品需求。	美國雪災使國人赴美觀光減少。
圖示		
對外匯市場的影響	1. 外匯需求曲線由D_1平行右移至D_2。 2. 匯率在e_1^*下，市場發生超額需求。 3. $ED>0$，導致匯率上升（臺幣貶值），直至e_2^*為止。 4. 均衡外匯數量增加。	1. 外匯需求曲線由D_1平行左移至D_3。 2. 匯率在e_1^*下，市場發生超額供給。 3. $ES>0$，導致匯率下跌（臺幣升值），直至e_3^*為止。 4. 均衡外匯數量減少。

表17-20 外匯供給變動對市場均衡之影響

種類	外匯供給增加，外匯需求不變	外匯供給減少，外匯需求不變
影響因素	美國增加對臺採購。	預期本國經濟衰退，外資來臺投資減少。
圖示	 	
對外匯市場的影響	1. 外匯供給曲線由S_1平行右移至S_2。 2. 匯率在e_1^*下，市場發生超額供給。 3. $ES > 0$，導致匯率下跌（臺幣升值），直至e_2^*為止。 4. 均衡外匯數量增加。	1. 外匯供給曲線由S_1平行左移至S_3。 2. 匯率在e_1^*下，市場發生超額需求。 3. $ED > 0$，導致匯率上升（臺幣貶值），直至e_3^*為止。 4. 均衡外匯數量減少。

17-4-3 匯率制度

從國際貨幣體制的沿革，可瞭解匯率制度的變遷，故本節將從歷史觀點介紹匯率制度。

1. 固定匯率制度（fixed exchange rate system）

（1）固定匯率制度的起源

二次世界大戰後，全球44個國家在美國的布列頓森林市召開「改革國際貨幣體制」會議，目的在避免重蹈1930年經濟大恐慌時，各國貨幣競相貶值情形，會中決議「各會員國須訂定本國貨幣與美元的固定兌換比」，以維持各國幣值的穩定性，並稱此為「布列頓森林協定」。

1960年美國長期國際收支逆差，美國總統尼克森為改革經濟，於1971年8月15日推行新經濟政策，並終止布列頓森林協定，此舉造成國際金融秩序大亂，直至同年12月10日主要經濟國家在美國華盛頓的史密

松寧博物館舉行協議，重新調整「各國貨幣與美元的兌換比」，稱此為「史密松寧協定」。

（2）固定匯率制度的意義

固定匯率制度係指「本國貨幣的匯率釘在某一特定水準」，亦即本國貨幣與某外幣的兌換比率，維持在一固定水準，又稱「釘住匯率制度」（**pegged exchange rate system**）。例如：1961年後，我國匯率長期固定在1美元兌換40元臺幣。

外匯主管機關（如：中央銀行）在維持固定匯率方面扮演重要的角色，例如：透過買、賣外匯的手段維持固定匯率水準。

2. 浮動匯率制度（floating exchange rate system）

（1）浮動匯率制度的起源

史密松寧協定之後，美國仍無法改善國際收支逆差的問題，美國於是在1973年2月宣告美元貶值，自此以後，各國相繼施行浮動匯率制度，國際貨幣制度也從原先的固定匯率制度走向浮動匯率制度。

（2）浮動匯率制度

浮動匯率制度根據外匯主管機關是否進行干預，分為「純粹浮動匯率」與「管理浮動匯率」（表17-21）。

表17-21　浮動匯率制度

浮動匯率制度	說　明
1. 純粹浮動匯率	純粹浮動匯率（*pure floating exchange rate system*）係指外匯主管機關放任匯率完全由外匯供需決定，又稱為「自由浮動匯率」。 此制度下外匯主管機關未介入外匯市場的運作（即外匯主管機關未從事任何買賣外匯的行為），放任外匯供需雙方共同決定匯率水準。
2. 管理浮動匯率	管理浮動匯率（*managed floating exchange rate system*）係指原則上匯率由外匯市場供需均衡決定，但外匯主管機關將依實際情況進場干預，由於外匯主管機關的手介入到外匯市場，亦稱為「污濁的浮動」（*dirty floating*）或「機動匯率制度」（*adjustable exchange rate*）。 一般而言，多數施行浮動匯率制度的國家中，為維持經濟穩定，外匯主管機關多少都會進行外匯的干預，即進入外匯市場買、賣外匯[11]。

---

11 根據國際貨幣基金的統計，188個會員國中，35國採純粹浮動匯率動制度、48國採取管理浮動匯率制度，105國採各類型的釘住匯率制度。

3. 我國的匯率制度

我國匯率制度之演變,相關說明見表17-22。

表17-22 我國匯率制度之演變

匯率制度	時 期	重要事記
1. 固定匯率時期	二次世界大戰後至1978年7月10日	1958年以前,我國曾有一段時間採行「複式匯率」,即依進口與出口的種類,採取不同的兌換比。1958年～1963年間此幅度逐漸縮小。 1963年9月27日實施1美元兌40元臺幣的單一匯率。 1973年2月15日調為1美元兌38元臺幣。
2. 管理浮動匯率	1978年7月11日至1987年7月(機動匯率制度時期)	1978年7月11日央行宣布臺幣不再釘住美元(即廢除固定匯率制率),並改採「機動匯率制度」,實際上就是改採管理浮動匯率制度。
	1987年7月迄今(管制解除,邁向外匯自由化)	央行施行外匯自由化,大幅度解除外匯管制,但央行仍會干預外匯市場。 例如:1986～1987年、2002～2004年,與2008～2009年期間,央行買入數百億美元的外匯,以減緩臺幣升值壓力。

17-4-4 購買力平價說

1. 購買力平價說(purchasing power parity theory,PPP)的意義

購買力平價說係指匯率決定於兩國物價水準的相對比例(式17-4)。購買力平價說從貨幣購買力的角度,分析匯率的決定,認為「在無運費與關稅等因素下,在不同的國家,相同商品經由匯率換算應有相同價格」。

$$E = \frac{P}{P^f}$$

(式17-4)

其中,E即匯率、P為本國物價水準,P^f為國外物價水準。

例如：小丸子在日本的*UNIQLO*購一件\$2,500日圓的外套。我國應付匯率為$\frac{1}{2.5}$，即1元臺幣可兌換2.5日圓。購買力平價說成立下，小丸子在台北的*UNIQLO*購買相同一件外套應付臺幣1,000元（$P=EP^f=\frac{1}{2.5}\times 2,500$）。

2. 購買力平價說之應用──大麥克指數（big-mac index）

大麥克指數是購買力平價說相當著名的應用。英國《經濟學人雜誌》（*The Economist*）從1986年起開始編製大麥克指數[12]，以式17-4為工具計算*PPP*美元匯率，簡單評估各國貨幣幣值是否高估或低估。

表17-23中，以美國一個「大麥克」售價4.07美元為基礎，發現臺幣幣值被低估了36%、澳幣高估22%、巴西里奧則高估了52%。

表17-23　2011年各國大麥克指數

國家	大麥克價格		PPP美元匯率	實際美元匯率	高（低）估的比率
	當地價格	美元計價			
美國	4.07美元	4.07美元	－	－	－
臺灣	75.00臺幣	2.60美元	18.50	28.8	低估36%
澳洲	4.56澳幣	4.94美元	1.12	0.92	高估22%
巴西	9.50里奧	6.16美元	2.34	1.54	高估52%

註：PPP美元匯率$=\dfrac{當地價格}{美國售價}$。

---

12 麥當勞在全球一百多國都有銷售大麥克，又大麥克具有標準化的製作流程，因此被《經濟學人雜誌》選為簡單評判各國匯率情況之工具。

自我挑戰

一、選擇題（每題2分）

( ) 1. 一國擁有之生產要素即為 (A)要素稟賦 (B)資產 (C)負債 (D)資本。
【17-1-2】

( ) 2. 下列何者認為一國之財富可透過貿易順差來達成,而鼓吹政府應鼓勵出口、限制進口? (A)李嘉圖 (B)重商主義 (C)亞當斯密 (D)皮古。
【17-1-4】

( ) 3. 絕對利益理論認為各國應生產及出口何種商品? (A)機會成本較低 (B)價格最高 (C)生產技術最擅長 (D)庫存較多。
【17-1-4】

( ) 4. A、B兩國投入1小時的勞動,A國可生產落花生10公斤及1,000支湯匙,B國可生產落花生5公斤及600支湯匙,根據絕對利益理論以下何者正確? (A)B國出口落花生與湯匙 (B)A國出口落花生與湯匙 (C)B國出口湯匙 (D)A國出口落花生。
【17-1-4】

( ) 5. （承上題）根據比較利益理論,B國應生產何種商品? (A)落花生 (B)湯匙 (C)落花生與湯匙 (D)進口落花生與湯匙。
【17-1-4】
解:

( ) 6. 根據要素稟賦理論,資本充裕的國家應進口以下何種商品? (A)機器設備 (B)外籍勞工 (C)運輸設備 (D)以上皆是。
【17-1-4】

( ) 7. 一國對外貿易決定於該國生產要素的多寡,是下列何種貿易理論? (A)要素稟賦理論 (B)絕對利益理論 (C)比較利益理論 (D)重商主義。【17-1-4】

( ) 8. 有關國際貿易之敘述,何者錯誤? (A)亞當斯密主張自由貿易,透過國際分工增進各國福祉 (B)現代比較利益理論將要素投入擴展為兩種 (C)李嘉圖提倡保護貿易 (D)一國出口大於進口表示發生貿易順差。 【17-2-2】

( ) 9. 美國曾對加拿大補貼軟木材出口依19.25%的補貼率課稅,屬於以下何種反傾銷措施? (A)反傾銷稅 (B)關稅配額 (C)平衡稅 (D)以上皆非。
【17-2-2】

( ) 10.中國給予出口至歐盟的高質量光面紙補貼,使其低於市價售至歐盟,即對歐盟進行何種貿易行為? (A)傾銷 (B)進口禁令 (C)出口自動設限 (D)關稅配額。
【17-2-2】

(　　) 11. 以下何者非保護貿易的措施？　(A)傾銷　(B)進口禁令　(C)出口自動設限　(D)關稅配額。　【17-2-2】

(　　) 12. 進出口雙方透過協定，由出口國自行限定出口數量，即以下何種貿易保護措施？　(A)進口配額　(B)出口自動設限　(C)出口補貼　(D)關稅。【17-2-3】

(　　) 13. A國進口商品價格節節攀升，出口商品價格下跌，表示A國的貿易條件　(A)逐漸改善　(B)逐漸惡化　(C)沒有影響　(D)無法判斷。　【17-2-3】

(　　) 14. 一單位A國出口商品可換得2單位的B國進口商品，表示　(A)A國的TOT＝0.5　(B)B國的TOT＝2　(C)A國的TOT＝1　(D)A國的TOT＝2。　【17-2-3】

(　　) 15. 原先A國對B國之貿易條件為9，為懲罰B國對其傾銷商品，對B國課徵200%的懲罰性關稅，則A國對B國之貿易條件為以下何者？　(A)TOT＝1　(B)TOT＝2　(C)TOT＝3　(D)TOT＝4。　【17-2-3】

(　　) 16. 日本電子巨頭Sony Co.，為取得更具競爭優勢的物流成本與進口稅，將電視機生產基地自泰國轉移到馬來西亞，表示　(A)日本增加對馬來西亞的直接投資　(B)日本減少對泰國的間接投資　(C)日本增加對馬來西亞的間接投資　(D)日本增加對泰國的直接投資。　【17-3-2】

(　　) 17. 下列何者是影響企業國際投資的因素？　(A)獲利性　(B)風險性　(C)流動性　(D)以上皆是。　【17-3-2】

(　　) 18. 各國政府可採何種作為提高外人直接投資？　(A)確保國內政經穩定　(B)提高經商便利程度　(C)積極簽屬自由貿易協定　(D)以上皆是。　【17-3-3、17-5-1】

(　　) 19. 匯率由1美元兌30元臺幣增至33元，表示　(A)臺幣升值，有利我國出口　(B)臺幣升值，有利我國進口　(C)臺幣貶值，有利我國出口　(D)臺幣貶值，有利我國進口。　【17-4-1】

(　　) 20. 外匯存底係指　(A)民眾持有之外匯數量　(B)企業持有之外匯數量　(C)中央銀行持有之外匯數量　(D)以上皆是。　【17-4-1】

(　　) 21. 下列何者將使我國外匯供給增加？　(A)央行干預外匯市場大量拋售美元　(B)出口大幅成長　(C)外資大舉投資我國股市　(D)以上皆是。　【17-4-2】

(　　) 22. 下列何者將使我國外匯需求增加？　(A)暑假出境旅遊成長　(B)我國對東南亞投資增加　(C)我國對日本大震的大量捐款　(D)以上皆是。　【17-4-2】

(　　) 23. 下列何者將使我國匯率上升？　(A)外國對我國投資大幅增加　(B)經濟前景看好，外資大舉進入我國金融市場　(C)貿易逆差擴大　(D)以上皆是。　【17-4-2】

(　　) 24. 本國貨幣與某外幣兌換比率維持固定在某一水準，稱為　(A)釘住匯率　(B)純粹浮動匯率　(C)管理浮動匯率　(D)自由浮動匯率。　【17-4-3】

二、綜合練習（每小題2）

1. *A*、*B*兩國生產1單位手錶與滑鼠之投入成本如下表，請回答以下問題。

（1）*A*、*B*生產一支手錶的機會成本為何？

（2）*A*、*B*生產一隻滑鼠的機會成本為何？

（3）*A*、*B*各應出口何種商品？　　　　　　　　　　　　　　【17-1-4】

國別 商品	A國	B國
手錶	100元	50元
滑鼠	50元	60元

▌解答

國別 商品	A國	B國
一支手錶		
一隻滑鼠		

2. 冰齊花了20歐元在西班牙ZARA買一件牛仔褲，臺幣兌換歐元匯率為（1歐元：40元新臺幣），請回答以下問題。

（1）根據購買力平價說，小莉在臺灣ZARA購買相同一件牛仔褲應支付多少錢？

（2）若小莉在臺灣ZARA購買相同一件牛仔褲只花了500元，表示其以多少歐元購得該褲子？

（3）承上題，以歐元為基礎，臺幣幣值有高估或低估之嫌？

▌解答

18 經濟波動

　　2007年美國發生「次貸風暴」，2008年國際金融海嘯，讓我國在2008年下半年趨於大衰退，根據行政院經建會的估算，緊縮的期間在2009年2月才停止。

　　一國的經濟情勢並非一成不變，也似一年四季有春夏秋冬的循環，經濟景氣有上下起伏的盛衰波動，但經濟循環現象卻不穩定，且拿以捉摸。本章將抽絲剝繭說明經濟波動的現象，與介紹各類解釋經濟波動的理論，最後說明經濟波動對於經濟成員的影響。

本章綱要

1. 經濟波動的概念
2. 景氣循環
3. 失業與就業
4. 物價膨脹

18-1　經濟波動的概念

　　圖18-1中，觀察我國三十年來實質國內生產毛額（*GDP*），發現長期來看，實質*GDP*雖呈上升趨勢，但2008年至2009年間，我國實質*GDP*則發生不增反減的波動現象，可知實際上一國經濟的表現並非一成不變，通常有盛衰起伏的變化。

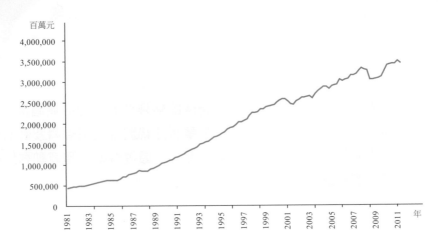

圖18-1　除2008年外，我國實質*GDP*趨勢
資料來源：主計總處。

　　「經濟波動」（economic fluctuation）係描述一社會之經濟隨時間變遷，呈現波動現象。一國之各種經濟變數（如：*GDP*、消費、投資、利率、物價與失業率等）的變化，皆反映其經濟的波動情形，但經濟變數中又摻雜了各種因素（如長期趨勢、週期性變動，或不規則變動等）再再對經濟波動產生不同程度影響，為充分掌握經濟波動，就有必要瞭解這些因素，相關說明如下介紹。

18-1-1　長期趨勢（long term trend）

　　長期下，經濟變數呈逐漸上升或下降趨勢，謂之長期趨勢，即經濟變數長時間的變動趨勢、變化方向與強度。例如：圖18-1中，三十年間我國實質*GDP*呈上升趨勢。

18-1-2 週期性變動（cyclical movement）

經濟變數呈「周而復始」的循環現象，謂之週期性變動。週期性變動又區分為「季節變動」與「循環變動」。

1. 季節變動（seasonal fluctuation）

季節變動係指在一年之內，經濟變數隨著季節更替，產生上下循環的波動現象。季節變動的發生原因可能來自：自然氣候、風俗習慣、生產週期或假期等因素。例如：四季變化形成淡旺季，使薑母鴨夏季生意門可羅雀，冬季則生意興隆。圖18-2中，藍色的我國歷年民間消費就呈季節變動，在第一季與第三季，民間消費較高，第二季與第四季則較低。

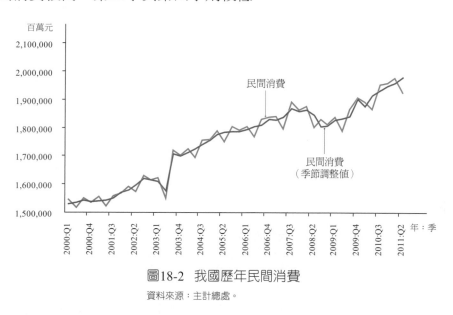

圖18-2　我國歷年民間消費

資料來源：主計總處。

2. 循環變動（cyclical movement）

循環變動係指一年以上，景氣盛衰起伏造成經濟變數呈循環現象。不同經濟變數的循環週期、波動程度也不同，據此依週期之長短，循環變動如表18-1介紹。

當我們關注變數的循環變動時，必須去除季節變動的影響，此一做法就稱為季節調整。例如：圖18-2中民間消費（季節調整值）即是去除季節因素[1]的循環變動。

1　資料來源：行政院主計總處。

表18-1　循環變動的類型

種類	提倡者	說明
1. 小循環	統計學家基欽（Kitchin）	小循環（minor cycle）又稱基欽循環（Kitchin cycle），係指週期約3～4年的短期經濟循環現象。 可以廠商調整存貨的觀點詮釋小循環，故又稱為「存貨循環」。即景氣復甦時，廠商銷售增加，但生產需要時間，故廠商先以存貨因應增加的銷量，此時實際存貨較預期為低，廠商開始增產，景氣過了頂峰後，訂單下滑，造成實際存貨較預期為高，廠商進行減產的現象。
2. 大循環	法國經濟學家朱格拉（Clement Juglar）	大循環（major cycle）又稱朱格拉循環（Juglar cycle），係指週期約7～11年的經濟循環現象，又稱為「景氣循環」、「經濟循環」，或「商業循環」。 朱格拉首先完整地描述經濟週期性的現象，故被尊稱為「經濟循環之父」[2]，其認為投資高低與經濟波動關係密切，技術水準與投資機會都將影響景氣波動。一般報章媒體或政府單位所稱之經濟循環即指大循環。
3. 建築循環	顧志耐（Simon Kuznets）	建築循環（building cycle）又稱顧志耐循環（Kuznets cycle）[3]，週期大約15～20年，係指建築活動受到住宅需求、建築物使用年限，與都市化程度等因素影響，對經濟產生衝擊，形成經濟波動。 建築業屬於火車頭產業，其興衰牽動其他產業的發展，對經濟具有舉足輕重的影響，討論建築循環對經濟的影響層面時，除包括建築業榮衰直接對經濟產生衝擊外，還有房價高低對民眾財富的影響。因此，一旦發生建築循環，所造成經濟波動的時間與幅度將會既長且深。
4. 長期波度	俄國經濟學家康屈拉鐵夫（Nikolai D. Kondratieff）	長期波度（long wave）又稱康屈拉鐵夫波度（Kondratieff wave）或康屈拉鐵夫循環（Kondratieff cycle）。 康屈拉鐵夫指出歐美等資本主義國家，受到創新、人口成長、新資源開發、技術進步、資本累積，與戰爭等因素影響，平均約50～60年經濟產生循環的現象。熊彼得曾以技術創新的觀點，詮釋康屈拉鐵夫波度。

2　朱格拉將景氣循環過程分為「繁榮」、「危機」與「蕭條」三個階段，目前普遍使用的「繁榮」、「衰退」、「蕭條」與「復甦」四個階段不同。

3　顧志耐對於建築循環有較深入的研究，其後雖有許多經濟學家投入研究，但顧氏之貢獻較為顯著，故後人又將建築循環稱為顧志耐循環，我國行政院經濟建設委員會（簡稱經建會）亦稱建築循環為顧志耐循環。

18-1-3　不規則變動（irregular fluctuation）

　　不規則變動係指偶發性事件造成經濟呈現不規則的波動。偶發性事件包括：天災、社會或政治事件等，不規則變動又稱「偶發變動」。例如，日本大地震、泰國洪災、罷工與戰手等，都將波及一國經濟穩定，若情勢嚴重甚至將波及他國經濟。

18-2　景氣循環

　　景氣循環可謂一國景氣波動的現象，商業循環、大循環或經濟循環等皆是指「景氣循環」。行政院經建會指出自1950年至今我國已經歷了12次的景氣循環。

18-2-1　景氣循環的意義與過程

1. 景氣循環的意義

　　景氣循環係指實質國內生產毛額沿著長期趨勢，呈現周而復始的上下波動現象（圖18-3）。

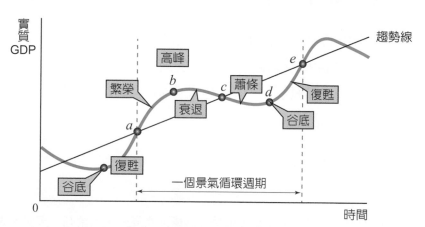

圖18-3　景氣循環的四階段

2. 景氣循環的階段

　　熊彼德指出一個景氣循環過程包括「繁榮攀上頂峰，隨之轉向衰退；蕭條直落谷底，重新返回復甦」，「繁榮」、「衰退」、「蕭條」與「復甦」四個階段不斷重複的過程，即為景氣循環。

圖18-4為我國2000年第1季到2011年第2季的景氣循環[4]。其中，2001年美國911事件造成全球性的經濟衰退，連帶影響出口為主的臺灣。2008年國際金融海嘯嚴重衝擊各國經濟，我國也無法幸免，經濟陷入嚴重衰退。

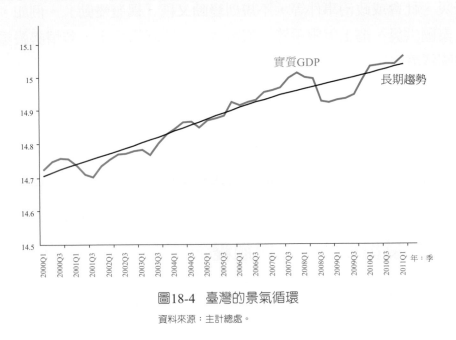

圖18-4　臺灣的景氣循環

資料來源：主計總處。

18-2-2　景氣循環的理論

經濟學家提出解釋景氣循環的理論非常豐富且五花八門，上至太陽黑子說，下至心理說，都可詮釋景氣循環現象。造成景氣循環的因素是否為經濟體系中所產生，可將各家理論分為外生與內生因素兩大類（表18-2）。景氣循環中，常見且重要的學說，詳見表18-3。

表18-2　景氣循環理論的類型

類　型	說　明
1. 外生因素	經濟體系外的因素所造成的景氣循環。常見外生因素有：天災、人禍、技術創新，或發現新資源等外在因素。
2. 內生因素	經濟體系內的因素所造成的景氣循環。在消費與投資方面，內在心理因素的變化（對未來預期由樂觀轉為悲觀），將改變消費與投資行為。

4　資料來源：行政院主計總處，實質GDP是取對數值的結果。

表18-3　景氣循環學說

學　說	說　明
1. 創新說 （*innovation theory*）	1. 提倡者：熊彼德。 2. 此學說認為「創新」的出現，使廠商有利可圖，將誘使競爭者群起模仿，進一步使投資大量增加，在投資帶動下，經濟趨於繁榮。但若無後起之創新，則投資趨緩，景氣將走向緊縮。因此，熊彼德認為「創新」導致景氣循環[5]。
2. 心理說 （*psychological theory*）	1. 提倡者：凱因斯、皮古。 2. 此學說認為經濟成員的心理受經濟環境良窳的影響，而產生樂觀與悲觀的心態。當人們預期經濟好轉，在「樂觀」心態下，企業願意投資、民眾願意消費，形成景氣的榮景。反之，預期經濟衰退，在「悲觀」的氛圍下，企業不願意投資、民眾削減消費，導致景氣轉壞。
3. 乘數與加速說 （*multiplier-accelerator principle*）	1. 提倡者：薩穆遜。 2. 此學說認為當自發性（政府）支出增加，一開始「乘數－加速效果」較大，帶動經濟快速成長。隨後「乘數－加速效果」較小，經濟成長速度趨緩。最後，因消費減少、投資衰退，「乘數－加速效果」反而導致經濟衰退，建構了景氣循環的周期性變化。簡單凱因斯模型下，薩穆遜利用「乘數和加速原理」的作用，解釋景氣波動現象。
4. 實質景氣循環理論 （*real business cycle theory*，RBC）	1. 提倡者：新興古典學派的吉德蘭德（*Finn Kydland*）和普列史考特（*Edward Prescott*）提倡[6]。此外尚有巴羅(*Robert Joseph Barro*)與羅伯金（*Robert King*）對*RBC*之研究貢獻卓著。 2. 該理論認為影響景氣循環的主要來源為「實質面衝擊」，即影響生產力的因素，例如：技術變動、政府支出、地震與石油危機等。

實力加強① 太陽黑子說（sunspots theory）

英國經濟學家耶逢斯（*William Stanley Jevons*）提出——太陽黑子說。其認為太陽黑子週期性改變，影響農作物的產量與價格，進一步牽動景氣循環。乍聽之下該理論似乎有些瘋狂，但從近代科學的角度，太陽黑子對於氣候有一定的影響性，早期經濟社會又以農業為主，因此太陽黑子說具有科學依據。

5　熊彼德認為創新並非連續出現，而是集中在一個短時間內，故導致景氣循環的發生。即大量創新發生時有大量投資，而無創新時投資大量減少，形成景氣的循環。

6　吉德蘭德和普列史考特更於2004年榮獲諾貝爾經濟學獎。

18-2-3　景氣指標[7]

1. 景氣對策信號

（1）景氣對策信號的意義

景氣對策信號又稱「景氣燈號」，類似交通號誌燈，是以不同的信號燈來表示景氣狀況的一種指標。

我國景氣對策信號每月公布，發佈單位為「行政院經濟建設委員會」。景氣對策信號係為政策預警之用，提供政府擬定經濟決策之參考，企業可依據信號變化，調整自身投資計劃與經營方針。景氣對策信號變化，反映景氣波動，常被視為判斷景氣榮枯的指標。

實力加強②　我國歷年景氣對策信號

圖18-5中，我國歷年景氣對策信號清楚呈現出，2001年、2008年景氣步入衰退。

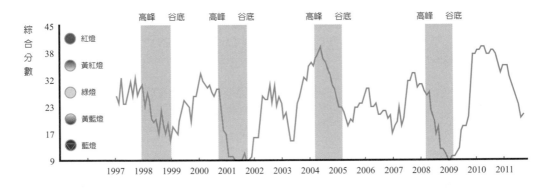

圖18-5　1997-2011年臺灣景氣變化

資料來源：行政院經濟建設委員會。

（2）景氣對策信號的燈號類型

表18-6中，景氣對策信號之各燈號中，「綠燈」表示當前景氣穩定、「紅燈」表示景氣熱絡、「藍燈」表示景氣低迷，「黃紅燈」及「黃

7　資料來源：行政院經濟建設委員會。

藍燈」二者皆為注意性燈號，表示政府將密切觀察景氣後續的走向。

我國景氣燈號係由貨幣總計數M_{1B}變動率等九項指標構成（表18-4）[8]，每月依各個項目的年變動率變化，給予分數及燈號，加總後得「綜合判斷分數」與所對應之「景氣對策信號」。

表18-4　景氣燈號的類型與構成

1. 景氣對策信號	🔴 紅燈	🟠 黃紅燈	⚪ 綠燈	⚫ 黃藍燈	🔵 藍燈
2. 景氣狀況	熱絡（過熱）	活絡（轉向）	穩定	欠佳	低迷
3. 政府因應措拖	緊縮	注意	維持	注意	擴張
4. 綜合判斷分數	45-38分	37-32分	31-23分	22-17分	16-9分
個別項目分數	5分	4分	3分	2分	1分
M_{1B}	← 15	－ 12	－ 6	－ 25	→
直接及間接金融	← 10	－ 8	－ 5	－ 3	→
股價指數	← 24	－ 11	－ -4	－ -22	→
工業生產指數	← 9	－ 7	－ 3	－ 0	→
非農業部門就業人數	← 2.6	－ 2.2	－ 1.2	－ 0.6	→
海關出口值	← 15	－ 11	－ 5	－ 1	→
機械及電機設備進口值	← 25	－ 16	－ 7	－ -4	→
製造業銷售值	← 11	－ 7	－ 3	－ 0	→
批發零售及餐飲業營業額指數	← 8	－ 5	－ 2	－ 0	→

註：各「個別項目」與檢查值均為年變動率，除股價指數外均經季節調整。

2. 景氣動向指標

「景氣動向指標」是衡量一國景氣榮衰的風向球，以代表經濟活動且對景氣變動敏感的經濟變數為指標來反映總體經濟活動的景氣動向概況。[9]

8　我國景氣對策信號自1977年發布以來，歷經6次修訂，構成項目由原先12項修訂為當前9項。

9　有關我國各項景氣指標，詳見行政院經濟建設委員會「景氣指標查詢系統」（網址：*http://index.cepd.gov.tw/*）。

經建會目前發布的景氣動向指標包括「領先指標」（*leading indicator*）、「同時指標」（*coincident indicator*）與「落後指標」（*lagging indicator*）三項，來觀測我國景氣動向，各指標的構成項目詳見表18-5。

表18-5 景氣動向指標的意義與構成

種　類	構成項目	
1. 領先指標：具領先景氣波動性質，用以預測未來景氣之變動。	1. 外銷訂單指數 2. 實質貨幣總計數 3. 股價指數 4. 製造業存貨量指數	5. 工業及服務業加班工時 6. 核發建照面積（住宅、商辦、工業倉儲） 7. 半導體（*SEMI*）接單出貨比
2. 同時指標：代表當前景氣狀況，用以衡量當時景氣之波動。	1. 工業生產指數 2. 電力（企業）總用電量 3. 製造業銷售量指數 4. 批發零售及餐飲業營業額指數	5. 非農業部門就業人數 6. 實質海關出口值 7. 實質機械及電機設備進口值
3. 落後指標：具落後景氣波動性質，用以驗證過去之景氣波動。	1. 失業率 2. 工業及服務業經常性受僱員工人數 3. 製造業單位產出勞動成本指數	4. 金融業隔夜拆款利率 5. 主要金融機構放款與投資 6. 製造業存貨率

18-3　失業與就業

景氣循環總伴隨著各種經濟問題，繁榮時有物價上漲壓力，蕭條時則有失業人口增加等。失業議題一直以來爲各國政府所重視，因失業除了經濟方面喪失收入，嚴重損害一國經濟發展外，也會因爲失業的沮喪與不滿，影響家庭幸福，更甚使犯罪事件增加，造成社會成本提高，導致政治與社會動盪。

18-3-1　失業的種類

失業係指在現行工資水準下，有能力且願意工作，目前正積極尋找工作而未被雇用的人，即「非自願性失業」（**involuntary unemployment**）。自願不工作者不屬於勞動力故不計入失業人口中。

失業依其性質，主要區分爲（1）摩擦性失業、（2）結構性失業，與（3）循環性失業，分別說明如下：

1. 摩擦性失業（frictional unemployment）

（1）意義

摩擦性失業係指「更換工作」或「初次尋職」時，勞動市場缺乏流動性或就業市場資訊不完全，造成的短期間失業現象，又稱為「過渡性失業」。例如：剛畢業的求職新鮮人或過完年後的轉職潮等，發生暫時性找不到工作的現象。

（2）對策

就業市場資訊不完全是造成摩擦性失業的主因，提供完善的求才求職資訊與服務，可降低摩擦性失業的現象。例如，透過政府的就業輔導機構（各地區就業服務站，或勞委會的全國就業e網）與民間機構（如各家人力銀行）提供完善的就業資訊。

2. 結構性失業（structural unemployment）

（1）意義

結構性失業係指「產業結構轉變」以致求才與求職間無法配合，所導致失業的現象。生產技術的改變，或區域發展的變化等皆是導致產業結構改變的因素。我國1980年代以後，從傳統產業轉向高科技的電子或資訊業，原來的勞動力因不具備相關技術而發生失業的現象，即屬結構性失業。

（2）對策

轉業困難是造成結構性失業的主因，政府可藉提供適當的職業訓練，培養勞動力具備第二專長，以符合當前就業市場需求人才，可降低結構性失業的問題。

3. 循環性失業（cyclical unemployment）

（1）意義

循環性失業係指景氣蕭條或衰退所引起的失業現象。即景氣循環過程引發之失業，例如：景氣擴張時，投資與消費需求的增加，將降低循

環性失業的人數,反之,景氣緊縮時,投資與消費需求的減少,將增加循環性失業的人數。

（2）對策

　　循環性失業起因於景氣波動,景氣大起大落對於失業人數影響很大,尤其景氣蕭條時,受民間消費與投資需求不足所致,失業人口較多,此時,政府採行擴張性財政政策與貨幣政策,藉由提高有效需求與刺激民間投資等,提供較多的就業機會,以緩和失業的現象。

　　就一經濟社會而言,摩擦性失業與結構性失業在所難免,但循環性失業則隨景氣變化而有所增減,當經濟體系達充分就業時,循環性失業即為零。

4. 其他類型的失業

　　失業類型除上述主要類型外,尚有表18-6中的失業現象。

表18-6　其他類型的失業

失業類型	說　明
1. 季節性失業	季節性失業（seasonal unemployment）即因季節變化產生的淡旺季,造成此型態的失業現象。 例如:農忙時,勞力需求暴增,農閒時,勞力需求大幅下降;某些觀光地區,隨季節變化觀光人潮變動較大,淡旺季勞力需求明顯不同等,皆為季節性失業現象。
2. 隱藏性失業	隱藏性失業（disguised unemployment）係指「勞動邊際產量為零（$MP_L = 0$）」的勞動者。 例如:早期我國農家人口眾多,老老少少生產力不同,有的雖然協助務農,實際上卻對產量沒有任何貢獻,或中國大陸國營企業冗員過多,這些人對於該企業無實際貢獻。學非所用而無法發揮勞動生產力的「低度就業者」,如學有專精的電機系學生,畢業後從事速食店的兼職工作等,近來亦有學者視為隱藏性失業。 一旦社會上存在較多的隱藏性失業現象,將有低估失業之嫌。

18-3-2　失業率

1. 人口結構

根據我國《人力資源調查統計編製方法》，年滿15歲以上人口分為武裝勞動力、監管人口與民間人口，其中，現役軍人、監管人口等皆不屬於勞動力。民間人口又分為勞動力與非勞動力（詳見經濟學I，圖11-2）。

（1）勞動力：即衡量一國勞動人口數的指標。係指年滿 15 歲，有工作能力與工作意願之民間人口。

（2）非勞動力：即指年滿 15 歲，不屬於勞動力之民間人口，包括因就學、料理家務、高齡、身心障礙、想工作而未找工作且隨時可以開始工作者，及其他原因等而未工作亦未找工作者。

（3）勞動參與率：係指勞動力占年滿 15 歲以上民間人口之比率（詳見經濟學I，式 11-1）。

2. 失業率與就業率

勞動力包括了就業人口與失業人口。勞動力＝就業人口＋失業人口（表18-7）。

表18-7　勞動力

勞動力的種類	說　明
1. 就業人口	年滿15歲從事有酬工作者，或每週從事15小時以上之無酬家屬工作者。
2. 失業人口	年滿15歲同時具有無工作、隨時可以工作、正在找工作或已找工作正等待結果，此外，尚包括等待恢復工作者及找到職業而未開始工作亦無報酬者。

（1）失業率（unemployment rate）：即失業人口佔勞動力之比率。

$$失業率 = \frac{失業人口}{勞動力} \times 100\% \qquad\qquad （式18-1）$$

（2）就業率（*employment rate*）：即就業人口佔勞動力之比率。

$$就業率 = \frac{就業人口}{勞動力} \times 100\%$$

$$= \frac{（勞動力 - 失業人口）}{勞動力} \times 100\% = 1 - 失業率$$

（式18-2）

根據圖18-6，我國勞動參與率於1987年達到巔峰（60.93%），此後14年呈下跌趨勢，但近十年有緩步上升的趨勢。失業率方面，在1978年至2000年間，失業率均低於3%，直至2000年後，受到兩次重大的全球性景氣衰退，失業率兩度飆升，首先是2003年失業率達到5.17%，隨後2009年失業率更上升至5.85%（國際金融海嘯）。

圖18-6　我國勞動參與率與失業率趨勢

資料來源：主計總處。

3. 自然失業率（**natural rate of unemployment**）

一國經濟達到充分就業，社會上已無循環性失業者，只剩下「摩擦性與結構性」失業者，此時的失業率就稱為「自然失業率」。

$$自然失業率＝摩擦性失業率＋結構性失業率$$

$$=\frac{（摩擦性失業人口＋結構性失業人口）}{勞動力}\times 100\%$$

（式18-3）

18-4 物價膨脹與物價緊縮

物價膨脹與物價緊縮皆為物價持續性現象，本節將深入說明兩者帶給民眾與企業的影響及政府的因應對策。

18-4-1 物價膨脹的意義與類型

1. 物價膨脹的意義

物價膨脹（inflation）係指一段期間內物價水準持續性上漲的現象。物價水準即為全部財貨與勞務的加權平均價格，而非個別財貨與勞務的價格。一般皆以消費者物價指數（CPI）年增率來衡量物價膨脹率[10]（式18-4）。

$$物價膨脹率＝\frac{（本期CPI－前期CPI）}{前期CPI}\times 100\%$$

（式18-4）

值得注意的是，物價漲一次即止並非物價膨脹，例如：颱風造成農損，造成暫時性物價水準的上漲，就不是物價膨脹。所謂物價膨脹是指全面性物價上漲現象，但單一財貨價格仍可能下跌，例如：物價膨脹期間，某產業中廠商彼此採取價格競爭，反而降低該商品價格。

2. 物價指數的種類

常見的物價指數除了GDP平減指數外，還有消費者物價指數（consumer price Index，CPI）與躉售物價指數（wholesale price index，WPI），見圖18-7。

---

10 由於CPI的計算較接近消費者的生活成本，與一般大眾感受較為吻合，故通貨膨脹採此來衡量。

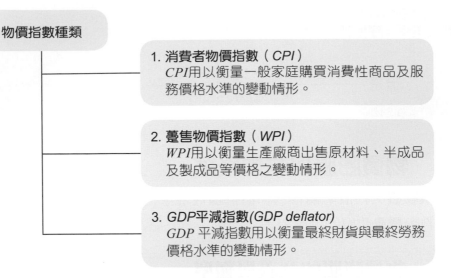

圖18-7 常見的物價指數

3. 物價膨脹的類型

物價膨脹根據物價持續上漲的程度區分為表18-8中各類。

表18-8 物價膨脹的類型

物價膨脹的類型	說　明
1. 溫和型物價膨脹	溫和型物價膨脹（*moderate inflation*）即「物價水準長期間以溫和的速度上漲」的現象，通常「物價膨脹率在3％以內」，又物價爬升速度緩慢，故又稱「爬升型物價膨脹」（*creeping inflation*）。 溫和的物價膨脹，因價格緩步上漲，促使企業獲利增加，進而刺激投資，帶動就業與產出水準的逐漸增加，使整體經濟繁榮成長。
2. 惡性物價膨脹	惡性物價膨脹（*hyperinflation*）即「物價水準以極快的速度在上漲」的現象，通常「物價膨脹率在10％以上」，有時甚至高達3位數的上漲率，又稱「奔馳型物價膨脹」（*galloping inflation*）。 惡性物價膨脹下，民眾喪失對於貨幣信心，將造成貨幣制度崩潰，嚴重危害經濟體系的正常運作。例如，我國1948年物價上漲率高達1.004％，接著1949年1月至5月間又攀升729％，當時為消除惡性物價膨脹，政府採取貨幣改革以安定人心，推行新臺幣與相關制度12；其中，1元新臺幣兌換舊臺幣4萬元。

物價膨脹根據<u>發生原因區</u>分為以下各類：

（1）需求拉動型物價膨脹（demand pull inflation）

需求拉動型物價膨脹即經濟社會的總需求（AD）不斷增加，造成持續性物價上漲的現象，換言之就是「太多貨幣追求太少商品」。

根據凱因斯有效需求理論觀點，當民間消費與投資需求旺盛，將促使總需求增加，進而帶動物價水準上升，但產出水準是否會增加，則視社會是否達到充分就業而定，詳見表18-9分析。

▲物價膨脹導致貨幣購買力下降

表18-9　需求拉動型物價膨脹對產出的影響

	社會達充分就業	社會未達充分就業
總供給（AS）	生產資源已充分使用，總供給（AS）已達潛在產出水準，處於垂直階段。	生產資源尚未充分使用，總供給（AS）隨物價上升而增加，呈現正斜率。
需求不斷拉動的影響	物價水準不斷上漲，總產出不變，仍維持在潛在產出水準。	物價水準不斷上漲，總產出不斷增加，直至充分就業前，總產出伴隨總需求增加而增加。
圖形分析	縱軸 P，橫軸 Y。垂直線 AS；向右下傾斜曲線 AD_0、AD_1。$P_1 > P_0$，對應產出 Y_f。	縱軸 P，橫軸 Y。正斜率曲線 AS；向右下傾斜曲線 AD_0、AD_1。$P_1 > P_0$，對應產出 Y_0、Y_1。

---

11 相關制度包括規定新臺幣儲蓄存款在一定額度內得兌換黃金，與用銀幣鑄造一元貨幣。

（2）成本推動型物價膨脹（cost push inflation）

　　成本推動型物價膨脹即生產成本不斷增加，使總供給不斷減少，造成持續性物價上漲的現象。

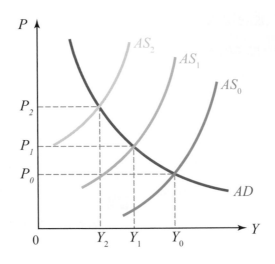

圖18-8　成本推動型物價膨脹

　　圖18-8中，總需求不變時，成本不斷上升將造成總供給持續的減少（AS_0、AS_1、AS_2），因成本推動使總供給曲線不斷左移，造成物價水準不斷上漲（P_0、P_1、P_2），與總產出不斷減少（Y_0、Y_1、Y_2）的現象，即為成本推動型物價膨脹。

（3）輸入性物價膨脹（imported inflation）

　　輸入性物價膨脹即進口品價格不斷增加，造成持續性之物價上漲。一國物價水準受進口商品價格波動的影響程度，端視該國對進口依賴程度而定，依賴程度愈高受到的影響也愈大。重要的進口品價格不斷攀升，必然反映在以進口品為原料的財貨價格上，石油危機時，石油價格不斷高漲，帶動了國內物價持續攀升即為一例。

（4）結構性物價膨脹（structural inflation）

　　結構性物價膨脹即經濟結構快速改變，以致要素與資源供應不及，形成要素與商品價格持續上漲的現象。例如：我國從傳統工業轉型高科

技產業時，傳統勞動力無法補充高科技業旺盛的勞動需求，造成高科技產業的工資與商品價格居高不下，然而傳統產業勞動需求雖減少，卻因工資僵固，使其商品價格無法下降，最後造成物價水準持續上升。

（5）預期性物價膨脹（expected inflation）

預期性物價膨脹即民眾預期未來價格變化，形成的物價膨脹。例如：民眾預期未來物價上漲，使總需求增加，勞動者也因預期物價上漲，而要求提高工資，使得總供給減少，最後，形成物價水準持續上升的現象。儘管當下物價未上漲，但因民眾預期心理，最後實現了物價上漲的情況。

（6）停滯性膨脹（stagflation）

停滯性膨脹源自1970年代兩次石油危機，造成許多國家發生「高失業率」與「高物價膨脹率」並存的現象，「停滯性」即指產出停止成長。理論上，引起停滯性膨脹原因有二：

① 預期心理：當時政府為抑制物價膨脹，採取緊縮貨幣政策時，造成失業率大幅提高，但民眾預期通貨膨漲仍將持續，使得非但物價無法下降，失業率也居高不下。

② 供給面因素：接連兩次石油危機，石油價格上漲造成各國物價大幅躍升，生產成本居高不下，各國經濟進入衰退期，失業率大幅上升。美國於 1970 年代就發生停滯性膨脹，失業率與物價年增率都高達兩位數。

---

13 由於本金與利息是以貨幣單位來衡量，故物價膨脹使貨幣價值下降時，本金與利息的價值亦隨之降低。

18-4-2　物價膨脹的影響與對策

1. 物價膨脹的影響

（1）所得重分配

表18-10中，分別從「固定所得與非固定所得者」及「債權與債務人」等二觀點，說明物價膨脹降低貨幣購買力，使得「有人得利，有人受損」，形成所得重新分配的情形。

表18-10　物價膨脹導致所得重分配之影響

觀點	固定所得者與非固定所得者觀點	債權人與債務人觀點
說明	1. 對固定收入者而言： 物價膨脹導致貨幣價值降低，使每月支領固定貨幣收入者的實質購買力收減少。 2. 對非固定收入者而言： 物價不斷攀升時，非固定收入者可調高財貨價格，提高利潤，以抵消物價膨脹帶來的衝擊。	1. 對債務人而言： 本金與利息受物價膨脹影響，減損了其實際價值[13]，使其債務負擔程度降低。 2. 對債權人而言： 物價膨脹使債權人所獲得的本金與利息的實際價值降低。
受益者	非固定收入者（如企業家）	債務人
受損者	固定收入者 （受僱人員、領固定退休金的人等）	債權人

（2）對進出口的影響

① 不利出口：國內物價膨脹速度較國外快速時，使國內價格漲幅相對高於國外，使商品的出口價格變高，不利商品出口。

② 有利進口：國內物價膨脹速度較國外快速時，國內商品價格相對進口商品貴，將使本國增加進口，以獲取更多利益。

（3）扭曲資源配置

價格機能充分發揮下，市場可達到效率運作，但是發生物價膨脹時，將影響民眾對價格的認知，從而將資源的配置導向不具效率的方向，例如：原用於投資的資金，為賺得不當利益，從而囤積居奇。

實力加強 ③ 物價膨脹瓦解貨幣制度

辛巴威曾是全球著名的穀倉，也是非洲南部最富有的國家，但是在不當政策下，成了二次世界大戰後，全球發生最嚴重惡性物價膨脹的國家，其鈔票價值每分每秒都在縮水，工廠紛紛倒閉，失業嚴重。

許多商店必須請警察協助維持秩序，避免民眾搶購商品發生衝突，人民生活苦不堪言，儘管政府曾對幣值進行改革，民眾也表示鈔票後面少幾個零，對買不到商品的現象一點幫助也沒有改善，顯見物價膨脹情況惡化瓦解了民眾對貨幣體系的信心，導致貨幣制度崩潰，嚴重影響一國經濟社會秩序，阻礙其經濟成長。

2. 物價膨脹所造成的額外成本

（1）皮鞋成本（shoe leather cost）

　　物價膨脹使貨幣購買力下降，因此民眾手中盡可能持有越少的貨幣越好，故將錢存入銀行，導致為領取貨幣必須頻繁地跑銀行或提款機，致使皮鞋磨損，花在維修鞋子或買新鞋上的成本就稱為「皮鞋成本」。基於上述原因而付出的交通費、提款時間，與手續費等亦屬皮鞋成本。

（2）菜單成本（menu cost）

　　物價膨脹嚴重時，店家為因應成本變動，經常要更換商品定價或菜單，這些更新所產生的成本即「菜單成本」。

3. 物價膨脹之對策

　　政府面對不同類型的物價膨脹，必須根據其形成原因，採取「對症下藥」之措施（表18-11），避免因政策錯誤使問題更加惡化。

表18-11 物價膨脹之對策

政策方向	政策類型	政策目的	說明
需求面政策	1. 緊縮性貨幣政策	減少總需求	政府採取調高法定存款準備率、調高重貼現率，或在公開市場賣出公債等，減少貨幣供給（提高利率水準），進而減少投資，以減緩物價膨脹。
	2. 緊縮性財政政策		減少政府支出與增加稅收等，降低有效需求，以減緩物價膨脹。
供給面政策	鼓勵總供給增加	增加總供給	補助企業技術研發或協助廠商降低生產成本。

當物價膨脹肇因於貨幣供給過多（例如：大量印製鈔票），政府若採取緊縮性財政政策，減少政府支出，非但未能解決物價上漲問題，更推升失業率。唯有緊縮貨幣供給量，才能有效解決此種物價膨脹。

當市場上發生成本推動型物價膨脹（此問題來自總供給減少），政府應設法提高與刺激總供給，使總供給增加。由於生產需要時間，因此，短期若為維持物價穩定，則可採適當的緊縮性政策，但此非長久之計。

18-4-3 台灣的物價

行政院主計總處為我國物價指數編製單位，圖18-9為我國1960至2011年之消費者物價指數（*CPI*）變化，可以發現1990年以後，我國物價水準相對穩定，有關歷年來*CPI*大幅波動之原因，詳見表18-12說明。

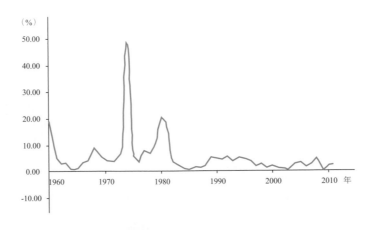

圖18-9 我國歷年*CPI*變化

資料來源：主計總處。

表18-12　我國歷年*CPI*變化

期　間	說　明
1960年～	受惠於基礎建設日趨完善，農工產品生產快速增加，國內物資供應充裕，*CPI*逐漸下滑。
1970年～1979年	受第一次石油危機影響，帶動各類成本上升，1974年*CPI*年增率高達47.5%。
1980年～1989年	受第二次石油危機影響，使1980年*CPI*年增率高達19.02%。 1984年與1985年則因經濟不景氣，*CPI*年增率分別為-0.03%與-0.06%，呈現下跌。
1990年～1999年	我國*CPI*年增率呈相對穩定的下降。
2000年～	2008年因石油價格攀升，帶動*CPI*年增率上升。 2001年起，我國歷經兩次景氣衰退（美國911事件與國際金融海嘯），*CPI*連續四年呈現下跌。

自我挑戰

一、選擇題（每題2分）

(　　) 1. 描述一國經濟隨時間變化有盛衰起伏的變化，係指下列何者？ (A)經濟成長 (B)經濟發展 (C)長期趨勢 (D)經濟波動。 【18-1-1】

(　　) 2. 經濟變數隨春夏秋冬，產生上下循環的波動現象，即為 (A)長期趨勢 (B)循環變動 (C)季節變動 (D)偶發變動。 【18-1-1】

(　　) 3. 下列何者以「景氣復甦時，廠商存貨減少，廠商增產，景氣衰退時，存貨增加，廠商減產」詮釋循環變動？ (A)建築循環 (B)康屈拉鐵夫波動 (C)小循環 (D)大循環。 【18-1-1】

(　　) 4. 經濟循環之父係指何者？ (A)顧志耐 (B)康屈拉鐵夫 (C)熊彼德 (D)朱格拉。 【18-1-1】

(　　) 5. 2011年10月希臘爆發全國大罷工，導致全國經濟活動停擺，屬於下列何種經濟波動？ (A)季節性波動 (B)循環變動 (C)長期波度 (D)不規則變動。 【18-1-1】

(　　) 6. 描述一國實質國內生產毛額沿長期趨勢呈周而復始的波動現象，稱為 (A)景氣循環 (B)商業循環 (C)大循環 (D)以上皆是。 【18-2-1】

(　　) 7. 下列何者表示一個景氣循環週期？ (A)繁榮→衰退→蕭條→復甦 (B)谷底→繁榮→高峰→衰退 (C)衰退→蕭條→復甦→高峰 (D)以上皆非。 【18-2-1】

(　　) 8. 下列何者不是復甦階段的特徵？ (A)存貨開始減少 (B)物價與利率持續下跌 (C)就業量增加 (D)消費與投資增加。 【18-2-1】

(　　) 9. 自2001年迄今，我國景氣曾在2008年因何種原因陷入嚴重衰退？ (A)亞洲金融風暴 (B)911事件 (C)美國次貸風暴 (D)歐洲公債危機。 【18-2-1】

(　　) 10. 海地遭逢大地震，造成實質國民所得大幅下滑，屬於下列何種景氣循環類型？ (A)內生因素變動的景氣循環 (B)外生因素變動的景氣循環 (C)季節變動的景氣循環 (D)以上皆非。 【18-2-2】

(　　) 11. 何一學說認為景氣受到樂觀或悲觀預期的影響，導致經濟榮衰的循環？ (A)創新說 (B)乘數與加速說 (C)實質景氣循環理論 (D)心理說。 【18-2-2】

(　　) 12. 下列何者為認為技術變動、石油危機等影響造成生產力變動，導致景氣循環？ (A)薩穆遜 (B)皮古 (C)巴羅與羅伯金 (D)熊彼德。 【18-2-1】

（　） 13. 我國行政院經建會多久公布一次景氣對策信號？　(A)一年　(B)一季　(C)一個月　(D)每天。　　　　　　　　　　　　　　　【18-2-3】

（　） 14. 下列何者<u>不是</u>經建會發布之我國景氣動向指標？　(A)外銷訂單指數　(B)物價指數　(C)製造業存貨指數　(D)失業率。　　　　　　【18-2-3】

（　） 15. 經建會發佈非農業就業部門人數成長，意謂　(A)當前景氣狀況轉壞　(B)當前景氣狀況良好　(C)未來景氣看好　(D)未來景氣看壞。　　【18-2-3】

（　） 16. 傳統產業外移，造成國內失業人口增加，屬於下列何種失業？　(A)摩擦性失業　(B)結構性失業　(C)循環性失業　(D)隱藏性失業。　　【18-3-1】

（　） 17. 每年隨著12月至2月底的假日購物和消費旺季結束，失業率再度攀升，屬於下列何種失業？　(A)摩擦性失業　(B)結構性失業　(C)季節性失業　(D)隱藏性失業。　　　　　　　　　　　　　　　　　　【18-3-1】

（　） 18. 下列何者不是政府面對結構性失業，應採取的政策？　(A)寬鬆貨幣政策　(B)培養勞動力第二專長　(C)提供適當的職訓機會　(D)推動終生學習與在職進修。　　　　　　　　　　　　　　　　　　　　　【18-3-1】
解：

（　） 19. 下列何種失業增加，將低估一國之失業率　(A)摩擦性失業　(B)結構性失業　(C)季節性失業　(D)隱藏性失業。　　　　　　　　　　【18-3-1】

（　） 20. 電子業因景氣蕭條大幅裁員，導致國內失業率上升，屬於何種失業形態　(A)摩擦性失業　(B)循環性失業　(C)結構性失業　(D)隱藏性失業。【18-3-1】

（　） 21.（承上題）為解決上述問題，政府應採取下列何種政策？　(A)緊縮性財政政策　(B)寬鬆貨幣政策　(C)緊縮性財政政策　(D)提高就業市場資訊透明度。　　　　　　　　　　　　　　　　　　　　　　　　【18-3-1】

（　） 22. 年滿15歲的人口中，何者屬於勞動人口？　(A)失業但積極尋找工作者　(B)家庭主婦　(C)失業在家消極等待工作上門者　(D)學生。　【18-3-2】
解：

（　） 23. 已知一國之勞動力有1,000萬人，失業人口為70萬人，則就業率與失業率分別為多少？　(A)2%、98%　(B)98%、2%　(C)7%、93%　(D)93%、7%。　　　　　　　　　　　　　　　　　　　　　　　　　【18-3-2】

（　） 24. 一國經濟達充分就業時，仍存在的失業率為　(A)循環性失業率　(B)自然失業率　(C)季節性失業率　(D)隱藏性失業率。　　　　　　【18-3-2】

（　） 25. 原料價格高漲造成的物價膨脹　(A)輸入性物價膨脹　(B)結構性物價膨脹　(C)停滯性物價膨脹　(D)成本推動型物價膨脹。　　　　　【18-4-1】

（　）26.一社會的物價以極快速度持續上漲，物價膨脹率在10%以上，表示該社會發生　(A)成本推動型物價膨脹　(B)需求拉動型物價膨脹　(C)惡性物價膨脹　(D)溫和型物價膨脹。　　　　　　　　　　　　　　【18-4-1】

（　）27.一社會未達充分就業時，發生需求拉動型物價膨脹時，下述何者正確？　(A)物價不變，產出增加　(B)物價上漲，產出增加　(C)物價上漲，產出不變　(D)以上皆非。　　　　　　　　　　　　　　　　　　　　　【18-4-1】

（　）28.一社會發生停滯性物價膨脹時，將同時存在　(A)高失業率與高物價膨脹率　(B)高就業率與高物價膨脹率　(C)高失業率與高人口成長率　(D)以上皆是。　　　　　　　　　　　　　　　　　　　　　　　　　【18-4-1】

（　）29.發生需求拉動型物價膨脹時，政府可採取何種措施減少總需求以減緩物價膨脹？　(A)緊縮性財政政策或緊縮性貨幣政策　(B)補助企業技術研發　(C)增加政府支出　(D)至公開市場買入債券。　　　　　　　　【18-4-2】

（　）30.因為物價膨脹而導致必須付出更多交通費、提款時間與手續費，即為以下何種成本　(A)平均成本　(B)固定成本　(C)皮鞋成本　(D)菜單成本。【18-4-2】

二、綜合題（每格4分）

1. 物價膨脹對一經濟社會的影響：＿＿＿＿＿＿＿、＿＿＿＿＿＿＿＿＿、
＿＿＿＿＿＿＿＿＿＿、＿＿＿＿＿＿＿。　　　　　　　　【18-4-2】

2. 政府對於大量印製鈔票以致引發物價膨脹，應採取＿＿＿＿＿＿＿。

【18-4-2】

3. 從債權人及債務人的觀點，物價膨脹對誰有利＿＿＿＿＿；從收入固定與否的觀點，物價膨脹對誰有利＿＿＿＿＿＿。　　　　　　【18-4-2】

4. 物價膨脹嚴重，店家為因應成本變動，必須經常更新商品價目表，此種成本稱為＿＿＿＿＿。　　　　　　　　　　　　　　　　　　　【18-4-4】

19 經濟發展與經濟成長

　　1960年代菲律賓不僅經濟成長穩定，人民生活水準更位居亞洲第二，僅次於日本，當時還有日本第二的美譽，雖然同時期我國經濟正處於迅速發展階段，但仍不如當時的菲律賓。

　　隨著我國經濟起飛，快速成長，至2010年我國平均每人所得已達18,588美元，菲律賓則因長期政經情勢不穩，導致經濟成長緩慢，同年其平均每人所得只有1,931美元。上述兩國因經濟成長的差異，逐漸拉大經濟差距，我國也從較為落後的情況，邁入已開發國家之列，而菲律賓則處在已開發中國家。透過本章說明經濟成長的意義與介紹經濟成論理論，讀者將瞭解一國經濟發展的歷程，與知識經濟時代的影響性。

資料來源：行政院主計總處與國際貨幣基金。

本章綱要

1. 經濟成長的意義與測定
2. 經濟思想
3. 經濟成長與自然生態
4. 經濟發展階段
5. 知識經濟時代

19-1　經濟成長的意義與測定

19-1-1　經濟成長與經濟發展的意義

1. 經濟成長（economic growth）

經濟成長係指一國「實質國內生產毛額」或「平均每人實質國內生產毛額」，隨時間演進持續增加的現象。通常經濟體系發展至成熟階段，其經濟成長亦隨之趨緩，以致早期經濟成長研究著重於描述「已開發國家」的經濟成長狀況。現代經濟成長理論，則著重在研究何種因素（例如：人力資本累積、研發行為、政府財政支出）是影響一國經濟成長的關鍵。

2. 經濟發展（economic development）

經濟發展不僅指經濟成長，也包括人口、教育、文化、政治制度、所得分配與產業結構等各層面的改變和關聯性。早期經濟發展研究著重於「低度開發國家」如何脫貧邁向富足。當代經濟發展理論進一步討論經濟發展與人口結構的關聯，或經濟發展與產業結構的變化，從更廣泛的議題探討經濟發展帶給社會的影響。

19-1-2　經濟成長的決定因素

經濟成長率的高低左右一國實質*GDP*增加的速度。當一國為達成實質*GDP*成長一倍的目標，在經濟成長率為3%時，約要23年才能達成目標，但在經濟成長率為10%時，只要大約7年就能達成目標[1]，時間足足縮短了16年，足見經濟成長對一國經濟發展的影響力。

---

[1]
$$2A = A \times (1 + g)^t$$
$$ln2 = t \times ln(1 + g)$$
$$t = \frac{ln2}{ln(1 + g)}$$
A：原所得，g：經濟成長率

經濟成長率為3%時，$\frac{ln2}{ln(1 + 3\%)}$=23.45年。經濟成長率為10%時，$\frac{ln2}{ln(1 + 10\%)}$=7.27年。

影響一國經濟成長的因素有以下幾點：

1. 資本累積

一國總產出的能力，隨著實體資本數量增加而上升。即勞動投入與技術不變下，生產設備累積的增加，能提升該國生產能力。例如：每人擁有的實體資本增加，勞動的生產力也會提高，當漁夫取得一艘設備精良的漁船後，比起以釣竿捕魚，漁獲量必然大幅增加。

2. 生產技術進步

一國之生產技術提升，在相同資本與勞動投入下，將可創造出更多產出。可知一國的生產能力將隨生產技術進步而提高。例如：汽車工業自動化生產後，汽車製造速度加快，產能也大幅提升。

3. 勞動投入的質與量

勞動投入對產出的影響，可從勞動的素質與數量說明。

（1）勞動素質：勞動素質即人力資本累積。勞動者之專業技能與知識提升，表示勞動者的素質提升，將有助於產量的提高。

（2）勞動數量：當資本數量與技術不變下，勞動投入愈高，該國生產能力也愈高。

4. 制度與環境

上述因素透過增進一國生產能力達到經濟成長，而「經濟制度與投資環境」則藉由改善經濟社會的運作效率及體系安定，提升一國經濟成長。例如：健全一國的金融及貨幣體系、提供安定的政治與社會環境，或開放投資等，均能提升經濟體系的運作效率，促進經濟成長。

19-1-3 經濟成長的測定

國際間皆以經濟成長率（*economic growth rate*）來測定一國之經濟成長。通常以「實質國內生產毛額」或「平均每人實質國內生產毛額」兩種指標的年增率衡量經濟成長率，如此一來，除可瞭解一國經濟成長的狀況，進一步還可為跨國間的比較。

1. 實質國內生產毛額年增率

國內生產毛額（*GDP*）是衡量一國經濟成果的重要指標，實質*GDP*剔除物價波動對*GDP*的影響，忠實呈現一國的生產成果，實質*GDP*年增率則反映出一國整體經濟力量的實質變化，式19-1即為實質*GDP*衡量之經濟成長。

$$g_t = \frac{Y_t - Y_{t-1}}{Y_{t-1}} \times 100\% \qquad （式19-1）$$

其中，g_t表第t年之經濟成長率、Y_t表第t年之實質*GDP*、Y_{t-1}表第$t-1$年之實質*GDP*。

實力加強❶ 名目GDP與實質GDP

名目國內生產毛額與實質國內生產毛額有如下關係：

$$實質GDP = \frac{名目GDP}{GDP平減指數} \qquad （式19-2）$$

2. 平均每人實質國內生產毛額年增率

為瞭解一國人民生活水準的變化，必須剔除人口對實質*GDP*之影響——即「平均每人實質*GDP*」來衡量經濟成長，才能充分反映經濟成長對一國民眾之影響。以平均每人實質*GDP*衡量經濟成長的方式，見式19-3。

$$\hat{g}_t = \frac{y_t - y_{t-1}}{y_{t-1}} \times 100\% \qquad\qquad （式19-3）$$

其中，

$\hat{g}_t$：第t年經濟成長率

y_t：第t年平均每人實質GDP：$y_t = \dfrac{實質GDP（Y_t）}{第t期人口數（N_t）}$

y_{t-1}：第$t-1$年平均每人實質GDP：$y_{t-1} = \dfrac{實質GDP（Y_{t-1}）}{第t-1期人口數（N_{t-1}）}$

19-1-4　各國經濟發展程度之分類

國家的經濟發展程度可區分爲以下三種：

（1）已開發國家（*developed country*）

　　已開發國家係指經濟發展程度與生活水準較高，且技術較爲先進的國家，又稱「先進工業化國家」。例如：英國、德國與日本等國。這類型國家具有高平均每人GDP、教育普及、社會福利與法規制度完善等特色。

（2）開發中國家（*developing country*）

　　開發中國家係指「已脫離低度開發國家，正邁向已開發國家者」。例如：巴西，菲律賓、泰國等國。這類型國家之所得已達一定水準，民衆的教育、生活水準也逐漸提升，產業結構正逐漸成熟，且法規制度與社會福利也日趨完備。

（3）低度開發國家（*less-developed countries*，*LDCs*）

低度開發國家[2]係指經濟、社會方面發展程度較低的國家。2011年初聯合國所列之*LDCs*有48個；例如：孟加拉、貝南、不丹等。

一國的經濟發展程度與其所得水準有密切關係，國際間普遍以平均每人國民生產毛額衡量一國之經濟發展程度。基於經濟持續發展與通貨膨脹等因素，平均每人國民生產毛額等指標，也隨時間作出相應之調整，而非一直以某一固定數值爲區分經濟發展程度之依據。

新興工業化國家（newly industrialized country）

小關鍵大重點1

有些開發中經濟表現亮眼的國家，而以新興工業化國家稱之。如過去的亞洲四小龍——臺灣、新加坡、南韓與香港，或現在的印度與巴西等，這些國家雖未達到已開發國家，但在經濟發展上已超越一般發展中國家，具有高經濟增長、出口導向與製造業成長快速等特色。

19-2　重要經濟思想

經濟思想可上溯至希臘時代的倫理學，隨後雖有重商主義與重農主義的發展，但尚無法獨立成爲一正式的學門，直至經濟學之父亞當斯密，於1776年出版《國富論》，才奠定近代經濟學基礎，以下介紹近代重要的經濟思想。

1. 古典學派（The Classical School）

（1）**時期**：起自 1776 年亞當斯密出版《國富論》至 1848 年約翰密爾（*John S. Mill*）出版《政治經濟學原理》古典學派達到了顛峰。

（2）**創始學者**：亞當斯密，後人尊稱爲「經濟學之父」。

2　聯合國以每人平均國內生產毛額（三年平均值皆未達美金750元）、人力資源貧乏度及經濟發展脆弱度爲依據，來認定一國經濟發展是否屬於低度開發國家。人力資源貧乏度則以生活品質綜合指標衡量，包含：（1）營養、(2)健康、(3)教育、(4)成人識字率等。

（3）重要主張

① 提倡「自由放任」，反對「政府干預」。

② 人們追求「利己心」與市場中「價格機能」充分運作下，經濟體系將自動達到均衡，充分就業是社會常態，失業只是短暫現象。

表19-1　古典學派代表人物與重要影響

代表人物	重要影響
1. 亞當斯密 （Adam Smith）	1. 著作：1776出版《國富論》。 2. 《國富論》乙書奠定經濟學基礎，推動經濟學成為正式學門。 3. 認為人們追求「利己心」與「一隻看不見的手（價格機能）」的引導下，可解決人類基本經濟問題。 4. 強調「分工」的重要，經由分工可使勞動生產力提升。 5. 國際貿易方面，提倡「自由貿易」與「絕對利益理論」。
2. 馬爾薩斯 （Thomas Robert Malthus）	1. 1798年出版《人口論》。 2. 《人口論》強調人口依幾何級數增加，但糧食僅以算數級數增加，由於糧食增加速度趕不上人口成長速度，如不能節制人口成長終將引發糧食匱乏。
3. 賽伊 （Jean Baptiste Say）	1. 1803年出版《經濟學泛論》。 2. 提出「供給創造需求」的觀點，又稱「賽伊法則」（Say's Law）。
3. 李嘉圖 （David Ricardo）	1. 1817年出版《政治經濟學與賦稅原理》。 2. 提出勞動價值說、比較利益理論，與差額地租等重要學說。
4. 約翰密爾 （John Stuart Mill）	1. 1848年出版《政治經濟學原理》。 2. 約翰密爾指出經濟社會進步的來源包括人口增加、資本增加與生產改良。此外國際貿易方面，約翰密爾完備了李嘉圖的比較利益理論。

　　19世紀在經濟學的發展方面，除古典學派外，同時期還有採取其他分析工具，或不認同古典學派主張之各學派，其中幾個最為人知之學派介紹見表19-2。

表19-2　與古典學派同時期之其他學派

學　派	說　明
1. 歷史學派	1. **代表學者**：李斯特。 2. **時期**：起於19世紀中葉的德國。 3. **重要理論** （1）以「歸納法」（induction）從事經濟研究，有別於古典學派常用的「演繹法」（deduction）。 （2）認為社會與國家是經濟研究的主體，故主張國家主義，反對古典學派的個人主義。強調國家對經濟活動干涉的必要性，重視社會利益，而非個人利益。
2. 邊際效用學派	1. **代表學者**：奧地利孟格爾（Carl Manger）與龐巴衛克（Bohm Bawerk）、法國華拉斯（Leon Walras）與英國耶逢斯（William Stanley Jevons）等。 2. **重要影響**：提出「邊際分析」的觀念，成為現代經濟學的重要分析工具。例如：邊際效用均等法則與邊際生產力理論[3]。
3. 社會主義學派	1. **代表學者**：法國聖西蒙（Saint Simon）與德國馬克斯等。 2. **重要理論** （1）否定自由放任可調和經濟運作的古典學派觀點。 （2）採集體意識，鼓吹企業公有，以改善群眾的生活。 （3）主張公有財產制度，認為私有制是引起經濟不公平的主因。

2. 新古典學派（Neo-Classical School，又稱劍橋學派）

（1）**時期**：起自 1890 年馬歇爾出版《經濟學原理》至凱因斯學派興起後逐漸沒落。

（2）**創始學者**：馬歇爾，後人尊稱為「個體經濟學之父」。

（3）**重要主張**

　① 承襲古典學派思想，尊重市場機能與個人理性選擇，反對政府過度干預。以個人、個別廠商或個別產業為研究重心。

　② 此學派學者多來自於「劍橋大學」，故又稱為「劍橋學派」。此外該學派代表人物皮古提出著名之現金餘額方程式，又稱為「劍橋方程式」。

3　關於「邊際效用均等法則」與「邊際生產力理論」，可參見經濟學1的P115與P272。

表19-3　新古典學派代表人物與重要影響

代表人物	重要影響
1. 馬歇爾 （Alfred Marshall）	1. 1890年出版《經濟學原理》。 2. 以「經濟學」一詞取代過去「政治經濟學」的稱呼。 3. 採部份均衡分析，著重客觀的實證研究。 4. 以邊際效用和生產成本為基礎，建立折衷的「二元價值論」。亦即供給與需求猶如一把剪刀的兩個刀柄，須從兩方面同時作用才能共同決定市場均衡價格，又稱為「剪刀式價值理論」。 5. 提出需要的價格彈性、消費者剩餘、現金餘額說，與準租等重要理論[4]。
2. 皮古 （Arthur C. Pigou）	1. 1920年出版《福利經濟學》。 2. 開創福利經濟學的研究領域，後人尊稱為「福利經濟學之父」。
3. 羅賓遜夫人 （Joan Violet Robinson）	1. 1933年出版《不完全競爭經濟學》。 2. 奠定了不完全競爭市場的理論基礎，帶來「壟斷競爭的革命」。

3. 凱因斯學派（Keynesian School）

（1）**時期**：起自 1936 年凱因斯出版《就業、利息與貨幣的一般理論》至 1970 年代全球性物價膨脹。

（2）**創始學者**：凱因斯，後人尊稱為「總體經濟學之父」。

（3）**起因**：1930 年代全球性經濟蕭條，尊重市場機能的新古典學派，無力解決此現象。凱因斯在 1936 年出版《就業、利息與貨幣的一般理論》後，經濟學進入新的紀元，故又稱為「凱因斯革命」。

（4）**重要主張**

① 否定古典學派「賽伊法則」與「充分就業可自動達成」的觀點，認為「失業才是常態」。

② 提倡「有效需求理論」與政府應積極干預。景氣差時，政府應施行擴張性財政政策，提高有效需求，增加產出與解決失業問題，故又稱為「需求面經濟學」，即「需求創造供給」的觀點。

---

4 馬歇爾為說明市場均衡的情況，將時間分成：「極短期」商品供給量固定或接近固定、「短期」除機器設備固定，其他要素可變動，與「長期」即所有要素皆可變動。

表19-4　凱因斯學派代表人物與重要影響

代表人物	重要影響
1. 凱因斯 （*John Maynard Keynes*）	1. 1936年出版《就業、利息與貨幣的一般理論》。 2. 提出有效需求理論、乘數原理、節儉的矛盾、流動性偏好說，與資本邊際效率等，解釋總體經濟的現象。
2. 席克斯 （*John Richard Hicks*）	1. 1950年出版《經濟循環理論》。 2. 於簡單凱因斯模型中加入貨幣市場，擴展模型的分析能力。 3. 提倡「序列效用分析法」。
3. 薩穆遜 （*Paul A. Samuelson*）	1. 1948年出版《經濟學》[5]，薩穆遜首度以個體經濟學及總體經濟學兩架構編撰此書。 2. 結合「乘數原理」與「加速原理」提出「乘數－加速原理」解釋景氣循環變動。

　　在凱因斯革命後，凱因斯學派幾乎成為總體經濟學的代名詞，甚至原為新古典學派的經濟學家，也信服凱因斯的經濟思想。例如：任教於劍橋大學的席克斯，其自述思想與凱因斯所見略同，而後轉向凱因斯學派。在政界方面，美國總統尼克森更曾說過：「我們都是凱因斯的信徒」。可見當時凱因斯學派在學界與政界之影響力。直至1970年，凱因斯學派的政策與學說在解決全球性物價膨脹問題方面欲振乏力，旋即有古典學派與以下各現代經濟學派思想興起。

1. 貨幣學派（Monetarist School，又稱芝加哥學派）

（1）提倡者：美國芝加哥大學弗利德曼提倡，又稱「芝加哥學派」。

（2）起源：弗利德曼承襲古典自由放任的思想，自 1950 年代起便對凱因斯學派的理論提出挑戰，其「貨幣數量學說研究」（1956）更賦予「古典學派的貨幣數量學說」新的生命，奠定了貨幣學派的理論基礎。

（3）重要主張[6]：

　　① 承襲古典學派的自由放任思想，尊重價格機能，反對政府過度干預。

5　薩穆遜撰著之《經濟學》乙書廣為美國大學教學使用，自1948年第一版問世至今，已譯成四十多種文字，目前已發行至第19版，依然暢銷。

6　貨幣學派注重「貨幣政策」，強調貨幣政策的穩定，反對政府採用貨幣供給量來調控經濟。

② 主張政府政策應採「法則」取代「權衡」。例如：貨幣供給量應維持固定的成長率[7]。

③ 認爲經濟政策短期有效，長期因民衆訊息充分故政策無效。

2. 供給面學派（Supply-Side School，又稱雷根經濟學）

（1）提倡者：拉弗爾（*Authur Laffer*）。

（2）起源：1980 年美國總統大選，雷根在拉弗爾等人的建議下，提出「降稅救經濟」政策，於雷根總統執政時，便成爲主要施政方針，又稱「雷根經濟學」。

（3）重要主張：

① 供給面經濟學認爲政府降低租稅、減少政府干預等措施，將鼓勵投資意願、促進經濟成長、提高國民所得、與增加就業水準。

② 主要政策包括：降低稅率、削減政府支出，與減少政府管制。

3. 理性預期學派（Rational Expectations School，又稱新興古典學派）

（1）代表學者：盧卡斯（*Robert E. Lucas*）。

（2）重要主張

① 認爲經濟個體具有「理性預期」（如：在理性預期下「民衆將充分運用其目前擁有的資訊進行預測」），並依「利己心」的動機做出最適決策行爲。

② 理性預期下，被民衆預期到的經濟政策無效，只有未被預期到的政策才有效果。

③ 承襲古典學派的自由放任思想，尊重價格機能，反對政府過度干預，又稱爲「新興古典學派」（*New Classical Economics School*）。

---

7 從現金交易說來看（*MV=Py*），貨幣所得流通速度（*V*）短期固定下，貨幣供給量增加率，應跟隨著經濟成長率，則物價水準將維持固定，這就是著名的弗利德曼法則（*Friedman Rule*）。

4. 新興凱因斯學派（New Keynesian Economics School）

(1) 代表學者：<u>曼昆</u>（*Nicholas Gregory Mankiw*）、<u>史提格利茲</u>（*Joseph E. Stiglitz*），與<u>費雪</u>（*Stanley Fischer*）

(2) 起源：在 1980 年代經歷「停滯性膨脹」與「理性預期理論」的雙重衝擊，影響凱因斯學派的聲望與地位，促使該學派邁向新的發展。

(3) 重要主張

① 接受經濟個體具有理性預期的觀點，與採用個體最適行為分析方式。

② 延續凱因斯學派觀點。例如：價格與工資具僵固性等，價格機能無法充分運作的觀點。

③ 提出菜單成本、皮鞋成本與長期契約理論，說明即便在理性預下，被理性預期到的政策仍具效果，故強調政府政策干預的有效性。

19-3　現代經濟成長理論

古典學派經濟學家認為，一國的勞動、資本與自然資源是促進經濟成長的主要因素。<u>亞當斯密</u>更指出「專業分工」將提升勞動生產力，是促進一國經濟成長的重要條件。以<u>馬歇爾</u>為首的新古典學派，則認為資本累積與技術進步，將維持一國經濟的成長。

有別於早期的理論，現代經濟成長理論的發展不但日趨多元化，更受到經濟學家的重視，如當代經濟大師<u>盧卡斯</u>曾說：「當他想到經濟成長的問題後，就再也無法思考其它的經濟問題了」，足以說明經濟成長理論在現代經濟學中的重要性。常見的成長理論簡介如下：

1. 熊彼得的「創新成長理論」

<u>熊彼得</u>提出「創新成長理論」，認為一國經濟經由不斷創新，而獲得持續的成長。企業家透過創新活動創造利潤，有利可圖下，不僅誘使競爭者起而模仿，投資也大量增加，經濟社會因資本快速累積，提升經濟成長的速度。

2. 哈樂得與多瑪的成長理論

（1）提倡者：哈樂得（*Roy F. Harrod*）於 1939 年、多瑪（*Edward D. Domar*）於 1946 年各自提出相同理念的理論[8]，故以「哈樂得－多瑪模型」（*Harrod-Domar Model*）稱其理論模型。

（2）理論重點

　　哈樂得早在1939年發表的「動態理論」一文中，建構了經濟成長理論，直至1948年出版《動態經濟學》，經濟學界才注意到該理論。該理論的重點包括：

① 從凱因斯短期經濟模型，建構出長期的經濟成長理論。

② 此理論是最早以總體經濟架構，建構出總體成長模型，堪稱經濟成長模型的始祖。

③ 當社會資本充分使用時，經濟成長率將達到保證成長率（*warranted rate of growth*），可表示成式 19-4。

$$g_w = \frac{s}{a} \qquad\qquad （式19\text{-}4）$$

其中，

g_w：經濟成長率（又稱保證成長率）

s：儲蓄率

a：資本係數（*cofficient of capital*），即一單位產出所需之資本量（$\frac{K}{Y} = a$）

---

[8] 多瑪分別在1946年與1947年發表「資本擴張、成長率與就業」與「擴張與就業」的兩篇論文，由於理念近似哈樂得，故本節將合併一起介紹。

表19-5　儲蓄率與資本產出比變動對經濟成長的影響

情況一（a不變）	情況二（s不變）	經濟成長率
s增加	a減少	g_w增加
s減少	a增加	g_w減少

④ 從投資的供給面與需求面解釋經濟成長。供給方面，資本持續增加，擴充了社會的總產能；需求方面，投資不斷增加，使社會的有效需求增加，供需兩方面不斷增加下，可帶動一國之經濟成長，此即「投資的雙重性」。

　　哈樂得和多瑪的成長理論中，存在一個很大的問題——由於「勞動與資本無法替代」造成該理論存在不穩定的特性，所以又稱為「剃刀邊緣模型」。為克服這個問題，梭羅提出了梭羅成長理論。

3. 梭羅的新古典成長理論

（1）提倡者：梭羅模型是美國經濟學家梭羅（*Robert Solow*）與澳洲經濟學家史旺（*Trevor Swan*）同時於 1956 年提出。其理論模型又稱為「梭羅－史旺模型」（*Solow - Swan Model*），簡稱「梭羅模型」（*Solow Model*）。

（2）理論重點

① 梭羅理論以「勞動與資本可替代」的新古典生產函數取代「哈樂得和多瑪理論使用資本與勞動無法替代的生產函數」，故又稱為新古典成長理論。

② 強調「資本累積」對於經濟成長的重要性，且認為一國的經濟成長決定於「勞動人口成長」與「技術進步」等外生給定的因素。

　　新古典成長理論隱含長期經濟成長率由外生因素決定，由於部分結果與實際經濟社會不符[9]，而後出現內生成長理論。

9　在梭羅模型中，經濟到達長期均衡時，平均每人實質*GDP*並不會成長，但與實際社會的資料不符，或被經濟學家質疑人口成長率與技術進步率為外生給定的合理性等問題，進而發展出內生成長理論。

4. 內生成長理論

（1）提倡者：<u>羅莫</u>（*Paul Romer*）於 1986 年、<u>盧卡斯</u>於 1988 年各自提出內生成長模型，隨後帶動經濟成長理論朝內生成長理論發展。

（2）理論重點

① 內生成長理論強調經濟成長取決於「內生因素」，例如：人力資本累積、研究發展，與政府財政支出等因素對經濟成長的影響。異於梭羅理論中，經濟成長決定於外生因素。

② <u>羅莫</u>與<u>盧卡斯</u>強調人力資本累積具有「規模報酬遞增」的特質，一國隨著人力資本不斷累積，使勞動生產力提高，再藉由與實體資本的相輔相成，不僅總產出隨之增加，同時也促成經濟成長。在<u>羅莫與盧卡斯</u>的內生成長理論中，人力資本對於經濟成長有顯著的貢獻。[10]

隨著國人環保意識抬頭，國光石化興建與國際重量級濕地保育、蘇花高或蘇花替興建與東部純淨的自然環境維護……等議題，無不引發大眾熱烈討論。經濟成長與環境保育如何獲取平衡，在環境保護、經濟發展及社會公義三大基礎上，確保在經濟、社會、文化與生態環境方面永續經營，已成為各級政府必須嚴正面對，審慎處理的課題。

---

10 例如：人民教育水準提升可以累積大量研發人才，使技術水準持續升級，同時帶動經濟持續成長。

19-4　經濟發展階段

19-4-1　李斯特的經濟發展階段論

德國經濟學家李斯特在1841年出版的鉅著《政治經濟學與國民體系》中，將一國的經濟發展過程，依生產方式與經濟結構，分為表19-6中的五個階段。

表19-6　經濟發展階段

經濟展階段	說　明
1. 漁獵時期	漁獵時期（the savage state）或稱原始時期，人們以簡單的工具從事生產（如打獵或捕魚），經濟活動以「以物易物」的交易方式進行，屬於原始的經濟社會。 李斯特認為這類國家應以較先進的國家為對象進行自由貿易，從而自原始時期脫穎而出。
2. 游牧時期	游牧時期（the pastoral state）的人們已具備簡單的生產技術，懂得圈養家畜與家畜管理。李斯特認為這類國家應採「管制政策」，並促進產業的對外貿易。
3. 農業時期	農業時期（the agricultural state）以生產農產品為主，群居式的生活方式與市集活動日趨成熟。李斯特認為，處於農業時期的國家應當全力向農工時期發展。
4. 農工時期	農工時期（the agricultural and manufacturing state）工業開始發展，經濟社會邁向專業分工，在農業與工業各司其職下，人們生活水準逐漸提升。李斯特認為此時為促進並保護國內工業發展，應採行「保護貿易政策」。
5. 農工商時期	農工商時期（the agricultural, manufacturing and commercial state）農業、工業和商業三者平穩運作均衡發展，在最後階段中，李斯特認為這類國家已擁有高度財富與國力，為促進經濟繁榮，應恢復「自由貿易政策」。

19-4-2　羅斯托的經濟發展階段論

1960年美國經濟學家羅斯托（Walt Whitman Rostow）在《經濟成長的階段》中提出「經濟成長階段論」，將一國經濟發展過程分為表19-7中的五個階段。

表19-7　經濟發展階段

經濟發展階段	說　明
1. 傳統社會	傳統社會（*the traditional society*）係指封閉的農業經濟社會。其主要特徵如下： （1）缺乏現代科學與技術，生產力受到限制，經濟發展緩慢或停滯。 （2）經濟活動皆以農業為中心，主要資源都用於農業生產。 （3）財富與權力集中地主的手中。
2. 起飛前過渡階段	起飛前過渡階段（*the preconditions for take-off*）係由農業為中心的社會，逐漸轉移至以工商為中心的過渡社會，其主要特徵如下： （1）新技術開始應用於農業與工業的生產。 （2）教育方式開始改變，逐漸適合現代經濟活動所需。 （3）出現願冒風險以追求利潤的企業家。 （4）投資逐漸增加，投資率約為5%（投資佔國民所得比率）。 （5）調節資金的銀行紛紛建立，與國際貿易的擴展。 （6）國民所得逐漸提高，政治上出現新的民族國家與中央集權的政府。
3. 起飛階段	起飛階段（*the take-off*）係指經濟社會來到「現代社會生活」的分水嶺，並已克服成長的阻礙，使經濟成長得以持續，且為正常現象。其主要特徵如下： （1）生產技術的成長，是刺激起飛的主因。 （2）投資率須從國民所得的5%上升至10%以上。 （3）工業中「領導部門[14]」迅速擴展，其產生的連鎖效果，將帶動其他產業發展，與就業人口增加。 （4）良好的政治制度與社會結構，促進經濟發展，使起飛順利進行。
4. 邁向成熟階段	邁向成熟階段（*the drive to maturity*）係指經濟社會處於規律成長。其主要特徵如下： （1）經濟社會廣泛運用現代技術，從事生產活動。 （2）投資率約佔國民所得10%到20%，農業人口從40%降至20%以下。 （3）都市人口持續增加，實質工資逐漸上升。 （4）新的領導部門興起，取代舊的領導部門。例如：精密工業取代過去的紡織業。 （5）政治與社會逐漸進行人權改革
5.大量消費階段	大量消費階段（*the age of high mass consumption*）係指經濟社會的發展來到高峰，經濟社會面臨的問題，從生產的提升，轉向需求方面，亦即轉向消費問題，以及社會福利問題。其主要特徵如下： （1）領導部門轉向生產耐久消費財為主，以滿足大量的消費需求。 （2）福利國家興起，國家資源分配於社會福利與安全比例提高。 （3）每人實質所得增加，與中產階級增加，民眾有能力享受耐久消費財與勞務消費。 （4）服務業佔整體產業比重日趨提升。

---

11 領導產業即火車頭工業，其成長將帶動其他產業的成長。例如：汽車業對零件的引申需求，可帶動電子、機械、石化與塑膠等產業的發展。

19-4-3 臺灣的經濟發展階段

1. 戰後重建階段（1945~1950年）

二次大戰期間，臺灣基礎建設在美軍轟炸下多半被破壞。戰後經濟上惡性物價膨脹隨之而來，政治上國共戰爭，使政經情勢更加險惡。此時，我國政府積極採行幣制改革，發行新臺幣取代舊臺幣。1950年開始接受美援，對臺灣經濟也有正向助益。

2. 第一次進口替代階段（1951年～1960年）

此階段臺灣以農業生產為主，政府提倡「以農業培養工業，以工業發展農業」政策，一方面為發展農業，推動「三七五減租」與「耕者有其田」等土地改革政策，另一方也將農業人口引導至工業，並於1953年實施「第一期經濟建設計劃」，發展勞力密集輕工業（生活日用品工業）以替代進口商品，透過國內生產來取代向國外進口，臺灣民眾生活逐漸改善，工業成長率每年呈10%以上的快速發展。

3. 出口擴張階段（1961年～1970年）

受到國內輕工業發展迅速影響，此階段政府採「以貿易促進成長，以成長拓展貿易」的政策，減輕生產飽和的現象。其措施包括獎勵投資、設立加工出口區，及發展出口產業，達到出口擴張的目標。在工業投資方面則採取「租稅減免、對外銷品施行退稅」等優惠措施。

4. 第二次進口替代階段（1971年～1980年）

儘管出口擴張政策引導下，我國產業持續發展，但廠商的生產仍仰賴國外零組件、生產原料與機器設備，政府為改善此現象，採取「調整經濟結構，促進經濟升級」政策，與推動十項工程建設（十大建設），以完善公共基礎建設。

1970年代我國開始發展上游基礎產業與精密產業，如鋼鐵、石化、造船等重化工業，並積極推動「中間財產業」的發展，例如：生產資本財與耐久性消費財，以取代對國外進口之依賴，此即為第二次進口替代。

5. 產業升級階段（1981年～1990年）

隨著國內物價、工資與生產成本與日俱增，國內的勞動密集產業紛紛外移。此階段政府採「加速經濟升級，積極發展策略性工業」的策略，例如：成立新竹科學工業園區、發展技術密集產業，促進產業升級，與積極發展電腦、電機、資訊等策略性工業，以提升國家競爭能力。

6. 邁向經濟自由化階段（1991年～迄今）

此階段為因應「貿易自由化」的國際趨勢，對外積極參與各項國際組識與簽定貿易協定，例如：2002年正式加入世界貿易組識（*WTO*），及2010年與中國大陸簽訂兩岸經濟合作架構協議（*ECFA*）；對內逐漸鬆綁各項管制，例如：金融、電信與保險的自由化，與降低貿易管制或關稅的降低。

19-5　知識經濟時代

第三波工業革命中，知識存量與知識創新已成為提高生產力與經濟成長的主要驅動力，畬羅（*Lester Thurow*）曾說：「知識是人類最大資產，掌握知識即掌握了財富。」例如：比爾蓋茲雖沒有土地資源或石油，只擁有知識就創造了驚人的財富。

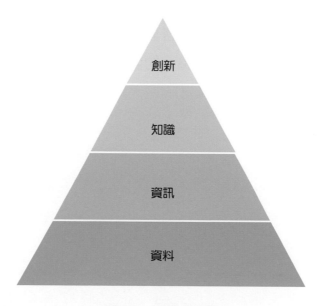

圖19-1　知識金字塔

圖19-1中，知識金字塔最底層的是記錄事實的各種符號、數字或文字所形成的「資料」（*data*），其次是經系統化整理後的資料即為「資訊」（*information*），「知識」（*knowledge*）則是透過萃取、分析與驗證資訊，從中學習並汲取經驗與價值，最後是創造知識附加價值的創新。知識經濟的時代，國力的大小決定於知識的累積與應用，個人與企業方面唯有具備將知識付予價值轉化為利潤者，才能創造財富。知識又可分為表19-8中四類。

表19-8　知識的種類

種　類	說　明
1. 知其何（*Know-what*）	即有關「事實」的知識，如統計資料。
2. 知其因（*Know-why*）	即「知道為什麼」的知識，如各種學科知識。
3. 知其然（*Know-how*）	即「知道如何去做」的知識，也就是各種方法、技巧與技術。
4. 知其誰（*Know-who*）	即「知道誰擁有」你所需的知識，與如何找到具備此知識的「人力」。

　　根據OECD的定義，所謂「知識經濟」（*knowledge-based economy*，KBE）即以知識資本為主要生產要素，透過持續不斷的創新與善用資訊科技力量，提升產品附加價值的一種經濟型態。知識經濟強調知識與技術對經濟成長的貢獻，知識經濟時代下，企業經營具以下特徵：（1）掌握專業知識的員工是企業永續經營的基礎，因此人力資本累積與應用是企業發展的關鍵。（2）知識的流通與複製快速，企業必須加速創新與研發，才能保有核心競爭力。（3）以知識網絡建構虛擬企業取代垂直整合的傳統企業。（4）受惠網路與電子商務普及，使企業邁向全球化競爭。

自我挑戰

一、選擇題

(　) 1. 描述一國實質GDP或平均每人實質GDP，隨時間持續增加的現象，係指下列何者？ (A)商業循環 (B)經濟波動 (C)長期波度 (D)經濟成長。
【19-1-1】

(　) 2. 早期經濟成長的研究著重於何類型的國家？ (A)低度開發國家 (B)開發中國家 (C)未開發國家 (D)已開發國家。
【19-1-2】

(　) 3. 下列何者是經濟發展研究的議題？ (A)經濟發展與人口結構的關聯 (B)經濟發展與產業結構的變化 (C)經濟發展與教育程度的關聯 (D)以上皆是。
【19-1-1】

(　) 4. 下列何者不是經濟成長的決定因素？ (A)財產的累積 (B)生產技術的進步 (C)勞動投入質與量 (D)制度與環境。
【19-1-2】

(　) 5. 下列何者無法促進經濟成長？ (A)累積更多的機器設備 (B)人力資本不斷累積 (C)研發出提高產出的技術 (D)政府全面管制經濟活動。 【19-1-2】

(　) 6. 衡量經濟成長的指標為何？ (A)實質利率年增率 (B)CPI年增率 (C)實質國內生產毛額年增率 (D)國民所得年增率
【19-1-3】

(　) 7. 請根據表一中成長國資料，計算該國20X2年實質GDP年增率？ (A)5% (B)10% (C)21% (D)33.1%。
【19-1-3】

表一　成長國20X1年與20X2年資料

	20X1年（基期）	20X2年
國內生產毛額（名目）	10,000	13,310
GDP平減指數	100%	110%
人口數	100	110

(　) 8. 請根據成長國資料，計算該國20X2年平均每人實質GDP的年增率？ (A)5% (B)10% (C)21% (D)33.1%。
【19-1-3】

(　) 9. 經濟發展程度與生活水準較高，且技術較為先進的國家係指？ (A)新興工業化國家 (B)開發中國家 (C)已開發國家 (D)低度開發國家。 【19-1-4】

(　) 10. 「已脫離低度開發國家，正邁向先進工業化國家」係指？ (A)已開發國家 (B)開發中國家 (C)未開發國家 (D)以上皆非。
【19-1-4】

(　　) 11.古典學派起自於　(A)1848年約翰密爾出版《政治經濟學原理》　(B)1776年亞當斯密出版《國富論》　(C)1803年賽伊出版《經濟學泛論》　(D)以上皆非。　【19-2-1】

(　　) 12.下列關於古典學派學者提倡的理論何者正確？　(A)亞當斯密提倡「比較利益理論」　(B)賽伊提出「需求創造供給」　(C)馬歇爾提出「人口論」　(D)李嘉圖提出「差額地租說」。　【19-2-1】

(　　) 13.下列關於19世紀時，不同於古典學派之各學派的述敘何者正確？　(A)歷史學派以演繹法從事經濟研究　(B)社會主義學派認為自由放任可調和經濟運作　(C)李斯特是邊際效用學派的代表學者　(D)以上皆非。【19-2-1】

(　　) 14 下列關於新古典學派學者的敘述何者正確？　(A)後人尊稱馬歇爾為「總體經濟學之父」　(B)馬歇爾建立「二元價值論」　(C)後人尊稱皮古為「經濟循環之父」　(D)羅賓遜夫人帶來「完全競爭的革命」。【19-2-1】

(　　) 15.凱因斯學派與古典學派的主張差異包括？　(A)價格機能是否充分運作　(B)充分就業是否為常態　(C)政府是否干預經濟　(D)以上皆是。【19-2-1】

(　　) 16.下列關於凱因斯學派學者的敘述何者正確？　(A)凱因斯出版《工資、利潤與財富的一般理論》　(B)薩穆遜提出「乘數－加速原理」　(C)席克斯在簡單凱因斯模型中加入勞動市場　(D)以上皆是。　【19-2-1】

(　　) 17.下列關於貨幣學派的述敘何者正確？　(A)又稱劍橋學派　(B)提倡者為盧卡斯　(C)承襲凱因斯學派　(D)主張「法則」取代「權衡」。　【19-2-1】

(　　) 18.理性預期學派的重要觀點不包括？　(A)承襲古典學派的自由放任思想　(B)尊重價格機能，反對政府過度干預　(C)被理性預期到的政策仍具效果　(D)認為經濟個體具有「理性預期」。　【19-2-1】

(　　) 19.新興凱因斯學派的重要觀點不包括？　(A)接受理性預期的觀點　(B)價格與工資具僵固性　(C)民眾預期到的經濟政策無效　(D)提出菜單成本、皮鞋成本與長期契約理論。　【19-2-1】

(　　) 20.經濟成長的理論敘述何者正確？　(A)哈樂得與多瑪提倡「創新成長理論」　(B)熊彼得的成長理論堪稱經濟成長模型的始祖　(C)梭羅提出內生成長理論　(D)以上皆非。　【19-2-2】

(　　) 21.根據哈樂得與多瑪的成長理論，請依下表資料，計算甲國在資本充分就業時之經濟成長率？　(A)2%　(B)5%　(C)10%　(D)20%　【19-2-2】

儲蓄率（s）	總產出（Y）	總資本量（K）
20%	100單位	200單位

( ) 22.哈樂得與多瑪的成長理論特性不包括下列何者？ (A)從凱因斯模型建構出長期經濟成長理論 (B)勞動與資本可替代 (C)社會充分使用資本時，即達到保證成長率 (D)該理論說明了「投資的雙重性」。 【19-2-2】

( ) 23.關於新古典成長理論之敘述何者正確？ (A)該理論模型又稱為「梭羅－羅莫模型」 (B)勞動與資本不可替代 (C)強調「財富累積」對於經濟成長的重要性 (D)一國的經濟成長決定於外生給定的因素。 【19-2-2】

( ) 24.內生成長理論與外生成長理論之論點何者正確？ (A)外生成長取決於外生的人力資本累積 (B)內生成長首先由羅莫提出 (C)羅莫與盧卡斯強調人口成長對於經濟成長有顯著的貢獻 (D)人力資本累積具有「規模報酬遞減」的特質。 【19-2-2】

( ) 25.下列何者可增進人力資本的累積？ (A)增加公共建設 (B)健全市場機制 (C)加強教育訓練 (D)增加外勞人數。 【19-4-1】

( ) 26.關於李斯特的「經濟發展階段論」何者正確？ (A)李斯特主張所有階段皆採行「保護貿易政策」 (B)第一階段為農業時期 (C)農工時期應恢復「自由貿易政策」。 (D)以上皆非。 【19-4-1】

( ) 27.羅斯托認為經濟社會廣泛運用現代技術，從事生產活動為何種經濟發展階段？ (A)起飛前過渡階段 (B)起飛階段 (C)邁向成熟階段 (D)大量消費階段。 【19-4-2】

( ) 28.羅斯托認為政治上出現新的「民族國家」與「中央集權」的政府為何種經濟發展階段？ (A)起飛前過渡階段 (B)起飛階段 (C)邁向成熟階段 (D)大量消費階段。。 【19-4-2】

( ) 29.我國經濟發展階段之敘述何者正確？ (A)「戰後重建階段」我國政府發行新臺幣取代舊臺幣 (B)「第一次進口替代階段」政府採發展勞力密集輕工業以替代進口商品 (C)「產業升級階段」政府採「加速經濟升級，積極發展策略性工業」的策略 (D)以上皆是。 【19-4-1】

二、綜合題（每個答案2分）

1. 請根據各學派之倡導人，於下表中填入正確的代號。 【19-2-1】

學派：a古典學派、b歷史學派、c新古典學派、d凱因斯學派、e理性預期學派、f新興凱因斯學派。

學說：①《國富論》、②《人口論》、③《經濟學原理》、④《就業、利息與貨幣的一般理論》、⑤《政治經濟學與賦稅原理》、⑥一隻看不見

的手、⑦準租、⑧比較利益理論、⑨流動性偏好理論、⑩理性預期理論、⑪內生成長理論、⑫乘數理論、⑬消費者剩餘、⑭差額地租說、⑮強調分工的重要。

學者	學派	提倡理論與著作
例：伊賽	*a*	②
1. 亞當斯密	*a*	
2. 馬歇爾		
3. 凱因斯	*d*	
4. 李嘉圖		
5. 盧卡斯		

2. 請根據說明，寫出正確的知識種類。　　　　　　　　　　　【19-5】

種　類	說　明
1.	即有關「事實」的知識，如統計資料。
2.	即「知道為什麼」的知識，如各種學科知識。
3.	即「知道如何去做」的知識，也就是各種方法、技巧與技術。
4. 知其誰（*Know-who*）	即「知道誰擁有」你所需的知識，與如何找到具備此知識的「人力」。

國家圖書館出版品預行編目資料

經濟學原理 / 劉世夫編著. - - 三版. - -新北市：
全華圖書, 2014.01
　　　面　；　公分
　ISBN 978-957-21-9312-9 (平裝)
1.經濟學
550　　　　　　　　　　　　103001256

經濟學原理

作者 / 劉世夫

發行人 / 陳本源

執行編輯 / 林芸珊

出版者 / 全華圖書股份有限公司

郵政帳號 / 0100836-1 號

印刷者 / 宏懋打字印刷股份有限公司

圖書編號 / 0814502

三版六刷 / 2019 年 8 月

定價 / 新台幣 490 元

ISBN / 978-957-21-9312-9 (平裝)

全華圖書 / www.chwa.com.tw

全華網路書店 Open Tech / www.opentech.com.tw

若您對書籍內容、排版印刷有任何問題，歡迎來信指導 book@chwa.com.tw

臺北總公司(北區營業處)
地址：23671 新北市土城區忠義路 21 號
電話：(02) 2262-5666
傳真：(02) 6637-3695、6637-3696

中區營業處
地址：40256 臺中市南區樹義一巷 26 號
電話：(04) 2261-8485
傳真：(04) 3600-9806

南區營業處
地址：80769 高雄市三民區應安街 12 號
電話：(07) 381-1377
傳真：(07) 862-5562

歡迎加入 全華會員

● 會員獨享
會員專購書折扣‧紅利積點‧生日禮金‧不定期優惠活動…等。

● 如何加入會員
填妥讀者回函卡直接傳真 (02) 2262-0900 或寄回，將由專人協助登入會員資料，待收到 E-MAIL 通知後即可成為會員。

如何購買 全華書籍

1. 網路購書
全華網路書店「http://www.opentech.com.tw」，加入會員購書更便利，並享有紅利積點回饋等各式優惠。

2. 全華門市、全省書局
歡迎至全華門市（新北市土城區忠義路21號）或全省各大書局、連鎖書店選購。

3. 來電訂購
(1) 訂購專線：(02) 2262-5666 轉 321-324
(2) 傳真專線：(02) 6637-3696
(3) 郵局劃撥（帳號：0100836-1　戶名：全華圖書股份有限公司）
※ 購書未滿一千元者，酌收運費 70 元。

OpenTech.com.tw　全華網路書店

全華網路書店 www.opentech.com.tw
E-mail: service@chwa.com.tw

※ 本會員制如有變更則以最新修訂制度為準，造成不便請見諒。

讀者回函卡

（請由此摺疊）

填寫日期： / /

姓名：＿＿＿＿＿＿＿ 生日：西元 年 月 日 性別：□男 □女

電話：( ) 傳真：( ) 手機：＿＿＿＿＿＿＿

通訊處：□□□□□

e-mail：（必填）＿＿＿＿＿＿＿

註：數字零，請用 Ø 表示，數字1與英文L請另做區別並書寫端正，謝謝。

職業：□工程師 □教師 □學生 □軍 · 公 □其他

學歷：□博士 □碩士 □大學 □專科 □高中 · 職

學校 / 公司：＿＿＿＿＿＿＿ 科系 / 部門：＿＿＿＿＿＿＿

· 需求書類：

□ A. 電子 □ B. 電機 □ C. 計算機工程 □ D. 資訊 □ E. 機械 □ F. 汽車 □ I. 工管 □ J. 土木

□ K. 化工 □ L. 設計 □ M. 商管 □ N. 日文 □ O. 美容 □ P. 休閒 □ Q. 餐飲 □ B. 其他

· 本次購買圖書為： 書號：＿＿＿＿＿＿＿

· 您對本書的評價：

封面設計： □非常滿意 □滿意 □尚可 □需改善，請說明＿＿＿＿＿＿＿

內容表達： □非常滿意 □滿意 □尚可 □需改善，請說明＿＿＿＿＿＿＿

版面編排： □非常滿意 □滿意 □尚可 □需改善，請說明＿＿＿＿＿＿＿

印刷品質： □非常滿意 □滿意 □尚可 □需改善，請說明＿＿＿＿＿＿＿

書籍定價： □非常滿意 □滿意 □尚可 □需改善，請說明＿＿＿＿＿＿＿

整體評價：請說明＿＿＿＿＿＿＿

· 您在何處購買本書？

□書局 □網路書店 □書展 □團購 □其他

· 您購買本書的原因？（可複選）

□個人需要 □幫公司採購 □親友推薦 □老師指定之課本 □其他

· 您希望全華以何種方式提供出版訊息及特惠活動？

□電子報 □DM □廣告（媒體名稱＿＿＿＿＿＿＿）

· 您是否上過全華網路書店？（www.opentech.com.tw）

□是 □否 您的建議＿＿＿＿＿＿＿

· 您希望全華出版那方面書籍？＿＿＿＿＿＿＿

· 您希望全華加強那些服務？＿＿＿＿＿＿＿

~感謝您提供寶貴意見，全華將秉持服務的熱忱，出版更多好書，以饗讀者。

全華網路書店 http://www.opentech.com.tw 客服信箱 service@chwa.com.tw

2011.03 修訂

親愛的讀者：

感謝您對全華圖書的支持與愛護，雖然我們很慎重的處理每一本書，但恐仍有疏漏之處，若您發現本書有任何錯誤，請填寫於勘誤表內寄回，我們將於再版時修正，您的批評與指教是我們進步的原動力，謝謝！

全華圖書 敬上

勘 誤 表

書號		書 名	作 者
頁 數	行 數	錯誤或不當之詞句	建議修改之詞句

我有話要說：（其它之批評與建議，如封面、編排、內容、印刷品質等 · · · · ·）